초보자를 위한

기업재무관리

전 양 진

publishing and culture
피앤씨미디어

초보자를 위한

기업재무관리

머리말

전문대학교 경영계열에서 한 학기 동안 재무관리는 어떤 주제를 어느 수준까지 강의할 것인가? 이 질문은 20년 넘게 매학기 강의할 때마다 늘 직면했던 과제였다. 이 질문에 제대로 답하기 위해서는 우리나라 전문대학교 경영계열 졸업생들이 기업현장에서 재무활동과 관련하여 어떤 업무에 종사하게 되는지에 먼저 대답해야 한다.

결론부터 말하면, 재무기능과 관련된 직무를 맡게 되면 해당 기업이 대기업인지 아니면 중소기업인지에 따라 업무성격이 차이가 날 수 있다. 다시 중소기업은 전통적인 개념의 중소기업인지, 아니면 벤처형 또는 이노비즈형 기업인지, 그리고 상장기업인지 비상장기업인지에 따라 직무상 맞이하는 재무적 환경이 차이가 날 것이다.

분명한 것은 대학 강의와 기업현장의 재무 업무 간에는 미스매치가 발생하고 있다는 생각이다. 기업현장에서는 실무담당자는 자본조달 업무보다는 투자와 관련된 업무가 비중이 높다. 그러나 대학에서는 재무론은 자본조달분야에 집중되어 있다. 이 책은 그런 미스매치를 극복하고자 노력했다.

그럼 한 학기 동안 어느 수준까지 강의할 것인가? 이에 대한 대답은 간단하지가 않다. 우선 대학마다 재무관련 과목의 개설상황이 다르다. 그러나 거의 대부분 학과에서 졸업까지 두 과목 정도 개설되는 것이 보통이다. 최소한 5개 과목 이상 재무분야에 대해 강의를 하게 되는 학부과정의 교과과정과는 차이가 크다.

저자의 강의 경험으로는 한 학기 동안 재무관리 기초편, 자본예산편, 자본조달편, 기업인수합병과 배당정책 일부분, 그리고 운전자본관리 이상을 강의하기가 현실적으로 힘들었다.

경영계열 출신 학생들이 기업에서 주로 직면하는 재무관련 업무는 투자관련업무가 자본조달업무보다 비중이 높다. 자본조달업무는 최고경영자계층에 의해 담당된다. 특히 자본조달은 해당 중소기업의 법적 신분, 즉 상장유무에 따라 자본조달방법이 제한되는 특징도 있다.

따라서 경영계열 출신의 학생이 기업현장에서 직면하는 재무업무는 자본조달업무보다는 투자와 관련된 업무를 더 비중 있게 취급할 가능성이 높다. 그러나 대학 강의 현실은 그 반대의 경향을 보인다. 즉 주로 재무관련 과목들의 강의는 투자론 위주로 구성되어 있다.

본서에서는 기존의 재무관리 교재에서 비교적 소홀하게 다루는 투자관련 분야를 보강하였다. 투자관련 업무의 핵심은 투자와 관련하여 사업타당성을 분석하는 과정이 될 것이다. 따라서 본서에서는 사업타당성분석과 관련한 절차에 많은 지면을 할애하려고 노력하였다.

개인적인 노력을 기울여 교재를 구성하였지만, 많은 부족한 부분들이 눈에 띄고, 이런 것들은 점진적으로 개선할 책임을 전적으로 제 자신이 가지고 있다.

2017년 7월

저 자

책의 구성

본 교재는 기업에 취업하는 전문대학교 경영계열 학생들을 대상으로 한 학기 동안 강의할 수 있는 최소한의 범위를 위해 책이 구성되었다. 그러나 실제 이십여 년간 재무관리 강의를 하면서 강의 범위는 늘 목표달성에 실패했다.

「교재의 기본적인 개념, 흔히 컨셉이라고 하는 것을 굳이 든다면, "풀어쓰는 재무관리"라고 하고 싶다. 가급적 수식과 계산문제를 자제하고, 각 단원별 주요 개념들을 이해하기 쉽게 경제적 의미를 해석하는 데 치중하였다.」

기업현장에서는 대부분의 모델들이 프로그램으로 개발되어 있다, 즉 중요한 것은 계산 자체의 문제가 아니라 관련 항목들에 대한 정확한 이해를 하고, 이와 관련된 수치들을 해석하는 능력과 모델에 적용시키는 능력이 실무적으로 필요하다고 판단되었다.

전체구조를 크게 두 가지 재무기능인 자본예산과 운전자본 관리를 토대로 구성하였다. 이 두 가지 재무기능을 위해 재무관리의 기능을 이해하는데 필요한 기본적인 개념을 1편에 배치하였다. 이들 기초개념 이해마저도 전문대학교 경영계열 학생들에게는 다소 난해한 부분들이 있으므로, 가급적 모델의 경제적 의미를 해석하는 데 노력하였다.

2편의 자본예산 부분은 실무에서 학생들이 재무 관련 업무와 관련해서 가장 많이 취급하게 되는 분야이므로 특히 실무차원의 이해를 돕기 위해 노력하였다. 투자활동과 관련하여 실무에서 그 핵심은 투자와 관련한 보고서나 사업계획서를 작성하는 능력을 배양할 수 있도록 전체 사업타당성 분석과정에 대해 보다 많은 지면을 할애하려고 노력하였다.

자본예산에서 장기자본 조달과 관련된 부분은 제3편으로 분리하였다. 자본예산안에서 투자와 동시에 다루는 것이 학생들의 이해를 돕는데도 편리하고 논리적으로도 맞지만, 분량도 워낙 많고 투자론의 다양한 개념들이 원용되어 자칫 초점이 흐려질 우려가 있어 별도로 분리해서 다루었다.

재무관리 분야에서 특히 이론적인 성격이 짙은 자본구조이론과 배당에 관련된 이론부분은 과감하게 생략하였다. 또한 재무관리에 이용되는 투자이론은, 즉 자본시장이론의 전개과정은 배제하고, 자기자본비용을 추정하는 부분에서 경제적 의미를 이용하는 수준에서 그쳤다.

그래서 가급적 투자이론을 배제하고 기업에서 재무기능에 관련된 부분에 대해서만 구성을 할애하고자 하였다. 그러나 배당정책은 벤처기업의 비중이 증대하고 있는 시점에서 그 중요성이 점차 증대하고 있기 때문에 포함시켰다.

기업인수합병은 갈수록 중요성이 부각되고 있다. 특히 벤처기업의 경우에는 더욱 그렇다. 벤처기업의 경우, 중도에 실패하는 경우에 문제가 되는 투자가들이 자본회수방법으로서 인수합병시장의 활성화가 한국의 벤처산업에 있어서 큰 과제로 대두하고 있다.

즉, 해당 기업에게는 실패한 사업이지만, 비즈니스모델이나 기술 등 다양한 경영요소들이 필요한 타기업에게 제대로 인수되는 과정을 통해 실패한 벤처기업에 참여했던 다양한 경제주체들, 예를 들어 지분참여자와 창업당사자들, 그리고 기술이나 비즈니스모델을 인수한 기업 등 모두가 윈-윈하는 선순환구조가 절실히 필요한 단계이다.

기존의 재무관리 서적은 각 단원별 연습문제를 많이 제시하여 충분한 훈련을 할 수 있는 배려를 하고 있다. 그러나 전문대학교 경영계열 학생들이나 비전공자들에게 이들 연습문제는 자칫 재무관리기능을 어렵게 느끼게 하는 역기능을 제공하는 것을 관찰하고 있다. 그래서 가급적 각 단원별 핵심적인 사안에 관련된 연습문제나 토의과제만을 담고자 시도하였다.

이런 시도는 가급적 기업재무에 대한 초보자나 비전공자들이 어렵다는 이미지나 선입견을 가질 수 있는 가능성을 최대한 피해 보자는 고육지책이다. 이런 시도는 본서의 일관된 시도로 제시되었는데, 가급적 수식의 표현 대신 각 모형의 경제적 의미를 풀어서 제공하려는 시도가 함께 제시되었다.

차 례

1 PART 재무관리의 기초

2 PART 자본예산

3 PART 자본조달(Financing)

제 1 편

재무관리의 기초

재무관리 기초편은 3장으로 구성하였다. 제1장에서는 재무관리의 전체적인 틀을 제시하고자 한다. 제1장은 한 학기 동안 배우게 되는 재무관리 전반에 걸친 프레임워크를 이해하는데 도움이 될 것이다. 그런 의미에서 1장의 강의내용과 주제는 초보자들에게 매우 중요하다.

특히 재무관리의 목표로 제시되는 기업가치의 개념과 측정문제는 초보자들이 처음 재무관리를 대하면서 만나게 되는 힘든 과제가 될 수도 있다. 이 부분에 대한 이해가 부족한 학생들은 제 2장을 보고나서 다시 재무관리 목표부분을 공부하면 도움이 될 것이다.

제2장에서는 재무관리뿐만 아니라 투자론이나 금융시장론 등 재무관련 각론들을 이해하는데 관련된 기본적인 개념들을 최대한 알기 쉽게 소개하고자 하였다. 재무의사결정의 중요한 특성은 현재에서 미래에 대한 의사결정을 한다는 것이다.

본질적으로 불확실한 미래에 대한 결정을 현재 시점에서 하게 되므로, 의사결정결과 발생하게 되는 현금흐름은 대부분 미래시점에서 발생하는 것을 확률개념으로 추정하는 과정으로 이루어져 있다.

이런 속성과 관련하여 화폐의 시간가치와 위험에 대한 기본적인 개념이 정립되어야 제대로 재무기능을 이해할 수 있다. 또한 위험과 수익률간의 상호관계도 기업의 실물자산 투자나 금융자산에 대한 투자에서 공통적으로 적용되는 기본개념이다. 특히 사전적인 기대수익률개념에 대한 정확한 이해를 필요로 한다.

기업의 자본예산에서 투자과정이나, 금융자산에 대한 투자에서나 가치평가모형은 의사결정과정 중에서 핵심내용으로 이루어진다. 따라서 가치평가 모형과 여기에 관련된 각 요소에 대한 이해를 반드시 할 필요가 있다.

제3장에서는 중소기업과 대기업간의 재무기능의 차이, 그리고 중소기업에서 다시 벤처기업과 전통적인 중소기업들의 재무기능의 차이를 소개하였다. 중소기업의 유형간에 재무기능이 차이가 나는 것은 기업의 성장유형과 이에 따른 자본조달 패턴의 차이에서 주로 기인한다고 할 수 있다.

같은 중소기업이지만, 벤처기업은 분명히 기존의 전통적인 중소기업과는 매우 다른 성장 패턴과 자본조달 모습을 보여주고 있고, 따라서 경영자나 재무담당자가 해결해야 할 재무기능도 상당한 차이를 보이고 있다.

제 1 장

재무관리의 개념

제 1 절
재무관리의 정의

1. 재무관리의 주체

재무관리는 재무담당자가(CEO또는 CFO)가 기업의 자본조달(Financing)과 운용(Investment)에 대한 의사결정을 최적화(Optimization)하여 企業價値(Firm Value)를 극대화(Maximization)하는 활동으로 정의할 수 있다.

이 정의에서 알 수 있는 것은, 재무관리기능의 주체는 최고경영자 계층임을 알 수 있다. 물론 최고경영자계층이 재무적 의사결정을 하기 위해 기업의 전체 부서와 관련 임직원들이 의사결정에 필요한 정보를 획득하고 분석하는 과정이 수반될 것이다.

일반적으로 재무의사결정의 내용은 성격상 기업전체 차원에서 해결해야 할 과제들로 구성되어 있다. 따라서 하나의 재무의사결정이 이루어지기 위해서는 전사적인 역량이 동원되는 것이 기업현장에서 일반적인 모습이다.

재무기능은 기업이 필요로 하는 자본을 효율적으로 조달하고, 조달된 자본을 효율적으로 운용하는 것과 관련된 이론 및 기법을 연구하는 학문이다. 좁은 의미에서의 재무관리는 기업의 자본조달 및 투자(운용)의 문제를 주요 연구대상으로 하고 있는데, 이와 관련된 연구 분야를 기업재무론 이라고 한다.

넓은 의미의 재무관리는 기업재무론 뿐만 아니라 모든 경제주체들이 자본조달과 투자와 관련된 일련의 활동과정을 지칭하기도 한다. 다만 재무관리의 목

표가 조금씩 차이가 날 뿐이다. 즉 기업과 정부조직, 가계 모두 재무활동을 상시적으로 수행하고 있다. 조달된 자본을 효율적으로 투자하여 각 경제주체들이 추구하고자 하는 목표를 달성하는 것이 재무활동이다.

2. 재무관리의 기능

재무관리의 정의에서 알 수 있는 구체적인 재무기능은 자본조달과 투자(운용)이라는 것을 알 수 있다. 운용이란 기업활동 용어로 바꾸면 투자개념이다. 투자의 좁은 개념은 주로 장기자본을 이용하여 수익을 창출할 수 있는 투자대상에 투자하는 기능을 지칭하지만, 광의로는 장·단기자본을 조달하여 수익창출과 무관한 유동자산 투자도 포함하는 개념이다.

재무기능은 투자와 자본조달이라는 두 기능이 결합될 때 비로소 완성된다. 그래서 재무기능은 투자에 필요한 자본을 조달하여 결합하는 기업활동이라고 할 수 있다.

수익창출을 위한 투자는 주로 고정자산을 취득하는 활동을 의미하며, 이에 소요되는 장기자본을 조달하는 업무를 투자활동과 효율적으로 결합하는 재무기능을 자본예산이라고 한다.

한편, 수익창출과는 상대적으로 관련성이 낮은 투자와 이에 소요되는 자본조달과 관련된 의사결정문제가 있다. 여기서 투자는 유동자산의 보유규모를 어느 정도로 할 것인가의 문제이고, 이에 소요되는 자본조달은 주로 단기자본조달을 통해 해결하게 되는데, 이 두 가지 재무기능을 결합하여 유동성관리, 또는 운전자본관리라고 한다.

운전자본이란 일반적으로 유동자산에서 유동부채를 뺀 순운전자본을 의미한다. 이런 의식은 운전자본 관리의 핵심이 단기자본 조달에 중점을 두고 있다는 반증이다. 즉 운전자본 중 장기성 자본을 얼마나 사용할 것인지를 고민하는 용어이다.

그러나 운전자본 관리의 핵심은 기업의 유동성을 적절하게 유지하는 동시에 과도한 유동성으로 인해 수익성이 줄어드는 것을 방지하는 데 있다. 즉 운전자본의 조달뿐만 아니라 적정규모를 결정하는 것도 매우 중요한 과제이다.

효율적인 운전본관리는 기업경영에 있어서 중요한 의미를 가지며, 때로는 기업의 성패에 직결되기도 한다. 투자결정과 자본조달결정을 좀더 효과적으로 하기 위하여 필요한 자료를 분석하고 기업재무와 관련된 활동을 계획, 통제하는 기능을 재무분석, 계획 및 통제기능이라 한다.

장기자본을 조달해서 수익을 발생시키는 투자대상에 투자하는 자본예산활동은 기업가치와 가장 밀접한 관련을 가지고 있어서 그 중요성이 늘 부각되지만, 단기자본을 조달해서 유동자산에 투자하는 재무기능인 운전자본 관리는 상대적으로 소홀하게 취급되는 경향이 있다.

그러나 중소기업의 경우 운전자본 관리 활동은 기업의 투자결정과 자본조달결정

그림 1-1 재무기능의 결합

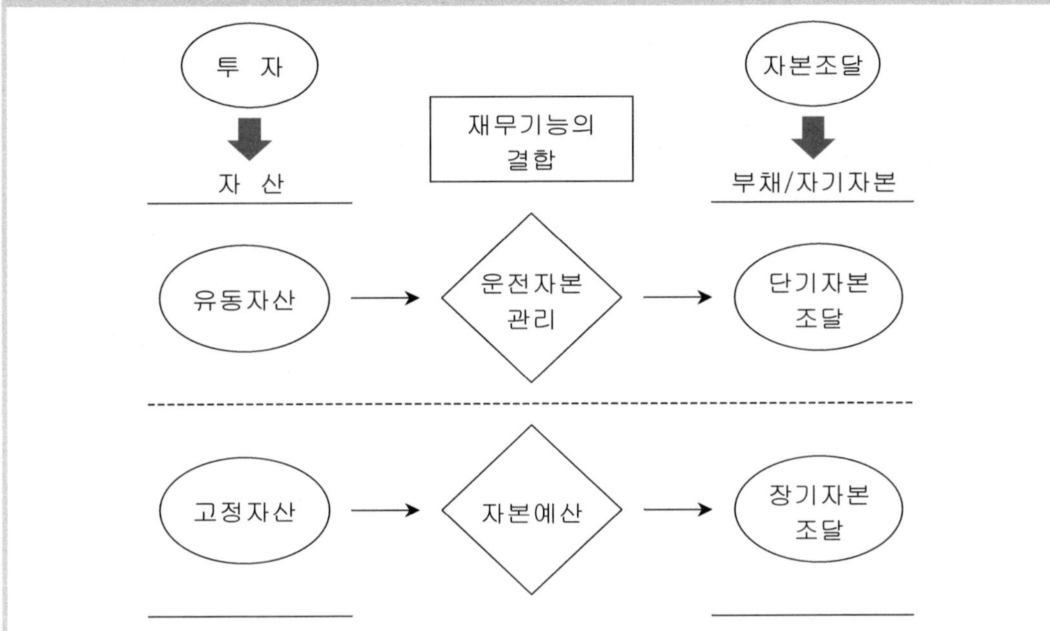

중에서 일상적이고 반복적으로 발생하며 기업의 영업활동에 직접 관련되는 동시에 단기재무관리의 중심이 되고 있다.

자본예산과 운전자본 관리 활동 이외에 주요 기업가치에 영향을 미치는 주요재무기능으로 배당정책과 기업인수합병을 들 수 있다.

배당정책(dividend policy)은 당기순이익 처분에 관한 의사결정 문제이다. 당기순이익은 주주(株主) 몫이다. 따라서 배당정책은 당기순이익을 크게 사내유보나 현금배당이라는 두 가지 방법으로 주주들에게 순익을 배분할 수 있다.

배당정책은 기업의 당기순이익을 사내유보하게 되면 향후에 무상증자를 통해 장기투자 자본으로 사용할 수 있기 때문에 크게 자본조달과 관련되어 있다고 볼 수 있다.

사내유보를 하든, 현금배당을 하든 주주에게 귀속되는 경제적 효과는 동일하다. 다만 시차를 두고 주주의 경제적 부를 증가시키는 차이만 있다. 사내유보를 하게 되면, 이익잉여금에 누적되어 있다가 기업이 자본소요가 있을 경우 무상증자를 통해 자기자본으로 전환되면서, 기존 주주는 무상으로 주식을 받게 된다.

따라서 사내유보 형태로 당기순이익을 처분하면 무상증자 시까지 시차가 존재하고, 이익잉여금의 누적규모에 따라 증자이전에도 주가상승으로 주주부가 증가하지만, 현금배당처럼 당기에 확실하게 주주 부를 증가시켜주는 것과는 차이가 난다.

이런 이유로 상장기업의 경우 당연히 외부소액주주와 대주주간에는 배당정책에 대해 이해가 상충하는 측면이 발생한다. 외부소액주주들은 사내유보 보다는 현금배당을 선호하고, 대주주나 소유경영자들은 사내유보를 선호하는 경향이 있다.

현재 우리나라의 배당정책에서 가장 문제가 되는 부분은 배당수익률에 대한 배당지급자와 소액주주간의 인식차이다. 즉 기업입장에서는 현금배당을 액면가를 기준해서 배당수익률을 인식하고, 주주입장에서는 당연히 시가기준으로 배당수익률을 인식한다.

배당수익률은 장기투자를 전제로 하는 경우 주주입장에서는 주식투자 수익률개념이다. 따라서 주주입장에서는 당연히 배당수익률이 정기예금이자율보다 위험부담에 대한 프리미엄이 더해진 수준의 수익률을 기대한다.

우리나라 개인투자가들의 주식투자 패턴이 지나치게 단기투자 비중이 높고, 이로 인해 시장의 변동성이 크지는 문제가 되는 것도 현실적으로 배당수익율과 무관하지 않다. 주주입장에서는 현금배당수준이 시가기준으로 의미 있는 수준으로 지급되면 굳이 빈번하게 매매하려는 유인도 적을 것이다.

당기순이익 대비 현금배당지급 비율(배당성향)은 외국인 주주가 증가하면서 점차 증가하고 있다. 특히 우리나라의 경쟁력 있는 상장기업들은 외국인 지분율이 증가하면서 경영자 입장에서는 무시할 수 없는 상황에 이른 기업들도 늘어나고 있다.

기업인수합병은 자본예산의 특수한 형태라고 할 수 있다. 즉, 자본예산이 기업의 지속적인 성장을 위한 투자와 자본조달활동의 결합이라면, 기업인수합병은 자본예산과 동일한 목적을 가진 기업활동으로 기업성장전략의 방법상 차이에 지나지 않는다.

전통적인 성장방식인 자본예산과 기업인수합병방식은 각각 장단점을 가지고 있지만, 인수합병방식의 중요성은 그 단점보다 장점이 점차 부각되는 시대적 환경에 직면하고 있다.

3. 재무의사결정의 과제들

재무관리의 정의에서, '재무적 의사결정을 최적화 하여 …'란 표현이 가지고 있는 경제적 의미는 아주 복잡하고 힘든 과제이다. 왜냐하면 투자와 자본조달기능에서 "위험–수익성"이란 두 요인이 모든 재무적 의사결정과정에 상반관계(trade–off)로 작용하기 때문이다.

즉 어떤 재무적 의사결정도 동시에 위험을 감소시키고 수익성을 높여주는 결정은 현실적으로 어렵기 때문에 이 두 상충요인을 적절한 수준에서 조율하는 타협점을 찾아내는 것이 중요하다.

동시에 '최적'의 수준은 모든 기업에 일률적으로 적용되는 개념이 아니라 각 기업마다 그 정도가 달라진다는데 유의할 필요가 있다. 즉, 기업의 업종 또는 비즈니스 모델이나 자본구조에 따라 최적화의 수준이 다양하게 결정될 수 있다.

(1) 투자의 최적화 문제

투자의 목적은 본질적으로 수익창출이다. 기업의 투자결정에 따라 재무상태표 차변의 자산구성이 완료된다. 따라서 기업이 보유한 자산이란, 결국 기업의 투자결정에 따라 보유하게 된 구체적인 결과물인 셈이다. 따라서 투자결정에 의해 보유하게 되는 기업의 자산은 본질적으로 기업의 수익에 기여하게 되어 있다.

그러나 현실적으로 기업의 보유자산을 보면, 이런 자산의 본질적인 기능에 위배되는 자산의 규모가 작지 않다는 것을 금방 알 수 있다. 수익창출에 기여도가 큰 자산은 고정자산이지만, 예외없이 모든 기업은 유동자산들을 많이 보유하고 있다. 여기서 지칭하는 유동자산의 가장 대표적인 자산이 현금과 당좌예금 같은 결재용 자산을 지칭한다.

이런 유동자산은 결코 수익창출에 적극적으로 기여하지 못한다. 재무담당자의 투자결정과정에서 직면하는 고민이 여기에 있다. 즉, 수익을 증가시키기 위해서는 고정자산에 대한 투자를 늘리면 되지만, 무한정 그럴 수 없다는 현실적인 고민이 있다.

유동자산은 수익창출에는 기여하지 못하지만, 기업의 유동성(Liquidity) 확보를 위해 필수적으로 일정수준 이상 보유해야 한다. 만약 그러지 못할 때, 우리는 기업이 지급불능 상태에 빠지게 되고, 실무에서는 이를 부도라고 한다.

투자결정에서 최적화란 개념은 기업자산의 최적배합 즉, 어떤 자산에 어떤 규모로 투자할 것인가에 대한 의사결정을 말한다. 구체적으로 취득해야 할 자산의 종류와 규모에 대한 의사결정으로 이에 따라 기업의 미래수익성, 성장성 및 영업위험이 결정되고, 기업의 지불능력수준이 결정된다.

결국 투자에 있어서 최적의사결정이란, 기업이 적절한 수준의 유동성을 확보하고, 동시에 수익을 극대화할 수 있는 투자결정을 의미한다. 이를 위해서 결국 유동자산과 고정자산에 대한 최적배분결정 문제를 해결하는 것이라고 할 수 있다.

유동자산에 대한 투자비중을 증가시키면 기업의 유동성은 풍부해져서 디폴트의 가능성은 낮아지지만, 상대적으로 수익창출기회를 잃게 된다. 반대로 수익을 지나치게 추구하면서 고정자산에 대한 투자비중을 증가시키면서 유동자산의 보유가 줄어들면 기업의 디폴트가능성이 증가하면서 위험이 증가하게 될 것이다.

이런 자산배분결정은 경기전망, 경영자의 위험에 대한 태도 등 다양한 요인에 의해 결정될 수 있다. 즉, 향후 불경기가 예상될수록 유동자산 투자비율이 증가할 가능성이 높으며, 경영자의 위험에 대한 태도가 보수적일수록, 경영자의 경험이 일천할수록 유동자산 투자비중이 증가할 수 있다.

(2) 자본조달의 최적화

자본조달결정은 투자에 필요한 자본을 어느 자본조달방법을 사용해서 얼마의 자본비용을 부담하고 조달할 것인가에 대한 의사결정이다. 자본조달활동에서는 자본조달방법에 따라 부담하게 되는 자본비용을 최소화하는 것이 중요한 문제가 되는데 이에 관련된 연구를 최적 자본구조이론이라고 한다.

자본조달결정에서의 최적화 문제도 투자와 마찬가지로 위험과 수익성의 상반관계 문제이다. 자본조달활동에서는 가급적 저렴한 자본비용을 부담하는 자본조달활동이 기업의 수익에 기여한다.

이렇게 기업의 수익성 차원에서 유리한 자본은 부채가 자기자본보다 저렴하므로 유리하고, 부채가운데서는 단기부채가 장기부채보다 저렴하므로 더 유리하다. 그래서 수익성기준으로 보면 자기자본이 가장 불리한 자본이라는 것을 알 수 있다.

그러나 수익성기준에서 가장 유리한 단기부채는 기업입장에선 위험이 가장 높은 자금이다. 즉, 1년 이내에 원금 상환만기가 도래하므로 단기부채사용이 지나치게 많아지면 지급불능가능성이 높아지게 된다.

장기부채도 자기자본과 비교해서 자본비용이 저렴한 자본이지만, 기업의 부채규모가 증가하면 원리금 상환부담이 증가하면서 디폴트가능성이 증가하여 기업의 위험이 가파르게 증가하게 될 것이다.

자본조달에 있어서 의사결정을 최적화하는 문제는 첫째, 기업이 투자에 필요한 전체 자본을 자기자본과 타인자본의 상대적 비중을 얼마나 할 것인가를 먼저 결정하고, 다시 부채에서는 장단기부채 비율의 구성을 어떻게 할 것인가를 위험과 수익성이라는 이해상충(trade-off)하는 측면을 고려하여 적절히 조정하는 작업이라고 할 수 있다.

결국 재무담당자의 고민은 디폴트위험을 적절히 관리하면서 최대한 저렴한 자본을 사용할 수 있는 최적자본 배합을 결정하는 것이 될 것이다. 현실적으로 기업이 새로운 투자자본의 수요가 발생하면 이 자본의 조달방법을 결정하기 위해서 경영자는 우선 자기 기업의 부채수용능력(debt capacity)정도를 평가하고, 그 한도 내에서 자본비용이 저렴한 부채를 사용하면서 전체 자본비용을 감소시키는 의사결정을 해야 한다.

부채수용능력은 기업이 타인자본의 원리금에 대한 상환능력을 지칭하는 것으로, 일반적으로 부채비율이 낮을수록 이자보상비율이 높을수록 우량하다고 할 수 있다. 따라서 재무담당자는 자본조달에서 항상 안전성(위험)과 수익성이란 두 가지 문제를 고려한 최적의사결정을 해야 하는 과제를 안고 있다.

제 2 절 재무관리의 목표와 영역

1. 기업가치의 극대화

재무관리의 목표는 기업가치의 극대화이다. 기업가치(Firm Value)는 '기업이 수명동안 벌어들일 순현금흐름을 현재가치로 환산하여 합'한 개념이다. 현재가치를 구해서 합한다는 것은, 기업이 벌어들이는 미래수익을 기업의 위험이 반영된 할인율로 할인해서 모두 더해준다는 것을 의미한다.

이를 수식으로 간단히 표현하면 다음 (식 1−1)과 같다.

$$Vo = \sum_{t=1}^{n} \frac{NCF_t}{(1+k)^t} \qquad \text{(식 1−1)}$$

Vo : 현재의 기업가치
NCF : 순현금흐름
k : 할인율

위 식에서 *Vo*는 현재시점에서 기업의 가치를 평가한 것이다. 모든 재무적 의사결정의 공통점은 이 처럼 현재시점에서 미래에 걸쳐 발생하는 현금흐름의 문제를 다루고 있다는 특징을 가지고 있다.

그래서 당연히 화폐의 시간가치개념을 이용하여 가치를 평가하는 시점과 가치를 구성하는 현금흐름간의 시차문제를 현재가치 개념으로 조정하는 과정을 포함한다. 미래기간 동안에 발생하는 현금흐름을 현재가치로 조정하는 작업은 결국 위험이 반영된 할인율로 할인해서 현재가치를 구해주는 작업으로 이루어진다.

위 모형에서 가치를 구성하는 첫 번째 항목인 순현금흐름(Net Cash Flow: *NCF*)은 현금유입에서 현금유출을 차감한 개념이다. 순현금흐름의 개념에 가장 근접한 개념은 회계학에서 당기순이익 개념인데 다만 이 두 개념사이에는 다소간 차이가 존재한다.

손익계산서에서 당기순이익은 현금유입인 매출(수익)에서 현금유출인 각종 원가나 비용항목을 차감한 것이다. 그런데 순현금흐름에서는 회계학에서와 달리 기업을 기준으로 실제 발행하는 현금흐름만 그 측정대상으로 하고 있다는 것을 유념할 필요가 있다.

가장 대표적으로 손익계산서상의 항목과 순현금흐름 추정에서 차이는 바로 감가상각비와 같이 실제 발생하지는 않지만 현금흐름으로 처리되는 항목들의 존재에 있다. 즉 손익계산서에서는 감가상각비는 원가든 비용항목이든 인위적으로 사업기간동안 할당하지만 재무에서 현금흐름을 추정하는 상황에서는 실제 발생한 현금흐름이 아니므로 추정대상에서 제외된다.

더 구체적인 설명은 현금흐름추정 단계에서 하겠지만 순현금흐름에 가장 근접한 개념은 바로 당기순이익이라는 것은 이 개념을 이해하는데 매우 중요한 것이다. 결국 구체적으로 순현금흐름을 추정하는 과정에서는 당기순이익을 감가상각비 같은 항목으로 조정하는 과정만 차이가 있을 뿐이다.

위 모형의 구성항목에서 분모에 있는 *K*는 할인율이다. 이 할인율의 경제적 의미는 분자의 순현금흐름이 발생하지 않을 가능성, 즉 위험의 크기를 반영하고 있다. 그러나 실제 분자의 순현금흐름이 발생하지 않을 위험을 현실적으로 어떻게 측정하는가 하는 문제는 너무도 주관적이다. 그래서 이 모형을 자산가치를 평가하는 경우에는 실제 *K*값을 구하는 문제는 자본비용 값으로 대신하게 되는데, 이에 대한 자세한 내용은 자본조달 편에서 설명하기로 한다.

기업은 여러 자산으로 구성된 자산 포트폴리오(Assets Portfolio)이므로, 기업이 벌어들이는 수익이란, 결국 기업이 보유하고 있는 개별자산들이 창출해내는 수익들을 현재가치로 환산하여 더하는 것과 같다.

기업이 보유하고 있는 자산 중 특히 고정자산들은 가치를 측정하는 시점에 따라 지속적으로 가치가 변동하게 되는데, 이는 각 자산들이 직면하고 있는 시장환경이 지속적으로 변하면서 가치변동을 야기하기 때문이다.

기업가치를 변화하게 하는 경영활동은 다양하지만, 그중에서도 재무기능과 관련된 경영활동은 기업가치와 가장 긴밀하게 연결되어 있다. 자본예산의 경우는 직접적으로 기업의 수익창출과 관련된 재무기능이므로 부연설명이 필요없을 만큼 중요하다.

위의 모형에서 자본예산은 분자의 현금흐름과 분모의 할인율(위험)에 직접 영향을 미치게 된다는 것을 알 수 있다. 자본예산은 장기자본조달과 관련된 자본비용과 투자로 인해 취득하는 고정자산의 성격에 따라 사업의 위험(경영위험)이 결정되어 할인율에 영향을 미치게 된다.

또한 어떤 장기자본 조달방법을 선택하는가에 따라 기업의 자본비용 크기가 결정되고 동시에 기업의 자본구조가 결정되면서 재무위험의 크기가 변동될 수 있다. 따라서 자본예산 결정은 기업가치 평가모형의 분자, 분모에 모두 영향을 미치게 된다.

자본예산 과정에서 구입하는 고정자산은 바로 매출을 통해 현금흐름을 발생시키게 된다. 아울러 업종과 비즈니스 모델을 결정하기도 한다. 따라서 자본예산은 재무관리의 목표인 기업가치 극대화와 가장 밀접한 관계를 가지고 있다.

운전자본 관리의 성패여부는 기업가치모형에서 할인율과 관련을 가지고 있다. 즉, 운전자본 관리의 성패여부에 따라 기업의 위험크기가 영향을 받게 되므로 분자의 순현금흐름을 현재가치로 환산하는 과정에서 적용하는 할인율의 크기가 달라짐으로써 기업가치에 영향을 미친다.

만약, 재무담당자의 실수로 운전자본관리가 잘못되어 기업의 유동성에 문제가 생겨 지급능력이 불안해지면, 디폴트리스크(부도가능성)의 증가에 따라 할인율이 높아지면서 기업가치가 떨어질 것이다.

기업가치는 결국 기업이 보유하고 있는 자산이 수명동안 벌어들일 미래 순현금흐름의 크기와 이것의 불확실성(할인율)에 따라 결정된다. 즉, 기업이 벌어들일 미래 순현금흐름이 클수록 기업의 가치는 커지며 미래수익의 불확실성, 즉 위험이 클수록 기업가치는 작아진다.

2. 기업가치의 측정방법

기업가치의 개념은 기업이 수명동안 벌어들일 순현금흐름을 현재가치로 환산한 뒤 모두 합하면 된다는 것을 이제 알게 되었다. 그러나 실제로 기업이 순현금흐름을 벌어들이는 것이 아니라 기업의 자산이 벌어들이는 순현금흐름일 것이다.

기업이 보유한 유동자산의 가치는 단기적으로 물가변동이 급격하게 진행되지 않은 한 변동이 없다. 그러나 기업이 수익창출을 위해 투자한 고정자산은 측정시점이 달라지면 계속 가치가 변동한다. 이렇게 자산부문에서 정의할 수 있지만, 측정의 문제는 현실적으로 자본의 측면에서 해결하는 것이 수월하다. 역사적 원가 개념이든, 시가(fair value)개념이든 기업의 자산가치 총계는 타인자본과 자기자본의 가치를 합한 것과 동일하다. 따라서 기업가치는 현실적으로 부채와 자기자본의 합계로 추정할 수 있다.

부채의 시장가치는 이자율의 급격한 변동이 없는 한 장부가격과 시가는 비슷하다. 자산측면에서 고정자산의 가치가 측정시점마다 변동하듯이, 자산가치의 변동은 자기자본의 가치변동으로 나타난다. 자기자본의 가치는 단기간에 발행주식이 변동하지 않은 한 발행주식을 주당가격으로 곱하면 된다.

기업가치가 측정시점마다 달라지는 것은, 결국 기업의 보유자산 가운데 고정자산 부분의 가치가 매순간 달라지기 때문이다. 즉, 현금이나 당좌예금 같은 유동자산의 경우 이자율이 측정시점 간에 큰 차이가 없을 경우에는 가치변동이 거의 없다.

반면에 고정자산의 가치는 그 고정자산과 관련된 구체적인 내·외부의 환경과 관련하여 끊임없이 변동한다. 예를 들어 (주)KAL의 경우 고정자산의 가치는 유가변동, 국제정세, 국내외 경기동향 등 다양한 요인에 의해 가치가 매 순간 달라질 것이다.

기업의 자산가치가 변동하게 될 때, 재무상태표 대변항목은 이에 연동해서 자기자본의 가치가 달라짐으로 좌우균형을 유지할 것이다. 자기자본의 가치는 단기간에 유. 무상 증자 활동이 없는 한 발행주식수의 변동이 없을 것이고, 결국 주당가격 변동으로 자산가치 변동을 반영할 것이다.

따라서 기업가치 측정의 문제는 재무상태표 대변항목으로 해결하는 것이, 차변의 각 자산가치를 일일이 구해서 합하는 방식보다 훨씬 수월한 작업이 될 것이다.

이 경우에, 유가증권시장과 코스닥시장에 상장된 기업들의 가치측정은 시장에서 평가되는 가치가 공정가격이 될 것이므로 바로 확인이 가능하다. 조직화된 주식유통시장의 가격은 지속적으로 기업가치의 평가가 다양한 투자가들에 의해 측정되므로 합리적인 기업가치를 획득하는 것이 손쉽게 이루어질 수 있다.

다만, 비상장기업들의 경우 자기자본의 가치, 즉 한 주당 가치를 평가하는 것이 현실적으로 매우 힘든 과제가 될 것이다. 엄격히 말하면 단기적으로 비상장기업의 기업가치 측정문제는 거의 불가능하다고 해도 과어닝 아니다. 비상장기업의 경우 최초로 기업가치를 산정해보는 상황이 바로 기업공개 단계라고 할 수 있다. 기업공개과정에서 일반인에게 매각할 주가를 결정하는 작업은 바로 기업가치를 구해보는 과정이기도 하다.

결국 재무관리활동의 궁극적 목표가 "기업가치를 극대화하는 것"이라고 할 때, 기업가치는 부채가치에 자기자본의 가치를 합한 것이고, 부채가치가 단기적으로 이자율이 급변하지 않은 한 고정되어 있으므로, 자기자본의 가치가 극대화 되는 것과 같은 개념이 된다.

자기자본의 가치는 발행주식이 변동하지 않는다면 결국 주당가격, 즉 주가가 극대화되는 것이 기업가치가 극대화되는 것과 같다. 따라서 기업가치 극대화는 주가극대화와 동일한 개념이고, 주가가 극대화되면, 주주부의 극대화가 이루어질 것이다.

기업에서는 자기자본 제공자, 즉 주주의 부를 최대로 하는 것을 목표로 할 수 있다. 기업의 궁극적인 주인은 바로 자기자본 제공자인 주주이기 때문이다. 일반적으로 주주의 부 또는 주가의 극대화는 기업가치의 극대화와 같은 의미로 사용될 수 있다.

그림 1-2 기업가치의 측정

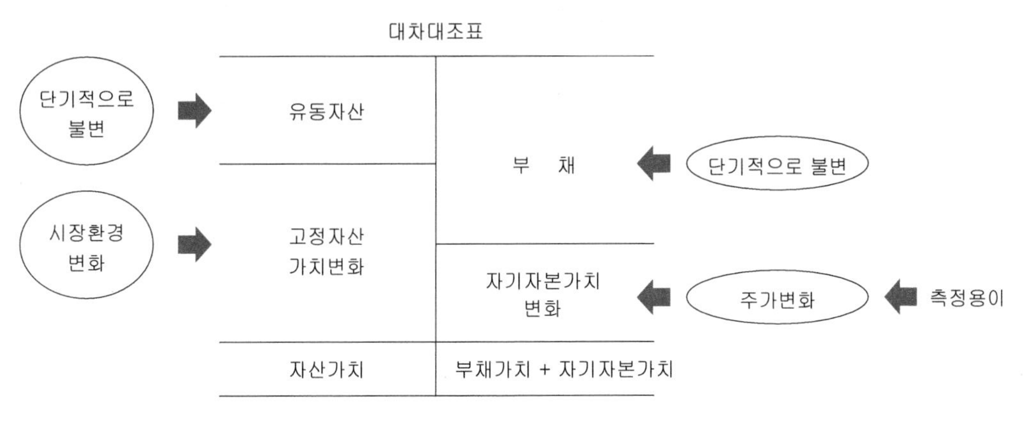

$$V = \sum_{t=1}^{n} \frac{NCFl}{(1+K)^t} = E + D$$

↑— 자산　　　↑— 자본

V : 기업의 가치
E : 자기자본가치(=주주의 몫)
D : 타인자본의가치(=채권자의 몫)

재무관리자의 의사결정이 타인자본의 가치에 미치는 영향이 거의 무시할 정도로 작다면, 대개의 경우 주주 부의 극대화는 곧 기업가치의 극대화로 해석될 수 있을 것이다.

3. IR(Investor Relation)

(1) IR의 개념

유가증권시장은 물론 코스닥시장에 상장된 기업들 모두가 주가의 중요성을 인식하고 있다. 기업경영에서 재무관리의 중요성에 대해서 IMF외환위기 이후 달라진 모습 중에 대표적인 현상이 바로 주가는 기업의 현재와 미래에 관한 모든 전망을 반영하고 있다는 인식을 하게 만든 것이다.

재무관리의 목표가 기업가치를 극대화하는 것이라고 이미 설명했다. 그리고 상장기업의 경우 실시간으로 확인되는 주가가 바로 기업가치를 의미한다는 것도 설명이 되었다. 아울러 주가는 기업의 자본조달활동에 직접적으로 영향을 미치고 있다.

상장기업들이 간접금융시장보다 직접금융시장을 통해서 자본조달하는 비중이 점차 증가하면서 투자가관리활동(IR)에 대한 관심이 증폭되어 왔다. 이것은 기업입장에서는 성공적으로 유가증권을 발행하여 직접금융방식으로 자본조달하는데 주가관리활동이 필수불가결한 요소라는 인식이 확산되는 계기가 되었다.

투자가관리활동(Investor Relation: IR)은 제조업체들이 자사제품을 소비자들을 대상으로 홍보활동(PR)을 하듯이, 상장기업들이 자기회사의 현재와 미래의 성과가 주가에 제대로 반영되어 기업의 실질가치보다 주가가 저평가되지 않도록 적극적으로 정보를 전달하고 홍보하는 일체의 기업활동을 의미한다.

현재는 대부분의 상장기업들이 기업내 재무관련부서에 IR전담팀을 운영하고 있다. 그러나 체계적인 IR개념의 정립과 활동을 위한 전략, 그리고 이를 수행할만한 구체적이고 다양한 프로그램이 부족한 실정이다.

아직도 여전히 IR활동이 기업설명회나 투자설명회 수준의 개념을 벗어나지 못하고 있다는 비판을 받고 있다. 이것은 주가관리차원에서 즉흥적으로 필요한 상황에서 회사가 이용할 수 있는 일시적 도구수준으로 IR을 이해하고 있는 수준이라고 할 수 있다.

결국 우리나라 기업의 IR팀은 조직 내에서 뚜렷한 역할에 대한 개념이 확립되지 못한 상태이며, 전략수립과 실천프로그램 그리고 효과측정과 피드백이라는 경영활동으로서의 위상정립이 미흡한 실정이다.

(2) 체계적인 IR활동을 위한 개념도

많은 기업들이 IR활동을 하고 있지만, 투자가들의 불만이 높은 것은 아직도 우리나라 기업들이 체계적인 IR활동을 하고 있지 못하다는 반증이다. 그러면 기업의 정보를 전달하려는 입장과 이를 수용하는 투자가들이 모두 만족할 수 있는 IR활동이 되려면 어떻게 할 것인가를 살펴보도록 하자. <그림 1-3>

그림 1-3 IR 정보관리 개념도

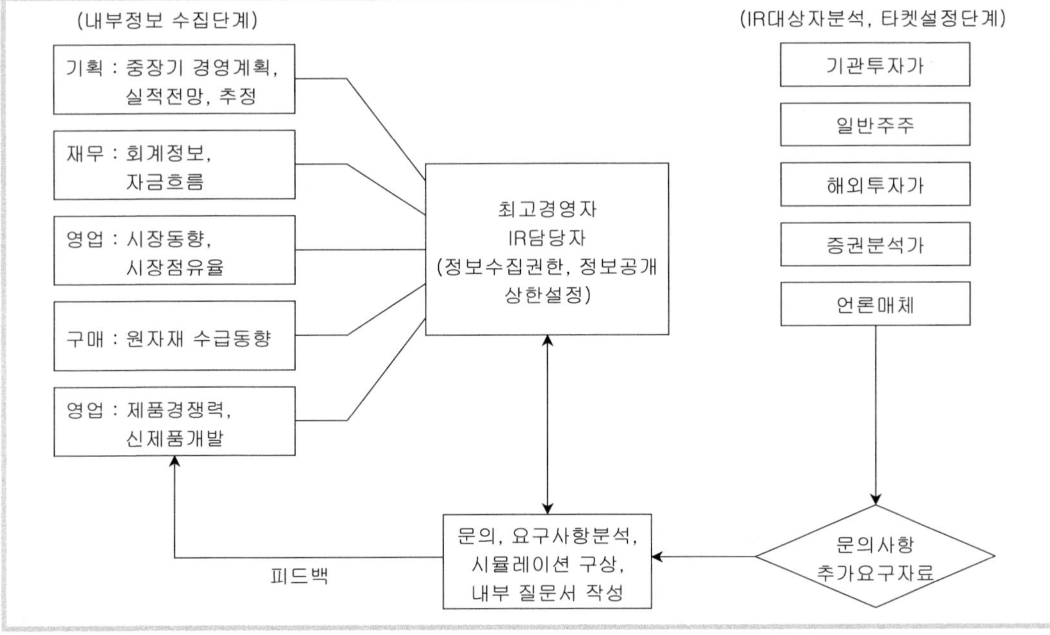

첫째로 지적되는 것이 기업들이 IR과 관련해서 정보관리를 제대로 하지 못하고 있다는 지적을 받고 있다. IR과 관련된 정보관리는 크게 내부정보 수집단계와 공표단계로 구분해 볼 수 있다. 수집단계의 정보관리는 누가 책임과 권한을 갖고, 어느 선까지 정보를 공개할 것인가를 정하는 데서부터 출발한다.

우리나라 기업의 IR책임자는 대부분 기업조직 내에서 대부분 부장이나 과장급이고, 심한 경우에는 대리나 일반사원이 맡고 있는 경우도 있다. 그러다 보니 내부정보 수집단계에서부터 한계를 보일 수밖에 없는 것이 현실이다.

이를 보완하려면 최고경영자가 IR책임자에게 내부정보 수집의 전권을 위임하고 사내정보를 집중시키도록 해야 한다. 권한을 받은 IR담당부서는 각 부서에 요구해 재무정보를 기본으로 중장기경영계획, 실적전망, 시장점유율, 원자재수급동향, 신제품 개발현황, 자사제품의 시장경쟁력과 경쟁사동향 등의 정보를 수집해야 한다.

그러나 정보수집 방법을 제도화시킨다고 필요한 내부정보가 자동적으로 집중되지는 않는다. 기업설명회나 일대일 미팅에선 기업이 알리고자 하는 정보만을 요구하는 것이 아니기 때문이다.

예를 들어 실제 기업설명회에선 "환율과 금리전망을 어떻게 보며, 그에 따른 매출증가(감소)분은 얼마인가?", 또는 "향후 공급초과분은 얼마이며 가격은 얼마나 하락하고, 대응전략은 무엇인가?"라는 형태의 질문이 투자가들로부터 쏟아진다. 투자가나 애널리스트들은 이를 통해 해당기업의 신뢰성은 물론이고 전략수립이나 위기관리능력까지 판단하고 있다.

IR담당부서는 이에 대비하여 여러 가지 시나리오를 가정하고 각각의 경우가 어떤 효과를 일으키며, 어떻게 대처해야 할 것인가를 해당부서에 묻고 이에 대한 답변을 확보해둘 필요가 있다. 특히 첨단업종이나 기술적인 부분에선 현장의 답변이 중요하다.

이와 같은 준비작업은 단순히 IR활동을 위해서만이 아니고 기업의 지속적인 성장을 위해서도 필요하다. 아울러 최고경영층은 IR담당부서에서 투자가들의 요청에 즉각 답변할 수 있도록 정보공개의 상한을 정해두는 것이 좋다.

공표단계에서는 기업정보를 필요로 하는 사람이 누구이고 어떻게 제공하는 것이 바람직한 것인가를 결정하기 위한 정보를 관리해야 한다. IR은 불특정다수의 투자가를 대상으로 하지만 현실적으로 시간과 지역의 제한이 있어 효과를 극대화시킬 수 있도록 타깃을 정하는 것이 좋다.

받은 정보를 여러 투자가들에게 빠르게 전달해야 한다는 차원에서 정보전달력을 갖춘 기관투자가나 해외투자가 등의 투자가그룹과 언론이나 증권분석가 등 정보전달자그룹이 대상이 될 수 있다. 타깃이 될 각각의 그룹은 정보에 대해 대응하는 자세나 영향력에 차이가 있다.

이 때문에 기업은 각 집단의 성향이나 영향력 등에 관한 정보를 파악할 필요가 있다. 기관에 따라서는 공표한 정보를 묻어버리는 경우도 있지만 반대로 확대재생산하기도 하며, 해당정보로 팔 시점을 결정하는가 하면 반대로 매수할 결정도 할 수도 있기 때문이다.

특히 해외투자가가 많은 기업에서는 누가 자사 주식을 보유하고 있고, 그들의 투자자세가 어떤가를 모른다면 IR자체가 불가능하므로 이들에 대한 정보는 필수적이다. 이와 같은 필요성 때문에 최근에는 세계 기관투자가의 자산운용규모를 비롯하여 많은 펀드매니저들의 신상명세나 투자성향 등의 정보를 수집하고 IR컨설팅을 하는 기업들도 있다.

정보전달자그룹인 증권분석가나 언론은 직접투자는 하지 않더라도 다수의 투자가가에게 미치는 효과가 크기 때문에 유대관계를 가지고 꾸준히 정보를 제공하는 것이 중요하다.

4. 재무관리 영역

재무기능이 발휘되는 구체적인 공간의 범위 또는 영역은 어떻게 될까? 재무기능의 양대 축을 투자기능과 자본조달 기능이라고 한다면, 기업의 실물투자기능이 발휘되는 공간적 영역을 요소시장이라고 부를 수 있다. 또한 자본조달기능은 금융시장에서 이루어지는 재무기능이다.

따라서 <그림 1-4>에서처럼 재무담당자는 요소시장에서 기업이 수익을 창출하기 위하여 각종 자산들을 구입하게 되고, 금융시장을 통해 자산구입에 필요한 자본을 다양한 금융수단을 발행하여 동원해서 조달하게 된다.

기업의 재무담당자가 요소시장과 금융시장에서 투자와 자본조달이라는 재무기능을 기업가치를 극대화하기 위해 최적의사결정을 수행하는 과제를 다루는 것이 재무관리라고 한다.

투자활동이 이루어지는 공간인 요소시장은 기업이 경영활동에 필요한 다양한 자산들을 구입하는 공간이다. 따라서 요소시장이라는 단일명칭을 부여하기에는 무수히 많은 아이템들의 하부시장들이 존재할 것이다.

그림 1-4 재무기능의 영역

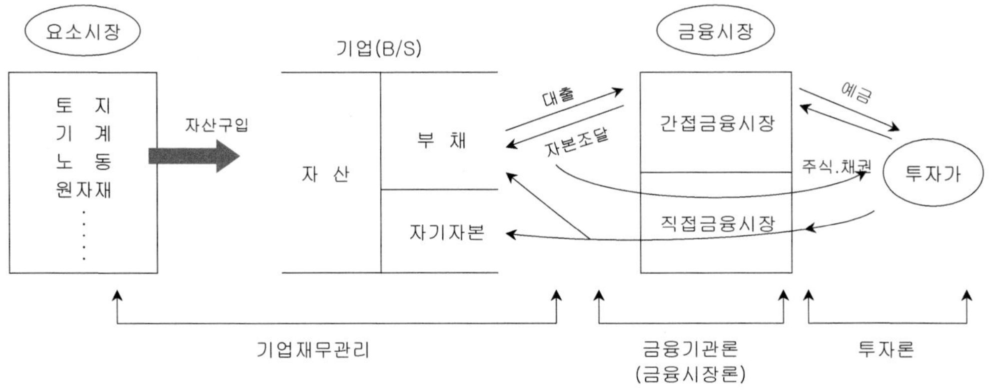

예를 들어 대표적인 요소시장의 하부시장으로 기계류가 생산되고 판매되는 공간이 있을 것이고, 부동산시장도 기업의 생산공장이나 업무용지가 공급되는 시장이 된다. 이런 요소시장의 종류는 기업의 자산항목이 업종마다 다양하고 종류와 숫자가 엄청나게 많이 있으므로 각각의 자산항목마다 요소시장이 존재한다고 할 수 있다.

한편, 자본제공자인 경제주체입장에서 금융시장에서 자본조달주체들이 발행하는 금융수단을 취득하고 그 과정에서 금융수단이 보유하고 있는 위험과 기대수익률에 관한 의사결정을 하는 분야를 취급하는 것이 투자론이라고 할 수 있다.

화폐순환과정에서 흑자경제주체들은 여유자금을 운용하는 방식이 소비 또는 투자형태로 운용할 수 있는데, 만약 보유자금으로 소비활동을 하게 되면 상품시장에서 경제행위 즉, 소비행위를 하게 될 것이다. 소비가 이루어지는 상품시장도 요소시장처럼 무수한 하부시장들이 존재할 것이다.

상품시장의 구체적 형태는 백화점이나 대형쇼핑센터, 그리고 재래시장 같은 규모가 큰 시장에서부터 각 제품이 판매되는 구체적인 가게나 상품 숍같은 소규모의 상품시장이 존재한다. 경제주체들이 보유자금을 상품시장에서 소비활동을 하는 경우, 어떻게 소비활동을 하는 것이 합리적인 구매결정이 될 것인가를 연구하는 분야는 경제학, 특히 미시경제학에서 다루고 있다.

반면에 흑자경제주체가 여유자금을 금융시장에서 금융상품을 구매하는 경우, 이를 투자행위라고 하고, 투자가는 투자로부터 부담하게 되는 위험과 위험에 대한 보상인 기대수익률의 상관관계를 고민하게 된다. 그래서 소비와 투자행위는 흑자경제주체가 선택적으로 하게 되는 경제행위의 성격을 갖게 된다.

흔히 투자의 정의를 "현재소비의 시간적 연기"라고 하는데, 이는 투자행위의 목적이 미래시점에서 소비를 할 수 있는 소득을 증가시키기 위해 현재소비를 잠시 시간적으로 연기하는 과정으로 파악하는 것이다.

그러나 투자가 단순히 현재소비를 연기하는데 그치지 않고, 미래시점에서 소비의 기초가 되는 소득을 증가시키기 위해 금융자산에 투자하면서 금융자산의 위험에 대한 보상을 기대하는 행위가 수반될 때 비로소 투자행위라고 한다.

이렇게 가계부분 같은 대표적인 흑자경제주체들은 소비와 투자행위를 선택적으로 할 수 있는 입장에 있다. 이들이 여유자금을 가지고 소비행위 대신에 투자행위를 하기 위해서는 투자로부터 기대되는 주관적인 수익률이 소비를 연기하고 금융상품이 가진 위험에 대한 보상에 대해 사전적으로 만족을 하는 경우에 비로소 가능해 질 것이다.

투자로부터의 기대수익률이 주관적으로, 동시에 사전적으로 만족한다는 것은 반드시 기대했던 투자수익률이 사후적으로 달성된다는 것이 아니라는 것을 유의해야 한다.

자본조달주체가 발행하는 금융수단, 즉 각종 금융상품이 자본제공자인 경제주체들이 보유한 여유자금과 교환되는 공간을 총체적으로 금융시장이라고 하는데, 금융시장을 구성하는 다양한 금융기관들이 존재한다.

금융시장도 요소시장과 마찬가지로 각 금융상품이 거래되는 구체적인 하부시장이 무수히 존재한다. 또한 금융시장은 여러 기준에서 분류할 수 있는데, 자금이 중개되는 방식에 따라 직접금융시장과 간접금융시장으로 분류할 수 있는데, 직접금융시장은 주식이나 회사채처럼 자본조달주체가 직접 투자가를 대상으로 금융수단을 발행하고 필요한 자본을 조달하는 시장을 말한다.

반면에 간접금융시장은 자본제공자의 자금이 은행이나 금융기관을 거쳐 최종 자본수요자에게 공급되는, 자금중개과정을 거치는 시장을 말한다.

그리고 거래되는 금융자산의 만기에 따라 단기금융상품이 거래되는 화폐시장과 장기성 금융상품이 거래되는 자본시장으로 분류할 수 있다. 기업의 재무기능 가운데 자본예산에 필요한 자본이 조달되는 공간은 자본시장이고, 운전자본관리에 필요한 단기자본이 조달되는 공간이 화폐시장이라고 할 수 있다.

구체적인 금융자산별로 보면, 주식이나 회사채처럼 발행시장과 유통시장이 모두 갖춰진 경우도 있고, 예금이나 적금 같은 금융상품은 발행시장만 존재하고 2차유통시장은 존재하지 않은 경우도 있다. 발행시장은 금융상품이 최초로 발행되어 자본수요자와 자본공급자 사이에 금융자산과 화폐가 교환되는 공간이다.

발행시장에서는 구체적으로 자본수요자는 자본을 조달하는 창구인데, 유통시장은 이미 발행된 금융자산을 투자가 사이에서 매매되는 공간을 말한다. 최근의 금융혁신과정에서는 기존에 발행시장만 존재하던 금융상품에 대해 유통기능을 확보해주는 혁신들이 진행되고 있다.

재무론의 영역에서는 금융시장 자체에 대한 각론도 중요하게 취급하고 있다. 금융시장에는 하부시장으로 직접금융시장에 참여하는 금융기관인 증권회사, 자산운용사, 투자신탁회사들이 있으며, 간접금융시장에 참여하는 대표적인 금융기관인 은행이 있다. 이들 금융시장을 구성하는 금융기관의 업무내용과 운영을 다루는 것은 별도로 금융기관론, 또는 금융시장론이라는 각론에서 취급한다.

제 3 절 기업에서의 대리인 문제

1. 대리인문제의 개념

재무관리의 목표는 기업가치의 극대화를 이루는 것이라고 했다. 여러 주주로 구성된 주식회사는 다수의 주인인 주주가 모두 기업경영에 참여할 수 없으므로, 주주총회에서 주인을 대신해 경영을 맡아줄 대리인을 선출한다.

이들이 이사 및 대표이사라고 하는 경영자들이다. 이 경영자들은 기업에서 경영의사결정을 할 때 기업가치를 극대화하는 방식으로 늘 의사결정을 할까? 이 질문에 대한 문제제기들이 대리인 문제의 본질이다.

따라서 대리인문제(agency problem)는 기업의 주인, 즉 주주가 경영자의 감시를 완벽하게 할 수 없는 상황에서 경영자가 주주의 부를 극대화하기 보다는 개인적인 동기에 초점을 맞춰 경영의사결정을 할 가능성이 충분히 있다는 것이다. 이런 문제가 발생하는 것은 기업의 소유주인 주주와 대리인인 경영자와의 이해가 반드시 일치하지 않을 수도 있다는 것이다. 특히 경영자가 보수를 받고 고용되는 경우에는 기업가치가 증가하는 만큼 비례해서 경영자의 부가 증가하지 않을 수 있을 때 대리인 문제를 야기시킬 가능성은 커질 것이다.

먼저 대리인문제에 대한 정의는 "주식회사 형태의 기업에서 경영자가 기업가치 극대화를 위해 의사결정을 하지 않을 가능성"으로 정의된다.

이런 가능성은 본질적으로 해당기업의 경영자가 그 기업의 주식소유와 반비례한다고 이 분야의 풍부한 연구결과는 보고하고 있다. 즉 대리인문제의 본질은 기업의 지배구조가 어떻게 이루어져 있는가 따라 발생가능성과 그 정도문제가 달라지는 성격을 가지고 있다.

비공개기업 같은 지배구조를 갖는 기업은 경영자가 곧 대주주인 소유경영자이므로 주주의 부와 경영자의 부는 일치하여, 에이전시 문제를 야기할 가능성이 원천적으로 없다고 할 수 있다. 그러나, 기업공개와 더불어 외부주주들의 비중이 점차 증대하면, 경영자가 에이전시 문제를 일으킬 가능성이 점점 증가할 것이다.

2. 대리인문제의 유형

대리인문제의 총체적 표현으로 흔히 도덕적 해이, 또는 외래어처럼 모럴 해저드(moral hazard)라는 개념이 있다. 이것은 원래 고용관계 또는 대리관계에서 고용인이나 대리인이 자신의 개인적 이익을 추구하기 위해 직무와 관련하여 고용주 또는 의뢰인의 이해에 반하는 부도덕 또는 불성실한 행동을 함으로써 사적 이익을 취하는 행위를 의미한다.

원래 미국에서 보험가입자들의 비양심적인 행위를 지칭하는 용어로 보험을 가입해 놓고 보험금을 타기 위해 고의로 사고를 내는 것을 지칭한 것인데, 최근에는 광의의 용어로 쓰이고 있으며 경제적으로 계약에 의한 고용관계 형태에서 폭넓게 원용하는 개념이다.

주식회사제도가 갖는 독특한 구조 때문에, 대리인인 경영자(agent)와 이를 고용한 주인인 주주(principal)간에도 도덕적 해이 문제가 발생한다. 경영자는 주인인 주주의 감시가 소홀하면 자신의 이익을 추구할 수 있는 여지가 얼마든지 있다.

특히 기업의 주식소유가 일반인들에게 널리 분산되는 구조에서는 외부의 일반주주들이 경영자를 감시할 수 있는 현실적 여건이 불완전하기 때문에 경영자의 도덕적 해이를 야기할 수 있는 유인들이 증가하게 된다. 따라서 도덕적 해이문제는 바로 에 이전시 문제의 포괄적인 형태라고 할 수 있다.

에이전시 문제는 구체적으로 어떤 모습으로 나타나는가? 가장 흔한 유형은 "특권적 소비"라는 형식이다. 이것은 개인적인 동기로 기업의 자산을 유용하는 것이다. 즉, 필요 이상으로 과도하게 경영자 자신을 위한 소비지출하게 되면서 그 결과 기업가치를 하락시키는 현상이다.

이보다 더 심각한 에이전시 문제는 과소투자(under investment)의 문제이다. 과소투자는 투자결정과정에서 투자안의 가치가 투자비용보다 큰 투자안에 대해서도 소극적인 투자 태도를 보이는 현상을 일컫는다.

이 유형의 에이전시 문제는 바로 매년 주주총회에서 경영권에 대한 신임을 받아야 하는 경영자의 경우에서 예상되는 문제이다. 즉, 투자안의 가치가 투자비용보다 큰 경우에는 투자를 실행함으로써 기업가치를 증가시켜야 한다.

그러나 매년 주주총회에서 경영권신임을 받아야 하는 경영자입장에서는 투자내용이 가지고 있는 위험 때문에 투자를 과감하게 집행하지 못하고 머뭇거리게 된다는 것이다. 즉, 투자가 성공하여 기업가치가 증가할 경우에는 주주총회에서 긍정적인 평가를 받게 되겠지만, 그 반대의 경우 심각한 상황에 직면할 수도 있을 것이다.

이런 경영자의 이해관계가 투자에 수반되는 위험에 대해 지나치게 민감하도록 하고, 단기적인 성과에 급급하게 할 수 있는 배경이 되기도 한다.

3. 대리인문제의 해결방법

경영자가 주주를 위해 행동하도록 만들기 위해서는 경영자의 성과에 대한 적절한 보상체계를 마련함으로써 대리인문제를 해결하는 방식이 있다. 이 방식은 경영자의 목표가 주주의 목표와 일치하도록 경영자의 보상체계를 만드는 방법이라고 할 수 있다.

대표적인 경영자 보상체계로 들 수 있는 것은 스톡옵션제도인데, 이는 경영자가 사전에 주주와 약속한 경영성과를 이루어 낼 경우에 자사 주식을 싼 값으로 인수할 수 있는 권리나, 무의결권주식을 제공하기로 계약함으로써 경영자가 주가극대화 목표를 추구하도록 만드는 제도이다.

한편 시장의 제도적장치가 대리인문제를 완화하는데 크게 기여하기도 한다. 대표적인 시장제도가 기업인수시장이 활성화되는 것이다. 기업인수시장이 제도적으로 잘 작동하는 곳에서는 경영자의 대리인문제가 상당부분 제거되는 효과가 발생한다.

기업인수시장에서 기업의 보유자산이나 비즈니스모델에 비해 기업가치가 저평가된 기업이 인수대상기업으로 매력적인 기업이 된다. 기업가치가 기업의 실제가치보다 저평가되는 다양한 요인 중에 대리인문제가 심각하기 때문에, 혹은 경영진의 무능력에 의해 기업가치가 저평가되는 기업들이 좋은 인수대상기업으로 표적이 된다.

만약 어떤 경영자가 자기의 기업이 이런 조건에 의해 기업인수대상으로 표적이 되고, 실제 적대적인 방식이든 우호적인 방식이든 인수시도가 발생하거나 실제 인수가 이루어지면 해당 경영자는 경력에 치명적인 오점을 남기게 될 것이다.

따라서 기업인수시장과 경영자인력시장이 동시에 작동하고 있는 체계 속에서는 대리인문제가 상당 수준 해결된다는 연구보고들이 있다.

우리나라의 기업에서는 대리인문제가 아직 우려할 수준이 아닌데 그 이유는 대부분 상장기업들이 대주주이면서 경영자를 겸하고 있는 지배구조형태이기 때문이다. 즉, 우리나라 기업들은 소유와 경영이 혼재하는 단계이므로 미국의 경우처럼 대리인문제가 심각한 상황이 아니라고 할 수 있다.

제 2 장

재무관리의 기초 개념들

기업의 재무관리기능을 이해하기 위해서는 재무기능에 내재된 기본적인 개념에 대한 이해가 선행되어야 한다. 물론 이런 기본적 개념이외에도 재무관리이론에 대한 충분한 이해를 위해서는 관련된 다양한 분야의 인접학문에 대한 지식도 필요하다.

최근에 재무관리의 영역이 넓어짐에 따라 거시경제학, 통계학, 회계학, 수학 등에 관한 사전지식의 이해에 대한 요구가 점차 증가하고 있다. 우선, 주로 회계적인 정보 형태로 제공되는 재무자료를 위해서 회계학에 대한 기본적인지식이 필요하다.

재무적 의사결정을 위해서는 필수불가결하게 기업내, 외부적인 경제상황에 대해 분석이 수반되므로 특히 거시경제적 변수에 대한 이해와, 산업분석에 대한 기본개념들이 필요하다.

그러나 이런 분야에 대한 이해를 위해 여기서 지면을 할애 할 형편은 되지 못한다. 따라서 회계학이나 경제학에 대한 이해는 별도의 노력을 기울어야 할 것이다.

이 장에서는 재무관리기능에 기본적으로 내재된 개념들 중에 가장 대표적인 것에 대한 간략한 이해를 위한 지면을 할애하고자 한다. 재무기능은 본질적으로 미래에 대한 현재의 의사결정과정으로 이루어져 있다.

이런 재무적 속성은 현금발생의 시간의 불일치 문제와 미래가 가지고 있는 불확실성, 즉 위험을 피할 수 없다.

재무담당자에게 재무관리 기능이 어려운 것은 본질적으로 미래에 대해 현재시점에서 의사결정을 하고, 그 결과가 기업에게 치명적인 영향을 미친다는 것이다.

이런 문제를 해결하기 위해 본장에서는 화폐의 시간적 가치를 계산하기 위한 기본개념과, 재무의사결정과정에서 시종일관 관통하는 기본 개념인 위험과 수익률의 관계와 실제 재무기능의 내용을 이루는 가치평가문제와 관련된 기본개념들을 간략하게 소개하고자 한다.

제 1 절
화폐의 시간가치

기업의 투자활동 등 대부분의 재무활동은 일정 기간 현재와 미래의 여러 시점에 걸쳐서 현금흐름을 발생시킨다. 예컨대 기업이 투자결정을 할 경우, 현재 시점에서는 투자금액 만큼의 현금유출이 발생하나 미래의 여러 기간에 걸쳐 투자수익에 따른 현금유입이 발생한다.

투자여부에 대한 의사결정을 위해서는 서로 다른 미래시점에서 발생하는 현금 흐름의 가치를 일정시점 특히 현재시점 가치로 환산하는 것이 필요하다. 현재와 미래의 여러 기간에 걸친 현금흐름을 발생시키는 투자결정과 자본조달결정을 합리적으로 하기 위해서는 서로 다른 시간에 발생하는 현금흐름은 서로 다른 가치를 갖는다는 것을 고려하여야 한다.

즉, 합리적인 재무의사결정을 위해서는 화폐의 시간가치를 반드시 고려하여야 한다. 미래의 각 시점에 발생하는 현금흐름을 현재의 가치로 환산한 크기를 현재가치 또는 줄여서 현가라 한다.

1. 화폐의 시간적 가치 개념

합리적인 인간은 같은 크기의 금액에 대하여 미래의 금액보다 현재의 금액을 보다 선호한다. 왜냐하면 미래의 금액은 본질적으로 불확실성을 내포하기 때문이다. 현재의 1만원과 1년 뒤의 1만원은 크기가 다르다는 이야기가 된다.

그럼 1년 이후의 1만원에 내재된 불확실성이란 어떤 것이 있을까? 대표적인 것으로 인플레이션이 있다. 즉 1년 후에 지금보다 물가가 상승하는 경우에, 1년 뒤의 1만원은 현재의 그것보다 구매력이 감소되는 위험을 가지고 있다.

이보다 더 본질적인 불확실성은 1년 뒤에 1만원이 정확히 발생할 것인지, 혹은 내가 받을 수 있을 것인지에 대해 확실한 보장을 할 수 없다는 것이다. 따라서 합리적인 사람이면 어떠한 경우에도 동일한 금액의 크기에 대해서는 미래보다 현재의 것을 선호하게 된다.

이것이 화폐의 시간가치(time value of money)라는 개념이다. 즉, 동일한 크기의 화폐가 시간적으로 발생하는 시점이 다른 경우에는 두 시점의 화폐크기는 다른 것이다. 얼마나 차이가 날 것인가의 문제는 두 시점간에 내재된 불확실성의 크기에 따라 달라진다.

이때 미래의 화폐를 현재의 가치로 조절해주는 것이 할인율이다. 역으로 현재의 크기를 미래시점의 크기로 전환시킬 때 매개요소를 이자율이라고 한다. 따라서 두 시점 사이에 불확실성이 클수록 할인율이나 이자율이 커질 것이다.

만일 어떤 투자자가 1년에 10%의 이자를 받기로 하고 다른 사람에게 100만원의 자금을 빌려주었다면 이 사람은 현재의 100만원의 현금소비를 1년간 유보한 대가로 1년 뒤의 110만원을 현금을 받을 것이다. 이때 이 투자자가 현재의 100만원과 1년 뒤의 110만원에 대해 느끼는 만족의 정도가 같다면 두 시점에서의 금액의 차이인 10만원이 불편을 감수하거나 부담한 위험에 대한 대가가 되며, 1년 동안의 시간이 갖는 가치가 된다. 이와 같이 일정한 화폐액이 시간에 따라 다른 가치로 평가되는 것을 화폐의 시간가치라고 한다.

따라서 화폐의 시간적 가치를 고려하지 않는다면 기업은 투자결정 뿐만 아니라 자본조달, 배당정책 등 중요한 재무의사결정을 올바르게 수행하지 못할 것이다. 이 절에서는 먼저 미래의 자금 흐름 표를 분석하기 위하여 미래가치와 현재가치 등 화폐의 시간적 가치를 설명하고자한다.

(1) 미래가치의 계산

미래가치(future value)란 현재 일정금액을 미래 특정시점의 가치로 계산한 것을 말한다. 일반적으로 금융에서 미래가치를 구하는 것을 복리계산한다고 하며, 특정 금액의 미래가치 계산은 이자율만 제시되면 복리계수표를 활용하여 쉽게 구할 수 있다.

예를 들면 n기간 동안에 적용될 연간 이자율이 r일 때, 현재의 1원은 n기간 후에 $(1+r)$ 원이 된다. 이를 복리가치요소(compound value factor: CVF) 또는 미래가치요소(future value factor: FVF)라고 한다. 원금이 C일 때 n년 이후의 미래가치는 다음과 같이 일반식으로 표현할 수 있다.

1년 뒤의 미래가치 $FV_1 = C_o + C_o \times r_1 = C_o(1+r_1)$

2년 뒤의 미래가치 $FV_2 = FV_{1_o} \times (1+r_1) = C_o(1+r_1)^2$

$\vdots$

n년 후의 미래가치 $FV_n = C_0(1+r_1)^n$ (식 1-2)

그림 1-5 미래가치

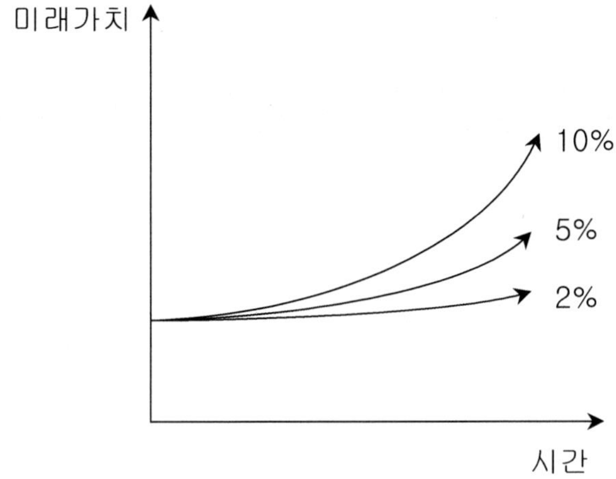

만약 현재의 금액이 동일하면, 이 금액의 미래 가치는 이자율과 기간에 따라 변화한다. 즉, 이자율이 높을수록, 기간이 길어질수록 미래가치는 증가한다. 이자율이 0%인 경우는 미래가치는 현재 투자원금과 항상 가치가 같다. 1원에 대한 이자율과 투자기간에 따른 미래가치의 변화는 <그림 1−5>와 같다.

(2) 현재가치의 계산

현재가치(present value: PV)란 미래에 발생할 금액을 현재시점의 가치로 평가한 것이다. 현재가치를 줄여 현가(現價)라고도 한다. 미래가치는 현재의 화폐가치를 미래의 특정시점을 기준으로 하여 그 시점에서의 화폐가치로 계산한 것이며, 현가는 미래의 발생하게 될 화폐가치를 현재 시점에서의 화폐가치로 환산한 것이다. 그러므로 미래가치 계산과 현가계산은 서로 상대되는 개념이다.

미래가치와 현재가치는 위 (식 1−2)에서 가치를 구하는 시점의 차이밖에 없으므로 역으로 구할 수 있다. 즉, (식 1−2)를 다음과 같이 변형하면 된다.

$$PV = \frac{FV}{(1+r)^n} \qquad \text{(식 1−3)}$$

PV : 현재가치
FV : 미래가치
r : 이자율(할인율)

미래가치의 계산에서는 I는 이자율 또는 증가율의 의미를 가지고 일정하지 않다. 이러한 경우의 미래가치와 현재가치를 계산 할 때에는 매기마다 미래가치와 현재가치를 개별적으로 계산하여 합하여 구하여야 한다.

미래시점의 화폐금을 현재시점의 가치로 환산하는 과정에서 그 크기를 결정하는 요인인 기간, 할인율의 관계를 그림을 표시하면 다음 <그림 1−6>과 같다.

그림 1-6 현재가치와 요소간의 관계

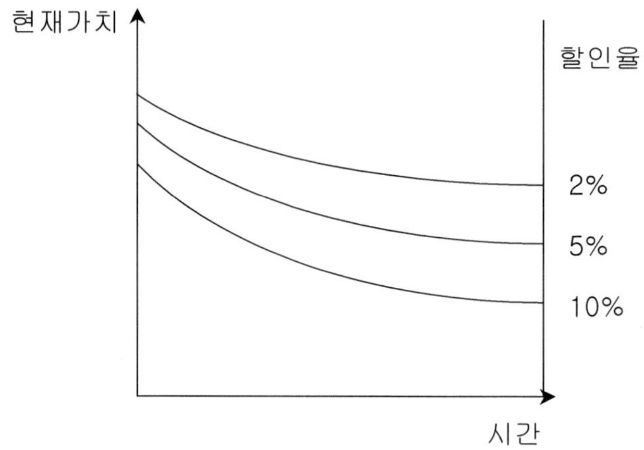

(3) 불규칙한 현금흐름의 현재가치

재무기능을 수행할 때 재무담당자가 직면하게 되는 일반적인 현금흐름의 모습은 어떤 모습일까? 예를 들어 기업이 투자결정을 하려고 할 때, 투자로부터 예상되는 수익이나 비용의 발생모습이 현재시점에서 예측할 경우 어떤 모습으로 발생하게 될 것인가?에 대한 질문을 해 볼 수 있다.

재무적의사결정의 대부분은 현재시점에서 미래의 현금흐름을 예측하고 의사결정을 하는 유형이 될 것이다. 그래서 현재가치를 구하는 문제가 대부분일 것이다. 그러면 현재가치를 구할 때, 실제 미래에 발생하는 현금패턴은 어떤 것일까? 아마 대부분의 경우에는 크기가 서로 다른 크기의 현금흐름들이 시기별로 발생하는 모습일 것이다.

따라서 재무적 의사결정에서 실제 직면하게 될 화폐의 시간가치 문제는, 미래에 시점별로 불규칙한 크기로 발생하는 현금을 현재가치로 전환시키는 문제가 될 것이다. 가장 대표적인 자본예산의 경우를 예를 들어보면 다음과 같은 현금흐름을 가정해 볼 수 있을 것이다.

현재시점에서 20억원을 투자하면, 1년 후에는 5억원, 2년 후에는 10억원, 3년 후에는 7억원의 수익이 발생하는 투자대상이 있을 경우에 이 투자를 실행할 것인지를 결정하는 것이 자본예산이다.

여기서 미래에 발생하는 수익을 현재시점의 가치로 환산하기 위해 적용시킬 할인율이 10%라고 하면, 현가표를 이용하든지, 혹은 구체적으로 할인율을 적용시켜 간단하게 현재가치를 구하면 된다.

제 2 절 위험, 수익의 상반관계

1. 재무론에서 위험과 수익의 관계

경제주체들이 소비나 투자행위를 하는 과정에서 일반적으로 가정하는 속성으로 '합리적 인간'이란 가정이 있다. 이 가정의 주요한 본질은 인간은 누구나 위험에 대해 회피하려는 속성을 가지고 있다는 것이다. '합리적 인간' 가정의 또다른 표현은 '인간은 이기적 동기에 의해 행동한다'는 것으로 바꿀 수 있다.

재무관리나 투자론은 경제학과 마찬가지로 경제주체들의 의사결정과정을 설명하는 분야이다. 따라서 소비나 투자와 같은 경제행위를 수행하는 경제주체에 대한 기본적인 가정은 경제적 측면에서 이성적이고 합리적인 행동을 한다는 것이다.

경제주체에 대한 이런 가정하에서 도출된 개념이 합리적인 경제주체들은 동일한 조건하에서는 낮은 위험과 높은 수익률을 선호한다는 것이다. 이런 태도를 '위험에 대해 회피적이다'고 할 수 있다.

이처럼 모든 경제주체들이 위험과 수익률에 대해 동일한 태도를 가지고 경쟁하게 됨으로 낮은 위험과 높은 수익률을 동시에 획득하는 것은 불가능하다. 즉, 이 두 요소는 서로 상반관계, 혹은 보상관계에 있게 된다.

상반관계나 보상관계의 의미는 높은 수익률을 얻기 위해서는 높은 위험을 부담해야 한다는 것이다. 혹은 높은 위험을 부담하는 것을 싫어하면 수익률에 대한 기대도 낮아져야 한다는 것이다. 높은 위험을 부담한다는 것은 성공할 경우에는 높은 수익률을 얻을 수도 있지만, 실패할 경우에는 큰 손실을 감수해야 한다는 의미이다.

위험이 크다는 것은 기대했던 결과가 나오지 않을 가능성도 높다는 것을 의미한다. 따라서 높은 위험을 부담하기를 꺼리는 경우, 낮은 수익률을 선택하는 것이 합리적이고 이성적인 태도라는 것이다.

재무이론에서는 시장에 참여하는 투자자들이 위험을 싫어하는 위험회피적 이라고 가정한다. 위험회피적 투자자들은 미래현금흐름의 불확실성 또는 위험이 커지면 커질수록 위험부담에 대한 대가 즉 위험 프리미엄을 반영하여 더욱 큰 수익을 요구하게 된다. 이러한 관계를 위험. 수익의 상반관계라 한다.

재무론의 영역에서 취급하는 모든 의사결정과정은 위험과 수익률의 상호관계가 관련된 분야이고, 동시에 가치평가와 관련된 것들로 이루어져 있다. 왜냐하면 재무론에서 다루는 의사결정문제는 모두 시간차원(time horizone)서 보면 현재시점에서 미래에 관한 의사결정내용으로 구성되어 있다. 따라서 경영자나 재무담당자는 위험과 수익이라는 두 요소에 대한 정확한 평가를 할 수 있어야 한다.

2. 위험과 수익률의 개념과 측정

재무론에서 위험의 개념은 우리가 일반적으로 생각하는 위험의 개념과는 조금 차이가 있다. 재무적 의사결정과정에 위험요소가 개입하는 본질적인 원인은 미래에 대한 의사결정내용으로 구성되어 있기 때문이라고 이미 밝힌바 있다.

미래상황은 본질적으로 불확실성의 상황이다. 예상했던 결과가 달성될지 아닐지에 대해서 아무도 확실하게 사전에 예측할 수가 없다. 통계학에서는 불확실성(uncertantity)과 위험(risk)은 동일한 개념으로 사용하지만, 재무영역에서의 위험에 대한 개념은 보다 더 정확한 개념정의를 요구한다.

재무론에서는 위험의 정의를 “기대했던 결과가 발생하지 않을 가능성”으로 정의한다. 통계학적 개념으로 표시하면, 기댓값과의 편차를 의미한다고 할 수 있다. 이런 위험의 정의는 재무영역에서 미래상황에 대한 불확실성의 정도가 사전에 주관적인 확률분포수준의 예측만 가능하다고 전제하는데 기인한다.

예를 들어 주식투자를 하려는 투자가가 현재시점에서 주식을 매수여부를 결정하려고 할 때 위험은 다음과 같이 평가를 할 수 있다. 현재 시점에서 (주)영남의 주식을 한주당 1만원에 사서 1년 뒤 매각할 경우, 매각시 투자수익률이 얼마가 될지에 대해서 확률분포수준의 정보만 현재시점에서 다음 <표 1-1>와 같이 주관적으로 획득 가능하다고 가정하는 것이다.

표 1-1 (주)영남의 수익률 확률분포

경제상황	확율(p)	주가변화(X상황)	수익율
(주)영남의 이익성장	30%	15,000	50%
현수준 유지	50%	11,000	10%
매출과 이익의 감소	20%	6,000	−40%

물론 위 표에서 각 경제상황과 그에 따라 (주)영남의 주식가격이 변동할 것으로 예측되는 확률값은 투자가의 정보수집과 분석능력에 의해 부여되는 주관적인 수치들이다. 또한 각 경제상황의 예측횟수를 얼마든지 늘일 수도, 줄일 수도 있다. 다만 예측횟수를 얼마를 하든지 전체 예측치에 대한 확률값의 합이 100%가 되면 된다.

위와 같이 투자와 관련된 확률분포가 예상될 때, 투자로부터 기대수익률은 확률분포의 기댓값과 같다. 그래서 기대수익률은 각각의 예상수익률을 확률값으로 곱한 후 더해주면 된다.

$$\text{기대수익률 } E(R) = \sum_{x=1}^{n} X_i P_i \qquad (\text{식 } 1-4)$$

$$= (0.3 \times 0.5) + (0.5 \times 0.1) + (0.2 \times -0.4)$$

$$= 0.12 \ (12\%)$$

X_i : i상황
P_i : i상황에 대한 확률

그러면 이 주식투자로부터 투자가가 부담하는 위험은 어떻게 측정하면 될까? 위험의 개념을 앞에서 "기대수익률이 발생하지 않을 가능성"으로 정의를 했다.

이는 위의 투자에 적용하면 각각의 예측치가 기댓값으로부터 이탈해 있을 가능성 또는 각각의 예측치가 기댓값으로부터 벗어날 가능성으로 해석이 가능하다. 이런 측면에서 위험을 수익률값의 변동성(variability)이라고도 한다.

흔히 위험이 크다는 것을 변동성이 크다고도 한다. 위험의 구체적인 측정방법은 위 확률분포의 분산 값 또는 표준편차 값으로 측정한다. 이것은 주식투자와 관련하여 투자수익률(혹은 주가변동)에 대한 예측횟수를 늘리게 되면 각각의 예측치와 확률 값의 결합이 정규분포를 이룬다는 가정하에서 그렇다는 말이다. 따라서 위 투자예에서 위험의 측정은 다음과 같이 구하게 된다.

$$
\begin{aligned}
Var(R) &= \sum_{i=1}^{n} \{X_i - E(R)\}^2 \ P_i \qquad \text{(식 1-5)} \\
&= (0.5-0.12)2 \times 0.3 + (0.1-0.12)2 \times 0.5 + (-0.4-0.12)2 \times 0.2 \\
&= 0.16828
\end{aligned}
$$

위 분산 값은 제곱의 값이므로 제곱근의 값이 표준편차값으로 위험을 표현하기도 한다.

위험과 수익률간의 보상관계는 위험이 높을수록 기대수익률도 높아진다는 것이다. 합리적 경제인은 낮은 위험과 높은 수익률을 선호하므로 경쟁적으로 행동하는 시장에서 높은 수익률과 낮은 위험을 동시에 얻을 수는 없다는 것이 위험과 수익률간의 상반관계(trade-off)이다.

그런데 여기서 수익률에 대해서 주의해야할 개념이 있는데, 수익률개념에는 사전적 수익률과 사후적 수익률개념이 있다는 것이다. 위험과 수익률간의 상반관계에서 말하는 수익률은 사전적 수익률 개념인 기대수익률이라는 점을 유의해야 한다.

기대수익률, 즉 사전적 수익률개념이란 투자를 결정하는 순간, 투자가의 예측에 의해 기대할 수 있는 수익률개념이다. 예를 들어 (주)영남이 발행한 주식과 채권(회사채)이라는 두 가지 유가증권을 두고 투자결정을 하는 경우를 보자.

설명을 쉽게 하기 위해 회사채만기가 3년이라면, 주식을 매입해서 3년 후 매각하는 경우로 투자기간을 동일하게 하도록 한다. 투자가는 3년간 (주)영남의 각종 매출과 이익에 대한 정보를 수집하여 분석한 결과 투자수익률이 20%정도 예상된다고 하자.

이 경우 회사채는 액면이자율이 확정되어 발행되므로 주식과는 달리 비교적 만기에 얻을 수 있는 수익률이 확정되어 있다고 할 수 있다. 만약 회사채이자율이 연리 10%로 결정되어 있다면, 두 투자로부터 기대수익률은 각각 주식은 20%, 회사채는 10%가 된다.

당연히 주식이 회사채보다 위험이 높으므로, 주식에 투자하는 경우 기대수익률이 회사채수익률보다 높다. 그러나 실제 주식에 투자를 하고, 투자가 완료된 후 투자수익률(사후적 수익률)을 구해보면 상황에 따라서는 오히려 회사채수익률보다 낮게 투자수익률을 보이는 경우가 얼마든지 가능할 것이다.

기대수익률은 흔히 요구수익률이라고도 하는데, 요구수익률이란 개념에는 투자가가 부담하는 위험에 상응하는 만큼 수익을 기대한다는 개념이다. 위 <표 2-1>에서 주식투자에 있어서 기대수익률과 위험에 대한 확률분포를 살펴보았는데, 기대수익률은 확률분포의 기댓값으로, 위험은 확률분포의 분산, 또는 표준편차로 표시할 수 있다고 하였다. 이 위험과 기대수익률의 개념은 포트폴리오투자와 자본시장선으로 확장되고 마지막으로 증권시장선이론까지 확장되어 기대수익률과 위험에 대한 결론이 자본자산가격결정모형, 즉 CAPM으로 결론을 맺는다.

즉, 위험과 기대수익률의 관계는 위험가운데 베타위험에 대해서 보상을 기대할 수 있다는 것이다. 투자로부터 합리적으로 요구할 수 있는 기대수익률, 즉 보상수준은 두 가지 요소로 구성된다는 것이다.

즉, 소비연기에 대한 보상수준인 무위험자산수익률과 구체적으로 투자로 인해 부담하는 위험에 대한 보상수준인 위험프리미엄을 합한 것 만큼의 수익률을 기대할 수 있다는 것이다.

물론 여기서도 어디까지나 기대수익률개념이라는 것을 주의해야 한다. 이런 위험과 보상수준인 기대수익률간의 관계를 구명한 CAPM개념은 재무관리전반에 걸쳐 획기적인 이론 발전을 가져오게 하였다.

예를 들어 주식투자의 기대수익률이 9%라고 할 때, 무위험수익률이 5%라고 하면 4%는 위험부담에 대한 대가 즉 위험프리미엄이 된다. 이러한 관계는 다음 식 즉 기대수익률= 무위험수익률+위험프리미엄과 같이 표시된다.

$$E(R_i) = R_f + [E(R_m) - R_f]\beta_i \qquad \text{(식 1-6)}$$

$E(R_i)$: i자산 기대수익률
r_f : 무위험자산수익율
β_i :시장기대수익율

제3절 가치 평가

가치평가는 재무관리에 있어서 일관되게 적용되는 의사결정방식이다. 특히 재무관리의 목적은 기업가치를 극대화 시키는 것이라고 이미 설명한 것처럼, 기업가치의 개념도 가치평가모델에 근거하고 있다.

기업가치의 극대화는 상장기업의 경우에 곧 주가극대화를 통한 주주들의 부를 극대화시키는 것과 같은 개념이라고 이미 설명했듯이, 기업가치모형은 또한 주식이라는 유가증권 자산의 가치평가모델이기도 하다. 이와 같이 재무관리기능의 대부분에서 가치평가개념은 적용되고 있다.

가치평가의 개념을 정확히 이해하는 것이 중요한 이유는 재무론에 도입된 중요한 개념들, 예를 들어 앞서 소개한 화폐의 시간가치 개념과 위험과 할인율의 상반관계개념들이 가치평가모형에 모두 포함되어 있다는 것이다. 결국 이들 중요한 개념들은 가치평가문제를 해결하기 위해 도입된 개념이기도하다.

가치평가모형이 적용되는 구체적인 사례는, 재무기능에서 가장 중요한 자본예산의 경우와, 주식투자가들이 주식을 취득할 것인지를 결정하는 과정, 채권투자가의 채권투자결정 등 재무론의 핵심 분야를 아우르고 있다.

이와 같이 재무관리와 투자론 전반에 걸쳐 폭넓게, 그리고 핵심적인 의사결정과정으로 도입되는 가치평가모형의 기본원리와 관련된 변수들간의 관계 등에 대해 간략하게 개념적으로 설명하고자 한다.

본 절에서는 가치평가문제와 관련된 제반 요소들에 대한 이해와 이들 평가요소들의 상호관련성을 살펴볼 것이다. 기본적으로 가치평가모델에 관련된 팩터는 현금흐름의 크기와 발생시기, 그리고 할인율의 크기가 가치평가를 좌우한다.

1. 가치(Value)의 개념

어떤 자산이 가치를 갖기 위해서는 자산보유로부터 구체적인 경제적 효익(benefit)의 이 제공되어야 하고, 아울러 이런 경제적 효익을 위해 기회비용(expense)이 발생해야 한다.

여기서 경제적 편익이란 현금흐름을 발생시키는 것, 또는 수익을 창출하는 것을 의미하며, 기회비용의 지불이란 수익을 창출하기 위한 원가(cost)나 비용(expense)이 발생한다는 것을 의미한다.

결론적으로 말하면, 어떤 자산의 가치유무는 기대되는 효익의 크기와, 그 효익을 창출하기 위해 부담해야 하는 희생과의 상호크기를 비교하는 과정이라고 할 수 있다.

이런 가치평가를 위하여는 앞에서 설명한 화폐의 시간가치 개념뿐만 아니라 위험과 기대수익률에 대한 개념을 종합하는 과정이 필요하다. 우선 가치의 개념을 구성하는 기본적인 요소에 대해 살펴보기로 하자.

(1) 수익의 창출

재화와 용역은 그것이 구체적으로 경제적인 효익을 제공하거나, 경제적 효익을 제공할 가능성이 있을 경우에만 가치를 갖는다. 그러나 기업재무관리에서 경제적 효익의 의미는 현금흐름, 즉 수익을 의미한다. 이처럼 경제적가치 즉 현금흐름을 창출하는 것을 회계학에서는 자산이라고 정의한다.

대표적인 자산으로 기계와 같은 것들은 경제적 가치를 갖는데 그 이유는 기계가 상품을 생산하여 시장에 판매함으로써 수익을 창출할 수 있기 때문이다. 또한 기계는 구체적으로 기업 내에서 가동되어 상품을 생산하지 않는다 하더라도, 기계를 팔면 그에 따른 경제적 편익을 받을 것이기 때문에 경제적 가치를 갖는 것이다.

어떤 자산이 제공할 수 있는 경제적 효익은 유형적인 것과 무형적인 것이 있다. 유형적인 효익은 구체적이고 상대적으로 쉽게 계량화할 수 있기 때문에 다루기가 쉽다. 유형적인 효익은 주식을 소유할 때 배당이라든지 자본이득과 같은 형태를 띠기도 한다.

기계를 소유하는 경우에도 기계로부터 유형적인 서비스의 효익을 얻는다. 재무관리에서 자산의 가치를 논하는 경우에는 유형적인 효익에 한정한다. 유형적인 자산은 바로 수익(현금흐름)이고, 수익의 크기에 따라 자산의 가치가 커진다고 할 수 있다.

또한 가치라는 것은 이익의 크기에 따라서 결정되는 것이 아니고 현금흐름 크기에 의하여 결정되는 것이기 때문에 현금흐름을 가치와 연결시키는 과정이 필요한 것이다.

(2) 기회비용 지불

어떤 자산이 가치를 갖기 위해서는 경제적 효익을 얻는 것만으로는 부족하고 그것을 얻기 위하여 대가를 지불하는 것이어야 한다. 기계를 소유하여 얻는 편익을 갖기 위해서는 그에 따르는 시간, 노력 혹은 금전적인 대가를 지불하여야 한다.

경제적 의미의 실질비용은 그것을 다른 용도에 사용하지 못함으로써 잃게 되는 편익을 의미한다. 이것을 기회비용(opportunity cost)이라고 하는데, 기회비용이 재무적 의사결정에 상응하는 진정한 비용의 개념이다.

기회비용의 개념을 이해하기 위해서는 모든 행위를 선택하는 데는 어떤 희생을 동반한다는 것을 전제로 한다. 따라서 아무런 희생없이 공짜로 얻어지는 경제적 효익은 가치를 가진다고 하지 않는다는 것이다.

기업내부의 기계라는 자산이 제품을 생산하여 현금흐름 형태의 수익(매출액)을 발생시키기 위해서는 제조원가에 해당하는 기회비용부터 각종 판매 및 일반관리비와 같은 다양한 기회비용을 부담하게 된다.

따라서 어떤 자산의 가치가 높다는 것은 희생되는 비용과 그 비용의 희생으로부터 얻게 되는 경제적 효익의 크기가 커다는 것을 의미한다. 재무관리의 목적은 기업 가치를 극대화시키는 것이라고 제1장에서 이미 제시되었다.

기업은 자산이라는 측면에서 보면 여러 가지 자산으로 구성된 자산포트폴리오(assets portfolio)이다. 결국 개념적으로는 기업의 가치는 기업이 보유하고 있는 모든 자산들의 가치를 합한 것과 같다. 따라서 기업가치가 높다는 것은 기업이 보유한 각 자산들이 수익(현금흐름)을 창출하기 위해 지불해야 하는 기회비용들이 상대적으로 낮다는 것을 의미한다고 할 수 있다.

혹은, 어떤 기업의 가치가 높다는 것은, 그 기업의 주가가 높다는 것과 동일한 개념이다. 그 기업의 자산들이 적은 기회비용을 부담하면서 높은 수익을 창출하는 능력을 가졌다는 말로 바꿀 수도 있다.

재무담당자의 입장에서는 기업가치 극대화라는 재무관리목표를 수행하기 위해서는 가치개념과 가치를 구성하는 요소들에 대한 충분한 이해가 선행되어야 할 것이다. 재무관리의 관점에서 보면 자산들은 그것들이 제공하는 미래 현금흐름이 있기 때문에 가치가 있는 것이다.

2. 가치평가의 근본모형

(1) 가치평가 모델

가치평가의 기본모형(fundamental valuation model)은 이제까지 부분적으로 설명하여 왔던 현금흐름, 화폐의 사간가치의 계산 그리고 기회비용의 개념을 종합하는 과정이다. 이 모형은 이름이 의미하는 바와 같이 가치평가에 있어서 근본적인 개념을 제공한다.

재무관리에 있어서 모든 가치평가는 기본모형의 범주에 포함되는데 주식과 채권의 가치를 결정하는 데는 물론이거니와 다른 모든 자산의 가치평가에 기본적인 틀을 제공하는 것이다.

어떤, 자산의, 가치와 평가방법을 동시에 정의하면 '어떤 자산의 가치는 자산의 수명동안 벌어들이는 순현금흐름을 적절한 할인율로 현재가치로 구한 뒤 이를 합한 것'으로 가치를 정의한다.

여기서 수명동안이라고 하는 의미는 어느 일정기간을 한정하는 것이 아니고 해당 자산이 창출하는 수익(현금흐름)의 지속시간에 따라서 때로는 1년이 될 수도 있고 경우에 따라서는 영속적인 흐름을 대상으로 할 수도 있는 것이다.

또한 순현금흐름이란 개념은 자산이 창출하는 수익 현금흐름에서 이 수익을 얻기 위해 희생된 비용을 차감한 순수익을 의미한다고 볼 수 있다. 적절한 할인율로 현금흐름을 할인한다는 것은 자산이 수명(내용연수)동안 벌어들이는 순 현금흐름이 미래기간 동안에 걸쳐 진행되므로 이를 현재시점의 가치로 전환시키는 과정이 필요하다.

그러므로 어떤 자산의 가치는 미래에 기대되는 현금흐름을 할인하여 현재가치로 환산한 것들을 합하면 되는 것이다. 화폐의 시간가치에서 이용한 현재가치를 계산하는 방식을 이용하면 현재시점에서의 가치 V_o는 다음과 같다.

$$V_o = \sum_{i=1}^{n} \frac{NCF_t}{(1+K)^t} \qquad \text{(식 1-7)}$$

V_o : 자산의 현재가치
n : 내용연수(수명)
NCF : 순현금흐름(수익 − 비용, 원가)
k : 할인율

(2) 가치평가의 요소들

위의 가치평가 모형에서 보듯이, 가치평가 모형을 구성하는 핵심요소들은 현금흐름(cash flow), 현금흐름의 시기(timing of cash flow) 그리고 할인율(discount rate)이다. 앞장에서의 용어를 사용하면 현금흐름은 수익과 희생되는 비용과 연관된 것이고, 할인율은 위험과 관련되어 있다. 이제 이들 각각의 요소에 대하여 간략히 살펴보기로 하자.

가. 현금흐름(수익)

특정 자산의 가치는 그것을 소유하는 동안에 얻을 것으로 기대되는 현금흐름에 따라 달라진다. 어떤 자산이 가치를 갖기 위해서 연간 현금흐름이라는 형태를 가질 필요가 있는 것은 아니다.

현금흐름에는 자산이 창출하는 현금흐름, 즉 경제적 효익에 해당하는 현금흐름과 이를 얻기 위해 희생되는 현금흐름이 있다. 자산의 가치는 이 두 현금흐름의 차이가 클수록 커진다.

현금흐름이 발생하는 패턴은 일정기간 내용연수동안 지속적인 경우도 있고, 아닌 경우도 있을 수 있으며 일회적인 경우도 가능한 것이다. 즉 구체적인 현금흐름은 경우에 따라 다양한 형태를 띌 수 있는 것이다.

나. 현금흐름 시기

가치평가를 위해서는 현금흐름의 크기뿐만 아니라 현금흐름의 시기도 측정되어야 한다. 실제상황에서 어떤 자산의 현금흐름시기를 정확하게 예측한다는 것은 매우 힘든 과제이다.

특히 고정자산의 경우는 생산활동을 통해 만들어지는 제품의 수명과 관련된 문제이다. 해당 제품의 수명이 시장에서 언제쯤 종료될지를 예측하는 것은 쉬운 일이 아니다. 또한 실제 수명이 종료되기 전에 기업이 해당 사업에서 철수하는 경우에도 현금흐름 시기는 종료된다.

순현금흐름, 즉 수익으로 기업에 유입되는 현금흐름에서 비용이나 원가처럼 희생되는 현금흐름의 차이가 클수록, 그리고 이 현금흐름의 지속시간이 길어질수록 자산의 가치는 높아진다.

다. 할인율(위험)

가치평가모형에서 암묵적으로 가정하고 있는 시간차원의 개념은 현재시점이다. 즉, 현재시점에서 어떤 자산의 가치를 평가하게 된다는 것이다. 이 경우에 현재시점에서 특정 자산의 가치를 평가하는 것은 자산이 발생시키는 현금흐름이 미래시간의 상황임을 의미한다.

그런데 현재시점에서 어떤 자산이 미래시간에 걸쳐 발생시킬 현금흐름에 대한 예측은 본질적으로 불확실한 상황이다. 즉, 자산의 미래시간에 걸쳐 발생하는 현금흐름은 예측치와 벗어날 가능성이 얼마든지 존재한다.

앞에서도 설명하였듯이 위험은 기대되는 결과가 실현되지 못할 가능성이라고 정의하였다. 그러면 현재시점에서 예측한 미래의 불확실한 현금흐름들을 어떻게 조정하면 좋을 것인가?

결국 미래의 특정 현금흐름 크기는 현재시점의 가치로 전환하면 불확실한 정도만큼 질적인 수준이 낮아질 것이다. 이 질적 수준의 저하를 할인율로 할인하여 줄여주는 과정이 디스카운트과정이다.

개념적으로는 할인율의 크기에 위험의 수준이 반영되어 있다고 한다. 그러나 실제로 위험이 반영된 적절한 할인율을 결정하는 것은 간단한 문제가 아니다. 예측된 현금흐름이 발생하지 않을 가능성이 클수록 할인율은 커질 것이다.

따라서 예측된 현금흐름과 연관된 위험은 자산의 가치에 상당한 영향을 미칠 것이다. 일반적으로 주어진 현금흐름에 대하여 위험 수준이 높으면 이를 반영한 할인율이 높아지면서 자산의 가치는 적어진다.

화폐의 시간가치의 개념에서 높은 위험수준은 할인율을 높여서 현재가치를 하락시키는 것이다. 위험과 기대수익률 관계에서 살펴보았듯이 위험이 높으면 요구수익률이 높아지고, 할인율이 커지기 때문에 현재가치는 작아지는 것이다.

이것은 가치평가의 과정에서 매우 중요한 과제이다. 적절한 할인율을 적용하기 위해서는 위험에 대한 평가가 선행되어야 한다. 그런데 실제의 가치평가에 있어서 어느 수준의 위험으로 평가하느냐의 문제는 주관적인 판단도 포함될 수 있는 여지가 있다.

자산의 가치는 위의 세 가지 팩터에 의해서 결정되는 것이다. 이 가치평가모형의 개념은 단순한 자산가치의 평가뿐만 아니라 복잡한 형태의 금융상품의 가치평가에도 동시에 적용되는 것이다.

위에서 언급한 세 가지 요인들의 형태와 계산의 복잡성에 따라서 가치평가의 복잡한 정도가 달라지기는 하지만, 가치가 미래 현금흐름의 현재가치의 합으로 결정된다는 사실에서 변함이 없는 것이다.

3. 가치평가의 유형-주식평가

지금까지 살펴본 가치평가모형을 적용하여 재무적 의사결정을 하는 대표적인 경우를 살펴보도록 한다. 기업차원에서 재무담당자가 자본예산을 하는 경우에 특정 투자안이나 프로젝트에 투자를 할 것인지를 결정하는 과정에서 이 모델이 사용된다.

그러나 이 과정은 제2편에서 집중적으로 다뤄지므로 여기서는 투자론에서 투자가들이 주식가치를 평가하는 경우에 가치평가 모형이 어떻게 원용되는지를 간략히 보도록 한다.

(1) 단일기간 모형

주식의 가치는 사채나 우선주와 같은 다른 금융자산의 가치와 마찬가지로 주식 투자로부터 기대되는 미래 현금흐름의 현재가치로서 정의된다. 따라서, 주식의 가치를 평가하기 위해서는 주식으로부터 발생하는 미래의 현금흐름을 적절한 할인율로 할인하는 것이다.

주식은 사채나 우선주와는 다른 다음 두 가지 특성을 지니고 있기 때문에 그 가치평가가 다른 증권에 비해 더욱 어렵다. 주식에 대한 투자로부터 기대되는 현금흐름은 사채나 우선주의 경우처럼 명확하지 않아 예측하기 어렵다. 매년 받게 되는 배당금조차도 항상 일정한 것이 아니라 기업의 성장성, 주주총회의 배당결정에 따라 달라질 수 있기 때문이다.

사채나 우선주의 경우 현금흐름을 할인하기 위한 적정할인율을 증권시장에서 쉽게 관찰할 수 있으나, 주식의 경우 그 적정할인율을 관찰할 수 없어 예측이 매우 어렵다. 주식의 가치를 평가하기 위한 가장 단순한 모형은 단일기간 모형이다.

어떤 투자자가 보통주를 매입하여 1년 동안 보유하고 연말에 이 주식을 시장에 매도할 경우를 가정해 보자. 1년 말에 그 투자자는 D_1의 현금배당금을 받게 되고, P_1의 가격으로 그 주식을 매도하게 되면 그만큼의 현금수입이 기대된다. 이 경우 주주들은 그 주식의 위험에 상응하는 최저수익률을 요구한다.

주주들은 그 주식 투자로 인한 위험을 보상할 수 있는 최소한의 수익률이 보장되지 않으면 다른 대체자산에 투자할 것이므로 이 최저한의 수익률을 요구수익률

(required rate of return)이라고 부른다. 요구수익률은 주식가치 평가에 있어서 적정할인율로 사용되며, 이를 기대수익률(expected rate of return)이라고도 부른다. 이 주식에 대한 요구수익률을 k_s로 표시하면, 주식의 가치는 다음과 같이 나타낼 수 있다.

$$V(P) = \frac{D_1}{(1+k_s)} + \frac{P_1}{(1+k_s)} \qquad (식\ 1-8)$$

$V(P)$: 가치(가격)
D_1 : 기말 배당금
P_1 : 기말 주당가격
k_s : (주식에대한)요구수익률

(2) 다기간 모형

단일기간 모형에서는 현재의 주식가치를 배당금 D_1과 1년 후 기대되는 시장가격 P_1에 의해 설명하였다. 이에 반해, 만약 이 투자자가 주식을 일정 기간 보유하고 있다가 H년 후에 매도할 예정이라면, 이때의 주식 가치는 다음과 같이 나타낼 수 있다.

$$V(P) = \frac{D_1}{(1+k_s)} + \frac{D_2}{(1+k_s)^2} + \cdots + \frac{D_h}{(1+k_s)^n} + \frac{P_h}{(1+k_s)^n} \qquad (식\ 1-9)$$

그런데, 만약 이 투자자가 주식을 팔지 않고 영원히 보유한다면, 그 때의 주식가치는 어떻게 될 것인가? 단 기업의 파산이나 합병 등이 발생하지 않는다고 가정한다. 이 경우, H가 무한대로 접근함에 따라 최종가격의 현재가치는 0에 접근하여야 할 것이다. 그러므로, 주식의 가치는, 아래 식 과 같이, 최종 매도가격을 완전히 무시하고 매년도 배당금의 영구적 흐름의 현재가치로서 나타낼 수 있다.

주식 가치평가 모형으로 지금까지 제시된 식은 본질적으로 동일한 내용이다. 이것은 주식 투자자들이 단기의 투자수익을 위하여 주식을 보유한다고 해도 주식 판매 시점의 주식가격은 그 이후에 지급될 미래의 배당을 현재가치로 환산한 가치와 동일하기 때문이다.

주식가치를 평가할 때 미래의 배당만을 고려하는 것이 이론적으로 타당한 것은 바로 이 때문이다. 주식평가 모형인 아래 식을 흔히 배당할인모형(dividend discount model) 혹은 일반평가모형(generalized stock valuation model)이라고 부른다.

$$P = \frac{D_1}{(1+k_s)} + \frac{D_2}{(1+k_s)^2} + \cdots + \frac{D_\infty}{(1+k_s)^\infty} \qquad \text{(식 1−10)}$$

(3) 배당할인모형

주식가격의 일반평가모형인 식은 주식가치가 주식 투자로부터 기대되는 미래 현금흐름 즉 미래의 배당의 현재가치와 같다는 기본적인 개념에 기초하고 있다는 점에서 매우 설득력을 갖고 있다. 그러나 미래의 모든 시기에 지급될 배당 금액을 예측한다는 것은 사실상 거의 불가능하다.

따라서 미래 배당에 관하여 단순화된 가정을 도입함으로써, 배당할인모형을 비교적 쉽게 적용할 수 있는 주식가치의 평가모형을 유도할 수 있다. 미래 배당의 성장율(growth rate)에 대한 다음과 같은 가정을 설정하고, 각 가정에 따른 주식가치의 평가모형을 도출해 본다.

가. 성장이 없는 경우(g=0)의 주식가치

미래의 배당금이 전혀 성장하지 않고 매년 일정한 배당금 D가 계속 지급된다면, 그 주식의 가치는 영구연금의 현재가치에 대한 공식을 적용할 수 있다. 주식의 위험을 반영한 적정할인율을 k_s라고 할 때 주식가치는 다음과 같이 나타낼 수 있다.

$$P = \frac{D}{k_s} \qquad \text{(식 1−11)}$$

D : 1주당 배당금
k_s : 주식(stock)에 대한 할인율

나. 성장률이 일정한 경우(g=constant)의 주식가치

대부분의 기업에 대한 이익과 배당금은 매년 증가하는 것으로 기대된다. 이들의 기대 성장률은 기업에 따라 다르지만 일반적으로 배당금의 정상성장률은 명목 GNP의 성장률과 거의 비슷할 것으로 기대된다.

이제 어떤 기업의 최근에 지급된 배당금이 D_0이고, 그 배당금의 정상성장률 g가 영구히 계속될 것으로 기대된다고 가정하자. 그러면 미래의 시점 t에서의 기대 배당금은 다음과 같이 예측될 수 있다.

$$D_t = D_o(1+g)^t \qquad (식\ 1-12)$$

이 경우 현재의 주식가치를 다음과 같이 나타낼 수 있다.

$$\begin{aligned} P_o &= \frac{D_o(1+g)}{(k_s-g)} \\ &= \frac{D_1}{(k_s-g)} \qquad (식\ 1-13) \\ &= \frac{D_1}{k_s}+g \end{aligned}$$

일정성장모형(constant growth model) 또는 이 공식을 처음으로 사용한 미국의 경제학자 고든(Gordon)의 이름을 따라 고든모형(Gordon model)이라고 불린다. Gordon 모형은 배당성장율 g가 일정하고 또 그 성장이 영원히 계속된다는 지극히 비현실적인 가정을 바탕으로 만들어졌지만, 이 모형은 주식가격의 결정요인을 설명하는 데 매우 유용한 틀을 제공해준다.

즉 위의 모형에서 주식가격은 미래의 배당(D_1), 기대수익률(k_s), 배당성장율(g)의 3가지 요인에 의해 결정된다는 것을 보여 주고 있다. 이러한 각 요인들과 주식가치와의 관계를 간단히 설명하면 다음과 같다.

배당 수준(D_1)이 높을수록 주가는 상승한다. 배당성장율(g)이 클수록 주가가 높아진다. 기대수익률(k_s)이 작을수록 주가는 높아진다. 위 식은 현재의 주가 P_0를 D_1, k_s, g에 의해 설명하고 있지만, 우리는 이 식을 변형하여 다음과 같이 주식의 적정할인율 혹은 기대수익률 k_s의 추정치를 얻는 데에도 사용될 수 있다.

Gordon 모형에 의하면, 주식에 대한 기대수익률 k_s는 배당수익률(D_1/P_0)과 배당성장률(g)의 합계와 같다. 이 공식은 투자자의 입장에서 미래의 배당금을 할인하기 위한 적정할인율 혹은 기대수익률을 추정하는 데에도 활용되며, 기업의 자본조달 측면에서 보면 자기자본비용(cost of equity capital)을 추정하는 데 사용되기도 한다.

Gordon 모형은 주식가치를 매우 간단한 모형으로 나타낼 수 있다는 점에서 재무론의 다양한 방면에서 이용되고 있다. 그러나 위에서 논의한 바와 같이 Gordon 모형은 다음과 같은 비현실적인 가정 하에서 도출되었다는 점을 항상 염두에 두고 이 모형을 활용하여야 한다.

그렇지 않을 경우, 때로는 매우 비합리적인 결과를 얻기도 한다. 배당성장률 g는 영원히 일정하다. 배당성장률 g는 주식의 기대수익률 k_s보다 작다. 주식의 기대수익률 k_s는 매년 일정하다.

제 3 장

기업 유형별 재무기능의 특징

재무기능은 기업형태에 무관하게 전략적 경영활동 내지 업무내용으로서 기업가치에 직접적인 영향을 미친다. 그러나 세부적인 재무기능별 빈도와 상대적 중요성을 기업유형별로 개략적인 구분을 할 수가 있다.

우선 전통적으로 대기업과 중소기업의 재무기능은 기능별 빈도면에서 상당한 차이가 있었다. 가장 큰 차이가 발생하는 부분은 자본조달부분이었다.

이런 차이는 두 유형의 기업구조상 당연한 결과이다. 배당정책도 마찬가지이다. 중소기업의 경우 대부분 비상장기업이고, 당연히 이들 기업의 경우 외부주주가 상장기업과는 전혀 다른 상황일 것이므로 배당문제는 경영활동으로서 별 의미가 없을 것이다.

그러나 1990년대 중반 이후, 코스닥시장이 개설되고 우리나라 벤처산업은 새로운 전기를 맞게 되면서 기존의 중소기업과 기업생리가 확연하게 구분되는 중소기업군이 등장하면서 이들 중소기업의 재무기능도 새로운 상황을 맞게 되었다.

전통적인 중소기업과 달리 벤처기업 또는 혁신적인 중소기업의 경우, 기업초기 단계부터 적극적인 외부자본조달이 이루어지지 않으면 기업의 생존이 불가능해지는 독특한 라이프사이클을 가지고 있다.

특히 이 외부자금이 타인자본이 아니라 주식을 발행하여 조달하는 자기자본이므로, 기업초기단계부터 외부주주집단이 생기고, 기업이 공개되고 상장되는 과정이 신속이 진행되는 특징을 가지고 있다.

이런 현상은 중소기업 재무관리에 있어서 벤처기업 또는 혁신적 중소기업의 경우 전통적 중소기업보다 재무기능이 훨씬 중요한 기능으로 자리 잡게 되는 특징을 가지고 있다.

제 1 절 기업유형별 재무기능의 상대적 비중

1. 전통적인 중소기업의 재무기능

재무기능은 대기업이든 중소기업이든 상관없이 전통적으로 기업의 전략적 업무내용으로서 기업가치에 절대적인 영향을 미친다. 자본조달기능과 투자기능으로 대별되는 재무기능의 영향은 현금흐름의 크기와 지속기간이란 측면에서, 경우에 따라서는 기업의 생존여부를 결정할 정도로 치명적이기도 하다.

그러나 재무기능을 좀더 세부적으로 구분해서 보면, 이들 재무기능이 기업내부에서 수행되는 빈도나 상대적 중요성이 기업 유형에 따라 차이가 있을 수 있다. 현재 대부분의 재무관리와 관련된 교재들은 상장된 대기업을 염두에 두고 집필되어 있다.

편의상 전통적인 중소기업이라고 표현된 기업은 1990년대 중반이후 우후죽순처럼 창업한 벤처기업에 상대적인 개념으로 표현한 기업들이다. 이런 전통적 중소기업들은 벤처기업에 비해 다음과 같은 특징들을 가지고 있다.

첫째, 창업역사에 비해 기업성장속도가 느리다. 이것은 전통적인 중소기업이 벤처기업과 비교해서 가장 특징적으로 차이나는 부분이다. 이런 현상은 전통적인 중소기업의 비즈니스모델과도 관련성을 가지고 있다. 즉, 전통적인 중소기업들은 기업의 아웃풋이 소비시장에서 소비자대중과 만나는 기업, 즉 B2C기업이 아니라 대부분 대기업에 납품하는 유형의 비즈니스모델을 가지고 있다.

둘째, 대부분 전통적인 중소기업들은 비장상기업이다. 그래서 당연히 대부분 비공개기업이다. 이런 기업주주구성은 결과적으로 배당정책이 경영자의 주요 관심사에서 벗어나 있게 한다. 즉, 외부주주집단이 없으므로 기업의 당기순이익을 유보를 하든, 배당을 하든 이해가 상충하는 집단이 없다.

셋째, 기업의 매출구성이 단순하다. 즉, 비즈니스모델이 단순하다. 그래서 마케팅 노력의 대부분은 납품기업의 구매부서나 해당기업의 경영자에게 집중되어 있다. 당연히 기업조직구조상 마케팅부서의 비중이 축소되어 있다.

넷째, 자본예산기능은 발생빈도수가 매우 낮다. 그리고 자본예산에 소요되는 장기성 자본은 대부분 내부금융이나 간접금융방식에 의해 해결한다. 현실적으로 내부유보된 자본으로 투자를 할 수 있는 경우는 매우 드물 것이다. 유상증자는 실제 의미가 없을 것이다. 그래서 전통적 중소기업의 경우 은행차입금이 자본조달원천으로 중요하다.

이런 특징들을 종합해보면, 전통적 중소기업의 재무기능이 정리가 될 것이다. 먼저 가장 중요한 특징은 자본예산보다는 운전자본관리가 경영자나 재무담당자의 최우선과제가 된다는 것이다.

자본조달활동에서는 유상증자나 무상증자를 통한 자기자본 조달기능이 위축되어 있는 반면에, 대 은행을 통한 차입금조달활동이 주된 자본조달창구역할을 담당하게 된다.

2. 혁신적 중소기업의 재무기능

전통적인 기업과 달리 벤처기업 및 혁신적 중소기업의 경우 기업초기 단계부터 자본예산과 운전자본 관리기능 등 재무관리 기능 전반에 걸친 부분이 총 동원되는 특징을 가지고 있다.

이런 특징은 이들 기업의 독특한 라이프사이클에서 기인한다고 봐야 한다. 이들 기업의 경우 창업단계부터 외부자본조달, 특히 자기자본을 외부로부터 유치해야 하는 특수한 기업환경에 직면한다. 즉, 사업초기부터 소요자금의 규모가 전통적인 중소기업의 경우와는 비교할 수 없을 만큼 대규모여서 몇몇의 발기인들 자본력으로는 감당할 수 있는 범위를 넘어선다는 것이다.

당연히 아무런 기업성과도 없는 단계에서 은행차입금을 조달할 수는 없을 것이다. 그래서 특수한 자기자본 투자가를 대상으로 주식을 발행하게 된다. 즉, 엔젤이나 벤처캐피탈 같은 위험자본투자가들을 주주로 맞게 된다.

이렇게 외부주주가 사업초기부터 주주집단으로 등장하게 되면서, 이들은 가능한 빠른 시일내 투자자본을 회수하기 위해 상장을 서두르게 될 것이다. 특히 이런 타입의 기업들은 실패가능성이 절대적으로 높은 고위험(high risk)기업이므로 시간관리가 중요한 경영변수로 작용하는 특징을 가지고 있다.

시간관리의 구체적인 내용은 제품을 시장에 출시하는 데 소요되는 시간, 즉 "Time to market"을 얼마나 신속하게 해결하는가 하는 문제나, 코스닥시장에 상장시기를 얼마나 단축하는가 하는 문제들이다.

물론 이런 타입의 기업에 투자한 외부투자가들은 해당기업이 주식유통시장에 상장(등록)하는 시기를 단축할 수 있도록 최선의 협력을 다하게 된다. 즉, 자본투자에서 그치는 것이 아니라 기업이 필요한 부분들, 즉, 마케팅이나 다양한 경영컨설팅을 해주면서 투자자본의 성공적인 회수를 위해 공동노력을 보조하게 된다.

이렇게 벤처기업이나 혁신형 중소기업들은 전통적인 중소기업과 전혀 다른 성장과정을 거치게 되고, 당연히 세부적인 재무기능들의 발생빈도나 중요도가 차이가 날 수밖에 없다.

우선적으로 전체적인 재무기능의 중요성이 전통적인 중소기업의 경우보다는 절대적인 비중을 차지하게 되었다. 그래서 벤처기업이나 혁신적 중소기업의 경우 기업조직구조상 특징적인 현상이 재무담당전문가(CFO)가 초기단계부터 자리를 잡게 된다.

이들의 주된 임무는 당연히 자기자본조달과 관련한 업무이지만, 부수적으로 외부주주들의 등장과 관련하여 지분관리, 또는 경영권관리문제도 동시에 고려하면서 주식발행을 통한 자본조달업무를 수행하게 된다.

벤처기업의 재무관리와 전통적 중소기업의 재무관리가 가장 크게 차이나는 분야는 자본조달패턴이다. 벤처기업은 짧은 기간 내에 연구개발비와 대규모 시설투자에 소요되는 자본을 조달해야 하므로 기업 초기단계부터 외부로부터 출자를 받아야 하는 기업의 특성을 태생적으로 갖고 있다.

주로 첨단기술을 사업화하는 벤처산업의 특성상 무엇보다도 시간관리가 생명이다. 적기에 연구개발비가 투자되어야 하고, 시제품이 생산되고, 뒤이어 대량생산체제

표 1-2 기업 유형별 재무기능의 상대적 비중

주요 재무기능	빈도 및 상대적 중요성	전통적 중소기업	벤처기업 및 혁신적 중소기업	대기업
자본예산	빈도	낮음	높음	보통
	상대적 중요성	중요함	아주 중요함	중요함
운전자본관리 (유동성관리)	빈도	높음	높음	보통
	상대적 중요성	아주 중요함	아주 중요함	중요함
배당정책	빈도	낮음	높음	높음
	상대적 중요성	중요 않음	중요함	아주 중요함
기업인수합병	빈도	낮음	높음	보통
	상대적 중요성	중요 않음	아주 중요함	중요함

를 구축하게 되는 기업발전단계를 가진다.

물론 이런 발전단계는 모든 중소기업에게 공통적인 모습일 수 있으나, 벤처기업의 경우 그 기간이 보통 5년 이내에 집중적으로 이루어진다는 특성을 가지고 있다. 적기에 외부로부터 필요한 자본조달이 이루어지지 않으면 높은 벤처산업의 실패확률에서 결코 자유롭지 못하게 될 것이다.

문제는 이런 자본이 모두 자기자본으로 조달되어 진다는데 있다. 당연히 간접금융방식으로는 조달하는데 근본적으로 한계를 가지고 있다. 즉, 담보력이나 대출을 받는데 필요한 기본적인 기업의 매출이나 이익에 대한 성과가 없기 때문에 금융기관으로부터 대규모 장기차입금을 조달하는 것이 거의 불가능하다.

대신 이런 높은 위험을 가진 기업에 출자를 전문으로 하는 특별한 자금들이 있는데, 엔젤이나 벤처캐피탈 같은 자금들이다. 결국 벤처기업은 이들 자금을 대상으로 자기자본을 출자 받아서 사업을 성공시켜야 하는 입장에 처하게 된다.

벤처기업의 자본조달특성으로 인해, 이 유형의 기업은 초기단계부터 외부주주의 수와 비율이 높아진다. 당연히 전통적인 중소기업에서 경영자의 관심대상에서 소외되었던 배당정책도 중요해질 수밖에 없다.

또한 외부주주의 수와 비율이 증가하면서 경영권보호와 지분관리문제가 아주 중요한 재무관리영역으로 등장하게 되었다. 이와 관련하여 기업인수합병의 문제가 벤처기업이나 혁신형 중소기업에게는 현실적인 과제로 등장한다.

특히 벤처기업의 기업인수합병문제는 벤처캐피탈이나 엔젤 같은 투자가들 입장에서는 투자자금을 회수하는 방법으로도 아주 중요하다. 물론 가능한 투자한 벤처기업들이 성공하여 코스닥시장이나 거래소시장에 상장한 후 유통시장에서 보유지분을 매각하여 투자자본을 회수하면 좋겠지만, 그런 가능성이 본질적으로 낮은 분야이므로 기업인수합병시장을 통한 지분매각으로 투자자본을 회수하는 방식도 아주 중요하다.

다만 우리나라는 아직 투자자금의 회수창구로서의 기업인수합병시장은 미국의 경우보다 그 비중이 지극히 미진하다.

제2절
벤처기업 및 혁신형 중소기업

1. 벤처기업군의 등장과 의의

벤처생태계의 기본 구성요소는 벤처기업, 벤처캐피탈, 회수시장이다. 또한 이들이 발전하는데 필요한 법적, 제도적 환경, 지원기관 들이 필요하다. 이러한 요소들의 발전정도에 따라 한국의 벤처생태계는 태동기, 기반구축기, 조정기를 거쳐서 현재 재도약기에 접어들었다고 볼 수 있다.

우리나라 벤처생태계의 진화과정에서 획기적 전환점은 96년 코스닥의 설립과 97년 「벤처기업 육성을 위한 특별조치법」의 제정이다. 이 시기를 기반구축기라고 정의할 수 있다. 코스닥은 투자 회수시장을 형성하였고, '벤처육성법'은 제도적 조건과 자원의 동원에 획기적인 변화를 가져오게 되었다.

특히 IMF 금융위기 수습에 나선 국민의 정부는 벤처정책을 경제정책의 핵심에 놓고 전방위적 지원을 강화했다. 정부는 벤처기업 인증제도를 통하여 벤처기업에 대한 객관적 평가기준을 적용하고 세제와 금융의 혜택을 부여하였다.

98년 경제위기속에서 창업자금의 공급을 늘려서 창업 붐을 일으키는데 기여했으며, 신용보증 한도를 확대하여 자금난에 몰린 벤처기업의 생존을 지원했다. 스톡옵션, 벤처기업의 연구 인력에 대한 병역 특례 등은 인적자원의 공급에 크게 기여했다. 지역별 창업보육센터의 설립 및 실험실 창업제도의 도입 등도 창업활성화에 크게 기여했다.

그 결과 99년 벤처생태계는 급격한 변화를 보이기 시작했다. 당시 코스닥의 급팽창은 벤처열풍을 불러일으키면서 벤처로의 자원이동 가속화를 가져왔다. 벤처가 대세로 인식되면서 대대적인 인력이동이 이루어졌고, 대기업도 이에 편승하기 시작했다.

그러나 한편으로는 벤처에 대한 거품논쟁이 나타나기 시작했고, 이러한 열풍에 대한 후유증을 우려하는 목소리들도 나오기 시작했다.

이 시기의 가장 큰 특징은 대규모 벤처캐피탈 시장의 형성이다. 이와 같이 코스닥 시장에 자금이 몰리게 된 원인은 IMF 금융위기로 인하여 위축됐던 투자심리가 위기 극복의 조짐과 함께 되살아나면서 부동산 경기침체, 저금리 등의 요인이 복합적으로 작용했기 때문이다.

인터넷 신경제에 대한 기대 속에서 하이텍, 인터넷 관련 기업의 주가가 폭등하고 여기에 작전세력까지 가세하여 투기장세가 형성되었다. 유동성이 풍부해진 자금시장으로 인하여 창업 붐이 일어나고, 단기간에 고수익의 실현이 가능하다는 기대 속에 자금과 인력이 몰리는 현상이 나타난 것이다.

벤처로의 인력이동이 활발해진 이유는 성공모델의 출현이다. 1세대 벤처기업인들 가운데 성공모델이 나타나면서 언론의 조명을 받기 시작했다. 새로운 스타가 탄생하기 시작한 것이다.

코스닥의 붐과 함께 주가기준으로 평가된 벤처기업인의 개인자산이 재벌기업의 회장을 능가하는 현상이 초래되면서 일반인들의 인식변화와 함께 가치기준이 변화하기 시작했다. 구조조정과정에서 상대적으로 매력을 잃기 시작한 대기업에 대한 대안으로서 벤처가 각광을 받게 되었던 것이다.

국민의 정부가 주도한 벤처정책은 금융, 세제, 인력, 입지 등의 지원을 통하여 벤처붐을 일으키는데 긍정적인 기여를 했지만, 긍정적 효과와 함께 비판적 여론을 형성하였다. 정부가 벤처에 대해 강조를 하다보니 대기업과 중소기업은 소외감을 느끼면서 반 벤처정서를 나타내게 되는 부작용을 낳게 되었다.

또한 시세차익을 노린 작전세력의 개입을 효과적으로 차단하지 못하여 코스닥을 투기 시장화하여 결과적으로 코스닥 폭락이라는 사태를 가져오게 되었다. 경영투명성이 결여된 벤처캐피탈이나 벤처정신이 결여된 벤처기업도 사태악화의 원인이 되었다. 이러한 요인들은 벤처생태계 전반에 신뢰를 상실하게 하여 급격한 침체기를 맞게 되었다.

2000년 중반에 이르러 벤처생태계에 심각한 어려움이 닥치기 시작했다. 이는 코스닥의 폭락과 함께 벤처자금시장의 침체현상이 나타나면서 벤처창업이 둔화되기 시작했다. 이는 벤처만의 문제가 아닌 경제전반적인 불안이 벤처생태계에 부정적인 영향을 미쳤기 때문이다.

현상적으로 보면 위기현상이지만 벤처생태계의 발전과정에 보면 '조정기'라고 볼 수 있다. 그러나 조정기가 장기화되자 2003년부터 벤처생태계의 침체에 대한 우려의 목소리가 높아지면서 돌파구를 찾고자 하는 움직임이 나타났다.

정부, 기업인, 전문가들이 모여서 집중적인 논의를 거쳐 벤처 재도약을 위한 방안을 2004년 말 제시하게 되었다. 그 결과 2005년부터 벤처업계가 장기침체를 벗어나서 새로운 발전에 시동을 걸게 되었다. 이 시기를 '재도약기'라고 정의할 수 있다.

그림 1-7 벤처기업의 경제적 기여도

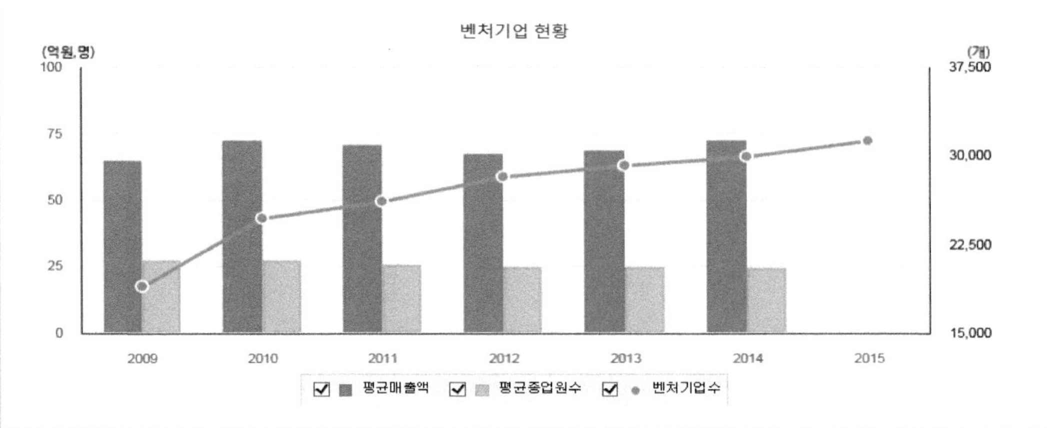

그러나 한편으로는 정부의 직접적이고 과도한 육성책, 벤처기업에 대한 투자 과열 등으로 짧은 기간 동안 거품 발생과 붕괴에 따른 고통을 겪은바 있다. 최근 다시 혁신형 기업이 생성, 성장할 수 있는 생태계가 재건되고 있어 앞으로 이 부문에서의 성장이 중소기업부문 전반의 질적 성장을 견인할 것으로 예상된다.

벤처기업은 2015년 기준으로 3만개를 넘고 있고 매출액도 평균 50억원을 상회하고 있다. 2015년 중소기업청의 벤처기업 실태조사에 따르면 벤처기업의 매출액 영업이익률은 5.8%로 전년(5.6%)대비 증가, 매출액 순 이익률은 4.1%로 전년(4.3%)대비 감소하였으나, 대기업(4.4%, 2.7%) 및 중소기업(3.1%, 2.1%)보다는 모두 앞선 것으로 나타났다.

2014년 벤처기업 근로자 수 합계는 전 산업체 근로자 수의 4.7%에 해당하는 717명으로 추정되며, 기업 당 근로자 수는 전년 대비 6.2% 증가, 벤처기업의 일자리 창출기여도가 높음을 알 수 있습니다. 향후 전체 벤처기업의 50.1%가 채용 계획이 있음을 밝히고 있어 신규 고용 창출이 이루어질 것으로 예상됩니다.

대기업보다 높은 성장률로 1천억원 이상의 매출액을 올린 기업이 102개가 탄생하였고, 6개 기업이 미국 나스닥시장에 상장하는 등 우리경제의 성장을 떠받치는 새로운 기업군으로 자리매김 하고 있다.

이제 지난 10년간의 벤처정책 성과를 바탕으로 자생적인 벤처생태계 정착과 벤처기업의 글로벌화를 본격 추진하게 되었다. 제2기 벤처정책이 완료되는 2017년까지 10만개 벤처기업과 100만개의 일자리를 창출하고 수출 1,000억불을 달성한다는 장기 비전을 설정하고 이를 선포하기에 이르렀다.

이런 측면은 향후 우리경제가 추구해야할 방향이나, 경제정책의 초점을 어디에 두고 추진할 것인지에 대한 좋은 예가 되고 있다.

2. 이노비즈기업의 경제적 의의

1990년대 중반 이후의 혁신형 중소 벤처기업부문의 탄생과 성장은 작은 규모의 기업이 기술력, 혁신력을 구비할 경우 고부가가치 성장을 할 수 있다는 가능성을 보여주고 있다는 측면에서 그 의미가 크다.

이노비즈는 혁신(Innovation)과 기업(Business)의 합성어. 기업의 핵심 역량을 연구개발에 집중하는 기술혁신형 중소기업을 뜻한다. 경제협력개발기구(OECD)가 1992년 제시한 중소기업 기술혁신성 평가 모델인 '오슬로 매뉴얼'을 바탕으로 2001년부터 인증제도를 시행하고 있다.

그림 1-8 이노비즈기업 현황

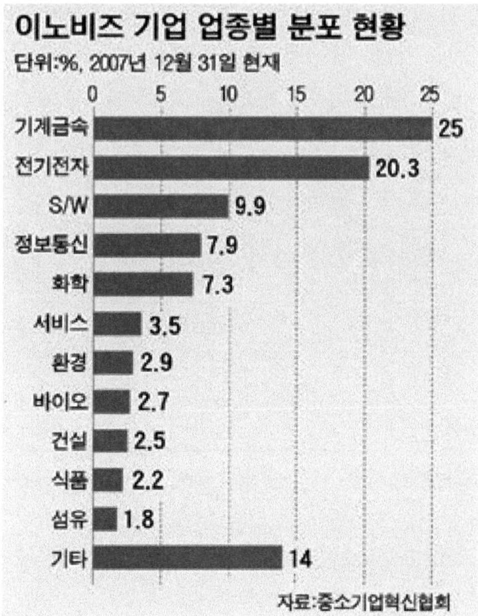

이노비즈 인증을 받으려면 이노비즈협회 사이트에 들어가 온라인으로 신청해야 한다. 창업한 지 3년이 넘고 기술보증기금의 개별 기술 수준 평가에서 B등급 이상을 받은 중소기업 중 오슬로 매뉴얼에 따른 기술혁신시스템 평가에서 700점(1,000점 만점) 이상을 받으면 이노비즈 인증을 받을 수 있다.

이노비즈 인증제도는 경제협력개발기구(OECD)가 인정하는 매뉴얼에 의해 기술혁신형 중소기업임을 인증해 주는 제도로 독일·영국·프랑스 등 유럽 13개국에서 실시하고 있다. 중기청으로부터 인증받은 이노비즈 기업은 현재 1만 1,620개정도로 추산되고 있다.

이노비즈 인증을 받으면 자금 조달, 정책사업 참여, 수출 등에서 우대를 받는다. 우선 산은·기업·국민 등 시중 13개 협약은행에서 신용대출이 가능하고 기술신용보증기금도 기업당 50억원 한도의 보증을 서 준다. 시설자금의 경우는 100억원까지 가능하다. 또 보증요율이 줄어들며 평가 등급이 우수한 기업은 연대보증 없이 대표자만으로 보증을 받을 수 있다.

또한 이들 혁신형 기업은 아직 수적으로 중소기업의 일부에 지나지 않지만 '우수인력 = 대기업'이라는 고정관념을 타파하고, 중소기업에의 직접투자 유입 및 경영투명성을 제고하는 등 중소기업의 질적 성장을 유발하는 계기가 되었다.

기존의 벤처기업을 포함하여, 최근의 혁신형 중소기업의 경영성과를 보면, 혁신형 중소기업은 일반중소기업에 비해 일자리 창출(3배), 매출(4배) 능력이 월등히 높게 나타난다. 따라서 국가 경제가 성장이 정체되는 시대적 상황에서 이들 기업의 역할이 더욱 중요해질 것으로 보인다.

표 1-5 혁신형 중소기업의 경영성과 비교

구 분	벤처기업	이노비즈	일반 중소기업
평균 고용 창출(명, 창업 대비 현재)*	27.7(13.4→41.1)	35.2(10.8→46)	11.9(6.5→18.4)
평균 매출액(억원, '04년)	79	99	27.5
평균 R&D투자 규모(억원)	4.3	4.6	1.3

주) * 중소기업 실태조사('05년), 이노비즈 및 벤처 실태조사('05년)
출처: 박건수, 2006, "혁신형 중소기업 2008년까지 3만개 육성", 「나라경제」, 2006, 5월호, p.58.

위 표의 내용처럼 혁신형 중소기업의 육성은 중소기업의 글로벌 경쟁력을 제고시켜 중소기업의 질적 고도화와 지속성장을 가능하게하며, 일자리 창출에도 크게 기여하고 있다. 또한 우리나라 경제가 안고 있는 약점인 대·중소기업 양극화 구조를 해소하기 위해서는 혁신역량과 수익성이 높은 혁신형 중소기업의 비중을 제고하는 것이 필요하다.

일반 중소기업의 일자리는 제자리걸음을 하고 있는 가운데, 이노비즈 기업은 2006년 기준으로 회사당 직원이 평균 6명 늘었다. 이들 기업의 평균 매출액은 90억 5,000만원, 영업이익은 4억 9,400만원으로 전년에 비해 각각 14.4%, 17.9%로 크게 늘어났다. 특히 매출액은 3년 연속 증가세를 보여, 첫 번째 조사가 실시된 2004년에 비해 31.1% 증가했다.

좋은 일자리 늘리기에 고심해온 유럽연합(EU)도 2004년부터는 중소기업 육성정책을 '고용창출'에서 '혁신(Innovation)'으로 정책목표를 수정했다. 이노비즈 기업 육성 → 경쟁력 강화 → 고용 증대라는 선순환 구조를 겨냥한 것이다. 기술개발로 경쟁력을 키워야 일자리도 늘어난다고 보았기 때문이다.

중소기업청은 유가 및 원자재값 상승 등 경영 여건이 어려워지는 데도 이들 기업의 실적이 좋아진 것은 업체의 기술혁신 노력 때문이라고 분석했다. 중소기업청에 따르면 이노비즈 기업은 연구개발 비용으로 업체당 평균 4억원을 사용하고 있을 정도로 기술개발에 집중하고 있는데, 이는 일반 중소기업의 평균 연구개발 비용 1억6700만원에 비해 두 배 이상 많은 규모다.

이노비즈 기업의 가장 큰 애로사항은 기술인력 확보의 어려움과 기술개발 자금 부족인 것으로 조사됐다. 이에 따라 중소기업청은 연구개발 지원 자금을 매년 증액하여 고부가가치 유망 기술을 개발하는 사업과 산·학·연 협력을 통한 기술인력 지원 사업을 중점적으로 지원하는 정책을 채택하고 있다.

이들 기업이 보유한 지적재산권도 많아서, 업체당 국내 특허 4.59건, 해외특허 0.82건을 가지고 있다. 또 10곳 중 6곳이 기업부설 연구소를 두고 있다.

신문기사 읽을거리

경북 문경에 있는 D산업(대표L)은 하수관 전문 제조업체다. 이 업체는 2000년 반영구적 폴리에틸렌 다중벽 구조관을 개발했다. 하수도관 연결 때 이음매 부분에서 물이 새거나 또는 이음새가 충격에 약한 점 등을 보완했다. 제품 개발 후 매출이 급신장해 지난해는 40억원으로 전년 대비 30% 이상 늘어났다.

이 회사는 매출액의 5% 이상을 연구개발비에 투자한다. 모두 합해 25명 직원이 특허 8건, 실용신안 7건, 의장 3건, 상표 1건 등 총 20건의 지적재산권을 갖고 있다. 이 기술력이 2005년 최우수 특허기업으로 뽑힌 기반이다.

임 대표는 “한 달에 한 번 전 직원에게 아이디어 공모를 한다. 특허로 연결되는 아이디어를 낸 직원은 특별승진을 시킨다”고 말했다.

에어비타(대표 이길순)는 음이온이 방출되는 초소형 공기청정기를 전문적으로 제조·판매하는 회사다. 주력 제품인 ‘에어비타’는 전기 집진식 공기청정기로 크기가 전구만 하다.

최근 독일 최대 홈쇼핑사 QVC가 ‘에어비타’를 ‘올해의 주력 판매 상품’으로 선정했다. 미국·중국·베트남 수출에 이어 유럽 시장에 진출할 발판을 마련한 것이다. QVC의 유럽시장 점유율은 60%에 이른다. 이 제품은 전자모기향처럼 콘센트에 꽂아 놓으면 초당 200만 개의 음이온을 발생시켜 실내 공기를 정화한다. 물로 간편하게 세척할 수 있으며 안전성도 뛰어나다. 이 대표는 “2월께 인도네시아·태국 홈쇼핑에도 진출한다. 올해 수출로만 100억원대 매출을 달성할 수 있을 것”이라고 말했다.

디지털영상 저장장치(DVR) 전문 생산업체 A(대표 J). 2004년 31명이던 직원이 지난해 110명으로 늘었다. 전 직원의 절반가량이 연구인력으로 2년마다 신제품을 내놓는다. 지난해

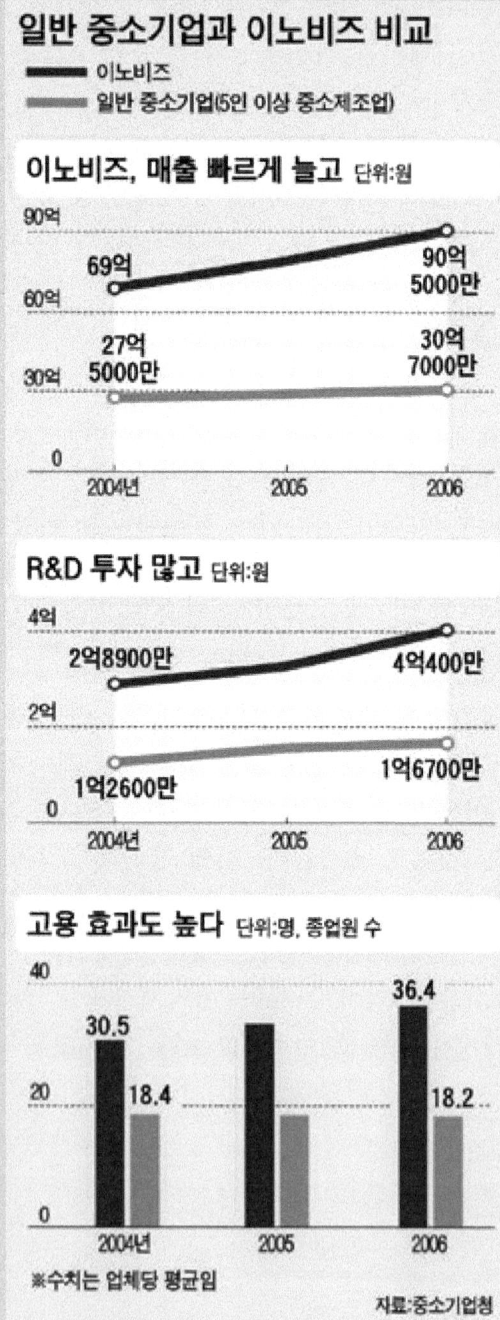

코스닥에 등록한 이 회사의 2006년 매출액은 223억원이었다. DVR은 입력된 영상을 디지털로 변환해 화면을 재생하거나 검색할 수 있도록 해주는 보안감시 장비. 이 회사의 독립형 DVR은 국내 최고 기술로 알려져 있다.

이 제품은 자체에 압축 동영상 저장장치가 내장돼 PC에 연결하지 않고도 독립적으로 기능한다. 기존 PC 기반 DVR인 CC(폐쇄회로)TV 시장을 빠르게 파고들고 있다. 일부 원자재를 국산화해 매년 60억원의 수입대체 효과도 거두고 있다.

특허로, 기술로 생산성을 높이고 있는 이노비즈 기업들에서 일자리가 빠르게 늘고 있다. 기술혁신형 중소기업인 '이노비즈' 기업들이 기술개발 투자 확대로 매년 성장성과 수익성을 크게 늘리고 있는 것이다. 중소기업청(청장 이현재)과 중소기업기술혁신협회(회장 한미숙)가 최근 전국의 이노비즈 기업 1595개사를 대상으로 조사한 결과다.

토 론

1. 자본조달과 투자활동의 결합이 기업의 자금관리에 어떻게 영향을 미치는가?
2. 기업가치의 개념과 측정방법에 대해 토론해보자.
3. 대리인문제의 유형과 방지를 위한 제도적 장치는 실제로 어떻게 작동하는가?
4. 가치평가모형의 구성요소가 가치에 미치는 관계를 설명할 수 있도록 하자.
5. 벤처기업과 혁신형 중소기업의 특징과 재무기능간의 관계를 설명해보자.

연습문제

1. (주)영남의 주가수익율에 대한 예측이 다음과 같을 때, 기대수익률을 추정하시오.

경제상황	확 률	수익률
호 황	0.3	20%
보 통	0.5	15%
불 황	0.2	10%

$$\text{기대수익률 } E(R_i) = 0.3\times0.2+0.5\times0.15+0.2\times0.1$$
$$= 0.155 = 15.5\%$$
$$= \sum_{i=1}^{n} P_{ri}R_i$$

P_{ri}: i의 확률

R_i : i의 수익률

2. (주)영남의 주가수익율에 대한 보유기간 중 예측자료가 표와 같을 때, 위험의 크기를 추정하시오.

$$\text{위험은 분산 } Var(R_k) = \sum_{r=1}^{n}(R_i - E(R))^2 P_i,$$

또는 표준편차 $\sigma_k = \sqrt{Var(R_k)}$ 로 표시할 수 있으므로,

자산 A와 B의 수익률의 기대치

주가예측	확 률 (1)	수익률(%) (2)	가중치(%) [(1)×(2)] (3)
자산 A			
경기침체－하락	.25	13	3.25
보통－보합	.50	15	7.50
경기호황－상승	.25	17	4.25
종 합	1.00	기대수익률	15.00
자산 B			
경기침체－하락	.25	7	1.75
보통－보합	.50	15	7.50
경기호황－상승	.25	23	5.75
종 합	1.00	기대수익률	15.00

$$
\begin{aligned}
Var_A &= \sum_{i=1}^{n} (R_i - E(R))^2 P_i \\
&= (0.13 - 0.15)^2 \times 0.25 + (0.15 - 0.15)^2 \times 0.50 + (0.17 - 0.15)^2 \times 0.25 \\
&= 0.0002 \\
\sigma_A &= 0.0141
\end{aligned}
$$

$$
\begin{aligned}
Var_B &= (0.07 - 0.15)^2 \times 0.25 + (0.15 - 0.15)^2 \times 0.50 + (0.23 - 0.15)^2 \times 0.25 \\
&= 0.0032 \\
\sigma_B &= 0.0566
\end{aligned}
$$

제 2 편

자본예산

자본예산은 구체적으로 표현하면 장기자본을 조달해서 고정자산에 투자하는 재무활동이다. 또는 기업이 수익을 창출하기 위해 장기자본을 조달해서 투자하는 경영활동이다. 자본예산 활동에 의해 기업이 투자를 결정하게 되면, 결과적으로 그 투자로부터 수익, 또는 매출이 발생하게 되는데, 이를 달리 표현하면 비즈니스모델, 또는 수익모델을 가지게 된다고 한다.

자본예산 결과에 따라 기업은 수익을 창출하게 되는데, 이 수익을 창출하게 되는 비즈니스모델은 일반적으로 내용연수가 장기에 걸쳐 진행이 된다. 또한 이 투자를 위해 소요되는 투자자본의 규모도 기업의 규모와 비례하고 해당 기업에게는 거대한 것이 특징이다.

결국, 기업의 총수익은 기업이 수행한 여러 자본예산활동 결과로 발생하는 것이라고 할 수 있다. 따라서 제 1편에서 기업가치를 결정하는 모델에서 제시된 현금흐름의 크기는 자본예산 결과로 발생하게 되는 것이다. 자본예산의 중요성은 기업가치를 결정하는 첫 번째 요소인 기업의 현금흐름 크기를 결정한다는데 있다. 또한 장기에 걸쳐 현금흐름, 즉 수익이나 매출의 크기에 영향을 미치게 되므로 자본예산의 결과에 따라 장기간 기업가치가 결정되는 결과를 초래하게 된다.

자본예산의 또 다른 중요한 측면은, 자본예산에 소요되는 거대한 자금을 어떻게 조달하는가와 관련된 문제이다. 자본조달의 문제는 자본비용 측면도 중요하지만, 자본조달계획자체가 때로는 금융시장 상황의 변화에 의해 차질이 빚어지기도 한다.

자본예산이 가지고 있는 이런 특성들이 재무담당자의 의사결정을 어렵고 신중하게 만든다. 그러나 경우에 따라서는 특정 자본예산의 성패에 따라 기업의 사활이 좌우되기도 할 만큼 자본예산은 재무기능 가운데 가장 어렵고 중요한 과제이기도 한다.

특히 투자와 관련하여 기업의 전사적인 역량이 총동원되어, 투자대상을 선정하는 과정을 볼 수가 있다.

제 1 장
자본예산의 기초

제 1 절 자본예산의 개요

1. 자본예산이란?

기업이 수익을 창출하기 위해 장기자본을 조달하여 고정자산에 투자하는, 즉 투자와 자본조달이라는 두 재무기능을 결합한 활동을 자본예산(capital budgeting)이라고 한다. 자본예산 활동은 기업가치를 구성하는 요소 가운데, 미래 현금흐름의 크기와 자본비용의 크기를 결정하는 요소로 작용하기 때문에 직접적인 관련성을 가지고 있다.

자본예산의 전체적인 개념을 투자와 자본조달 측면에서 결합하여 그림으로 도식화하면 아래 <그림 2-1>과 같다.

그림 2-1 자본예산 개념

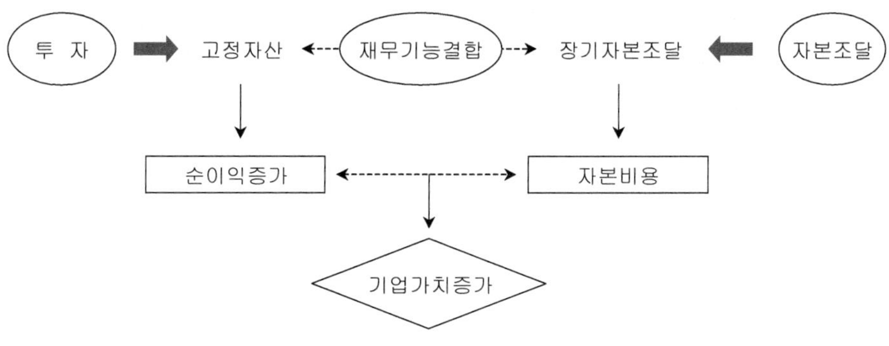

즉, 자본예산활동 결과 보유하게 되는 기업의 핵심 고정자산에 의해 기업의 비즈니스모델이 결정되고, 이 비즈니스모델 또는 수익모델에 의해 기업의 장기간 수익크기가 결정되므로, 자본예산의 성패에 따라 기업가치에 직접적인 영향을 미치는 순현금흐름의 크기가 장기간 결정되는 결과를 초래한다.

뿐만 아니라 자본예산 과정에서 조달되는 투자자본의 종류에 따라 기업의 자본비용 크기가 결정되고, 이 자본비용은 해당 기업의 수익모델이 가지고 있는 사업위험, 또는 경영위험과 더불어 기업가치 모델에서 할인율에 영향을 미치게 되면서 기업가치에 직접적인 관련을 가지게 된다.

자본예산활동은 기본적으로 투자대상의 가치와 투자비용의 상호크기를 비교하는 과정으로 구성되어 있다. 따라서 자본예산활동의 핵심과제는 투자대상의 가치와 투자에 소요되는 비용의 크기를 정확하게 추정하는가라는 문제가 핵심과제이다.

이 과제를 제대로 수행하기 위해서는 시장분석활동과 기술동향분석에 따른 정확한 현금흐름 추정이 기술적으로 가능해야 한다. 따라서 기업에서 자본예산활동이 전개되면, 전사적 차원에서 기업의 총 경영능력이 집중되는 것을 볼 수 있다. 즉, 재무관리활동의 궁극적 주체는 CEO나 CFO 같은 재무담당자이지만, 전사적 차원의 지원과 협력이 필요한 속성을 가지고 있다.

2. 자본예산의 중요성

기업이론이나 경영자이론에서는 기업조직 내에서 경영자가 수행하는 의사결정수준은 경영자 계층에 따라 달라진다고 정의하고 있다. 즉, 전통적으로 경영자 계층은 3가지 수준으로 구분하는데, 최고경영자계층은 기업의 전략적 차원에 대한 의사결정활동을 하게 된다고 한다.

최고경영자계층이 주로 취급하는 업무인 전략적 업무는 기업의 비전설정이나, 장기목표, 그리고 단기적으로는 목표수익이나 시장점유율 같은 기업전체차원의 목표설정과 관련된 업무내용으로 구성되어 있다.

이런 차원의 의사결정을 효과적으로 수행하기 위해 최고경영자계층이 갖춰야 할 자질(skill)로 Katz는 개념적 자질(conceptual skill)이라고 주장한다. 개념적 자질이란 기업의 미래환경변화를 예측하고, 이런 종합적인 기업환경변화에 적절하게 대응하는 자질이라고 정의하고 있다.

경영자계층별 의사결정차원에서 보면, 자본예산은 전형적인 전략적 의사결정의 수준성격을 보인다. 자본예산의 결과나 목표수준에 따라 기업의 장기적 목표나 기업가치가 결정되기 때문이다. 당연히 자본예산과정에서는 향후 기업의 사업환경변화를 예측하게 되고, 이에 적절한 기업의 비즈니스모델이나 비전이 설정되기 때문이다.

구체적으로 기술하면, 자본예산은 기업과 주주들에게 다음과 같은 이유로 매우 중요한 의사결정과정이다.

첫째, 투자기간이 장기에 걸쳐 이루어진다. 즉 자본예산결과 보유하게 되는 고정자산, 또는 비즈니스모델의 수명이 장기간 지속되므로 장기간 기업의 수익성과 가치(주가)에 영향을 미칠 수 있다.

둘째, 투자자본의 규모가 크고 자본소요시점이 미래 장기에 걸쳐 발생하는 특성을 가지고 있다. 따라서 미래시점에 발생하는 자금소요에 대한 조달계획을 수립하고 실행하는데 경제적변수가 많이 발생하게 된다.

특히 자본조달방법으로 유상증자나 회사채발행 같은 방식이 미래에 계획되면, 시장상황에 따라 조달계획들이 차질을 빚을 수 있는 가능성이 충분하다. 이런 시장환경들은 기업입장에서는 통제불가능한 성격을 가지고 있으므로 자본조달계획자체가 중대한 차질을 빚기도 한다.

이런 자본조달상의 위험을 효과적으로 관리하기 위해서는 재무담당자는 미래 금융시장 동향이나, 금리동향, 환율동향 등 거시경제변수 전반에 대한 분석능력이 있어야 한다.

제 2 절
자본예산의 절차

일반적으로 기업의 자본 예산 절차는 <그림 2-2>와 같은 단계를 거쳐서 이루어진다. <그림 2-2>는 투자유형 가운데 기업입장에서 가장 위험이 크게 인식되는 신설투자시에 사업성 분석을 위해 전사적 차원에서 프로젝트를 수행하는 과정이라고 할 수 있다.

그림 2-2 자본예산의 절차(신설투자)

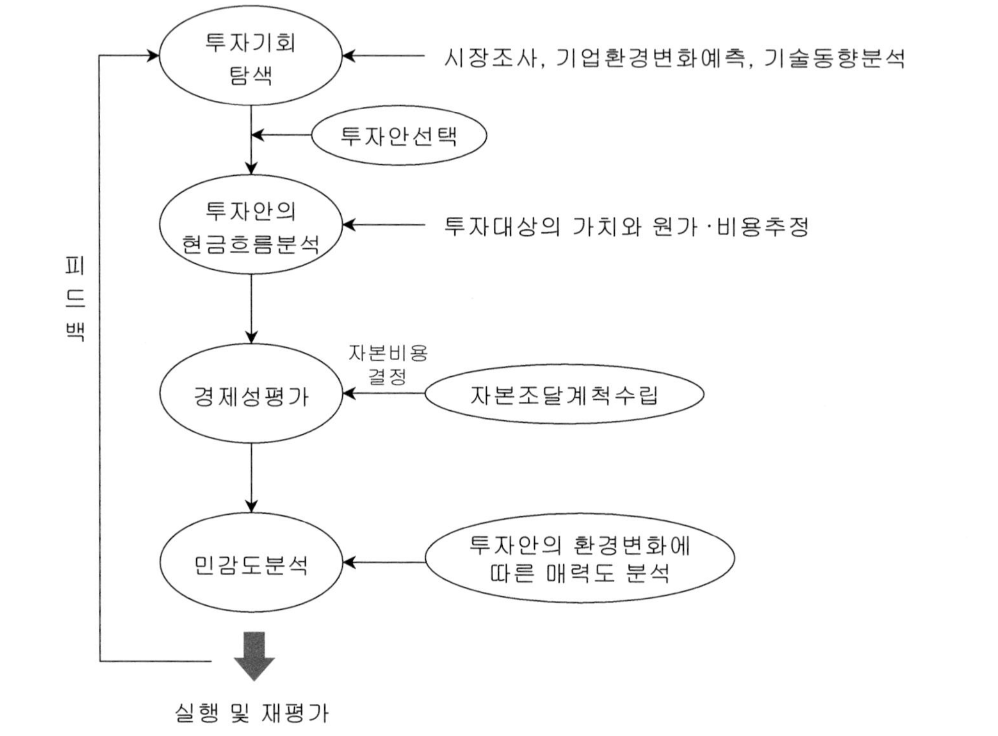

☑ 투자목적의 설정

기업환경의 변화를 분석 또는 예측하여 기업 가치를 증대시킬 수 있는 투자기회를 포착하는 것이다. 구체적인 투자목적으로서는 신제품개발, 원가절감, 생산량의 증대, 기타 전략적인 것을 생각할 수 있다.

☑ 투자안의 선정

일단 투자 목적이 설정되면 이와 같은 목적을 달성 시킬 수 있는 대상 투자안들을 선정한다. 이 과정에서 투자목적을 달성하기 위한 복수의 투자대상이 선정되기도 하는데, 이런 경우 파일럿 테스트를 통해 선택범위를 축소시키는 사전 과정이 필요하다.

파일럿 테스트는 약식의 자본예산절차를 통해 각 투자대상에 대한 사업타당성분석을 실시해보는 것이다. 최종 투자대상이 선정되고 나면, 정밀하게 사업성분석과정을 거치면서 실패 확률을 줄이는 작업이 필요하다.

시장분석/기술분석

자본예산 절차과정에서 가장 중요하고 힘든 분야이다. 자본예산 절차는 사업성분석, 또는 사업타당성 분석과정과 동일한데, 이 사업성분석은 목적이 실제 자본이 투입되기 전에 시뮬레이션을 통해 실패 확률을 줄이는 것이다.

본질적으로는 해당 투자를 할 것인지, 아니면 다른 투자대상을 다시 탐색할 것인지를 평가하는 과정이기도 하다. 이 의사결정을 제대로 수행하기 위해서는 다음 절차인 현금흐름 추정작업이 제대로 이루어질 때 가능하다.

의미있는 현금흐름 추정치들을 추출하기 위해서는 시장분석을 통한 매출액의 추정과. 기술분석을 통한 원가 및 비용의 분석이 제대로 이루어져야 한다. 결국 자본예산 절차의 수준과 성패는 이 단계에서 결정된다고 해도 과언이 아니다.

현금흐름추정

시장분석을 통해서 추정된 현금유입액인 추정매출액과 현금 유출액인 원가 및 제반 비용들을 분석한다. 투자비용은 비교적 현실적인 수치들을 수집할 수 있지만, 매출액추정치는 전사적 차원에서 역량이 동원되는 중요한 과정이 된다.

결국 사업타당성 분석의 핵심은 매출액을 어떻게 추정하는가에 성패여부가 결정된다고 할 수 있다. 따라서 매출액 추정치의 질적 수준은 분석자(기업)의 능력에 달려있다. 실무에서는 이 작업을 효과적으로 수행하기 힘든 조직이나 기업은 전문기관에게 아웃소싱을 하기도 한다.

매출액이 합리적이고 효과적으로 추정되고 나면 원가나 비용의 크기는 대체적으로 매출액에 비례해서 자동적으로 결정된다. 비슷한 공정을 가진 기존업체의 제조원가명세서를 참고하면 거의 오차없이 원가나 비용의 크기는 추정이 가능하다.

결론적으로 말하면, 사업타당성분석의 수준과 성패여부는 현금흐름추정에 있고, 현금흐름추정 문제는 투자로부터 예상되는 매출액의 추정에 달려있다고 할 수 있다. 이 매출액 추정작업을 제대로 하기 위해서는 사전단계인 시장분석단계에서 목표시장의 정의. 시장성장성, 시장의 특성, 경쟁기업의 분석 등에 대한 작업을 얼마나 철저하고 엄격하게 하는가에 따라 성패가 결정될 것이다.

기술분석에 따라 원가나 비용의 추정치가 정교하겠지만, 이들 현금 유출액의 성격은 단위당 원가와 비용만 추정되면 총액은 매출액크기와 연동되는 성격이 있으므로,

결국은 투자로 인해 발생할 수익의 크기가 얼마나 정교하게 추정되는가 하는 문제가 관건이다.

☑ 경제성평가

현금흐름 추정치를 기초로 투자대상의 가치와 투자비용간의 상호크기를 비교하는 작업이다. 다만 이 과정에서는 자본조달방법에 대한 고려도 동시에 이루어져야 한다. 자본조달방법에 따라 달라지는 자본비용이 투자가치의 크기를 결정(변화시키게)하게 되므로 전체사업의 경제성을 달리 평가할 수 있기 때문이다.

투자비용의 가치는 비교적 정확하게 추산할 수 있는 반면에 투자대상의 가치는 모든 자료가 추정에 의해 결정되므로 분석자의 수준에 따라 자료의 질적 차이가 크게 나타날 수 있다. 따라서 투자대상의 가치를 결정하는 요소에 대해서 얼마나 현실적이고 객관적인 자료가 수입되는가에 따라 결제성평가의 수준이 결정될 것이다.

☑ 실행 및 피드백

시장환경의 변화에 대한 민감도분석이나, 자금조달능력, 경쟁회사의 전략들을 추가로 고려하여 투자안을 집행하고 보완한다. 특히 자본이 집행되기 이전에 민감도 분석을 통해서 보수적으로 결정할 필요가 있을 때 제반 가정을 완화시키거나 엄격하게 가정할 경우의 사업타당성을 분석하는 과정을 추가한다.

가장 대표적인 경우가 매출액이 감소하는 경우, 수익이 더 악화되는 경우에 투자안의 가치가 어떻게 될 것인가를 추가로 파악하는 과정이 추가된다.

제 2 장

투자(Investment)

제 1 절
투자의 개념과 유형

1. 투자목적에 따른 유형

기업의 자본예산과정에서 발생하는 구체적인 투자유형은 그 투자목적에 따라 교체투자, 신규투자, 확장투자, 그리고 전략적 투자로 나누어 볼 수 있다.

☑ 교체투자(replacement investment)

기존의 생산설비를 새로운 설비로 교체하기 위한 투자로 기존 설비가 노후화에 의해 생산성이 떨어진다든지, 아니면 경쟁기업의 시설보다 효율이나 성능에서 문제가 될 경우에 이런 문제들을 해결할 수 있는 새로운 설비로 교체하는 경우에 속한다.

섬유산업가운데 특히 방직분야에서 직기들이 주기적으로 대규모 교체투자가 일어나는 경우를 볼 수 있다.

☑ 신규투자(new product investment)

신제품의 개발이나 기업의 사업다각화전략을 추진하는 경우에 이루어지는 투자형태이다. 이 경우에 새로 개발되는 신제품이나, 추가되는 비즈니스모델이 기존 사업과의 상관성유무에 따라 투자위험이 달라진다.

새로운 투자결과 갖게 되는 수익모델이 기존의 사업과 관련 있을 경우에, 관련성이 공정전후관계에 있는 경우에 수직적 다각화, 동일 공정상의 사업인 경우에는 수평적 다각화라고 한다.

반면, 기존 사업과 무관한 새로운 분야에 대한 투자의 경우 다각적 다각화라고 한다. 이 경우에는 관련사업다각화의 경우보다 사업위험이 증가한다. 어느 경우이든, 신규투자는 다른 자본예산형태보다 위험이 큰 투자유형이라고 할 수 있다. 따라서 신규투자의 경우에는 사전에 사업타당성분석을 철저히 해야 한다.

☑ 확장투자(expansion investment)

기존의 설비를 화장하기 위한 투자로 수요가 생산능력을 상회하는 경우 공급 증대를 위한 공장의 증축, 기계설비의 추가구입 등이 여기에 속한다. 따라서 투자유형가운데 가장 투자위험이 적은 형태라고 할 수 있다.

다만 시장기회를 포착하기 위해서는 신속한 투자가 이루어져야 한다는 특징을 가지고 있다. 자칫 투자과정에서 예기치 못한 민원의 발생이나, 일정차질이 생기는 경우에는 시장기회를 잃어버릴 위험이 있다.

☑ 전략적투자(strategic investment)

이 경우 전략적이란 개념은 경영학에서 일반적으로 사용하는 전략이란 개념과는 다소 거리가 있는 개념이다. 여기서 전략의 의미는 직접적으로 수익에 기여하지는 않지만 복합적으로 수익창출과 연관되어 있는 부분에 대한 투자의 경우에 해당한다.

여기에는 기업환경 개선을 위한 투자로 공해방지 시설이나 종업원의 후생복지를 위한 투자 그리고 연구개발을 위한 투자 등이 포함된다.

2. 투자안의 상호의존관계에 의한 분류

투자안의 상호의존관계에 의한 분류로는 독립적 투자, 보완적 투자, 대체적 투자로 나누어 볼 수 있다.

독립적 투자(independent investment)는 투자안의 경제적 효과가 고려중인 다른 투자안의 채택여부에 의해 영향을 받지 않는 투자를 말한다. 독립적 투자의 경우에는 투자안의 경제적 효과가 상호간에 아무런 관련이 없으므로 각각의 투자 안을 평가할 수 있다.

보완적 투자(complementary investment)는 어떤 투자안을 채택함으로써 다른 투자안의 경제적 이익을 증대 시킬 수 있는 투자를 말한다. 예를 들면 수산물가공투자와 냉동창고 건설투자의 관계가 여기에 해당된다. 보완적 관계에 있는 두 개의 투자안을 함께 채택할 경우의 효과는 각각 단독으로 평가할 경우 나타나는 각 효과의 합보다 큰 효과를 나타낸다.

대체적 투자(substitute investment)는 어떤 투자안을 채택함으로써 다른 투자안의 경제적 이익을 감소시키는 투자를 말한다. 대체적 관계에 있는 두 개의 투자안을 함께 채택할 경우의 효과는 각각의 효과를 합한 것보다 적게 나타난다. 예를 들면 면도날 제조업체의 신제품인 스테인레스 면도날의 판매 수익과 기존의 면도날의 판매수익감소 사이의 관계가 여기에 해당된다.

대체적 투자의 극단적인 형태는 상호베타적 투자이다. 상호베타적 투자(mutually exclusive)는 한 투자안을 선택하면 다른 투자안을 채택할 수 없는 관계에 있는 투자를 말한다. 상호베타적 투자의 경우에는 투자안에 우선순위를 부여하여 가장 유리한 투자안을 선택하게 된다.

제2절 투자절차 - 사업타당성분석

1. 사업타당성 분석의 개요

사업타당성 분석은 투자를 실패로부터 지켜주고 성공 확률을 높여줄 수 있기 때문에 절차상 동일한 과정을 거치는 창업의 경우에서도 아무리 작은 소규모 창업, 심지어 구멍가게의 창업일지라고 필수적으로 작성해야 한다. 사업타당성 분석의 필요성을 요약하면 다음과 같다.

첫째, 투자주체(창업자)의 주관적인 사업구상이 아닌, 객관적이고 체계적인 사업타당성 분석은 계획사업 자체의 성공률을 높일 수 있다. 둘째, 사업타당성 검토를 통하여 구상하고 있는 기업의 제 구성요소를 정확하게 파악하여 투자기간(창업기간)을 단축할 수 있고 보완해야 할 사항을 미리 확인하여 조치를 취할 수 있게 함으로써 효율적인 창업업무를 수행할 수 있다.

셋째, 투자주체가 독자적으로 점검해 볼 수 없는 제품의 기술성, 시장성, 수익성, 자금수지계획 등 세부항목을 분석해 줌으로써 해당분야에 대해 미처 깨닫지 못한 부분들을 찾아낼 수 있다.

사업타당성 분석의 내용과 형식은 사업의 특성에 따라 일정하지는 않지만, 일반적으로 선정된 투자아이템을 대상으로 시장성분석(market analysis), 기술성 분석(technical analysis), 경제성성분석(financial analysis)으로 구성된다. 고려대상이 되는 사업이 공익과 관련되는 경우에는 공익성분석(socal profitability analysis)을 추가하게 된다.

2. 사업타당성 분석절차

(1) 후보사업 아이템의 탐색

성공적인 사업아이템을 발견하기 위해서는 될 수 있으면 많은 아이템을 탐구 할 필요가 있다. 가능한 모든 분야에서부터 출발하여 점차 좁은 범위로 옮겨가면서 체계적인 분석을 하다 보면 투자대상 아이템이 탐색되고 이어서 적합한 후보사업 아이템이 1차적으로 선정된다.

예비사업성 분석은 후보 아이템을 비교·분석하여 아이템의 우선순위를 결정할 수 있도록 후보 아이템 상호간의 상대평가 및 후보 아이템에 대한 창업자의 적응도 분석을 통해 최적의 아이템 선택을 위한 과정을 말한다.

모든 후보 아이템에 대해 개별적인 예비사업성 분석이나 세부분석을 한다는 것은 현실적으로 많은 시간과 비용이 소요된다. 그러므로 성공할 가능성이 희박한 사업 아이템은 예비선별을 통해 제거하고, 남아있는 사업 아이디어를 비교·평가함으로써 우선순위를 결정하게 된다. 예비사업성 분석과정을 살펴보면 다음과 같다.

예비사업성 분석은 이상과 같은 일련의 과정을 통해 구체화되고, 문제점이 제거되는데, 투자주체의 입장에서는 다소 복잡하고, 불필요한 과정일 수도 있다. 그러나 예비사업성 검토는 창업과정의 기본단계로서 소홀히 할 수 없다.

이상의 과정을 통해 선별된 투자대상 아이템을 두고 본격적인 시장성분석과 기술분석과정을 거쳐 정밀하게 경제성분석을 해보게 된다.

표 2-1 후보 아이템 상대평가시 검토 항목

주요항목	평가요소	세부검토사항
상품성	상품의 적합성	• 투자주체가 잘 아는 제품이나 공정인가? • 비필수품이거나 사치품은 아닌가?
	상품의 법률적문제	• 정부의 인·허가에 의해 실제 사업이 제한되어 있지 않은가?
시장성	시장의 규모	• 예상되는 고객의 수요는 어느 정도인가? • 국내 및 해외 시장 규모는 금액으로 어느 정도인가?
	경쟁강도	• 경쟁자의 세력 및 지역별 분포는 어떤가? • 경쟁제품과 비교했을 때 품질과 가격관계는 유리한가? • 판매 유통이 용이하며, 물류비용이 저렴한가? • 새로운 창업기업의 침투 가능성은 어느 정도인가
	시장의 성장성	• 잠재 고객 수의 증가가 예상되는가?
수익성	생산 비용의 효익성	• 적정 비용으로 제품을 생산할 수 없는 요인이 있는가? • 생산공정이 복잡하지 않고, 효율성은 있는가?
	적정 이윤보장성	• 원자재조달이 용이하고, 값은 안정적인가? • 필요한 노동력 공급이 용이하며 저렴한가? • 제조원가, 관리비, 인건비 등 제 비용 공제 후 적정 이윤이 보장되는가?
안정성	위험수준	• 경제 순환 과정에서 불황 적응력은 어느 정도인가? • 기술적 진보 수준은 어느 정도이며, 기술적 변화에 쉽게 대처할 수 있는가?
	자금투입의 적정성	• 초기 투자액은 어느 정도이며, 자금조달이 가능한 범위인가? • 이익이 실현되는 데 필요한 기간은 어느 정도이며, 그 동안 자금력은 충분한가?
	재고수준	• 원자재 조달, 유통과정상 평균재고 수준은 어느 정도이며, 재고상품의 회전기간은 어느 정도인가? • 수요의 계절성은 없는가?

(2) 시장성 분석

아무리 품질이 우수하고 신제품이라 하더라도 판매가 되지 않으면 결코 사업에 성공할 수 없다. 흔히 좋은 제품을 만들고서도 매출이 제대로 되지 않거나, 매출액증가율이 높지 않아 손익분기점 매출액에 이르는 기간이 너무 길어 사업이 본궤도에 올라보지도 못하고 도산해 버리는 경우가 많다. 따라서 철저한 시장성 분석이 선행되어야 한다.

시장성 분석은 그 구체적 목표에 따라서 신제품개발에 필요한 정보수집을 위한 시장분석, 미래수요예측을 위한 시장분석, 유통경로개선 내지는 유통경로발굴을 위한 시장분석 및 광고전략 수립을 위한 시장분석 등으로 구분해 볼 수 있다.

그러나 어떤 경우든지 시장성 분석의 최종목표는 계획제품에 대한 판매예측, 즉 앞으로 생산할 제품이 시장에서 얼마나 팔릴 것인가, 향후 수요증가추세는 어떻게 변할 것인가 등을 분석하는 것이다.

시장성 분석은 사업타당성 분석을 하는 과정에서 별도로 수행하는 경우도 있지만, 자본예산과정에서의 시장성 분석은 계획사업의 전반적 타당성조사의 일부로 수행하는 경우가 대부분이기 때문에 각 평가항목 상호간의 관계와 순서도 생각하면서 분석하지 않으면 안된다.

시장성 분석은 이와 같이 시장성분석 자체 항목수도 다양할 뿐 아니라, 평가항목 상호간에도 조화가 이루어져야 한다. 시장성 분석시 분석항목 및 세부분석 내용은 <표 2-2>와 같다.

가. 시장성 분석의 핵심요소

시장성 분석의 핵심요소란 전반적인 시장동향분석, 제품성분석, 경쟁적 지위분석, 제품의 채산성분석, 수요예측, 그리고 시장 및 제품환경 분석 등에 핵심이 되는 요소들을 말한다. 이들 시장성 분석요소는 계획제품의 시장성 유무평가의 기준이다.

이들 요소의 평가결과 사업성이 있다고 판단되는 경우에는 판매계획 및 판매전략 수립을 통해 그 효과를 극대화하여야 한다. 이들 요소는 개별적으로 분석하되 그 평가는 시장성측면에서 종합평가되어야 함은 물론, 여타 사업타당성 평가 항목과도 연관지어 분석되어야 한다.

표 2-2 시장분석 체크항목들

구분	평가항목	세부평가요소
시장개요	시장특성	★유통구조 및 특성: 유통경로, 고객의 특성, 변화추세 등 ★동업계의 일반적 판매조직(대리점, A/S 제공 형태 등) ★동제품, 대체 및 유사제품의 일반적 판촉전략(광고 및 영업전략 등)
	목표시장 (target market)	목표시장의 확인(인구통계학적 확인), ★동제품, 대체 및 유사제품에 대한 수출입 실적분석
	소비자 특성	제품소비형태, 소비단위 구매동기 및 소비자 Needs형태 소비자 구성분포 및 변화추세 분석
제품특성	제품의 강·약점	잠재수요자에 의한 제품 이미지 조사 ★제품의 특성, 품질 비교 ○제품의 강·약점 분석(기능, 브랜드 보유 여부)
	제품PLC	제품의 라이프 사이클 분석 ★경쟁품 및 유사제품의 보급률 추정 및 향후 보급 전망
	원가구조 및 마진	제품원가 분석 ★마진율 ○마케팅 코스트 등의 분석
	주요경쟁요소	제품기획력, 가격정책, 판매방법 ★가격경쟁력 ○제품에 대한 기술 수준, 신제품 개발 능력
경쟁기업분석	경쟁기업의 총체적분석	경쟁사의 재무상태 비교: 자본금, 총자산, 부채규모, 상시종업원 수, 매출액 규모, 영업이익, 당기 순이익 등
	생산능력	사업장 규모 비교 ★생산능력 및 생산실적 비교
	마케팅능력	제품라인 구성내용, 주력제품, 주력상권, 설비특성 ○제품기획력, 가격정책, 판매방법 ★가격경쟁력 ○제품에 대한 기술 수준, 신제품 개발 능력
수요예측	시장점유율분석	★국내외 주요 경쟁업체의 시장점유율 분석 ○주요 경쟁업체의 시장점유율 변동추이 분석 ○시장점유율 확보 가능성 분석
	민감도분석	★불황기의 수요 변동 예측 ○계절성 제품의 수급 대책
	환경변화예측	소비자 성향 변화추이 분석: 제품소비형태, 소비자 연령분포, 소비자 세분화, 기호변화등 ★대체 상품의 동향 및 출현 가능성

나. 판매계획 및 판매전략 수립

시장성 분석결과는 엄격하게는 여러 가지 기업환경변화와 판매계획 및 판매전략에 따라서 좌우될 수밖에 없다. 즉, 시장성 분석은 기업환경변화 예측과 더불어 적정한 판매전략이 연계될 때 가치가 있는 것이다.

판매계획 및 판매전략을 수립하는 데 있어 고려하여야 할 사항은 마케팅계획, 광고 등의 판촉활동, 판매비용계획 등이며, 광고·판촉·판매활동에 투입할 인적·물적 자원의 규모와 투입시기도 함께 결정되어야 한다.

마케팅 계획은 제품별·지역별 판매계획을 수량 또는 금액으로 표시하여야 하며 생산 및 원자재 구입계획과 연결되도록 계획되어져야 한다.

광고와 판촉계획에는 판촉방법, 광고매체 및 시기, 광고선전비 등이 포함되어야 하며, 계획단계에서 결정해야 할 주요한 내용은 계획제품의 성격, 시장의 특성, 소비자의 분포 등에 따라 광고와 판매활동을 어느 수준에서 어떤 방법으로 전개할 것인지가 결정되어야 한다.

판매비용계획은 마케팅 계획을 근거로 하여 고객과의 접촉, 제품의 인도 및 배달, 수금 등에 소요되는 비용계획을 대상으로 하되, 변동비와 고정비를 구분하여 수립하면 손익분기점 분석 등이 용이해서 좋다.

다. 시장성 유무평가

위 <표 2-2>에서 제시된 일련의 시장성 분석항목에 대한 평가에 의거하여 투자안의 시장성 유무를 평가하게 되는데, 이 평가기준을 정형화하는 데는 한계가 있다. 왜냐하면 어느 정도의 시장규모가 있어야 시장성이 있는지, 또 어느 정도의 시장점유율 확보가 가능할 때 향후 시장성전망이 있는 것으로 볼 것인지 등의 객관적 기준이 없기 때문이다.

일반적으로 시장성이 있다는 것은 경쟁업체수와 대비하여 연도별로 점진적인 시장점유율 확보가 가능한 것으로 예측되고, 계획기간 내에 손익분기점 매출액에 도달할 수 있는 경우를 말한다. 투자규모와 손이분기점 도달 매출액의 관계를 보면 일반적으로 손익분기점 매출액은 제조업일수록, 그리고 설비투자 규모가 큰 사업일수록 창업 후 오랜 기간이 지나야 달성되며, 품목에 따라서는 사업연도 첫해에 손익분기점 매출액을 상회하여 창업년도부터 당기순이익이 시현되는 경우도 있다.

도·소매업의 경우에는 특별한 경우가 아니면 당해 연도부터 이익이 시현되는 것이 보통이다. 그러나 제조업이든 설비투자 규모가 큰 사업이든 적자가 3년 이상 지속된다면 문제가 있다.

이와 같은 사업은 자기자본 조달능력이 뛰어난 창업자가 아닌 경우 사업이 지속되더라도 은행 등 금융기관의 신용평가에서 좋은 점수를 받기 어렵기 때문에 자금에 큰 어려움을 겪을 수밖에 없게 된다.

따라서 초기 기업의 경우 투자 후 2~3년 이내에 흑자경영이 곤란한 사업은 투자대상으로 부적합하다고 볼 수 있으며 이런 사업은 포기하거나, 시장규모가 더 커질 때까지 투자를 연기할 필요가 있다.

아울러 시장성 유무 평가시에는 시장성 검토과정에서 파악된 여러 가지 불확실성 요인에 의한 위험성의 정도와 그 위험의 극복 가능성도 평가되어야 한다. 결국 투자대상의 시장성유무를 평가하는 것은 지극히 주관적이지만, 향후 시장규모(market size)의 성장가능성과 예상되는 시장점유율의 상호관계를 파악하는 것이 중요하다.

(3) 기술적 타당성 분석

가. 기술평가의 의의

사업타당성 평가요소 중 가장 어렵고 전문성이 요구되는 부분이 바로 기술적 타당성검토이며, 특히 요즈음과 같이 신기술 및 기술집약형 사업을 기업화하는 경우가 많아지는 추세를 감안할 때, 기술적 타당성검토는 중요한 의미를 갖는다.

신기술 및 기술집약형 사업의 성공 여부는 기술의 독창성 및 사업의 성공가능성에 있는 만큼 기술적 타당성분석은 계획사업의 핵심기술에 대한 내용을 정확히 파악함은 물론 기술의 유용성, 기술의 위험요소 및 성공가능성 정도를 평가하는 것을 핵심과제로 하고 있다.

기술적 타당성평가의 핵심은 제품을 확보가능한 기술진에 의해 원만히 생산할 수 있는지. 불량률을 목표수준까지 낮출 수 있으며, 이로 인한 제품의 경제성 및 경쟁력을 확보할 수 있느냐에 달려있다.

결국 제품이 당해 회사의 기술수준에 의해 원만히 생산되고, 생산된 제품의 불량률이 목표수준에 이름으로써 제품의 경제성이 인정되며, 나아가서 국내 경쟁사의 경쟁제품뿐만 아니라 외국의 제품(수입제품 포함)과 비교해서 품질 및 가격 측면에서 경쟁력이 있을 때 기술적 타당성이 높다고 볼 수 있다.

그러나 현실적으로 이와 같은 제품을 발견하기란 어렵다. 설령 기술적 타당성이 높은 제품이라도 시시각각 출현하는 신제품·신기술 때문에 최고의 기술수준을 유지하기가 결코 쉽지 않다. 따라서 기술적 타당성 평가기준을 정하기란 어려운 일이며 더군다나 객관성 및 신빙성이 있는 평가기준을 마련하기란 결코 쉽지 않은 일이다.

그러나 기술적 타당성을 확보하지 못한다면 사업은 실패할 수밖에 없는 바, 가능한 범위 내에서 최선의 검토방법을 찾아내지 않으면 안된다. 특히 벤처기업이나 첨단기술을 사업화하는 경우에는 해당 관련기술의 세계적 동향체크가 매우 중요하다.

벤처산업에 있어서 흔히 기술동향을 파악하는데 실패하는 경우, 신제품이 출시되자마자 새로운 기술을 사업화한 기업이 등장하면서 시장에서 자사의 제품수명주기가 종료되어버리는 경우를 종종 보게 된다.

나. 평가요소

제품에 대한 기술적 타당성 검토는 일반적으로 ① 제품의 효율적 생산가능성과 관련된 제품의 특성, 생산공법, 생산공정의 적정성, ② 공장입지조건의 정합성, ③ 시설규모 및 생산능력, 계획시설의 적정여부, 생산계획의 적정성. ④ 소요원재료의 수급계획 등을 대상으로 하고 있다.

이와 같은 기술적 타당성 평가요소는 다음과 같은 관점에서 객관적이고 심층적으로 분석되지 않으면 안된다. 첫째, 기술적 근본문제로서 기술사활 결정요소라고 할 수 있는 치명적 요소가 존재하는지를 검토하는 일이다. 둘째, 생산환경요소로서 제품기술에 간접적으로 작용하는 평가요소를 검토하는 것이다.

☑ 기술사활 결정요소

기술사활 결정요소는 기술과 제품 사이에 존재하는 핵심요소로서 이들 요소를 간과하였을 때 제품생산은 물론 사업실패와 직결되는 치명적 요소가 되는 것이다.

이와 같은 기술사활 결정요소는 ① 제품생산관련 요소중 어떤 특정문제로 서 제품생산 자체가 불가능한 경우는 없는지. ② 제품의 불량률이 경쟁사와 비교하여 상대적으로 높은지 혹은 사업한계선을 상회하는지. ③ 제품의 경쟁성, 과다한 제조원가. 소비자 인식제고 곤란 등의 이유로 인하여 기술의 경제성이 없는지 등을 검토하기 위한 것이다.

☑ 생산환경요소

기술적 생산환경요소한 기술관련 사항 중 기술사활 결정요소라 할 수 있는 직접요소 이외에 제품기술에 간접적으로 작용하는 평가요소를 말한다. 기술적 생산환경 평가요소는 크게 나누어 ① 계획제품의 용도·품질 및 경쟁성 분석. ② 일반적 입지조건 및 제조업 주요입지인자 분석. ③ 계획시설의 적정성 및 장래성 분석, ④ 생산 및 재고 분석 등으로 나눌 수 있다.

(4) 성장성 및 위험요소분석

사업타당성 분석의 최종적인 단계로서 기업의 성패에 중대한 영향을 미칠 수 있는 위험요소의 분석과 더불어, 장기적 기업경영측면에서 지속전인 성장발전이 가능한지를 분석하는 성장성분석이 요구된다. 이들 요소는 장기 안정성장을 도모하는 데 절대적으로 필요하다.

사업타당성 분석에서 검토되어야 할 또 다른 측면은 계획사업의 장기적 성장가능성의 분석이다. 성장성 분석시에는 기업성패에 중대한 영향을 미치는 기업환경요소 중 기업 경영에 치명적 영향을 미칠 가능성이 있는 위험요소에는 어떤 것이 있으며, 이들 위험요소에 대한 정확한 대응전략의 수립이 가능한지의 여부와 장기적으로 성장가능성이 어느 정도인지를 분석하여야 한다.

표 2-3 계획 사업에 대한 위험요소

구 분	위험요소
정책변동	조세, 관세정책 및 금융지원제도의 변경 금리 및 환율의 변동 생산제품에 대한 중소기업 고유업종 해제 및 수입 개방 등
시장경쟁격화	경쟁기업 진입(대기업 참여 포함) 판매 단가 조정
생산요소변동	주요원자재(수입, 내수)파동 가능성 생산량 및 생산수율, 판매량, 가동률 변동요인 발생 여부 전략 제품의 변경 및 제품믹스의 실패
기타	노사분규 시설자금 및 소요 운전자금의 적기 조달 실패 입지조건 부적합 자연환경 및 공해 규제 공장 건설의 지연 기타 계획사업에 대한 위험요소 등

기업경영은 경영환경변화에 따라서 수시로 변한다. 추정 재무제표뿐만 아니라 사업타당성 분석도 여러 가지 가정과 상황 안에서 이루어지기 때문에 여기에 대응한 새로운 대응책이 나오지 않으면 안될 상황에 이르게 된다.

계획사업에 대한 위험요소는 수행하고 있는 업종에 따라, 그리고 그 업체의 특성에 따라 다르기 때문에 일률적으로 말할 수 없지만 일반적인 경우를 살펴보면 <표 2-3>과 같다. 분석자는 이와 같은 위험요소 중 해당기업의 성패에 중대한 영향을 미칠 수 있는 항목을 선택하여 그 항목의 변화정도에 따라 계획 사업에 어느 정도의 영향을 미치며, 위험요소별로 대응책을 마련함으로써 그 위험요소가 통제범위 내인지를 분석하여야 한다.

(5) 재무타당성 분석

아무리 제품이 성공적으로 생산되어 적정량이 판매되더라도 소요자금이 적기에 조달되지 못한다든가 적정수익을 제대로 실현하지 못한다면 그 사업은 성공가능성이 없다. 수익성 검토 요소는 대부분이 향후 전망을 현재적 관점에서 분석하는 것이기 때문에 이의 근거자료가 되는 추정손익계산서, 추정대차대조표, 자금수지예상표 등 추정재무제표 작성이 핵심과제가 된다.

또한 계획사업의 위험도도 분석해야 되는데 예측가능한 기업환경 변수를 적용하여 계획사업에 결정적인 영향을 미치는 변수가 어떤 것이며, 어느 정도 계획사업에 영향을 미치는지를 분석하고 이에 대한 대응책을 모색하여야 한다.

가장 중요한 자금조달 및 운용분석시에는 먼저 사업에 필요한 총소요자금의 적정한 규모산정과 더불어 조달가능성을 자금조달상의 위험분석과 함께 추정하고, 이들 자료를 중심으로 자금조달 및 운용계획서를 작성하여야 한다.

자금조달 및 운용계획서는 단기적 측면과 장기적 측면, 그리고 특정시설에 소요되는 자금으로 구분하여 누락되는 항목이 없도록 주의해야 한다. 검토되어야 할 내용은 다음과 같다.

① 총사업비의 명세, 초기 자본소요액 및 사업에 관련된 현금수지분석
② 추정손익계산서, 추정대차대조표, 현금수지분석표에 기초를 둔 재무예측
③ 재무예측을 뒷받침하는 보조자료로서 판매대금의 회수기간, 재고수준, 구매제품 및 제 경비 지불기간, 생산원가의 항목 및 비용, 판매 및 관리비 등
④ 수익에 대한 재무분석을 하기 위해 투자수익률, 손익분기점, 적정 생산량 및 가격분석 등

⑤ 차입계획뿐만 아니라, 차입금 상환재원 및 차입금 상환능력에 대해서도 분석해야 한다.

재무적타당성의 요체는 투자안 분석 결과만으로는 완전한 것이 되지 못한다는 것이다. 즉, 해당 투자에 소요되는 자본의 합리적인 조달과 투자결과가 결합되어 경제성이 존재할 경우에만 비로소 투자기회로서 가치가 있다는 것이다.

결국 투자안의 재무적 타당성유무는 자본조달과정에서 기업이 목표자본조달비용 수준으로, 그리고 계획하는 조달원천에 의해 자본이 효율적으로 가능한지의 유무에 달렸다고 할 수 있다.

(6) 분석결과 종합

이와 같은 타당성 분석의 결과를 토대로 자본예산과 관련된 사업계획서를 작성하게 된다. 자본예산은 향후 사업내용연수동안 기업의 수익과 위험을 결정하게 되므로, 기업에게는 전략적 의사결정수준의 업무내용이 될 것이다.

해당투자의 중요성이나 비중에 따라 사업계획서는 종종 기업의 전략보고서 차원에서 작성되기도 하는데, 이 경우 전략의사결정과 관련된 여러 가지 모형으로 분석하는 경우도 흔히 발생한다.

이 경우 흔히 사용하는 전략분석모형으로는 SWOT분석모델을 통하여 종합적으로 사업을 타당성을 분석할 수도 있다. 이 SWOT분석은 기업의 내적인 강정(Strength) 및 약점(Weakness)과 외적인 환경의 기회(Opportunity) 및 위협(Threat)을 의미하는 복합어로서 기업의 내외 환경요인을 기업의 경영전략과 연결시켜 분석하는 방법이다.

이 경우에 해당투자안이 가급적 기업의 강점을 기회에 집중하는 차원에서 진행될 수 있으면, 향후 해당 기업의 가치를 증대시키는데 전략적으로 아주 유리한 상황을 맞이할 수 있을 것이다.

제3절
현금흐름의 추정

만약 투자안이 예비적인 사업타당성분석 단계를 무사히 통과하게 되면, 본격적으로 해당 투자안이 수명주기 동안 창출하게 되는 수익, 즉 매출의 분석을 하게 된다. 투자안이 수익을 창출하기 위해서는 제조원가나 각종 비용과 관련된 경제적 희생을 요구하게 되므로 현금흐름을 예측하는 단계에서는 발생하는 수익뿐만 아니라 수익창출을 위해 희생되는 부분도 동시에 분석하게 된다.

1. 현금흐름의 개념

투자안의 경제적 가치평가에 사용되는 현금흐름자료는 회계적 이익(accounting income)개념이 아니라 실제 기업을 중심으로 들어오는 자금인 현금유입(cash inflow)과 실제 지출이 이루어지는 현금유출(cash outflow)을 그 대상으로 한다.

그리고 투자대상의 가치와 투자금액을 상호비교하는 과정으로 이루어진 경제성평가 과정에서는 특정시점에 발생하는 현금 유입액(cash inflows)과 현금 유출액(cash outflows)의 차이, 즉 순현금흐름(net cash flow)을 측정대상으로 한다.

투자안의 평가는 현금흐름의 정확한 예측을 전제로 이루어지지만 실제 이를 정확히 측정한다는 것은 쉬운 일이 아니다. 왜냐하면 투자목적, 투자 종류 등 각 투자안의 내용과 특징에 따라 현금 흐름의 구체적 측정과정을 달리하기 때문이다. 그러므로 현금 흐름의 정확한 예측을 위해 생산, 기술, 마케팅들 여러 부서로부터 협조를 얻어야 한다.

순현금흐름 = 현금유입 − 현금유출

투자안의 경제적 가치평가에 사용되는 현금흐름은 투자와 관련된 증분현금흐름이다. 증분현금흐름(incremental cash flows)은 투자안을 채택함으로써 발생하는 현금흐름의 변동액이다.

2. 투자시점별 발생하는 현금흐름 유형

투자안에 의해 발생하는 현금흐름은 구체적으로 발생하는 시점별로 구분해보면, 기초투자시점에 주로 발생하는 현금흐름, 투자안의 내용년수동안, 즉 투자결과 비즈니스가 작동되는 기간 중에 발생하는 현금흐름, 그리고 투자가 종료되는 시점에 발생하는 현금흐름으로 구분해 볼 수 있다. <그림 2-3>

기초시점에 발생하는 현금흐름은 사업화를 위해 갖춰야할 제반 물적, 인적 요소들의 구비에 필요한 현금흐름으로서, 주로 현금유출의 형태가 발생하게 될 것이다. 투자안의 내용연수동안 발생하는 현금흐름에는 현금유입에 해당하는 수익, 즉 매출액과 수익을 발생시키기 위해 희생되는 원가나 제반 비용. 세금등과 같은 현금이 유출되는 것이 혼재한다.

투자종료시점의 현금흐름은 영업기간 동안 발생하는 현금흐름 외에 투자가 종료되면서 정리되는 부분들이 있다. 투자와 관련해서 발생했던 순운전자본 증가분의 환

그림 2-3 투자시점별 현금흐름 유형

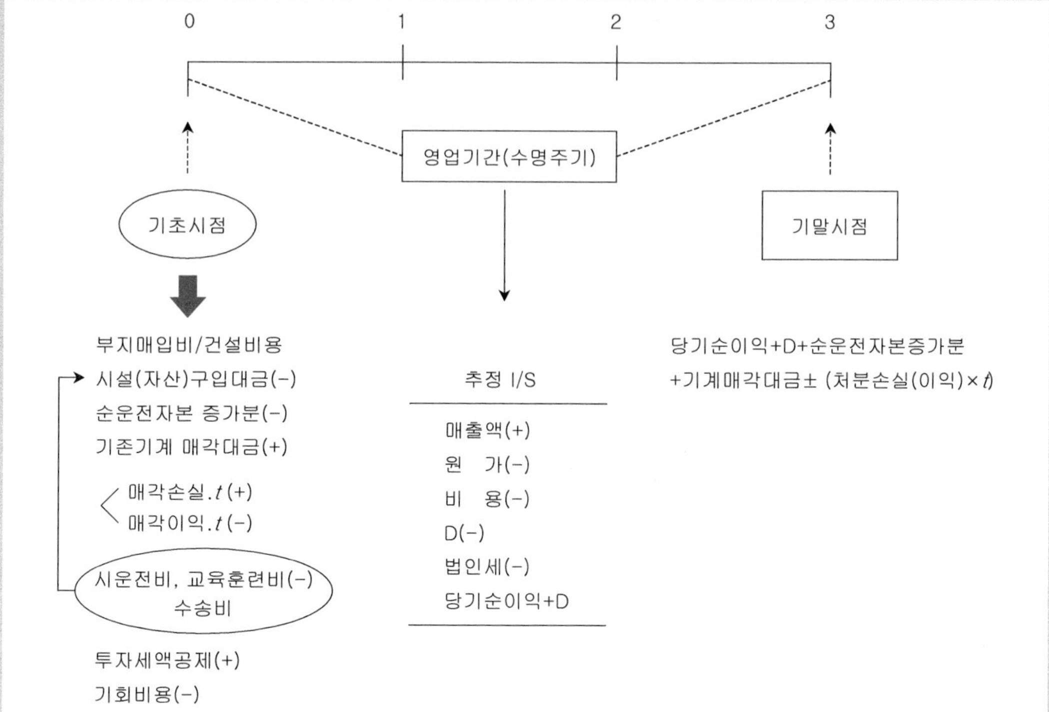

입이나, 내용연수가 종료된 시설의 처분에 따른 매각대금과 고정자산거래와 관련된 처분손익의 처리 같은 정리부분을 마무리해야 한다.

(1) 기초투자시점의 현금흐름 유형

기초투자액(initial investment)은 자산의 매입과 매입자산의 운용을 위해 투입되는 기초현금지출액(initial cash outlay)이다. 기초투자액은 부지매입비, 공장신축비. 생산시설구입가격과 설치 및 시운전비, 순운전자본에 증가분 투자액, 기존 시설의 매각대금 과 고정자산거래에 따른 세금효과 들을 고려하여 산출한다. 그리고 구입자산이 투자세액공제 대상인 경우에는 법인세공제액을 현금유입에 포함시켜야 한다.

가. 부지매입비, 공장신축비, 설치 및 시운전비

투자안의 성격이 생산과정을 포함하고 있는 비즈니스모델인 경우, 생산시설과 관련된 투자부분이 초기투자금액으로서 큰 부분을 차지하게 될 것이다. 부지매입은 기업의 상황에 따라 신규로 매입하여 공장을 신축하는 방법과 기존 시설을 활용하는 방법등 다양하게 해결할 수 있다.

만약 기존 시설을 활용할 경우에는 기초시점의 투자금액으로 기회비용 같은 부분을 고려해야 한다. 즉, 기존시설은 임대수익을 위해 임대를 할 수 도 있는 문제이므로, 신규투자에 기존시설을 활용하는 경우에는 직접적인 지출이 아니지만, 투자안에 의해 포기해야 하는 현금들이 발생할 것이므로 기회비용 성격의 현금유출을 인식해야 한다.

생산시설의 도입과정에서는 수송비와 시운전비, 교육훈련비등의 부담주체가 누군가에 따라 시설구입에 관련된 투자금액이 달라질 것이다. 만약 시설구입과 관련된 부대비용이 투자주체가 부담하는 조건이면 기초투자액에 포함된다.

나. 순운전자본(net working capital)에 대한 투자 및 투자세액공제

순운전자본의 증가분의 자본적 지출에 수반되어 발생되는 지출로 현금유출에 포함시켜야 한다. 순운전자본 증가분이란 해당 투자와 관련해서 기업이 확보해야 하는 결재용자산, 즉 현금이나 당좌예금 같은 자산을 말한다.

이 자금은 기업 전체적으로 보면, 기업이 기존의 비즈니스를 수행하기 위하여 수익에 기여하지 못하는 유동자산을 보유하는 것과 같은 성격이다. 그러니까 순운전자본의 증가분이란, 신규투자로 인해 새롭게 발생하는 각종 결재상황을 대비하여 지불능력을 추가적으로 확보하는 개념이다.

순운전자본 증가분의 경우 실질적으로 현금유출이 이루어지는 것은 아니지만, 해당 투자로 인해 새롭게 발생할 결재상황을 위해 현금이나 당좌예금 같은 자산이 다른 용도로 활용되지 못하고, 대기해야 하는 상황이므로, 현금유출의 개념으로 취급한다.

그러나 순운전자본에 투자되는 유동자산은 투자로 인한 사업이 내용연수가 종료되면 더 이상 필요하지 않게 되므로 사업수명 종료시에 현금화(liquidate)시켜 현금유입으로 전환시켜야 한다.

기초시점에 발생하는 현금흐름 가운데 드물게 발생하는 현금유입 상황으로 투자세액공제(investment tax credit)항목이 있다. 이것은 해당 투자내용이 정부가 투자를 장려하기 위해 투자금액에 대해 세제혜택을 부여하는 것이다. 따라서 투자세액 공제대상이 되는 경우 공제액만큼 현금의 유입에 포함시킨다.

(2) 투자기간 동안 영업 활동에 의한 현금흐름

투자기간동안 영업활동에 의한 현금흐름(operating cashflow)은 해당 투자안의 내용연수 또는 사업수명이 지속되는 동안 수년에 걸쳐 발생되므로 연도별 현금흐름의 추정이 필요하다.

영업기간 동안 발생하는 현금흐름의 모습은 현금유입에 해당하는 매출(수익)과 수익을 발생시키기 위해 희생되는 원가(cost)와 제반비용 등의 현금유출항목들이 있다. 현금흐름의 궁극적인 측정대상이 순현금흐름이므로, 영업기간동안의 현금흐름은 현금유입인 수익에서 현금유출에 해당하는 항목들을 차감하여 구해낸다.

영업기간 중의 현금흐름 추정과정에서 가장 중요한 항목은 감가상각비를 처리하는 문제이다. 감가상각비는 실제 현금유출이 이루어지는 항목이 아니므로 자본예산에서 현금흐름의 측정대상은 아니다.

그러나 감가상각비는 과세대상 이익에서 차감되어 법인세 납부액을 줄여주는 역할을 한다. 그래서 감가상각비효과가 실무에서는 현금흐름에 매우 중요한 역할을 차지한다고 할 수 있다.

영업이익에서 감가상각비를 차감한 뒤, 과세대상금액을 확정하여 법인세를 납부하게 되면 당기순이익이 남는다. 법인세가 확정되었으니까, 실제 현금유출이 아닌 감가상각비 금액을 다시 더해주면 해당영업기간의 순현금흐름이 확정된다.

감가상각비는 생산과정에 관여한 제반 시설로부터 발생하는 항목도 있고, 일반관리활동이나 마케팅활동에 관련된 시설에서 발생하는 감가상각비도 있다. 전자는 제조원가부분에 해당되는 항목이고, 후자는 판매 및 일반관리비항목에 해당된다.

이상의 영업활동기간에 해당하는 순현금추정과정을 순차적으로 표시하면 다음과 같다.

영업기간 순현금흐름＝(매출액 변동분－원가변동분－비용변동분)
＝(영업이익－감가상각비 변동분)
＝과세대상금액－법인세
＝당기순이익＋감가상각비

(3) 투자 종료시점의 현금흐름

투자 종료시점의 현금흐름(terminal cashflow)은 해당영업기간의 순현금흐름 추정작업을 마치고, 신규자산의 매각을 통한 현금유입과 매각에 따른 세금효과를 고려하여 정리작업을 한다. 그리고 추가로 투자된 순운전자본에 대한 현금유입으로의 전환을 포함시켜야 한다.

순 운전자본의 유입항목은 세금의 영향을 받지 않는다. 다시 말하면 투자 종료 시점의 현금흐름은 해당기간 당기순이익을 구하고, 감가상각비를 더한 뒤 기초에 현금유출로 계산했던 순운전자본 증가분을 현금유입으로 더해준다. 아울러 사업종료와 함께 고정자산 거래가 발생하면, 고정자산 매각대금을 현금유입으로 포함시키고, 매각대금과 장부가치를 비교하여 고정자산처분이익이나 손실이 발생하면, 법인세효과만큼 현금유출 또는 유입으로 정리하면 된다.

사업종료시점의 순현금흐름＝해당기간 당기순이익＋감가상각비
＋순운전자본 회수＋고정자산매각 대금
(＋, －)처분손실(이익)*법인세율

3. 현금흐름추정시 유의사항

(1) 감가상각비

감가상각비는 회계처리상 비용으로 처리되지만 다른 비용과는 달리 현금의 지출

을 수반하지 않는 비용이므로 현금흐름 측정시 현금유출에 포함되지 않는다. 즉, 감가상각비 자체는 현금흐름추정의 대상이 되지 않는다.

그러나 감가상각비는 현금유출에는 포함되지 않지만 과세대상금액을 줄여주는 세금효과를 발생시키므로 법인세를 확정할 때까지 감가상각비를 손익계산서에서 처리하고, 당기순이익이 계산되면 다시 더해줌으로써 해당 항목의 영향을 조절한다.

(2) 이자비용

투자자본을 조달하는 과정에서 부채로 조달된 자본에 대해 지급하는 이자는 분명한 현금유출항목이다. 그러나 현금흐름 추정과정에서 지급이자는 현금유출에 포함시키지 않는다.

이는 이자지급이 현금의 지출을 수반하지 않는다는 것이 아니라 경제성 평가단계에서 투자대상의 가치를 평가할 때, 즉 투자대상의 현재가치를 산출하는 과정에서 이자는 할인율로 사용되는 자본비용에 반영되기 때문이다.

이자가 할인율로 사용된다는 것은 이자항목이 투자대상의 가치를 줄여주는 과정이므로, 만약 지급이자를 기간별 순현금흐름에서도 고려할 경우에 두 번에 걸쳐 투자대상의 가치를 줄이는 중복계산을 하게 된다.

(3) 매몰비용

매몰비용(sunk cost)은 고려중인 투자안의 채택여부와 관계없이 이전에 이미 발생된 비용으로 현금유출에 포함되지 않는다. 예를 들면 새로운 투자안의 개발을 위해 이미 지출된 시장조사비가 매몰비용에 해당된다.

(4) 잔존가치

투자와 관련해서 보유하게 된 고정자산들은 감가상각에 의해 내용연수동안 가치가 차감되어진다. 기업의 회계방침에 따라 제반 고정자산들은 다양한 감가상각회계방식에 따라 상각되어진다.

사업이 종료되는 시점에서 감가상각방식에 따라 잔존가치가 결정되어지는데, 잔존가치가 없이 완전상각하는 경우에는 사업종료시 잔존가치는 제로가 된다. 이 경우에도 실제는 해당고정자산을 중고기계시장이나 이를 필요로 하는 타기업에 매각되는 경우가 보통이다. 이런 경우 매각대금은 모두 고정자산처분이익이 될 것이다.

잔존가치가 장부상에 있는 경우에는 해당 자산 처분시 잔존가치가 매각대금보다 큰 경우 자산처분에 따른 매각손실이 발생되므로 이때 손실액에 세율을 곱한 만큼 감세효과가 발생된다. 그러나 잔존가치가 처분가격보다 낮은 경우에는 매각이익이 생기므로 이익에 세율을 곱한 값만큼 세 부담이 증가된다.

(5) 기회비용

투자안의 기회비용(opportunity cost)은 기업이 가지고 있는 자원을 제안된 투자안에 사용하지 않고 다른 투자기회에 사용한다면 그로부터 얻을 수 있는 현금흐름을 의미한다.

이러한 현금흐름은 이 자원을 제안 된 투자 안에 사용함으로써 다른 투자기회로부터 얻을 수 있는 현금흐름이 포기 되는 부분이기 때문에 기회비용으로 현금유출에 포함되어야 한다.

이 경우 기회비용은 장부가격이 아닌 시장가격에 의해 산출하여야 한다. 예를 들면 기업이 소유하고 있는 토지를 새 공장건설에 사용한다면 토지가격은 시장가격에 의해 투자지출액에 포함시켜야 한다.

(6) 기업내 다른 부문에 대한 영향

새로운 투자안의 채택이 기업 내 다른 부문에 미치는 영향(side effect)을 고려하여야 한다. 예를 들어 기존제품의 모양과 성능을 개선시킨 고가품의 제품 생산을 계획하고 있다고 하자.

이 경우 기존의 자사제품을 구입하던 일부고객은 새 제품을 구입할 것이므로 새 제품의 출시는 기존제품의 매출을 감소시키게 된다. 기존 제품의 매출액 감소로 이난 새 제품의 매출액 증가분은 투자안의 평가 시 현금유입에 포함되지 않는다.

제 3 장

경제적 타당성 평가방법

투자안의 경제적 가치를 분석하기 위한 방법에는 화폐의 시간가치를 고려한 현금흐름 할인법(discounted cash flow method)과 화폐의 시간가치를 고려하지 않는 전통적 방법(traditional method)으로 구분할 수 있다.

현금흐름 할인법은 투자의 미래 현금흐름의 현가와 지출액의 현가를 기분으로 투자안의 가치를 평가하는 방법으로서 이에는 순현재가치법, 내무 수익률법, 그리고 수익성지수법이 있다. 전통적 방법에는 회수기간법과 회계적 이익률법이 있다.

제 1 절 현금흐름 할인법

투자안의 평가방법으로서 현금흐름 할인법은 전통적 방법보다 이론적으로 보다 우수한 기법이다. 왜냐하면 현금흐름 할인법은 화폐의 시간가치를 고려하는 기법이기 때문이다. 그래서 기업현장이나 공공부문에서 이루어지는 거의 대부분의 투자에서 현금흐름 할인법을 사용하고 있다.

1. 순현재가치법(NPV)법

순현재가치법(net present value method: NPV법)은 투자로부터 발생되는 미래 현금 흐름의 현재가치에서 투자지출액의 현재가치를 차가만 순현재가치(NPV)를 구하여 순현재가치가 양(+)의 값을 가지는 투자안($NPV>0$)은 채택하고 음(−)의 값을 가지는 투자안의 기가하는 방법으로 순현가법이라고 부른다.

순현재가치가 양의 값을 가지는 투자안의 경우에는 그투자안을 채택함으로써 순현재가치만큼 주주의 부가 증가함을 의미한다. 순현재가치가 0인 경우는 투자안을 채택하든 기각하든 차이가 없다.

한편 투자안의 순위를 부여하는 경우 순현재가치가 큰 투자안일수록 우선 순위가 부여된다. 이러한 순현재가치법은 다음과 같이 나타낸다. 최초투자 이외의 추가 투자가 없는 경우라면 식은 다름과 같다.

$$NPV = (-\text{최초투자액}) + (\text{투자안의 가치})$$
$$= -I + \sum_{t=1}^{n} \frac{NCF_t}{(1+K)^t} \qquad (\text{식 } 2-1)$$

I : 최초투자액
k : 할인율(자본비용)

위 식에서 할인율로 사용되는 k는 자본비용(cost of capital)또는 요구수익률(required rate of return)이다. 투자안의 순현재가치는 할인율에 따라 달라지므로 적정 할인율의 결정은 순현재가치법의 적용에 있어 대단히 중요하다.

만약 복수의 투자대상을 두고 순현가법으로 투자우선순위를 결정해야 할 경우에는 순현가가 큰 순서부터 투자를 결정하면 된다. 그래서 투자자본의 상대적 수익률을 측정하는데는 이 기법이 한계를 가지고 있다. 투자자본의 상대적 수익률을 기준으로 투자우선순위를 결정하는 경우에는 수익성지수법을 보조적으로 사용할 수 있다.

현재가치법의 장점은, 첫째로 화폐의 시간적 가치를 고려한다는 것이고, 둘째로 투자안의 기업가치에 대한 공헌도를 나타낼 수 있으며, 셋째로 가치 합계 원칙이 가능하다는 점이다. 가치합계 원칙(value additivity principle)이란 서로 다른 여러 개의 개별 투자안을 결합한 결합투자의 가치는 개별투자안의 NPV를 단순히 합한 것과 같다는 원칙이다.

2. 내부수익률법(*IRR*법)

내부수익률(internal rate of retune: *IRR*)은 투자로부터 발생되는 현금 유입액의 현재가치, 즉 투자안의 가치와 투자에 소요된 현금 유출액의 현재가치를 일치시켜주는 할인율이다. 즉 내부수익률은 투자안의 순현재가치를 0으로 하는 할인율이다.

내부 수익률 법에서는 내부 수익률이 자본비용보다 큰 투자안($IRR > k$)을 채택하고 내부수익률이 자본비용보다 낮은 투자안은 기각하게 된다. 이 때 자본비용은 투자안이 채택되기 위해서 내부 수익률이 넘어야 할 수익률로서, 내부수익률이 자본비용보다 낮은 투자안은 기각하게 된다.

그러니까 순현가법과 달리 내부수익률법에서는 자본비용이 모델 내에 포함되어 있는 것이 아니라 외부에서 주어지고, 모델 내에서 추정하는 것은 투자안의 수익률이라는 것이다. 결국 내부수익률법은 투자에 소요되는 자본을 조달하면서 부담하는 자본비용보다 투자안의 수익률이 더 큰 투자대상에 투자하게 되는 셈이다.

내부수익률법에서 복수의 투자안을 대상으로 순위를 부여하는 경우에는 내부수익률이 큰 순서대로 우선순위가 부여된다. 내부수익률은 다음의 식을 만족하는 할인율 IRR이다. 만약 투자에 소요되는 자본의 지출이 기초시점에서 일시에 투자된다면, 즉 투자기간 내에 추가투자가 없는 경우라면 식은 다음과 같다.

$$I = \sum_{t=1}^{n} \frac{NCF_t}{(1+IRR)^t} \qquad \text{(식 2-2)}$$

I : 최초투자액
NCF : 순현금흐름
IRR : 내부수익률

3. 순현재가치법과 내부수익률법의 비교

순현재가치법(NPV)과 내부수익률법(IRR)법은 모두 화폐의 시간적 가치를 고려한 투자안의 경제성 평가방법이다. 일반적으로 독립투자안의 채택여부를 결정할 경우에는 순 현재가치법에 의해 평가하는 결과와 내부수익률에 의해 평가하는 결과가 동일하다.

그러나 상호배타적인 투자안을 평가할 경우에는 순현재가치법과 내부수익률법의 결과가 서로 다른 경우가 있다. 그러므로 순현재가치법과 내부수익률법 중 어느 것이 보다 나은 방법인가 하는 문제가 제기된다.

(1) 단일투자와 복수투자안의 경우

독립적인 투자안의 평가시 순현재가치가 양의 값을 가질 경우 내부수익률은 자본비용보다 항상 크고. 순현재가치가 음의 값을 가지면 내부 수익률은 항상 자본비용보

그림 2-4 순현가법과 내부수익률법의 관계

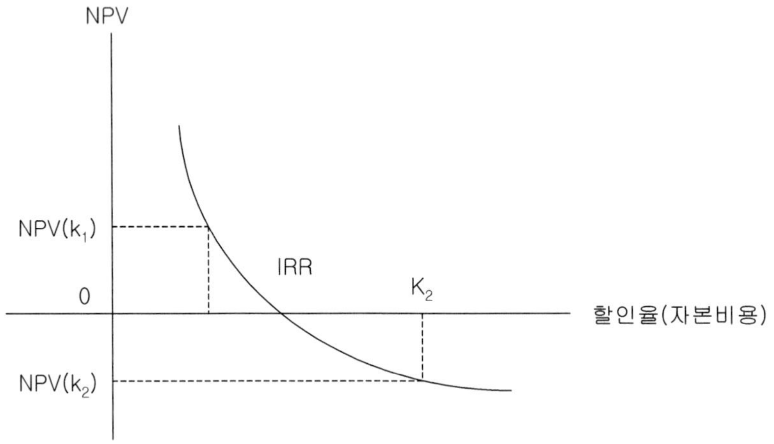

다 적은 값을 가진다. 그러므로 이 경우 순현재가치법과 내부수익률법의 평가 결과는 항상 동일한 결과를 가져온다. 이를 그림으로 나타내면 <그림 2-4>와 같다.

현재가치모형에서 할인율이 증가할수록 현재가치는 감소하므로 순현재가치곡선은 우하향하는 곡선으로 나타난다. <그림 2-4>에서 $NPV>0$인 경우는 할인율인 자본비용 (k_1)이 내부수익률(IRR)보다 작은 경우 이고 $NPV<0$인 경우는 자본비용 (k_2)이 내부수익률(IRR)보다 큰 경우 이다. 그리고 $NPV=0$인 경우는 자본비용과 내부수익률이 같은 경우이다.

따라서 투자안을 채택하는 경우는 NPV 0인 동시에 IRR인 경우이고, 투자안을 기각하는 경우는 $NPV<0$인 동시에 $IRR<K$인 경우가 되므로 어느 방법을 취하더라도 동일한 결과를 얻게 된다.

한편, 복수의 투자안에 대해서 두 가지 평가방법을 적용하게 되면 어떤 결과가 나오는지를 보도록 하자. <그림 2-5>에서처럼 A와 B 두 가지 투자안의 관계가 있는 경우에는 순현재가치법에 의하면 A안을, 내부수익률법에 의하면 B안을 채택하게 되므로 서로 다른 결과를 초래하게 된다. A와 B 두 투자안의 순 현재가치곡선을 그림으로 나타내보면 <그림 2-5>와 같다.

<그림 2-5>에서 보는 바와 같이 내부수익률법에 의하면 순현재가치를 0으로 하는 내부수익률이 B안의 경우 27.1% A 투자안보다 더 크므로 B 투자안을 선택하게 된다. 그러나 순현재가치법에 의하면 자본비용이 10%인 경우 A 투자안의 순현재

그림 2-5 복수의 투자안인 경우 두 가지 평가방법의 선택

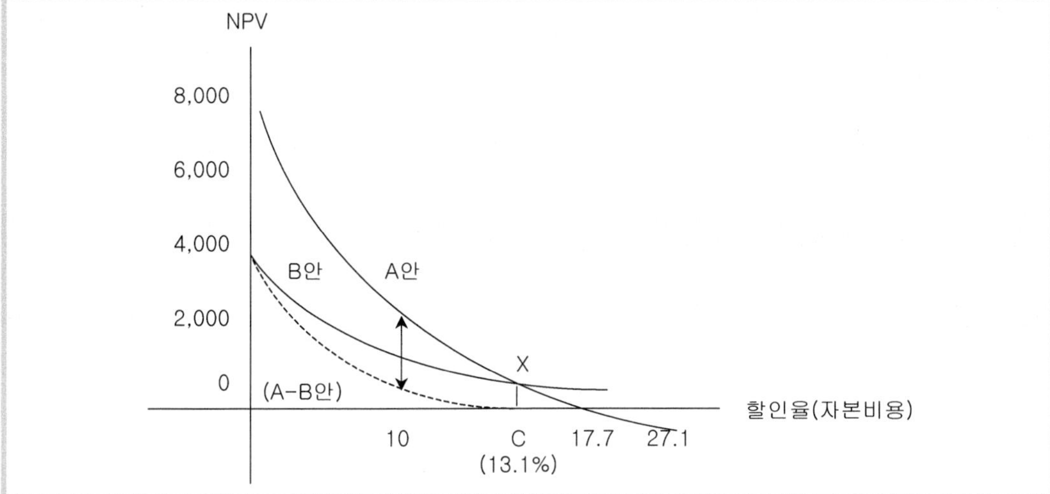

가치가 3,057만원으로 B 투자안보다 더 크므로 A안을 선택하게 된다.

한편 두 투자안의 순현가곡선이 교차하는점 X를 피셔의 수익률(Fisher`s point)라고 하고, 점 X에서의 할인율 c는 두 투자안의 순현가를 같게 하는 할인율이다. 그림에서 보는 바와 같이 할인율이 c(13.1%)보다 큰 경우에는 투자안 B가 보다 유리한 투자안이고 할인율이 c(13.1%)보다 적은 수준에는 투자안 A가 보다 유리한 투자안이 된다.

이와 같이 투자규모가 현저히 다른 경우에는 두 투자안의 현금흐름의 차이를 대상으로써 평가결과의 불일치 문제를 해결 할 수 있다. 투자안 A와 B의 현금흐름의 차이는 다음과 같다.

대규모 투자안 A에 대한 투자는 소규모투자안 B와 차액투자인 $(A-B)$안에 함께 투자하는 것으로 생각 할 수 있다. 그러므로 A, B 두 투자안 중 어느 것을 채택하느냐 하는 것은 차액투자인 $(A-B)$안의 투자가치에 달려 있다.

차액투자인 $(A-B)$안이 투자가치가 있다면 A안을 채택할 것이고 투자가치가 없다면 B안을 선택하게 된다. 차액투자인 $(A-B)$안의 경우 $NPV>0$이고 $IRR>10\%$이므로 투자가치가 있다.

따라서 순현재가치법에 의하든 내부수익률법에 의하든 A안을 선택하게 된다. 이러한 경과는 순현재가치법에 의해 A, B안을 평가한 경우와 동일하다. 이 때 A안의 순현재가치는 B안의 순현재가치에 차액투자 $(A-B)$안의 순현재가치를 합한 값과 같다.

(2) 현금흐름의 형태가 현저히 다른 경우

투자규모가 동일한 경우라도 투자기간 동안 현금흐름의 모습이 현저히 다른 경우에는 순현재가치법과 내부수익률법의 평가결과가 달라질 수 있다. 이러한 경우는 자본비용이 10%라 가정할 경우 다음과 같은 투자안에서 그 예를 살펴볼 수 있다.

표 2-4 현금흐름이 현저히 다른 투자안

투자안	0	1	2	3	*NPV*	*IRR*
C	−10.000	1,000	5,000	10,000	2,554	20.4%
D	−10.00	8,000	4,000	2,000	2,081	24.9%

<표 2−4>에서 보면 투자안 *C*의 경우는 투자기간 초기보다 말기에 이르러 보다 많은 현금흐름이 발생하는데 비해 투자안 *D*의 경우는 투자기간 초에 많은 현금흐름이 발생하는 투자안이다. 위 투자안의 경우에서 *C*, *D* 두 투자안의 경우에 순현재가치법에 의하면 *C* 투자안을 선택하게되고, 내부수익률법에 의하면 *D* 투자안을 선택하는경과가 되어 서로 다른 결과를 얻게 된다.

이 경우에도 두 투자안의 현금흐흠의 차이를 평가함으로써 동일한 결과를 얻을 수 있다. 차액 투자 $(C-D)$안의 현금흐름을 구해서 투자안을 평가해보, 차액투자인 $(C-D)$안의 경우 $NPV>0$이고 $IRR>10\%$이므로 순현재가치법에 의하든 내부수익률법에 의하든 *C*안을 선택하게 된다.

(3) 순현가법의 우수성

지금까지 순현가법과 내부수익률법간의 차이를 살펴보았다. 그러면 두 기법간의 우열관계는 어떨까? 결론적으로 말하면 순현가법이 내부수익률법보다 이론적으로 우수하다고 할 수 있다.

이에 대한 이론적인 근거는 두 가지 관점에서 설명할 수 있다. 먼저 재투자수익률에 대한 가정상의 차이이다. 즉, 두 기법이 암묵적으로 가정하고 있는 재투자수익률에 대한 가정이 순현가법에서 보다 우수하다고 할 수 있다.

순현가법은 투자기간 중에 발생되는 현금흐름이 자본비용으로 재투자된다고 가정하는 반면에 내부수익률법에서는 투자기간 중에 내부수익률로 재투자된다고 가정한다. 그런데 투자기간 중에 내부수익률로 재투자된다는 가정은 현실적으로 무리가 있다.

왜냐하면 투자안에 적용되는 자본비용이 투자기간 동안 일정하다는 가정 아래서는 투자기간동안 발생되는 현금흐름은 자본비용에 재투자된다고 보는 것이 더 바람직하기 때문이다.

두 번째 요인으로 내부수익률법에서는 복수의 투자수익률이 계산될 수도 있다는 한계가 있다. 즉, 하나의 투자안에서 두개의 수익률 개념이 발생한다는 말이다.

제 2 절 자본예산 평가방법의 보완

자본예산의 평가방법에서 가정했던 미래기간 동안의 수익창출, 즉 현금흐름 추정치는 실제로 불확실한 수치들이다. 의사결정을 해야 하는 시점은 현재이고, 의사결정과 관련된 내용은 모두 현재시점에서 보면 미래 불확실한 상황들로 이루어져 있다.

기업현장에서 실제로 투자가 이루어지면 예상하지 못했던 변수들이 엄청나게 많이 발생하게 된다. 특히 투자비용은 비교적 투자시점에서 합리적으로 추정이 가능하다. 구체적인 투자대상이 예를 들어 부지매입비나, 공장신축비용, 그리고 기계설비 구입비용등은 가격에 대한 자료들을 쉽게 구할 수가 있다.

그러나 투자안이 내용연수동안 창출하게 될 수익의 크기를 추정하는 것은 실로 엄청난 과제이며, 예측치가 크게 빗나가는 경우가 대부분이다. 그래서 자본예산평가과정에서 핵심적인 과제는 투자안의 추정매출액을 어떻게 해결하는가 하는 문제가 된다.

손익분기점분석은 이런 자본예산평가방법들이 부족한 측면을 다소 보완해줄 수 있는 기법이라고 할 수 있다. 간단하면서도 경영자에게 투자안이 창출해야 할 수익의 크기나 매출수량에 대한 구체적인 수치를 제공할 수 있는 분석기법이라는 점에서 유용성이 있다고 할 수 있다.

1. 손익분기점분석

(1) 손익분기점분석의 개념

손익분기점(break-even point: *BEP*)은 일정기간동안 기업의 생산 및 판매활동에서 총수익과 총비용이 같아지는 점, 즉 순이익이 0되는 생산량 또는 매출액 수준을 말한다. 바꿔 말하면, 어떤 기업이 매출액이 얼마 이상이 되면 이익이 발생하게 되는가를 보여주는 점을 손익분기점이라고 한다.

손익분기점분석이 갖고 있는 중요한 시사점은 기업의 고정비 때문이라고 할 수 있다. 만약 기업의 비용이 모두 변동비로만 구성되어 있다면, 그리고 변동비보다 판매가격이 높은 범위 내에서는 기업이 생산해서 판매를 하는 한 영업이익이 발생할 것이다.

그러나 기업이 수익을 창출하기 위해 지출하는 비용에는 판매와 무관하게 발생하는 고정비가 존재한다. 이 고정비의 발생은 기업의 매출액이 일정수준 이상을 초과하지 못하면 손실을 발생시키는 역할을 한다.

손익분기점분석이 갖는 중요한 시사점은 바로 고정비발생을 상쇄하고 기업이 이익을 창출하기 위해 최소한 창출해야 하는 수익의 크기가 얼마인지를 경영자에게 알려주는 역할에 있다. 손익분기점 매출액이 확인이 되면, 기업은 이 매출수준을 달성하기 위해 생산에서 마케팅에 이르기까지의 다양한 경영활동에 대한 종합적인 대책을 수립할 수 있도록 해주는 것이다.

(2) 손익분기점분석기법

손익분기점분석 개념도 기업의 실제상황을 매우 단순화 시킨 개념이다. 그래서 단순화과정에 따른 분석의 한계도 엄연히 존재한다. 이 분석기법을 설계하기 위해는 다음과 같이 기업활동을 단순화하기 위한 가정을 한다.

〈가정〉

- 모든 비용은 고정비와 변동비로 구분할 수 있다
- 변동비 발생은 매출액과 비례해서 발생한다.
- 일정한 조업도범위 내에서는 고정비와 단위당 판매가격은 변하지 않는다.
- 총수익과 총비용은 매출액과 일차함수의 관계를 갖는다.

이상의 엄격한 가정하에서 설계된 손익분기점 분석에서 고정비의 개념이 매우 중요하다. 고정비(fixed cost: FC)는 매출액 또는 생산량(조업도)과 무관하게 발생하는 비용으로서 감가상각비, 임원보수, 각종 세금, 보험료 등이 고정비에 속한다.

변동비(variable cost: VC)는 매출액이나 생산량에 비례해서 발생하는 비용으로서 재료비, 직접노무비, 판매수당, 연료비 등이 이에 속한다. 손익분기점 분석의 개념은 앞서 이미 밝혔듯이 기업의 이 두 가지 비용발생 패턴의 차이에 기인한다.

변동비와 달리 고정비는 기업의 활동과 무관하게 일정수준 발생하게 되는데, 발생정도는 업종에 따라 차이가 많이 난다. 즉, 장치산업처럼 고정자산투자규모가 큰 업종은 상대적으로 고정비부담이 커고, 상대적으로 노동집약산업 같은 업종의 경우 고정비부담 보다는 변동비인 직접노무비같은 비용의 부담이 커다.

고정비부담이 큰 업종이나 기업의 경우 경기침체가 도래하거나 기업의 매출이 부진해지면 바로 충격을 받게 된다. 즉 기업의 성과와 무관하게 고정비가 발생하므로 손실규모가 확대되어 나타나게 된다.

손익분기점분석에서는 이 두 가지 비용개념을 이용하여 수익과 비용간의 일차함수관계를 다음과 같이 규정한다. 먼저 매출액(총수익)은 단위당 판매가격과 매출수량의 곱으로 표시할 수 있다.

$$TR = P \times Q \qquad \text{(식 2-3)}$$

TR(total revenue: 총수익)
P : 단위당 판매가격(price)
Q : 매출수량

또한 총비용(TC: total cost)은 고정비와 변동비의 합으로 표시할 수 있다.

$$TC = FC + VC\text{TC} \qquad \text{(식 2-4)}$$
$$= FC + V \times Q \ (V\text{: 단위당 변동비})$$

이제 총수익과 총비용의 두 직선을 한 평면위에 동시에 올려놓으면 다음 <그림 2-6>과 같이 표시할 수 있다.

그림 2-6 손익분기점 분석표

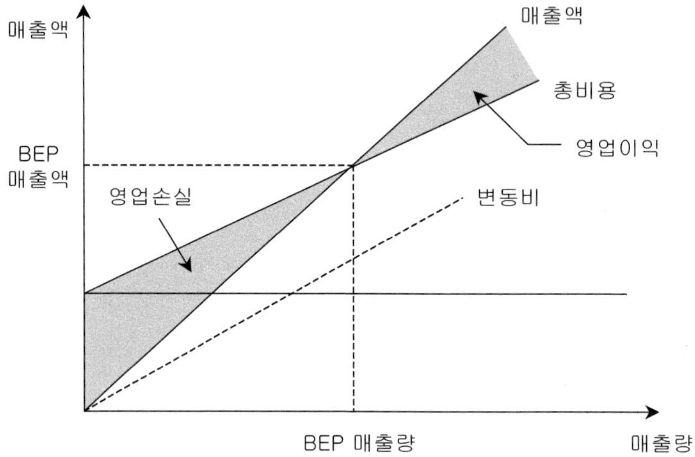

위 그림에서 손익분기점은 총비용과 총수익이 일치하는 점이므로, 이 점에서 총수익의 직선식과 총비용의 직선은 교차하게 될 것이다. 이 점은 두 식을 같게 하는 점이므로 다음과 같이 수식으로 표시할 수 있다.

$$TR = TC \qquad \text{(식 2-5)}$$
$$P \times Q = FC + V \times Q$$

이 식을 Q에 대해 정리하면 다음과 같은 식을 얻을 수 있게 된다.

$$Q = \frac{FC}{(P-V)} \qquad \text{(식 2-6)}$$
$$= \frac{FC}{M} \quad (M : \text{단위당 공헌이익})$$

그림에서 기업의 투자안이 손익분기점에 도달하면, 세금이 없다는 가정하에서 이익이 제로가 된다. 또한 이 수준을 초과하여 매출이 이루어지면 비로소 영업이익이 발생하게 된다는 것이다. 만약 손익분기점이 되는 매출수량을 나타내는 위 식에서 매출액기준으로 손익분기점을 알아보려면 양변에 단위당 가격 P를 곱해주면 된다. P

를 곱해서 정리하면 위 식은 매출액기준으로 손익분기점이 얼마인지를 다음과 같이 표시할 수 있다.

$$P \times Q = \frac{FC}{(1 - \frac{V}{P})} \qquad \text{(식 2-7)}$$

이처럼 손익분기점 분석기법은 간단한 개념으로 기업의 매출액과 비용, 그리고 이익간의 관계를 알아볼 수 있게 모형화 한 것이기 때문에 투자결정과정에서 널리 이용되어 왔다. 그러나 이 개념은 현실을 지나치게 단순화하였기 때문에 그 한계점에 유의해서 사용해야 할 것이다.

이 기법이 가정했던 항목들 가운데 우선적으로 지적되는 사항은 비용의 분리이다. 즉 실제 기업현장에서는 고정비와 변동비의 엄격한 분리가 불가능하거나 힘든 부분들이 너무 많다는 것이다.

또한 판매가격이나 제반 비용들이 일정범위내의 조업도 수준에서는 일정하다고 가정했지만 실제와는 많이 다르다는 것이다. 비용은 일반적으로 생산량의 증가에 따라 체감하기도 하고, 판매가격도 신용정책이나 판매정책에 따라 변동하는 것이 현실이다.

2. 기타 보조적인 분석

투자안을 분석할 때 구체적으로 추정하게 되는 수익이나 제반비용, 그리고 자본비용까지 다양한 변수들은 실제 상황에서는 예상을 많이 벗어나기 마련이다. 따라서 경영자는 투자의 성공확률을 높이기 위해서 이런 변수들이 변화할 때를 대비한 추가적인 시나리오들을 마련해야 한다.

실제 유능한 경영자들은 현금흐름의 추정치들이 일정범위 내에서 변동하는 상황별로 민감도분석을 추가로 해서, 구체적으로 비슷한 상황에 돌입했을 때 시행착오를 줄이기 위한 부단한 노력을 하고 있다.

☑ 시나리오분석(Scenario Analysis)

먼저 시나리오분석(Scenario Analysis)은 투자안에 대해서 예상할 수 있는 미래상황이 여러 가지가 있을 경우, 발생가능성이 높은 시나리오에서의 최상의 상황과 최악의 상황을 가정해서 투자안을 분석하여 봄으로써, 투자안이 가지고 있는 위험속성을 전반적으로 체크할 수 있다.

만약 최악의 시나리오상황에서도 투자안의 순현재가치가 제로보다 크거나 그 내용이 양호하다면 적극적으로 투자를 추진할 수 있는 자신감이 생길 수 있다. 반면에 다양한 시나리오에서 투자안의 NPV가 양호하지 못한 경우에는 매우 신중한 태도로 자본예산에 접근할 필요를 느끼게 될 것이다.

☑ 민감도분석(Sensitivity Analysis)

민감도 분석기법은 투자안의 가치에 영향을 미치는 여러 변수들 가운데 특정변수를 제외한 나머지 변수들은 고정시켜 둔 채 해당변수를 상황에 따라 변화를 주었을 때 투자안의 가치가 얼마나 민감하게 변하는 가를 체크하는 기법이다.

앞서 언급한 시나리오기법은 여러 변수들이 동시에 변하기 때문에 특정변수가 전체 투자안의 가치에 미치는 영향을 세밀하게 관찰하기 힘들지만 민감도 분석을 해보면 여러 변수들 가운데 특히 투자안의 가치에 영향을 크게 미치는 요소를 확인할 수가 있다.

이렇게 상대적으로 투자안에 미치는 영향이 큰 변수가 확인되면, 해당변수에 대한 예측을 보다 더 정교하게 함으로써 투자의 성공가능성을 높일 수가 있을 것이다.

신문기사 읽을거리

공공부문의 자본예산

지난달 29일. 김포공항역을 오전 10시5분에 출발한 인천국제공항행 공항철도는 썰렁했다. 6개 객차를 통틀어 승객은 49명뿐. 좌석 10개 중 8개는 빈 자리였다. 김포공항에서 인천공항을 하루에 105차례나 이런 식으로 다닌다.

승객 김창순(62)씨는 "무거운 여행 가방을 들고 타려니 번거롭고 힘들다"며 "전철 환승 비용까지 따지면 가격(직행 7900원, 일반 3100원)도 별로 싸지 않다"고 말했다. 철도를 만들 당시의 예측대로라면 이 열차는 승객으로 가득 찼어야 한다. 건설교통부가 예상한 하루 승객은 20만 명이다. 그러나 지난해 3월 개통 후 하루 평균 이용객은 1만5000명에 불과했다. 전망치가 13배나 뻥튀기된 셈이다.

빗나간 예측은 공항철도만이 아니다. 한국개발연구원(KDI)은 14일 민자사업으로 도로를 닦으면서 추정한 교통량이 평균 50% 과대 추정됐다고 밝혔다.

자동차 150만 대가 다닐 것이라고 큰소리쳤는데 도로를 개통하고 나니 100만 대만 다닌다는 얘기다. KDI의 분석 대상은 인천공항고속도로와 우면산터널을 비롯한 7개 대형 민자사업이다. 뻥튀기

예측을 근거로 만든 뒤 생기는 적자는 모두 국민 세금으로 메웠다.

◇ 빗나간 예측=민자사업자는 수요량 예측 조사를 하면서 발주자의 입맛에 맞는 자료를 쓰기 마련이다.

부산과 경남을 잇는 경전철 사업이 대표적이다. 건교부·부산시·김해시와 민자사업자는 부산시 인구가 2021년이면 427만 명이 될 것이란 자료를 사용했다. 그러나 통계청의 예측은 이보다 88만명 적은 339만 명이었다.

김강수 KDI 연구위원은 "발주자 요구에 맞추려다 보니 확정되지도 않은 주변 지역 개발계획을 과장해 반영하거나 현실성 없는 전망 지표를 사용한다"고 지적했다.

정치인이나 지방자치단체장의 한건주의도 수요량 뻥튀기를 부추긴다. KDI는 "수도권에 비해 지방이 교통량을 과대 추정하는 경향이 크다"고 분석했다.

민자사업은 아니지만 전국 17개 공항 가운데 흑자를 내는 곳은 4곳뿐이다. 수요량을 제대로 예측하지 않고 '지역 개발'을 앞세워 밀어붙였기 때문이다. 공무원들도 수요량 예측이 그럴듯하게 뻥튀기되면 사업 추진이 쉽기 때문에 적당히 넘어간다.

◇ 결국 국민 부담=서울 우면산 터널은 세금 먹는 터널이다. 1998년 이후 누적된 적자를 해소하려면 2033년까지 3000억원을 쏟아 부어야 한다. 지금도 연간 70억~100억원을 쏟아 붓고 있다.

건교부는 또 올해 인천공항고속도로와 천안~논산 고속도로, 대구~부산 고속도로, 인천공항철도의 운영 적자를 메우기 위해 3000억원을 쓸 예정이다. 이 돈은 모두 국민 세금이다.

적자가 나면 정부가 메워주기 때문에 건설업체 입장에서 민자사업은 땅 짚고 헤엄치기다. 이 때문에 정부는 2006년부터 민간이 먼저 제안한 사업에 대해선 수익 보전을 해주지 않고 있다. 그러나 정부 제안 사업은 지금도 최대 75%까지 수익을 보장해 주고 있다.

김강수 KDI 연구위원은 "수익 보장을 더 줄여야 한다"며 "타당성 평가를 할 때 제3의 전문가들이 수요 예측치를 재검토하는 과정을 마련해야 한다"고 말했다. 홍종호 한양대 교수는 "민자로 추진될 예정인 대운하 건설에 대한 타당성 조사도 객관적이고 투명해야 한다"고 강조했다.

<중앙일보 2008.2.15 이봉석·김영훈 기자>

정부가 메워준 적자

단위:원

연도	금액
2003년	935억
2004년	1009억
2005년	660억
2006년	710억

자료:건설교통부

빗나간 인천공항고속도로 수요 예상

예상 통행량	단위:대
2003년	13만3438
2004	14만6554
2005	11만9026
2006	12만5322

실제 통행량	단위:대
2003년	5만5323
2004	5만9780
2005	6만2831
2006	6만5571

토 론

1. 자본예산과 기업가치의 관계에 대해 토론하기
2. 기업의 투자유형에 대해 실제 사례를 찾아보기
3. 정부의 사회간접자본투자과정에서 드러난 문제점을 사례로 알아보기

연습문제

1. 초기투자시 고정자산거래에 따른 세금처리문제

(주)영남기업이 2년 전에 100만원으로 구입한 선반기계의 장부가격은 60만원이다. 이 기업이 선반기계를 판매하여 대체한다고 할 때 세금계산은 어떻게 될 것인가?

- 판매가격이 장부가격보다 큰 경우 : (주)영남기업이 구형 선반기계를 70만원에 판매하고 세율이 40%라고 한다면 $(70-60)\times0.4=4$만원의 세금을 납부하여야 한다. 초기현금흐름을 계산할 때 4만원은 현금유출로 계산되어야 한다.
- 판매가격이 장부가격과 같은 경우 : 기업의 입장에서는 이익도 손실도 발생하지 않는다.
- 판매가격이 장부가격보다 낮은 경우 : (주)영남기업이 선반기계를 40만원에 판매하였다면, 20만원의 손실은 기업의 과세표준이 되는 이익을 20만원만큼 감소시키고, 세율이 40%라면, $(60-40)\times0.4=8$만원 만큼의 세금절감효과가 발생한다. 그러므로 자산의 판매에 의해서 8만원 만큼의 세금효과에 따른 현금유입이 발생하는 것과 마찬가지이다.

2. 기초투자금액 추정(교체투자의 경우; 민성기 재무관리원론에서 발췌)

기존의 구형기계인 A를 신형기계인 B로 대체하려는 투자.

B기계의 구입가격은 380만원이고 설치하는 데 추가적으로 20만원의 비용.

B기계의 회계상 상각기간은 5년이며 정액상각방식에 따라 상각될 것이며 잔존가치는 없다.

A기계는 3년 전에 300만원에 구입, 잔존가치는 없이 5년의 내용연수에 대하여 정액상각. A기계를 팔 경우에 200만원. B기계를 이용하여 운영을 하는 경우에는 영업의 규모가 증가하기 때문에 유동자산은 40만원, 그리고 유동부채는 24만원 증가할 것으로 예측.

A기계 : – 매출액 200만원
– 감가상각비를 제외한 비용은 매출액의 60%

B기계 : – 매출액 10% 상승
– 감가상각비를 제외한 비용은 매출액의 50%로 감소

B기계를 5년 동안 사용한 후에 시중에서 처분하는 경우에는 50만원은 받을 것으로 예상된다. 만약 A기계를 계속해서 앞으로 5년 동안 사용한다면 폐기하는데 3만원의 비용을 지불해야 할 것으로 예상된다.
미래기업에 대한 세율이 30%라고 할 때 A기계를 B기계와 대체하는 투자계획에 대한 현금흐름을 알아보고자 한다.

신형기계 구입비	(−)	₩380만원
설치비용	(−)	20만원
구형기계 매각대금 유입	(+)	200만원
구형기계 매각시 세금납부	(−)	24만원
순운전자본의 증가	(−)	16만원
초기현금흐름	(−)	₩240만원

*** 다음 자본예산 사례에 대해 답하시오**

(주)영남은 캐주얼 의류를 생산, 판매하는 기업이다. 이사회에서는 최근 소비자들의 웰빙 추구에 따른 등산인구의 증가현상을 새로운 사업기회로 인식하고, 등산용 의류생산 및 판매 사업으로 다각화 전략을 추진 중에 있다.
등산용 의류생산을 위한 신규투자는, 생산시설 구입비용으로 30억, 공장신축비용으로 6억원이 소요될 것으로 추정되고, 부지매입비용으로 4억원이 소요될 것으로 추정된다. 이 프로젝트와 관련하여 추가적으로 필요한 순운전자본 증가분이 3억원으로 추정된다.
이 아이템의 내용연수는 3년으로 추정되고, 1차년도 예상매출액이 20억, 2차년도 40억, 3차년도 30억으로 추정된다. 감가상각비를 제외한 원가는 매출액의

20%, 비용은 매출액의 10%정도로 추정된다. 생산시설은 사업종료시 잔존가치가 5억원 정도로 추정되고, 사업종료 후 생산시설은 중국기업에게 10억원에 처분가능할 것으로 예상된다.
감가상각은 정액법을 채택하고 있고(**공장건물에 대한 감가상각은 하지 마세요**), 현재 이 기업의 법인세 부담률은 20%이다.
이 투자와 관련한 순현금흐름을 추정하시오

시점	0	1차년도	2차년도	3차년도
NCF				

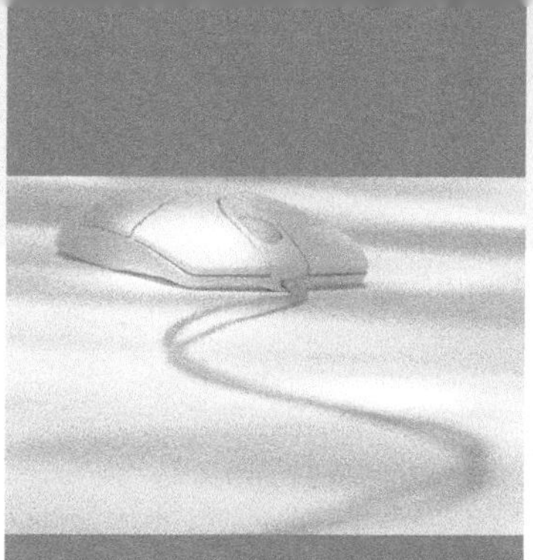

제 3 편

자본조달
(Financing)

IMF 이후에 우리나라 경영자들에게 새롭게 부각된 화두는 가치경영의 개념이다. 가치경영이란 개념을 간략하게 정의하기는 힘들지만, 그 기본적 사고에 내포된 정신은 투자되는 자본의 비용에 대한 고려를 철저히 한다는 것이다. 이러한 배경에는 IMF의 원인을 규명하는 여러 시도들 가운데 오랜 기간동안 우리나라 상장기업들의 평균투자수익률과 평균자본비용의 크기를 비교한 결과 수익률이 자본비용을 밑도는 충격적인 보고가 있었다. 그러니까 지난 오랜 세월동안 우리나라 기업들은 투자에 소요된 자본비용보다 낮은 수익률을 제공하는 투자를, 사업을 해왔다는 결론이었다. 실제로는 가치를 창조하는 경영이 아니라 오히려 가치를 파괴하는 사업을 지속해왔던 것이다.

IMF가 우리나라 기업경영자에게 남겨준 가장 큰 교훈은 자본비용에 대한 새로운 인식이었다. 그 결과 비로소 기업은 투자를 결정할 때 자본비용을 제대로 반영한 사업계획서를 작성하게 되었다. 특히 중소기업분야에서 그런 인식은 두드러진 것이었다. 중소기업의 경우, 자본조달업무는 대기업보다 훨씬 어려운 여건하에서 진행된다. 지금도 여전히 경영자들을 대상으로 설문조사를 하면 자금조달이 가장 큰 경영애로요인으로 보고되고 있다. 그만큼 금융시장에 대한 접근가능성이나 자본조달과정에서 제반 조건들이 불리하다는 반증이다.

제3편에서는 자본예산에 소요되는 장기성 자본조달방법과 각 자본조달방법들이 가지고 있는 자본비용 추정과 관련된 내용들을 수록하였다. 기업이 자본예산에 소요되는 장기자본을 조달하는 방법은 다양하다. 크게 자기자본과 타인자본으로 구분할 수 있지만 자기자본은 세 가지 유형의 조달원천이 있고, 타인자본은 금융기관차입금과 회사채발행방법이 있다. 최근에 새로운 자본조달 방법으로 주목받고 있는 리스금융은 기업의 자본조달과 관련된 새로운 위험관리방법으로 자리를 잡고 있다. 기술혁신주기가 단축되면서 기계의 노후화 진행이 가속화되고, 일시에 대규모 자금을 동원해야 하는 부담을 덜어주는 새로운 자본조달원천의 역할을 하고 있다. 마지막으로 각 자본조달방법에 따른 자본비용추정과 관련된 부분을 다루었다.

제 1 장

장기자본조달

제 1 절
자본조달의 기초

1. 자본조달개요

자본예산을 위한 장기자본을 조달하는 방법, 또는 자본조달원천은 다양하다. 그러나 다양한 자본조달방법으로 조달된 자본은 기업입장에서 자본제공자의 법적인 지위로 나누어보면 크게 타인자본(부채)과 자기자본으로 구분된다.

타인자본의 경우, 기업이 금융기관으로부터의 차입금과, 회사채를 발행하여 조달된 자본으로 구성된다. 자기자본은, 보통주나 우선주를 발행하여 유상증자를 통해 조달되는 자본과, 사내유보 자본을 사업자본으로 전환하여 사용하는 경우가 있다. 사내유보이익이나 각종 적립금을 사업자본화하는 경우에는 사전에 무상증자를 통해 자본의 성격을 전환하는 조치가 수반된다.

이와 같이, 크게 구분하면 다섯 가지 종류의 장기자본 조달방법이 현실적으로 가능하다. 그러나 자본조달의 경우, 해당 자본조달주체의 법적인 지위나 자격에 따라 사용할 수 있는 조달방법이 제한될 수 있다.

자본조달에 있어서 기업의 법적지위에 가장 영향을 크게 미치는 사항은 기업의 상장유무이다. 즉 상장기업과 비상장기업간에는 자본조달능력에 있어서 매우 큰 차이를 가지게 된다. 금융기관으로부터 차입하는 경우와 회사채 발행을 통해 조달되는 부채의 경우는 개별기업의 원리금 상환능력에 따라 다를 수 있지만, 유상증자에 의한 자기자본 조달능력에서는 상장유무에 따라 큰 차이를 보이게 된다.

유상증자의 경우 비상장기업은 공모에 의한 증자가 현실적으로 많은 제약을 가지게 되어 자기자본조달에 있어서 상장기업과 비교하면 많은 애로를 느끼게 된다. 유상증자에 참여하는 투자가입장에서 보면, 비상장기업의 주식취득은 자본회수시 유동성의 부족문제를 극복하기가 현실적으로 매우 어려워 유상증자에 참여하기 힘든 측면이 있다.

인수기관의 입장에서도, 발행시장에서 발행주식의 소화가능성에 대한 위험이 커서 인수업무를 맡기가 힘이 든다. 동시에 인수기관이 비상장기업의 주식을 인수하는 경우 마찬가지로 투자자본의 회수문제가 제기될 수 있다.

자본조달과 관련하여 사용되는 많은 용어들이 존재하는데, 이는 자본조달과정을 어떤 입장에서 표현하는가에 따라 다양하게 불러지는 현상에 의해 가능하다. 예를 들어, 자본제공자의 법적지위가 어떤가? 조달된 자본의 성격이 기업입장에서는 어떤 것인가? 자금의 만기는 어떤 것인가? 등에 따라 다양하게 <그림 3-1>과 같이 표현될 수 있다.

2. 중소기업의 자본조달 현황

중소기업의 금융시장에 대한 접근성은 대기업에 비해 아직 열악한 수준이다. 중소기업은 대기업에 비해 높은 금융위험, 낮은 담보력, 신용부족 등과 같은 원인에 의해서 일반적으로 대기업에 비해 자금조달이 어려운 것이 사실이다.

이런 이유로 기업의 규모와 무관하게 자본조달은 경영자의 역할 가운데 가장 어려

그림 3-1 자본조달과 관련된 명칭들

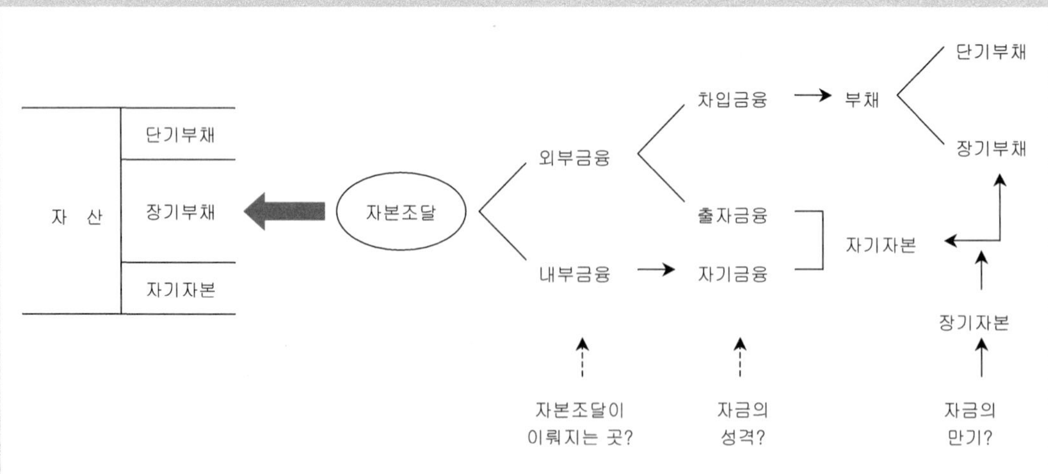

운 과제이지만, 중소기업 경영자나 재무담당자에게는 중요성이 가장 우선하는 재무기능으로 여겨진다.

(1) 중소기업 금융의 특성

중소기업에서 특히 벤처기업의 경우 자본조달과 관련된 금융수단은 기업의 성장단계와 연계하여 독특한 측면을 가지고 있다. 이상적인 자본조달체계는 창업단계의 소기업에게는 벤처캐피탈, 중견기업에게는 은행이, 대기업은 자본시장이 가장 적합하다고 주장한다.

이는 성장 단계별로 고려했을 때 창업기는 경영시스템이나 담보가 부족하고 은행의 자금을 활용할 수 있는 기업의 매출과 같은 객관적 자료가 부실하여 신용도가 낮다는 것이다,

따라서 물적 담보나 신용도가 뛰어난 기업들이 은행을 통해 자금을 확보하는 반면 신생기업은 은행을 통한 자금조달이 어려운 실정이다. 또한 은행보다 더 높은 신용도나 평판을 요구하는 자본시장을 통한 자금조달은 창업기업에게는 더욱 어려운 것이 현실이다.

그림 3-2 기업의 성장단계별 자금조달체계

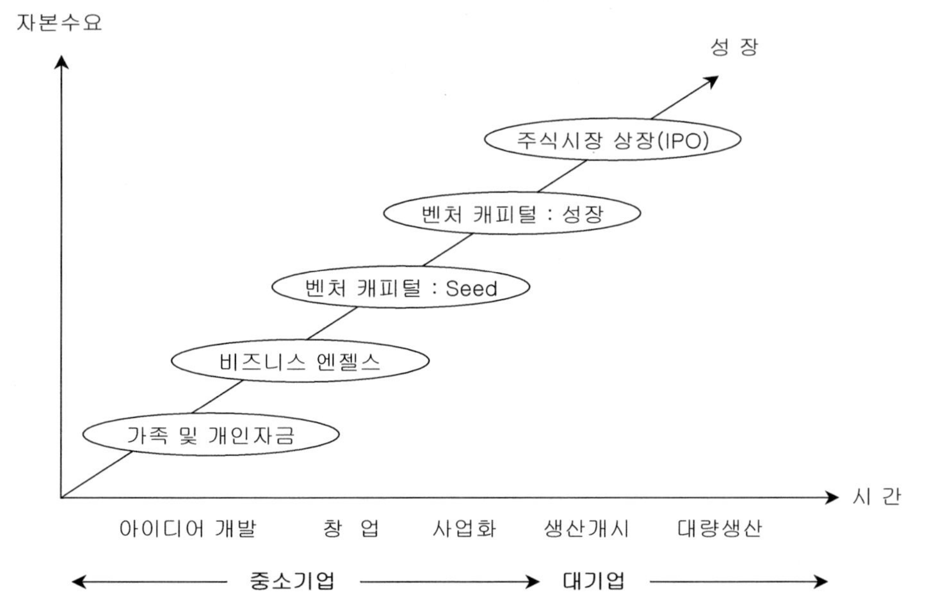

그렇지만 엔젤이나 벤처캐피탈은 성장 가능성이나 비전이 있는 중소기업을 선택, 투자하여 자신들의 경영참여를 전제로 사업자금을 공급하는 체계이다. 이와 같이 엔젤이나 벤처캐피탈은 초기단계의 기업이 가진 높은 위험을 부담하고 자기자본으로 자본을 제공하는 독특한 투자가 집단이다.

둘째, 창업기를 거쳐 중견기업으로 성장하면서 유형자산이 총자산에서 차지하는 비중이 증가하고 동시에 매출액도 증가하여 객관적 자료의 축적이 이루어져 금융기관의 신용도가 상승하게 된다.

그러므로 은행은 중견기업의 물적담보나 신용도에 근거하여 자금을 공여하게 되고, 동시에 은행은 기업의 도덕적 해이를 방지할 수 있는 모니터링 기능을 수행하게 된다. 그러나 중견기업 역시 신용부분에서 자본시장을 통한 투자를 유치하기엔 상당한 어려움이 남아있는 것도 사실이다.

셋째, 중견기업이 대기업으로 성장하는 과정에서 은행대출금을 수시로 상환하고 신용을 쌓아 직접금융을 활용하여 투자를 유치하게 된다. 따라서 신용수준이 상당한 단계에 도달해야 하고, 동시에 은행을 통한 융자는 가능한 감소시키는 경향을 보인다.

이 단계의 기업은 대부분 기업공개를 하고 조직적인 주식유통시장에 상장하는 단계를 지나게 된다. 그래서 코스닥시장이나 유가증권시장에 상장된 상장기업 신분으로 자본조달의 축이 간접금융시장으로부터 직접금융시장으로 옮겨지게 된다.

이 단계의 기업이 자본조달상의 특징은 상장기업 신분을 획득하면서 유상증자능력이 제고된다는 점이다. 우리나라의 상장기업들은 대부분 유상증자방법으로 주주우선공모 방식에 의해 증자를 하게 된다. 이 방법은 투자가 모집방법으로 보면 공모방식이고, 인수기관이 참여하는 간접발행방식의 성격을 띄고 있다.

표 3-1 중소기업 외부자금 조달비중

연도	은행 차입	정책 자금	비은행 차입	주식	회사채	사채	해외 차입 등
2015	79.0	15.1	0.9	0.0	3.3	1.0	0.8
2014	69.2	29.9	0.3	0.1	0.5	0.0	0.0
2013	78.4	14.9	2.5	0.0	2.2	0.2	1.7
2012	80.3	14.2	1.3	0.7	3.4	0.1	0.0

자료: 중소기업협동조합중앙회

즉, 발행위험이 발생하더라도 인수기관이 미소화된 주식을 인수해주기 때문에 기업으로서는 유상증자에 따른 위험은 대폭 감소하게 되는 잇점이 있다.

위의 표에서 보는 것처럼 중소기업의 외부자금 조달은 은행자금이 80% 이상으로 월등히 높았으며, 그 다음으로 정책자금 10%, 그리고 나머지 자본조달 원천은 미미한 것으로 나타났다.

중소기업의 자본조달 패턴을 대기업과 비교해 보면 두드러진 차이가 발생하는 것을 <표 3-2>을 통해 알 수 있다. 특히 중소기업의 경우는 대기업에 비해 타인자본 의존도 높은 것을 알 수 있다. 이는 중소기업이 주식발행시장에서 유상증자를 통해 자기자본을 조달하는 능력이 대기업에 비해 상대적으로 취약하기 때문이라고 해석할 수 있다.

이런 기업 규모간 자본구조의 차이는 기업신용도 수준차이로 이어지고 자본조달 비용을 차이 나게 하는 원인으로 작용할 수 있다. 이런 현상은 결국 기업의 규모가 작을수록 금융시장 접근성이 떨어지면서 금융소외현상이 심각하다고 할 수 있다. 즉, 이들 기업의 설비투자 자금을 자기자본으로 해결한다는 것은 역설적으로 외부금융에 대한 접근가능성이 떨어지는 현실을 반영하는 것이다.

그림 자료에서 보듯이, 소기업의 경우 창업자나 경영자의 자기자본으로 자본예산에 필요한 장기성 자본을 해결하고 있음을 알 수 있다. 이런 자본조달 패턴은 <그림 3-2>에서 제시한 기업의 바람직한 성장단계별 자본조달 패턴에 크게 벗어난 모습이다.

따라서 여전히 초기단계의 기업들이 투자에 필요한 자본을 엔젤자금이나 벤처캐피탈 자본에 접근하지 못하고 있음을 보여주고 있다. 최근 우리나라는 성장동력이 떨어지고 제조업 창업의 열기가 침체되고 있다는 지적도 이런 현상과 무관하지 않을 것이다.

표 3-2 기업규모별 자본조달 패턴 (단위: %)

기간	자기자본비율		부채비율		차입금의존도	
	대기업	중소기업	대기업	중소기업	대기업	중소기업
2009년	49.8	37.2	100.8	168.7	20.4	36.3
2011년	51.9	36.9	92.6	171.0	21.5	35.8
2013년	56.3	38.6	77.5	159.1	20.3	36.6

자료: 중소기업청

엔젤이나 벤처캐피탈 같은 위험자본이 벤처기업의 사업자본으로 제공되는 활동이 부진한 이유는 다양하게 존재할 수 있지만, 전통적으로 제기되는 이유는 적절한 투자자본 회수시장의 부재일 가능성이 높다.

현재 우리나라의 대표적인 위험자본 회수시장은 코스닥시장과 코넥스시장이 있다. 코스닥시장은 예전의 동력을 잃어가고 있는 모습이다. 따라서 회수시장의 기능이 점차 약해진다고 할 수 있다.

벤처기업이 코스닥시장 상장에 소요되는 시간이 점점 길어지고 있어 현재는 약 9~10년 정도가 소요되는 것으로 추정된다. 코넥스시장은 전문가 위주의 제한된 시장으로 출발부터 회수시장으로서의 한계를 가지고 있다.

한편, 차입자금의 주요 사용처에 대한 조사에서는 중소기업 차입자금의 주요 사용처로는 "설비투자" 37.8%, "원부자재 구입" 33.9%, "인건비 지급" 15.8% 등의 순으로 나타났는데, 부채상환과 "원부자재 구입"등에 사용한 비중은 늘었으나 "설비투자"와 "기술개발"에 사용한 비중은 줄었다.

차입자금의 설비투자와 기술개발에 대한 투자비중의 축소도 심각한 현상으로 받아들여지고 있다. 구체적인 차입조건이 밝혀지진 않았지만, 만약 장기차입금으로 원부자재구입에 할애하는 비중이 높다면 자본조달과 투자의 기간매치에서 부적절한 대응이 심화되고 있는 것으로 판단된다.

이런 기간매치의 부적절한 현상은 장기적으로 기업의 자금순환에 문제를 야기하게 될 것이다. 당연히 원부자재 구입에 필요한 자본은 단기자본으로 충당하는 것이 자금관리에 유리하다.

또 다른 중소기업의 자본조달 현황에서 특징적인 현상은 정책자금의 중요성이 여전히 높다는 것이다. 정책자금의 효율성에 대한 논의가 최근 들어 심각하게 제기되고

표 3-3 중소기업차입금의 투자부문 (단위 : %)

구 분	설비투자	인건비 지급	원부자재 구 입	부채상환	기술개발
2007년(A)	37.8	15.8	33.9	9.5	3.1
2006년(B)	40.1	14.6	32.4	7.8	5.1
증감(A－B, %p)	△2.3	1.2	1.5	1.7	△2.0

주: 1순위는 가중치 2, 2순위는 1을 각각 부여하여 산출한 종합 순위임

있는데, 부정적인 측면으로 작용하는 근거로 한계기업에게 제공되는 정책자금의 문제성에 대한 지적이다. 그러나 현실적으로 중소기업에게 정책자금은 여전히 중요한 자본조달원천으로 기능하고 있으므로 정책자금에 대한 신중한 접근이 필요한 것으로 보인다.

제 2 절 자기자본의 조달

자기자본은 장기성 자본 가운데 가장 안전한 자금이다. 즉 만기가 없는 기업의 영구자본으로서 자본예산에 소요되는 자본으로 조달되어 투자자금으로 사용하기에 가장 바람직한 성격의 자금이라고 할 수 있다.

다만 자본비용이 타인자본보다 높은 것이 불리하지만, 기업입장에서는 상환의무가 없으므로 불경기가 도래해도 자금압박을 덜 받게 되므로 안전성이 높은 자금이라고 할 수 있다.

기업의 자기자본으로 조달되는 원천은 크게 유상증자와 무상증자에 의해 가능하다. 유상증자의 경우에는 신주가 발행되면서 자본금이 증가 하는 만큼 현금이나 현물자산이 증가하면서 실질적으로 기업의 재무상태가 개선되는 효과가 이루어지는 형태이다. 유상증자는 수권자본금 범위 내에서 추가로 주식을 발행해서 유상으로 투자가들에게 인수시키는 방식이다.

유상증자를 하기 위한 기업외부적인 조건으로는 유통시장이 활황을 띄고 있는 기간이 적당하다. 즉 유상증자를 하기 위해서는 기본적으로 해당 기업의 실적과 전망이 투자가들에게 매력적이어야 할 것은 물론이다.

아울러 유통시장이 증자기간을 전후해서 주가 상승기이면 인수기관의 섭외가 상대적으로 용이할 것이다. 이런 상황에서는 주식발행에 따른 제반 조건들이 기업에게 유리할 수 있어 유상증자의 성공가능성과 발행조건들이 좋아질 것이다.

반면에 아무리 해당기업의 실적이나 전망이 좋은 상황이라도 유통시장이 침체국면에서 진행되면 발행주식의 소화가능성도 낮아지고, 인수기관으로 참여하는 발행기관의 섭외와 수수료 등 제반 여건들이 불리해질 수가 있다.

중소기업의 주식시장(기업공개 및 유상증자)을 통한 자금조달은 벤처거품 붕괴이

표 3-4 중소기업 직접금융 현황 (단위 : 억, %)

구 분	2000	2001	2002	2003	2004	2005
주식	63,423 (44.2)	30,979 (25.5)	23,791 (25.7)	24,745 (22.3)	17,705 (21.4)	29,884 (44.2)
회사채*	4,004 (2.3)	3,535 (0.9)	4,184 (1.8)	885 (0.5)	979 (0.4)	2,249 (1.0)
합계	67,427 (21.1)	34,514 (6.6)	27,975 (8.4)	25,630 (8.7)	18,684 (5.4)	32,133 (11.1)

주: *는 금융채와 ABS를 제외, ( )는 중소기업의 비중을 나타냄.
자료: 금융감독원 보도자료.

후 2004년까지 크게 위축되었다가 2005년 다소 회복되는 모습을 보였으나, 규모에서는 아직 2000년의 절반에도 미치지 못하는 수준에 있다.

중소기업의 자기자본조달 활동의 부진은 상장 중소기업들이 코스닥시장의 오랜 침체로 발행시장에서 유상증자 활동이 위축되고, 신규상장이 실적이 저조하여 신주모집에 의한 기업공개 과정에서 대규모 자본조달활동도 여의치 않은 결과로 보인다.

일반적으로 기업의 유상증자활동은 유통시장이 활황국면에서 대부분의 기업들이 집중적으로 시행하는 모습을 흔히 관찰할 수 있는 이유가 여기에 있다. 유상증자시 주식발행방법은 상황에 따라 다음과 같이 구분할 수 있다.

1. 유상증자 방법

(1) 투자자 모집방식에 따른 분류

투자자의 모집방식에 따라 사모(private placement)와 공모(public issue)로 구분된다. 두 방법의 법률상의 기준은 투자가 숫자가 50이상이면 공모, 미만이면 사모로 구분한다. 그러나 현실적으로 사모방식으로 유상증자를 하는 경우 주식인수에 참여하는 경제주체는 한 두 경제주체에 한정되어 진행되는 것이 일반적이다.

사모(私募)는 기업의 임원이나 종업원, 거래처 또는 일부 기관투자가 등 자기와 특수 관계에 있는 자에게 주식을 인수시키는 방법이며, 흔히 제3자 배정방식이라고도 한다.

대표적인 사모방식의 유상증자가 발생되는 상황은 초기단계의 벤처기업이 벤처캐피탈이나 엔젤을 대상으로 자기자본을 조달하는 경우에 이 방식이 사용된다. 초기단계의 벤처기업은 고위험 상태이므로 주식인수를 할 수 있는 투자가 전문가 집단으로 극히 제한될 수밖에 없다.

또한 적대적 인수합병 상황에서 경영권 방어를 위해 우호적인 경제주체를 대상으로 신주를 대량 발행하는 경우도 사모방식의 대표적인 경우에 해당된다. 그리고 기업가치가 많이 훼손된 상황에서 다른 장기자본 조달수단으로 자본이 조달되지 못하는 상황에서도 제3자인수방식에 의한 자본조달이 이루어지는 경우가 더러 발생한다.

사모방식에 의한 유상증자는 회사의 경영권 및 기존주주의 이해관계에 중대한 영향을 주기 때문에 정관에 특별히 정하거나 주주총회의 특별결의 절차를 거쳐야 하는 등 엄격한 통제를 가하고 있다.

또한 유가증권 발행총액의 전액 소화가 가능하여야만 취할 수 있는 발행형태이므로, 사전에 주식을 인수해줄 투자가와 발행조건들이 충분히 협의가 이루어진 후 발행이 된다.

공모(公募)는 일반 대중을 대상으로 인수자를 모집하는 방법이다. 공모는 다시 구주주할당(rights offer)과 일반공모(general cash offer), 주주우선공모로 나누어진다.

구주주할당은 신규발행주식을 기존의 구주주에게 보유중인 주식비율(지분율)로 인수시키는 방법이고, 비상장기업들이 흔히 사용하는 유상증자 방식이다. 따라서 구주주할당의 경우에는 기존 주주의 지분율이 유지될 수 있는 반면에 신규주식 발행규모에 제약을 많이 받게 되어 대규모 자본조달 방법으로는 한계가 있다.

일반공모는 말 그대로 불특정 다수의 투자자를 상대로 공개 모집하여(청약을 통해) 그들에게 발행주식을 인수시키는 방법이다. 일반공모의 경우에는 기존주주들의 신주인수권을 무시하고 일반인을 대상으로 발행하기 때문에 대규모의 발행을 유리한 가격으로 살 수 있는 반면 기존 주주의 지분율이 하락되는 이른바 대주주의 지분희석화(ownership dilution)가 일어난다.

이와 같이 일반공모 후에는 기존 주주의 지분율이 변동하므로, 반드시 사전에 주주들의 동의를 얻어 시행해야 한다. 다만 기업공개시 신주모집방식으로 기업이 공개하는 경우, 즉 IPO(initial public offering)의 경우에는 기존주주의 사전동의 없이 바로 일반공모를 통해 발행주식을 인수기관이 총액인수하여 청약에 의해 소화시킬 수 있다.

주주우선공모방식은 우리나라 상장기업들이 유상증자시 일반적으로 사용하는 증자방식이다. 이 방식은 기존주주들의 신주인수권을 침해하지 않기 위해서 순차적으로 발행주식을 소화시키는 방법이다.

먼저 신주를 신주인수권에 의해 구주주에게 할당하여 우선적으로 인수할 수 있는 권리를 부여한다. 만약 이 단계에서 기존주주들이 인수를 포기하게 되면 이를 실권주(失權株)로 처리하고, 이를 대상으로 일반공모 절차에 의해 소화를 시키게 된다. 즉 일반투자가들을 대상으로 청약을 받아 매각하는 절차이다.

일반공모에서도 공모대상주식이 완전히 소화되지 않는 주식이 발생하면, 사전에 협의된 대로 인수기관이 잔여주식을 인수하게 된다. 만약 인수기관의 역할부담이 모집주선의 차원이면 일반공모에서 청약미달분 만큼 유상증자계획이 실패하게 된다.

(2) 발행사무 담당주체에 따른 유상증자방식

유상증자시 주식발행과 관련된 사무와 발행위험을 누가 담당하는가에 따라 직접발행과 간접발행 방법으로 구분하고, 간접발행방법은 다시 인수기관이 발행업무와 발행주식의 소화업무를 어느 범위까지 담당하는가에 따라 세 가지 유형으로 세분된다.

가. 직접발행

직접발행이란 주식발행주체(기업)가 스스로 발행위험을 부담하고, 발행모집사무를 직접 담당하여 주식을 발행하는 방법이다. 발행위험이란 발행된 주식이 완전히 소화되지 않을 가능성을 말한다.

직접발행을 공모로 하는 경우 별도로 직접공모라 하는데, 비상장 금융기관이 주식을 모집할 경우 가끔 사용하는 발행형태이다. 또한 대부분의 주식회사가 발기설립방식으로 설립하는 경우에 직접발행방식으로 설립자본금을 발기인에게 소화시키게 된다. 사모발행은 대부분 직접발행의 형태를 취한다.

나. 간접발행

간접발행은 자본을 조달하는 기업이 주식발행에 따른 사무처리부담과 투자가를 직접모집하는 능력의 부족과 인수위험부담의 해소를 위하여 인수기관 또는 발행사무대행기관 등의 도움을 받아 간접적으로 발행하는 방법이다.

대부분의 상장기업들이 유상증자시 채택하는 방식으로서 인수기관이 참여하므로 유상증자에 참여하는 투자가 입장에서는 유상증자 조건, 특히 주당발행가격에 대한 신뢰를 확보할 수 있다.

간접발행은 발행위험, 즉 유상증자를 위해 발행된 주식이 완전히 소화되지 않을 경우에 미소화분 주식을 어떻게 처리하는가에 따라 위탁모집, 잔액인수, 총액인수 방법으로 나누어진다. 공모발행의 경우 대부분 간접발행의 형태를 취하게 된다.

① 위탁모집(모집주선)

위탁모집은 주식발행업무와 주식을 인수할 투자가의 모집에 관한 사무절차와 모집자체를 제3자인 발행기관에 위탁하는 방법으로서, 발행주체가 미소화분에 대한 인수위험을 부담하고 발행 및 모집사무는 발행기관에 위탁하여 발행하는 방법이다.

따라서 이 경우 소화되지 않은 증권은 발행기관이 부담하지 않고 발행주체에게 되돌려 주게 된다. 그러면 발행자가 잔량을 처리하게 된다.

② 잔액인수

잔액인수는 발행 및 모집사무와 인수위험을 분리하여 발행기관에 위임하는 방법이다. 우선 전문기관에 발행 및 모집사무를 위탁하고 일정 매출시간동안 투자가를 모집을 한 다음 그 기간이 경과한 후에 모집부족액이 발생한 잔량에 대해서만 이미 맺은 인수계약에 따라 인수기관에 인수시키는 방법이다.

또한, 잔액인수에서는 모집수탁기관과 인수기관은 다를 수 있다. 이 경우 발행주식을 일반투자자들로부터 모집하고 만약 청약총액이 모집총액에 미달할 경우 잔액은 인수기관이 자기의 책임과 계산으로 당초 정해진 발행가액으로 인수하여야 한다.

③ 총액인수

주간사회사가 구성한 인수기관들의 집단인 인수단이 공모주식 발행총액의 전액을 자기의 책임과 계산하에 인수하고 이에 따른 발행위험과 발행 및 모집사무 모두를 담당하는 방법으로서 인수매출이라고도 한다.

따라서 불리한 가격변동에 따르는 손해 등 모든 위험이 발행기업으로부터 인수단으로 이전되며 인수단은 인수에 필요한 많은 자금을 부담한다. 또한 매출하기까지의 기간동안 매출잔량을 보유하여야 하므로 발행증권의 가격변동에 따른 모든 위험을 부담하게 된다.

(3) 인터넷공모

인터넷공모는 주식발행기업이 인터넷상에 홈페이지를 개설하여 발행기관(인수기관)의 도움없이 직접 주식을 공개모집하는 방법이다. 이 주식발행방법은 1996년 미국의 맥주회사인 Spring Street Brewing회사가 최초로 사용한 방법이다.

1997년 이후 우리나라가 IMF 구제금융 상황을 극복하는 과정에서 정부가 돌파구로서 벤처산업을 정책적으로 육성하는 과정에서 1996년에 개설한 코스닥시장과 정부정책은 절묘한 시너지효과를 발휘하게 된다.

이에 힘입어 우리나라의 벤처산업은 짧은 기간에 양적으로나 질적으로 비약적인 발전을 이루게 되었다. 즉 벤처기업들이 발행하는 주식을 벤처캐피탈이 소화해주고, 이 주식들을 코스닥시장에 상장하면 벤처캐피탈은 투자자금을 회수하는 선순환이 가능해졌다.

이런 시대적 배경에서 벤처기업들이 일반투자가들을 대상으로 기업 홈페이지를 통해서 직접 투자가를 모집하는 새로운 형태의 자본조달 기법이 우리나라에도 시작되었다. 1998년 (주)골드뱅크사가 이 방법으로 최초로 주식공모에 성공하게 되면서 당시 벤처기업들이 주목하게 되었다.

가. 인터넷공모의 장점

벤처기업이 이 방식을 선호했던 가장 직접적인 이유는 발행절차가 간단하고, 아주 신속하게 이루어진다는 것이다. 벤처기업은 특히 시간관리가 중요한 전략적인 요소이므로 이 방법은 아주 매력적인 것이었다.

나. 단점 또는 위험요소

우리나라의 경우에서는 인터넷공모방식이 투자가보호라는 관점에서 많은 후유증을 남기면서, 현실적으로 이 방법은 잠시 유행하는데 그치고 시장에서는 더 이상 기업들이 이용하기가 힘든 분위기가 되었다.

인터넷공모방식은 증권거래법상 10억원 미만의 공모방식에서는 주간사회사가 인수업무에 참여하지 않아도 되는 법률조항을 벤처기업들이 악용하여 많은 투자가들이 피해를 보게 되는 심각한 후유증을 남겼다.

공모라는 명칭이 사용됨으로써 투자가들이 예전의 인수기관이 참여하는 공모와 많은 착오를 일으키고, 주당 발행가격이 기업 임의대로 산정되었다는 것을 제대로 인지하지 못한 결과는 선의의 피해자를 양산하게 되었다.

(4) 상장기업과 비상장기업의 자본조달 능력

대부분 기업은 발기설립방식으로 창업을 하게 된다. 경영자는 기업이 최대한 빠른 시간에 비상장기업에서 상장기업으로 법적인 지위가 바뀌게 되도록 기업의 역량을 집중하게 된다. 기업이 상장기업 신분을 획득하려고 노력하는 가장 큰 이유는 바로 자본조달 능력을 제고하려는 목적에 있다.

상장기업이 비상장기업에 비교하여 자본조달 능력이 우월하다는 것은 상식적인 사실이지만 보다 구체적인 이유를 보면 제도적인 측면과 유동성의 측면으로 이유를 구분할 수 있다. 우선 주식회사 형태의 기업이 창업하여 상장단계까지 이르는 과정을 살펴보자.

발기설립과 모집설립 방식은 설립단계에서 주식회사의 소유구조 측면에서 크게 차이가 발생하게 된다. 모집설립으로 창업을 하게 되면 설립과 동시에 이 회사의 소유구조는 분산되어 버리는 효과가 발생한다. 그래서 모집설립으로 창업한 회사는 상장이전에 별도의 기업공개과정이 필요없게 된다.

이런 상태의 기업은 바로 상장심사를 통해 지분분산 요건에 대한 심사과정없이 기업의 외형적 조건, 즉 매출액이나 이익, 기업의 안전성 등에 대한 상장요건 심사를 통과하게 되면 상장허가를 받게 될 것이다.

반면에 발기설립으로 창업한 기업의 경우 상장을 앞두고 주식분산을 위한 기업공개과정이 필요하다. 규모가 크지 않는 대부분의 기업은 기업공개방식으로 신주모집방법을 채택할 것이다. 신주모집 방법을 채택하는 경우에 대규모 신주발행을 통해 지분분산 요건도 충족하고 대규모 자기자본도 조달되는 효과를 얻게 되기 때문이다.

현재 우리나라에서 상장기업에 대한 정의는 한국거래소에 설치된 주식유통시장에서 주식을 거래할 수 있는 자격을 갖춘 기업을 지칭한다. 그런데 한국거래소에는 유가증권시장, 코스닥시장 그리고 코넥스시장이 개설되어 있다. 여기서 코넥스시장에서 주식거래를 할 수 있는 자격을 갖춘 기업은 나머지 두 시장에 상장된 기업과 동일하게 상장기업이라고 분류하는 것은 무리가 있다.

왜냐하면 코넥스시장은 상장요건으로 지분분산 요건을 요구하지 않는다. 또한 기업의 외형적 조건은 유명무실한 수준이다. 동시에 코넥스 상장기업들의 주식 유동성 또한 다른 시장의 상장기업과는 비교할 수 없을 만큼 낮은 수준이다. 따라서 여기서 상장기업이란 유가증권시장과 코스닥시장 상장기업에 한정한다.

상장기업이 비상장기업에 비해 자본조달능력이 우수하다는 것은 자기자본조달능력에 있어서 더욱 두드러지는 차이가 있다. 자기자본조달 능력은 곧 유상증자 능력을 말한다. 상장기업은 유상증자시 투자가 모집방법은 공모, 그리고 인수기관이 참여하는 간접발행 방법을 이용할 수 있다.

공모방식에는 주주할당, 주주우선공모 그리고 일반공모 등의 방법이 있다. 우리나라 상장기업은 유상증자시에 주주우선공모 방식을 주로 채택한다. 그리고 인수기관은 총액인수나 잔액인수 방식으로 주주우선공모과정에 참여하게 된다. 즉 자기자본을 조달해야 하는 기업입장에서는 인수기관이 발행위험을 해소해주는 방법으로 유상증자를 할 수 있다.

반면에 비상장기업들은 유상증자시에 투자가 모집방법으로 주로 주주할당이나 사모방식을 채택하게 된다. 그리고 인수기관을 섭외하기가 현실적으로 힘들기 때문에 직접발행을 주로 하게 되고, 인수기관이 참여하는 간접발행을 하게 되더라도 인수기관이 모집주선 방식을 선택할 가능성이 높다.

만약 인수기관이 비상장기업의 유상증자에 참여하여 발행위험까지 부담하는 인수업무까지 부담하게 되면 장기간 자금이 주식에 묶이게 되는 위험에 직면할 수도 있기 때문이다. 즉 비상장기업의 주식을 인수기관이 보유하게 되면 유동성이 풍부하지 못하기 때문에 적절한 시점에 처분하는 것이 어려울 수 있다.

2. 유상증자시 발행주식 종류

(1) 보통주

보통주는 주주가 가지는 각종의 권리를 평등하게 가진 주식으로서 이익배당이나 잔여재산의 청구 등에 있어서 우선적 지위 또는 후배적 지위를 결정하는 기준이 되는 주식을 말한다.

현재 우리나라의 주식제도는 보통주는 의결권주로, 우선주는 무의결권주로 결합하여 운영하고 있다. 즉, 의결권이라 함은 주주총회에 상정되는 여러 의결사항에 대한 투표권을 뜻하는데 보통주에 의결권이 부여되는 것이 일반적이다. 우리나라는 1주에 하나의 의결권만을 부여하고 있다.

(2) 우선주

가. 우선주의 개념과 특징

기업은 우선주(preferred stocks)의 발행을 통해서도 중장기적으로 자금을 조달할 수 있다. 우선주는 보통주와 채권의 중간적인 성격을 보유한 상품이다. 우선주는 배당여부를 이사회가 결정하며 배당에 대해서 개인소득세가 부여된다는 면에서 보통주와 유사하나, 이익배당이나 잔여재산의 청구에 있어서 보통주에 비해 우선적 지위를 가지지만 의결권이 주어지지 않는다는 점에서 보통주와 다르다.

한편, 우선주는 액면가에 일정률을 곱해서 매년 배당을 한다는 면에서는 채권과 유사하나, 배당을 설혹 하지 못할 경우에도 기업이 파산하지 않는다는 점에서 채권과 다르다.

기업의 입장에서 볼 때 우선주는 안전하면서도, 부담이 적을 뿐만 아니라, 매우 싼 자금 조달 수단으로 인식될 수 있다. 배당을 하지 못할 경우에도 파산의 위험성이 없으므로 안전하고, 채권과 같이 원금을 상환할 필요가 없기 때문에 부담이 적다.

반면에 일정액의 배당만 지급하면 되므로 성장과실을 우선주 주주에게 나눠 줄 필요가 없으므로 보통주에 비해 저렴하다. 그러나 한편으로는 매년 배당을 일정률로 맞춰 지급하는 대신 이자비용과 달리 배당에 대해 세금공제를 받을 수 없으므로 파산위험에 시달리지 않는 한 부채에 비해 큰 장점이 없다.

나. 우선주의 종류

배당금이 미지급되는 경우 이후 배당금의 지급방법에 따라 누적식 우선주(cumulative preferred stocks)와 비누적식 우선주(non－cumulative preferred stocks)로 구분된다. 누적식 우선주는 이전의 미지급된 배당까지 포함하여 지급되는 우선주이고, 비누적식 우선주는 이전의 미지급된 배당은 지급되지 않는 우선주를 말한다.

우선주가 일정률의 우선배당을 받은 다음에 남은 이익에 대하여 보통주와 같이 배당에 참가할 수 있느냐에 따라 참가적 우선주(participating preferred stock)와 비참가적 우선주(non－participating preferred stock)로 구분된다.

우리나라에는 현재 구형우선주와 신형우선주의 두 종류가 존재하고 있는데, 구형우선주는 보통주보다 배당을 1% 더 우선적으로 받는 형태이고 신형우선주는 최저배당률을 정기예금 수준으로 보장하고 3년 내지 10년 후 보통주로 전환할 수 있는 전환권이 부여된 형태이다.

이러한 신형우선주는 1996년 10월 상법 개정으로 도입되었는데, 신형우선주가 등장하게 된 것은 1995년 국내에서 발생한 우선주 파동 때문이다. 1995년 2월 상법 개정안은 기업의 배당압박을 완화하기 위해 우선주 최저배당률제도를 폐지했다. 이후 발행된 우선주를 '신형 우선주'라 부른다. 상법상 강제사항은 아니지만 대부분 존속기간(만기)도 존재한다. 표준정관에서는 존속기간을 `3년 이상 10년 이내`로 규정하고 있다.

3. 유상증자시 비용

(1) 저가발행현상

발행시장에 참가하는 인수기관(금융투자회사)은 발행기업에 의해 선정되기는 하지만 투자자들의 눈치를 보아야 하는 이중적인 입장에 처하게 된다. 발행기업만을 생각한다면 공모가격을 될 수 있는 데로 높게 하는 것이 좋겠지만 투자자들의 입장을 고려한다면 공모가격을 될 수 있는 한 낮춰야 한다.

또한 자신들이 미소화된 주식을 인수하게 되는 경우를 고려해도 저가발행이 유리하다. 인수회사는 증권발행에 있어서 발행기업에 대해 우월한 지위를 가지고 있고 또 투자자들에게 양호한 수익을 제공하여 좋은 평판을 유지하려는 유인이 강하기 때문에 공모가격을 낮게 책정하는 경향이 있는데, 이를 발행주식의 저가발행현상(underpricing)이라 한다.

이러한 발행주식의 저가발행현상은 국가마다 다소 차이는 있기는 하지만 전 세계적으로 일어나는 현상이다.

우리나라 공모가격은 결정방식은 2002년 7월 이후 완전히 자율화되어 시장에 의해 결정되도록 되어 있다. 그러나 시장이 발행기업에 대한 충분한 정보를 가지고 있지 않기 때문에 발행기업에 대해 제일 잘 알고 있는 주간사회사가 산정하는 공모 기준가격이 절대적인 가격결정의 기준을 제공한다.

주간사회사는 주로 PER(price earnings ratio)방법에 의해 공모 기준가격을 산정하는데 이는 다음과 같은 계산된다.

$$P = \frac{P}{EPS} = PER(\text{비교회사}) \times EPS(\text{해당기업})$$

즉, 발행기업의 공모가격은 비교회사의 PER값과 해당기업의 예상 주당이익을 곱하여 구해진다. 이 방법에 있어서 가장 중요한 부분은 비교회사의 선정을 어떻게 하느냐 하는 것인데, 비교회사는 발행기업과 동일한 업종에 속하는 상장기업으로서 재무 및 영업이 유사한 기업 중에서 선택하는 것이 일반적이다. 비교회사는 여러 개 있는 경우에는 각 회사의 PER값의 산술평균값을 사용하면 된다.

이렇게 해서 결정된 공모 기준가격을 기준으로 공모예정가격의 상하한 가격밴드를 정한 다음 **수요예측**(book building)을 실시하여 수요 예측 평균가격을 산정하고, 이들을 참고로 하여 주간사회사가 최종적으로 공모가격을 결정하게 된다.

이와 같은 과정을 거쳐 결정된 공모가격은 상장 첫날 시초가가 되는데 보통 첫날 종가는 이보다 훨씬 높은 수준에서 마감되기 때문에 발행주식의 저가발행현상(underpricing)이 일어나게 된다.

(2) 보통주의 발행비용

보통주를 처음으로 일반인에게 공모할 때 즉 IPO시 발행비용은 매우 많이 들어간다. 앞서 설명한 인수회사에게 지급되는 인수수수료(총 스프레드)와 법률 및 등록비용은 발행과 관련된 직접비용이다.

그러나 이외에도 최고경영자와 직원들의 시간과 노력, 발행주식의 저가발행으로 인한 손실, 인수단에게 추가발행물량을 부여할 경우의 비용 등도 발행과 관련된 비용이다.

보통주 발행비용＝직접비용(인수수수료＋등록비용＋기타발행경비)
＋간접비용(저가발행손실＋최고경영자 시간＋추가발행물량)

5. 무상증자에 의한 자본조달

유보이익을 자본예산에 필요한 투자자본으로 활용하는 경우를 “내부금융에 의해 자본조달을 한다”고 한다. 유보이익은 기업이 현재의 영업기간 이전에 창출했던 당기순이익 중 일부를 배당하고, 나머지를 사내에 축척해둔 자본이다.

이 유보이익은 이익잉여금이란 항목으로 사내에 누적되는데, 당기순이익을 사내에 유보하는 목적은 향후 자본예산 상황이 발생했을 때, 필요한 자본을 내부금융방식으로 일부 해결하기 위한 조치이다.

이 경우에 잉여금을 그대로 사업자본으로 사용할 수가 없기 때문에 납입자본금으로 자금의 성격을 전환시켜서 사용해야 한다. 이 자금의 성격을 전환하는 작업이 무상증자라는 기업활동이다.

무상증자는 기업이 당기순이익 중 사내유보한 잉여금과 일부 적립금을 자본금으로 전입하는 등의 방식으로 주주들에게 무상으로 신주를 발행하는 것을 말한다.

무상증자는 발행된 주식을 무상으로 기존주주에게 배정해주는 방식이므로, 유상증자의 경우처럼 발행주식을 소화시키는 과정은 어렵거나 복잡하지 않다. 즉, 발행주식을 구주주배정 방식으로 배정하는 것으로서 발행주식의 소화과정은 일단락된다.

신주가 발행되기 때문에 유상증자처럼 발행된 주식만큼 납입자본금이 증가하지만, 동시에 현금이나 현물, 즉 자산이 증가하는 효과는 없다. 다만 자기자본 내에서 잉여금이 감소하고 납입자본금이 증가하는 계정과목간의 금액 이동이 발생할 뿐이다.

즉, 자본구성을 변경하는 것으로, 회사의 총자본에는 변화를 가져오지 않고 재무제표상 항목간의 변동을 통하여 신주식을 발행하는 형식적 증자라고 할 수 있다.

제 3 절 벤처기업의 자본조달

1. 벤처기업 자본조달의 특성

벤처기업의 자본조달 패턴은 일반 중소기업의 경우와는 확연한 차이가 있어 별도의 지면을 할애하여 설명하고자 한다. 벤처기업은 전통적인 중소기업유형과 재무, 마케팅, 인사, 생산 등 다양한 경영직능별로 비교할 때 재무분야에서 가장 두드러진 차이를 보이고 있다.

재무분야는 크게 투자와 자본조달 분야로 대별할 수 있는데 투자분야는 벤처기업과 전통적 중소기업간에 별다른 차이가 없지만 자본조달 분야에서 완전히 두 기업간에 차이가 발생한다. 또한 자본조달의 경우 벤처기업은 초기단계에서 타인자본은 조달자체가 현실적으로 불가능하므로 자기자본 조달부분에서 큰 차이를 보이게 된다.

투자부분에서는 두 형태의 기업은 초기단계에서 자본예산 빈도자체가 다르다. 즉 벤처기업은 단계별로 자본예산이 서너 번에 걸쳐 이루어지게 되고 이 단계별 자본예산에 필요한 대부분의 자본을 외부주주로부터 자기자본으로 조달해야 한다는 특수성을 가지고 있다.

그림 3-3 벤처기업 가치창조과정

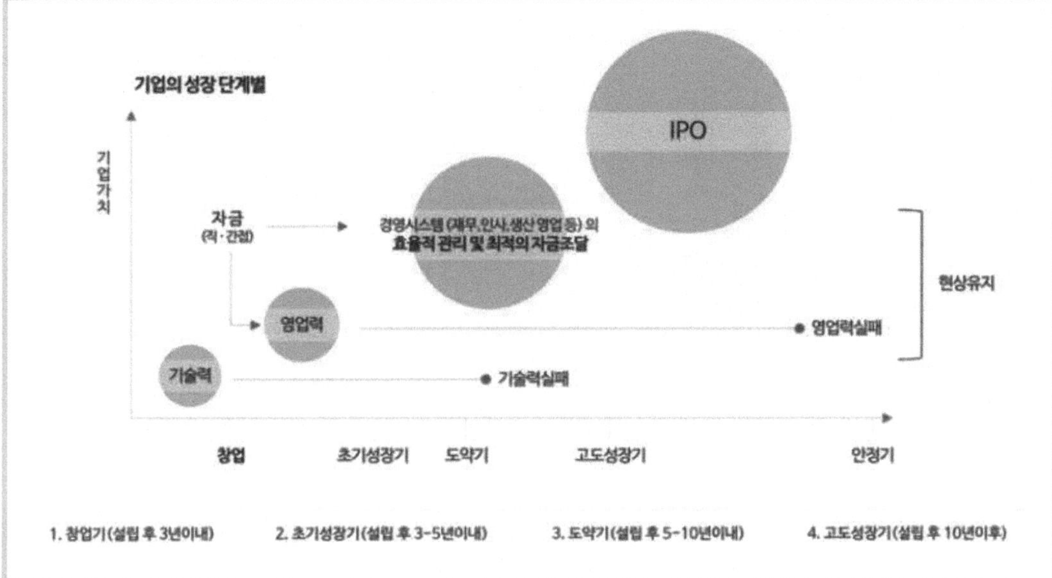

이에 반해 전통적인 중소기업들은, 초기단계의 투자형태가 비교적 규모도 영세하고, 횟수도 일회성이다. 지속적인 연구개발비도 확보를 해야 하는 벤처기업 특성도 자본조달에 큰 부담으로 작용한다. 전통적인 중소기업은 초기 투자자금을 자기자본과 타인자본을 적절히 조합하여 해결하고, 일반적으로 생산제품을 납품하는 대기업과의 결재과정에서 단기자금을 운용하는데 도움을 받기도 한다.

이렇게 두 가지 유형의 중소기업이 자본예산에서 두드러진 차이를 보이는 이유는 기업의 생존환경이 확연하게 차이나기 때문이라고 할 수 있다. 벤처기업은 창업 후 일정기간 까지 금융기관이 요구하는 대출 근거자료, 즉 매출실적을 제대로 제시하기가 현실적으로 어렵다.

그리고 아직 담보로 제공할 수 있는 핵심자산이나 매출채권도 부재한 상태에서 타인자본을 조달하는 것은 거의 불가능한 상태이다. 그럼에도 불구하고 지속적으로 연구개발비는 투자가 지속되어야 한다. 일반적으로 벤처기업은 창업에서 IPO(신주모집에 의한 기업공개)와 코스닥시장에 상장하기까지 대규모 유상증자를 통한 자기자본 조달 과정이 정기적으로 반복되고, 이를 제대로 해결하지 못하는 경우 심각한 상황을 초래하는 특성을 보인다.

그림 3-4 벤처기업 단계별 주식시장

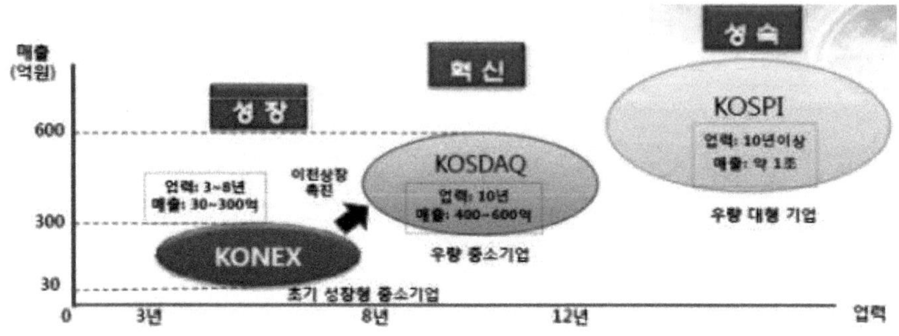

벤처기업의 경우 창업 후 5년 동안 생존율이 국가마다 미세한 차이가 있겠지만 10%수준을 넘지 못한다는 독특한 수명주기를 가지고 있다. 이런 생존환경은 벤처기업이 일반적으로 첨단기술을 사업화하는데 따른 기술적 특성에 기인한다. 즉, 기술동향을 제대로 따라가지 못하면 언제 제품의 수명이 시장에서 끝날지 모르는 것이 벤처산업의 특성이다.

벤처기업은 이렇게 기술개발과 혁신을 위해 적절한 시점에서 지속적으로 연구개발비가 투자되어야 생존가능성을 높일 수 있다. 또한 시제품이 성공적으로 완성되면 일반적으로 대량생산체제를 구축하게 되는데, 이에 필요한 투자자금도 외부주주들로부터 자기자본을 조달해서 해결해야 할 만큼 규모가 거대한 것이 보통이다.

따라서 <그림 3-5>에서처럼 초기단계 기업에 있어서 자기자본조달문제는 전통적인 중소기업보다 벤처기업들에게 생존을 위한 필수과정으로 작용하고 있다. 벤처기업이 초기단계의 위기를 극복하고 코스닥시장에 상장하기까지, 즉 최초공모(IPO)단계까지 진입하기 까지는 보통 3~4회 정도의 대규모 외부자본조달과정(유상증자)이 필요하다는 보고가 있다.

물론 이때 외부자금이란 벤처캐피탈(또는 엔젤)로부터의 출자를 받는 것을 의미한다. 벤처기업의 경우 적기에 목표자금들이 제대로 조달되지 않으면 연구개발비 투자나 필요한 시설투자 시기를 놓치게 되고, 바로 기업의 위기상황으로 내몰릴 수 있는 것이 벤처기업의 특징이다.

그림 3-5 벤처기업들의 자본조달과 성장

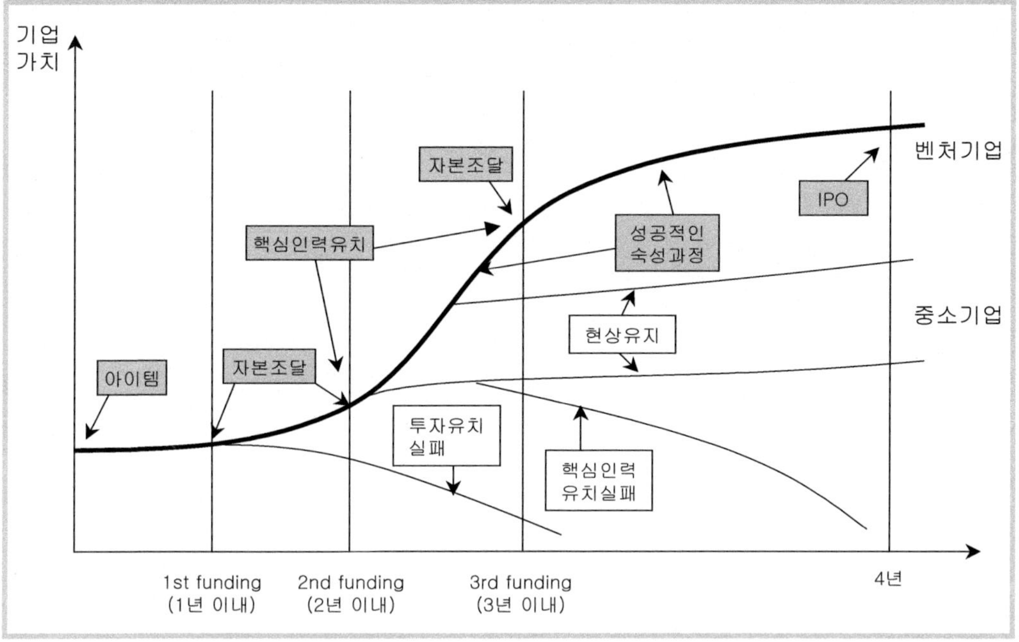

자료: 류지성, 벤처기업의 성공모형, 2002

초기단계의 벤처기업이 유상증자를 할 경우 이 주식들을 인수해주는 특별한 투자자들이 존재하는데, 이들은 일반적인 기업(즉 비벤처기업)들이 발행시장에서 유상증자를 할 때 주식을 인수해주는 투자가들과는 확연한 차이가 있다. 이들 투자가들은 고위험을 부담하면서 주식을 인수해주는 전문가들이다. 아주 낮은 주식투자 성공확율에도 불구하고 고위험을 수용하면서 모험기업에 자기자본을 제공하는 독특한 투자가들인 이들을 엔젤과 벤처캐피탈이라고 부른다.

2. 벤처기업 투자가

(1) 엔젤

엔젤(angel)이란 성장초기단계의 벤처기업에 자기자본투자를 목적으로 설립되는 펀드 또는 개인투자가를 지칭한다. 초기단계 기업의 경영자 입장에서는 이들 투자가들이 천사와 같은 존재라는 의미에서 유래되었다. 초기단계의 기업은 매출실적이나 담보, 그리고 신용이 부족하기 때문에 자금조달의 어려움이 크다.

특히 원리금상환능력이 제일 중요한 조건이 되는 금융기관 차입금을 조달하기는 현실적으로 무리이다. 이때 엔젤의 존재는 기업 입장에서는 대단히 고마운 존재가 아닐 수 없다. 당연히 엔젤자본은 높은 위험을 부담하고 초기단계의 중소벤처기업의 주식을 인수하고, 이들 기업에 자기자본을 제공한다.

자금의 성격이나 역할은 벤처캐피탈과 거의 유사하지만, 법인인 벤처캐피탈보다는 자본의 규모가 아무래도 소규모이고, 기업에 자본이 투입되는 시점이 벤처캐피탈보다 일반적으로 선행한다는 특징을 가지고 있다.

물론 엔젤은 자금을 제공하는 것이 일차 목적이기는 하지만 벤처캐피탈처럼 자신들의 경험을 활용해서 여러 가지 경영상의 자문역할도 수행한다. 오늘날의 야후, 애플컴퓨터, 마이크로소프트 등 미국의 성공한 벤처기업의 뒤에는 엔젤의 숨은 역할이 있었다.

엔젤에는 여러 가지 유형이 있는데 대부분의 엔젤은 재테크 차원에서 투자하는 포트폴리오 엔젤(portfolio angels)이라 할 수 있으나, 같은 직업의 전문직업인이 투자하는 전문가 엔젤(professional angels), 성공한 기업가 출신으로 소유기업의 사업다각화와 시너지 효과를 위하여 투자하는 기업가 엔젤(entrep reneur angels), 은퇴한 부자로서 경영참여에는 무관심한 취미성 엔젤(enthusiastic angels) 등 다양하다.

우리나라에는 코스닥시장이 개설된 이후부터 회수시장의 기능이 활발해지자 엔젤이 결성되기 시작하는데, 초기에는 개인투자자들의 모임인 엔젤클럽 형태로 출범하였으나 점차 개인투자조합인 엔젤펀드 형태로 발전하였다.

표 3-5 엔젤투자 현황 **(단위: 억원)**

구 분	'00	'01	'02	'03	'04	'05	'06	'07
투자액	5,493	3,409	1,109	3,031	463	820	971	897
기업수	1,291	1,007	573	453	191	174	238	220
구 분	'08	'09	'10	'11	'12	'13	'14	'15
투자액	492	346	341	428	557	566	834	1,399
기업수	152	87	83	66	91	167	207	295

자료: 중소기업청

2000년에는 약 2만 8,875명이 5,493억원을 투자했으나, 2005년의 경우 투자가는 92.7%이하로 감소했으며, 투자금액은 820억원으로 85%감소하였다. 이는 2001년 벤처산업의 거품이 붕괴되면서 엔젤의 학습효과 내지 침체에 기인하는 것으로 보인다.

우리나라의 경우 아직까지 엔젤의 존재가 미약한 편이나 벤처부문에서의 엔젤의 중요성은 벤처캐피탈보다 훨씬 크다. 미국의 경우 벤처캐피탈이 투자하는 기업의 수는 1년에 2천개, 투자금액도 100억달러에 불과한 반면, 엔젤에 의한 투자기업 수는 25배에 달하는 5만건, 투자금액은 3배에 달하는 300억달러에 이른다.

한해 미국에서는 80만개의 회사가 설립되므로 약6%의 기업이 엔젤투자를 받는 것으로 추산된다. 미국의 엔젤활동은 오랜 역사를 가진 경제적 전통으로 자리잡았다. 엔젤활동은 대공황시절 유동성 부족에 허덕이는 중소기업의 디폴트를 방지하는 활동으로도 중대한 역할을 했고, 마침내 70년대 이후 실리콘벨리까지 진출하는 역동성을 보였다.

그러나 2015년에는 최초로 1천억원을 넘어서는 등 꾸준히 증가하고 있는 추세이다. 그래서 이들 엔젤의 투자자금을 회수할 수 있는 유통시장만 제대로 갖추어지면 더욱 활성화 될 가능성이 있다.

그림 3-6 등록엔젤 수 추이

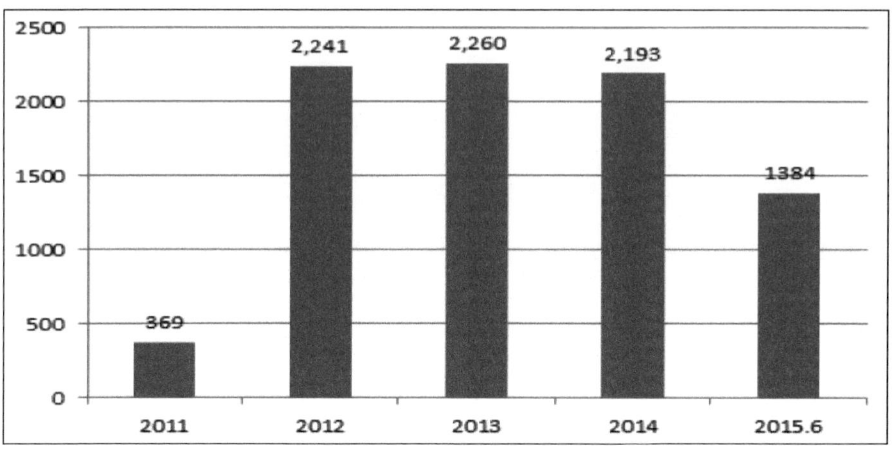

자료: 한국엔젤투자협회

(2) 벤처캐피탈

벤처캐피탈(venture capital)은 벤처기업에 대한 지분투자를 목적으로 설립되는 펀드, 또는 금융기관으로서 고위험을 부담하는 대가로 고수익을 추구하는 독특한 수익모델을 가진 경제주체이다.

벤처캐피탈은 일반적으로 엔젤 보다는 조금 늦게, 즉 벤처기업이 좀 더 성장한 상태에서 투자한다. 벤처캐피탈은 자금지원과 함께 성장지원과 공개지원 등 세 가지 지원기능을 한다.

국내 벤처캐피탈은 성장지원보다는 단순한 자금지원기능에 머물고 있으나 선진 벤처캐피탈은 주로 성장지원에 치중하는 것으로 조사되고 있다. 이는 벤처캐피탈의 속성상 기업의 초기단계에 주로 지분투자(equity investment)를 하기 때문에 불확실성과 정보의 비대칭성(information asymmetry)이 매우 크다.

이로 인해 우선주배당금과 채권이자를 지급하기 위한 자금부담이 클 수밖에 없다. 이런 측면은 점차 개선되어야 할 것이다. 심한 구조인데, 이러한 상황에서 투자기업에 전략적 네트워킹이나 컨설팅을 제공하고 모니터링을 강화할 필요가 있기 때문이다. 이와 같은 차이는 우리나라의 벤처캐피탈산업의 발전을 위해 시사하는 바가 크다.

<그림 3-7>에서 제시하는 것은 현재 우리나라 벤처캐피탈은 초기단계의 벤처기업에 투자하는 비중이 미미하지만 점차 증가하고 있는 것으로 나타나 매우 고무적인 통계자료로 평가된다. 전체적으로 보면 거의 균등한 수준의 비중으로 벤처기업의

그림 3-7 창투사 현황

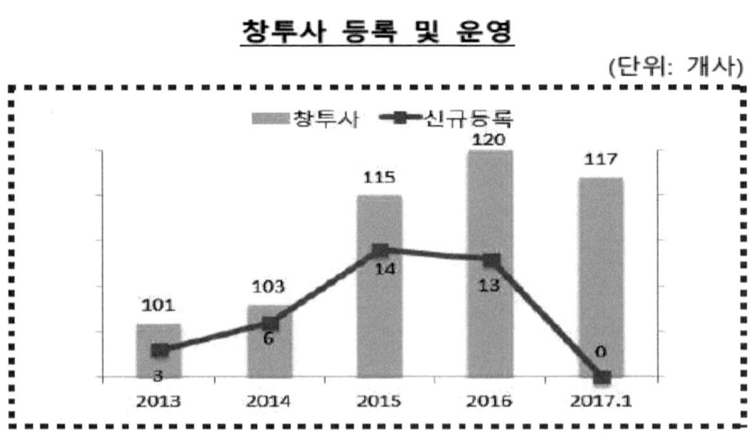

초기, 중기, 후기에 자금지원이 이루어지고 있음을 알 수 있다. 그러나 벤처캐피탈의 본연의 역할을 고려하면 초기단계의 벤처기업에 대한 투자비중이 더욱 증가해야 할 것이다.

우리나라에는 현재 여신전문금융업법에 의해 설립된 신기술사업금융회사와 중소기업창업지원법에 의해 설립된 중소기업창업투자회사 두 종류의 벤처캐피탈이 있다. 신기술사업금융회사에는 KTB네트워크, TG벤처(주), 한국산은캐피탈 등 3개가 현재 활동하고 있다.

중소기업창업투자회사는 벤처기업에 대한 지분투자를 주목적으로 설립된 주식회사로서 투자조합의 결성을 통해서 투자자금을 모은다. 벤처캐피탈 업체는 1990년대 중반이후 벤처산업의 폭발적인 증가와 코스닥시장의 개설에 힘입어 2001년까지 양적으로 급격히 성장했다가, 엔젤과 마찬가지로 2002년을 고비로 침체국면으로 접어들었다.

그림 3-8 벤처캐피탈 투자내역

유형별 신규투자 비중

(단위: %)

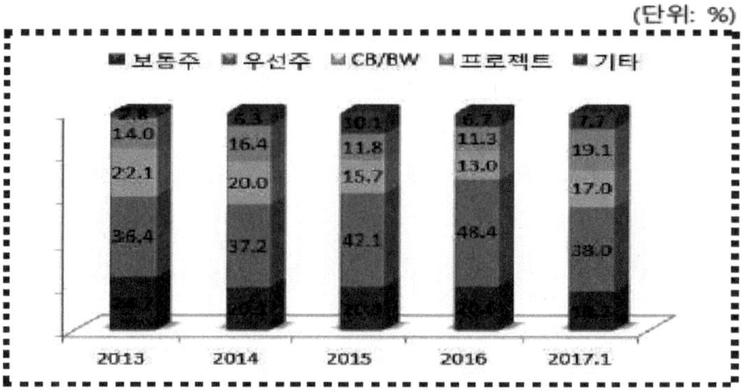

유형별 신규투자 금액

(단위: 억원)

	2013	2014	2015	2016	2017.1
보통주	3,425	3,297	4,226	4,437	137
우선주	5,038	6,103	8,786	10,398	286
CB/BW	3,049	3,276	3,272	2,823	127
프로젝트	1,944	2,681	2,471	2,427	143
기 타	389	1,036	2,103	1,418	58
합 계	**13,845**	**16,393**	**20,858**	**21,503**	**751**

자료: 한국벤처캐피탈협회

2017년 3월말 현재 117개의 중소기업 창업투자회사가 활동 중이다. 그리고 벤처투자조합현황은 <표 3-6>에서 제시된 것과 같이 2016년말 기준 610개의 조합이 결성되어 있다. 총투자금액은 16조원을 넘어서고 있다.

3. 벤처생태계

벤처기업의 중요성은 21세기에 더욱 강조되고 있다. 사업실패 위험은 높지만 성공하는 경우에 산업 전후방 파급효과가 지대하기 때문이다. 그래서 20세기 후반부터 모든 국가들의 금융시장 정책의 초점은 바로 벤처기업이 효과적으로 기업활동을 할 수 있는 금융인프라를 구축하는데 집중되고 있다.

우리나라의 경우도 1996년 7월 코스닥시장의 개설로 정책의 방향성이 확실하게 설정되었음을 감지할 수 있다. 즉 오랜 세월동안 정부는 대규모 예산을 책정하여 벤처기업 및 중소기업 육성을 위해 자금을 지원했지만 그 효과는 기대를 충족시키지 못했다.

그러나 코스닥시장의 개설로 그 효과가 증명되면서 중소기업 및 벤처기업의 지원방향이 명확해 지면서 21세기는 우리나라뿐만 아니라 모든 국가들이 벤처기업 및 중소기업 지원방향이 이들 기업의 주식유통시장 개설에 총력을 기울이라고 있다.

표 3-6 투자조합 현황 (단위: 개, 억원)

조합결성

구 분		2013	2014	2015	2016	2017. 1
신규	조합수	54	82	110	120	8
	금 액	16,742	26,057	27,146	31,998	1,416
	평 균	310.0	317.8	246.8	266.7	177.0
운영	조합수	404	449	533	610	610
	금 액	104,148	121,875	143,313	167,237	166,838
	평 균	257.8	271.4	268.9	274.2	273.5

자료: 한국벤처협회

우리나라는 코스닥시장 개설의 성공에 고무되어 2000년에 제3시장을 개설하였다. 이 시장은 당시 코스닥시장에 상장하기 힘든 초기단계의 벤처기업들이 발행한 주식을 거래할 수 있는 유통시장을 개설함으로써 이들 주식의 유동성을 확보하려는 의도였다. 결국 주식 유동성이 확보되면 발행시장에서 유상증자가 활기를 띌 것으로 전망한 것이다.

그러나 이미 주지하다시피 '제3시장'은 코스닥시장처럼 성공하지 못했다. 즉 주식 유통시장으로서 확보해야 할 주식의 유동성이 확보되지 못했다. 유동성이 부족한 유통시장은 존재할 수도 없고 할 필요도 없는 것이나 다름없다. 이 시장은 2005년에 'Free Board' 시장으로 명칭을 바꾸어 운용했으나 여전히 목표를 이루어지지 못했다.

그림 3-9 벤처캐피탈 투자내역

업력별 신규투자 비중

(단위: %)

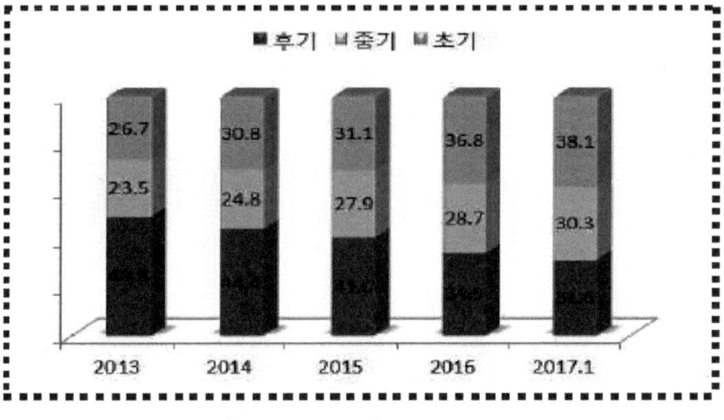

업력별 신규투자 금액

(단위: 억원)

	2013	2014	2015	2016	2017.1
초 기	3,699	5,045	6,472	7,909	286
중 기	3,259	4,069	5,828	6,156	227
후 기	6,887	7,279	8,558	7,438	238
합 계	**13,845**	**16,393**	**20,858**	**21,503**	**751**

자료: 한국벤처협회

이들 유통시장의 목적은 벤처기업에 투자한 자본을 회수하는 시장의 기능이 가장 중요하다. 이 기능이 제대로 작동될 때 벤처캐피탈이나 엔젤 같은 위험자본 투자가들이 초기단계의 벤처기업에 지분투자를 제대로 할 수 있는 것이다. 코스닥시장의 성공이유가 바로 이 부분이다.

코스닥시장이 개설되고 이 시장에 투자가들이 적극 참여하면서 유동성이 풍부해지자 자연스럽게 벤처캐피탈과 엔젤들은 벤처기업에 자기자본을 제공하기 시작했다. 만약 이들이 자기자본을 제공한 기업이 성공하여 코스닥시장에 상장하게 되면 투자가들이 주식을 처분하여 투자했던 자본을 회수하는 것이 이제 용이해졌기 때문이다.

따라서 <그림 3−10>에서처럼, 벤처기업의 활성화 또는 벤처산업의 육성은 벤처기업 당사자, 벤처캐피탈과 엔젤 같은 벤처투자가, 그리고 투자자본이 효율적으로 회수될 수 있는 위험자본 전용 주식유통시장의 3가지 구성요소가 톱니바퀴처럼 서로 맞물려 작동할 때 자연스럽게 성취할 수 있는, 생태계 개념의 문제이다.

그림 3-10 벤처생태계 개념

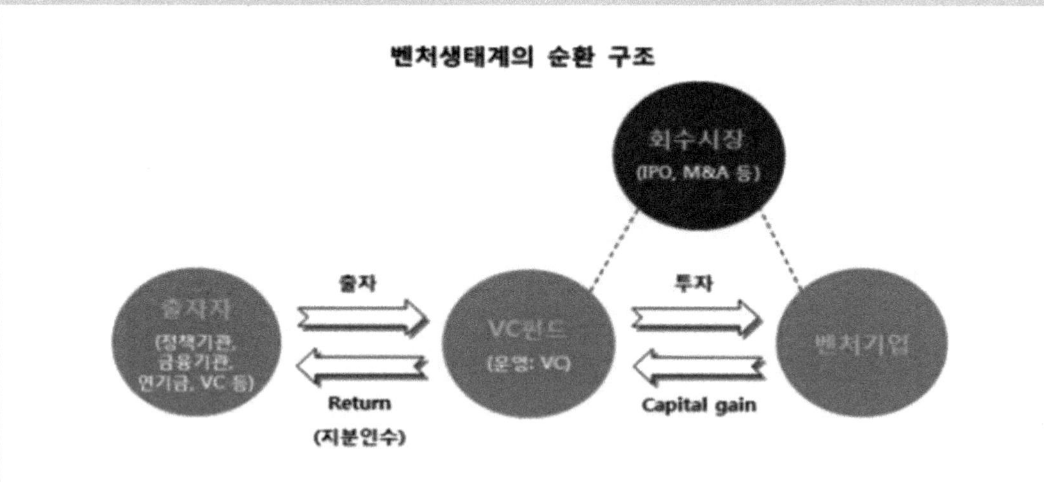

자료: 이수희(2012)

표 3-7 벤처투자자금 회수 (2013년 기준)

국내외 벤처캐피탈 투자회수 비율

M&A	한국	미국	유럽	이스라엘	인도	중국
	1.8%	85.5%	91.3%	83.3%	92.9%	57.1%
IPO	한국	미국	유럽	이스라엘	인도	중국
	98.2%	14.5%	8.7%	16.7%	7.1%	42.9%

위 <표 3-7>에서 보듯이 우리나라는 아직 경쟁국가들에 비해 벤처기업에 투자된 위험자본이 회수되는 비중이 턱없이 낮다. 이런 부진한 투자자본 회수문제는 아직 우리나라 벤처산업의 전망을 밝게 해주는 역설이 되기도 한다. 즉 위험자본의 회수비율이 더 높아지도록 금융인프라를 구성해주면 다시 한번 우리나라의 벤처산업은 도약을 할 수 있는 여지가 있다는 것을 의미한다고 해석할 수도 있는 것이다.

2016년 현재 우리나라는 <그림 3-10>에서 보는 것처럼 벤처기업 및 해당산업 육성을 위해 금융인프라를 구성하고 있다. 코스닥시장 상장요건에 미달하는 초기단계의 벤처기업을 위해 개설했던 '제3시장'은 결국 2013년에 그 역할을 '코넥스'시장에 완전히 물려주고 "K-OTC"라는 장외시장으로 통합되었다.

즉, 2013년부터 초기단계의 벤처기업 전용주식 유통시장인 "KONEX" 시장이 개설되었는데, 기존의 '프리보드'와는 전혀 다른 개념의 신시장(New Market)이었다. 가장 큰 차이는 기존의 프리보드시장이 장외시장인데 비해 '코넥스'시장은 한국거래소내에 개설된 장내시장이다.

그리고 가장 중요한 차이는 매매체결방식에 있다. '프리보드'시장이 상대매매 방식인데 비해 '코넥스'시장은 경쟁매매 방식을 채택했다. 이 체결방식은 유동성을 결정하는 가장 중요한 요소 중의 하나라는 지적이 계속 있었다. 그러나 '코넥스'사장도 예상보다 그 실적이 기대 이하로 평가되고 있다. 즉 주식유통시장으로서 충분한 유동성이 확보되지 않는 것이다.

유동성이 풍부해지기 위해서는 여러 가지 요건들이 충족되어야 하는데, 우선적으로 투자가들에게 매력적인 기업들이 상장되어야 한다. 2016년말 기준 코넥스시장은 150여개 내외의 벤처기업들이 상장되어 있는데, 이 상장기업 수는 예상을 훨씬 못 미치는 저조한 상장실적이다.

유동성이 저조한 또 다른 요인으로 지적되고 있는 것은 투자가 참여의 제한문제이다. 이 유통시장이 초기단계의 벤처기업 주식이 거래되는 시장이므로 위험이 코스닥 시장 보다 훨씬 더 크다. 그래서 투자가 보호의 필요성이 당연히 대두하고 이에 일반 투자가들의 참여를 제한하고 있다.

즉, 코넥스시장은 전문가 위주의 주식유통시장이다. 시장에 투자가의 참여가 많을 수록 유동성이 풍부해 진다는 것은 상식의 문제이지만, 유동성확보와 투자가 보호 문제의 상충되는 요소를 적절히 조정하는 것이 간단하지는 않기 때문에 코넥스 시장의 전망도 결코 낙관하기 어렵다.

<그림 3-11>의 구상은 초기단계의 벤처기업에 벤처캐피탈과 엔젤 같은 전문 투자가들의 자기자본 제공을 활성화하기 위해 정부는 낮은 진입조건(상장요건)을 갖춘 회수시장(주식유통시장)인 코넥스시장을 개설해주고, 벤처기업은 신속한 상장을 통해 투자의 선순환구조를 이룰 수 있는 생태계를 조성하고자 하였다. 그러나 코넥스 시장 또한 기대만큼의 성과가 도출되지 않고 있어서 성공적인 생태계 정착을 위한 미세한 조정을 지속적으로 해나가야 할 것으로 보인다.

그림 3-11 우리나라 벤처산업 육성을 위한 생태계 개념

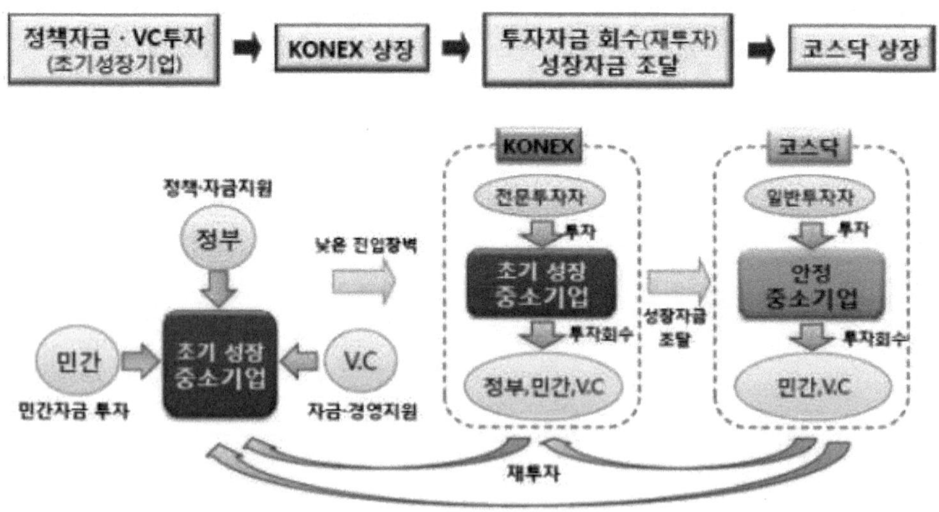

제4절 타인자본의 조달

기업은 중장기적으로 주식을 발행하는 것 이외에 대출을 받거나 회사채를 발행함으로써 자금을 조달할 수 있다. 대출(term loans)은 은행, 보험회사 등으로부터 직접 자금을 빌리는 것으로서 만기는 보통 3년이나 90% 이상은 만기시 재대출 된다.

회사채(corporate bonds)는 기업이 발행한 채권으로서 만기에 원금을 상환하고 그 때까지는 정해진 날짜에 이자(coupons)를 지급하기로 약속한 지급증서(fixed income securities)이다. 만약 이 약속을 발행자가 채권보유자에게 지키지 못할 경우 기업은 부도처리가 된다.

1. 회사채 발행에 의한 장기자본 조달

(1) 회사채발행에 의한 자본조달 방법

회사채 발행방식도 주식과 마찬가지로 공모발행과 사모발행으로 구분된다. 공모발행의 경우에는 인수기관인 증권회사가 총액을 인수하는 방식으로 발행되는 반면, 사모발행의 경우에는 발행기업이 최종매수자와 발행조건을 직접 협의하여 발행하게 된다.

공모발행 시 발행회사는 주간사회사(금융투자회사, 증권사)를 선정하고 주간사회사는 회사채를 총액 인수한 후 매수자에게 매도한다. 이때 주간사회사는 인수부담을 줄이기 위해 발행계획 수립 시 미리 매수자를 물색하게 된다.

매수자는 거래은행에 매매체결내용을 통보하고 대금지급을 요청하면 발행기업의 매수자의 거래은행으로부터 발행자금을 수령한다. 그리고 채권의 인수도(引受渡)는 주간사회사가 매수자의 증권예탁원에 개설된 계좌에 등록함으로써 거래가 완료된다.

회사채의 발행에는 통상 50일 정도가 소요되기 때문에 그에 맞춰 주간사회사를 선정하여야 한다. 이사회의 결의를 득한 후 결의내용을 거래소에 공시하여야 하며 유가증권신고서와 예비사업설명서를 감독위원회에 제출하여야 한다. 그 후 사채청약안내공고를 일간지에 게재하고 본 사업설명서를 금융감독원에 제출함으로써 완료된다.

(2) 회사채 발행과 현황

회사채시장을 통해 자금을 조달하는 중소기업의 비중은 대기업에 비해 아직 열악한 수준이다. 이런 현상은 중소기업의 신용상태에 대한 평가가 낮은데 주로 기인한다. 따라서 회사채를 통해 자본조달을 늘리기 위해서는 우선적으로 중소기업의 실적을 바탕으로 한 신용상태가 증가해야 하는 것은 물로, 중소기업 스스로도 정보의 투명성을 제고할 필요가 있다.

최근 3년간 회사채 발행을 통한 자금조달 실적은 중소기업의 경우는 대기업과 비교하여 보면 규모와 비중에서 모두 극히 미미한 수준이다. 특히 2004년에는 규모가 1,000억원에도 미치지 못하고 대기업에 비해 상대적 비중이 0.4% 수준에 불과하였다가 2005년 다소 증대되는 모습을 보였으나, 아직 1%에 수준에 불과할 정도로 극히 저조한 상태에 있다.

주식회사는 법률상으로는 회사채를 발행해서 타인자본을 조달할 수 있지만, 현실적으로는 신용등급이라는 넘어야 할 조건이 있다. 중소기업은 대기업에 비해, 비상장기업은 상장기업에 비해 평균적으로 신용등급이 낮을 수밖에 없다.

일반적으로 BBB등급이상이 되면 회사채발행이 가능하다고 하지만, 회사채 발행시장에서 소화되기 위해서는 A등급 이상은 되어야 확률상 발행가능하다고 할 수 있다.

전반적으로 중소기업의 경우 회사채에 대한 인식수준은 아직 자본조달원천으로 중요하게 고려하지 않는 것으로 보인다. 회사채를 발행하는 경우 발행비용은 인수수수료, 발행분담금, 상장수수료, 등록발행비용, 신용평가수수료 및 기타부대비용으로 되어 있다. 이중 제일 큰 비용은 증권회사에 지불하는 인수수수료이고 그 다음으로는 신용평가수수료이다.

표 3-8 회사채 조달실적 (단위: 억원)

증권 공모를 통한 자금 발행실적

구 분	2014년	2015년	2013년 하반기	2014년 상반기	2014년 하반기	2015년 상반기	2015년 하반기	2016년 상반기	전년동기 대비(%)
발행총액	1,219,384	1,311,143	615,133	581,468	637,916	657,274	653,869	609,537	-7.3
주 식	57,662	80,121	34,318	29,460	28,202	22,412	57,709	35,643	59.0
회사채	1,161,722	1,231,022	580,815	552,008	609,714	634,862	596,160	573,894	-9.6

(3) 우리나라 회사채시장의 특징

우리나라 회사채는 채권분류기준이란 측면에서 보면 다음과 같은 특징을 가지고 있다. 우선 회사채는 만기로 보면 1년 이상의 장기채권이 대부분이다. 이자지급방식은 이표채 형식을 가지고 있다. 즉 만기동안 일정기간이 지날 때 마다 이자를 지급하도록 쿠폰(利票)이 부착되어 있다.

채권발행주체에 따라 다양한 채권이 존재하지만, 회사채는 평균적으로 가장 높은 디폴트리스크를 가지고 있어 동일한 만기조건이면 다른 국채나 공채에 비해 이자율이 높은 특징을 가지고 있다. 투자가들이 채권투자에서 가장 중요한 위험으로 인식하는 것은 바로 이 채무불이행위험, 즉 디폴트리스크이다.

그래서 IMF구제금융 사태가 발생하기 이전에는 대부분 우리나라 회사채들은 은행이 원리금 지급보증을 하는 보증채권 형식이었지만, 이 사태 이후 무보증채권형식으로 주로 발행되고 있다. 담보설정 유무에서 보면 우리나라 회사채들은 대부분 무담보채권형식을 띄고 있다.

2. 은행대출

우리나라의 기업들은 IMF 외환위기 이전까지 대부분의 자금을 은행대출시장에 의존하고 있었다. 그러나 IMF 외환위기 이후에는 주식시장 및 채권시장 즉, 직접금융시장으로부터의 조달비중이 커지게 되었다.

1997년에 직접금융 대 간접금융의 비중이 30%대 70%의 비중이 보이던 것이 1998년에 대폭 은행대출이 줄면서 1999년부터는 직접금융의 비중이 간접금융의 비중을 초과하는 시대로 접어들었다.

중소기업의 외부자금조달 구조를 보면 은행차입 비중이 절대적으로 높고 2000년 이후 증가하는 추세를 보이고 있다. 더욱이 정책자금의 대부분이 은행을 통해 지원되고 있음을 고려할 때 중소기업의 은행차입 비중은 90%를 넘고 있다.

반면 중소기업의 주식이나 회사채 발행 등 직접금융시장을 통한 자금조달 비중은 1%에도 미치지 못하는 극히 미미한 수준에 있으며 감소하는 추세에 있다.

표 3-9 중소기업의 외부자금 조달비중 (단위: %)

	은행	정책 자금[1]	비은행 금융기관[2]	주식	회사채	사채 (私債)	해외 차입
2000년	66.2	24.4	2.6	2.2	0.6	2.5	1.5
2001년	69.0	25.0	2.0	1.4	1.0	1.1	0.5
2002년	70.7	23.4	3.1	0.3	0.2	1.9	0.4
2003년	73.2	19.4	3.4	0.5	0.3	2.1	0.9
2004년	72.7	19.8	3.3	0.6	0.3	3.1	0.2
2005년	72.2	22.7	2.8	0.3	0.3	1.3	0.8

주 1) 산자부, 중기청 등의 정책자금(중소기업진흥공단의 직접대출 포함)
2) 상호저축은행, 새마을금고, 종금사, 보험사 등을 통한 대출
자료: 중소기업중앙회, 「중소기업의 금융이용 및 애로실태조사」, 각년도

한편 은행의 중소기업대출은 2000년 이후 지속적으로 증대하여 왔으나 산업은행, 기업은행, 수출입은행, 농협, 수협으로 구성된 특수은행의 중소기업대출 비중은 크게 증가한 반면, 시중은행과 지방은행 등 일반은행의 대출비중은 다소 감소하는 추세를 보여 왔다.

특히 시중은행은 IMF 경제위기 이후 중소기업의무대출 비율(45%)을 거의 준수하지 않고 있으며, 이로 인해서 중소기업 대출비중은 35%를 약간 상회하는 수준에 머물고 있다.

시중은행의 중소기업대출비중의 감소와 더불어 중소기업대출 만기의 단기화현상 문제도 구조적인 문제로 인식된다. 기업대출의 평균만기는 1998년 19개월에서 2004년말 14개월로 축소되었다가 2005년말에는 다시 16개월로 확대되었다.

이런 이유는 기업들의 설비투자수요가 감소한 탓도 있지만 대기업보다 중소기업의 신용위험을 높게 인식하여 은행이 단기대출을 선호한 것으로 판단된다. 즉, 제조업의 설비투자 부진과 서비스업위주의 대출로 인한 단기화의 가속화를 들 수 있다.

동시에 기업과 은행의 금리민감도가 높아져 기업대출의 경우 고정금리비중이 높고 금리변동주기가 길기 때문에 금리 하향안정화 단계에서 단기대출을 선호했다고 볼 수 있다. 그래서 은행들도 장단기 기업대출금리의 격차 축소로 장기대출의 수익성이 하락하자 리스크관리 부담이 적은 단기대출을 선호하게 된 것이다.

표 3-10 은행의 중수기업 대출추이 (단위: 억원, %)

	2000	2001	2002	2003	2004	2005
시중은행	790,149 (37.4)	881,809 (34.5)	1,181,811 (36.0)	1,405,500 (37.8)	1,383,532 (36.0)	1,378,325 (34.1)
지방은행	131,480 (68.2)	144,046 (66.4)	174,714 (62.7)	202,363 (63.8)	226,338 (63.6)	249,526 (62.1)
특수은행	369,659 (37.1)	409,559 (40.4)	490,084 (43.8)	768,890 (59.2)	826,705 (57.7)	937,030 (56.5)
합계	1,291,288 (39.1)	1,435,414 (37.9)	1,846,609 (39.5)	2,376,753 (44.6)	2,436,574 (43.3)	2,564,892 (42.0)

주: ( )은 총대출에서 중소기업대출 비중을 나타냄.
자료: 금융감독원, 「은행경영통계」, 각호.

은행의 중소기업 대출금리는 1994년 총액한도대출제도의 도입으로 전반적으로 하향안정화 되었다가 IMF 이후 2002년부터 은행에 의한 중소기업신용평가강화로 대출조건이 강화되면서 대기업 대출금리를 상회하게 되었다.

물론 금리라는 것이 자금제공자와 사용자간의 위험에 대한 인식에 의해 결정되는 것이므로 중소기업이 부담하는 금리가 대기업보다 높은 것은 지극히 당연한 것이지만, 중소기업입장으로서는 향후에도 금리에 대한 부담이 계속 증가할 것으로 보인다.

대출금리의 상승과 더불어 중소기업의 자본조달을 더욱 힘들게 하는 요소가 담보요구조건의 증가현상이다. 담보자산을 제공할 능력이 부족한 중소기업입장에서는 심각한 애로요인으로 작용하고 있다.

표 3-11 은행의 중소기업 대출금리 (단위: %)

	2000	2001	2002	2003	2004	2005	2006
중소기업	7.95	7.38	6.56	6.21	5.97	5.76	6.27
대기업	8.75	7.69	6.17	5.98	5.72	5.20	5.60
기업	8.18	7.49	6.50	6.17	5.92	5.65	6.20

자료: 한국은행

표 3-12 중소기업의 자금차입시 대출조건 (단위: %)

구 분	부동산 담 보	신 용 보증서	예적금 담 보	연대보증	순수신용	은행지급 보증
2004	42.0	30.4	10.0	3.3	11.9	2.4
2005	43.3	30.1	7.6	3.0	11.7	4.3

자료: 중소기업협동조합중앙회, 「중소기업 금융이용 및 애로실태」, 각호.

은행의 담보대출 관행은 여전하여 중소기업이 자금차입시 그 비율이 42%를 넘고 있는 반면, 순수신용대출 비율은 12%에도 미치지 못하고 있는 것으로 나타났고, 신용보증서 대출비율이 30%에 달하는 것으로 나타났다.

이런 현상은 은행이 상대적으로 정보비대칭이 심한 중소기업의 대출에 신용평가나 대출기법의 고도화를 위한 노력을 경주하기보다는 원금보전 목적으로 물적담보나 인보증을 통해 대출을 실시하고 있는 것으로 판단된다.

담보대출은 기능적인 측면에서는 순기능과 역기능을 동시에 가지고 있는 것으로 담보대출이 관행화되어 있는 우리나라에서는 역기능도 상당한 것으로 나타나고 있다.

구체적으로 담보는 우선변제 등을 통해 채권자의 피해를 최소화하고 채무자의 신용위험을 감소시키며 도덕적 해이를 줄일 수 있다는 점에서 경제적 효과가 존재한다.

그러나 담보로 인한 채권자의 신용평가의지 및 능력저하, 기업신용평가관련 정보 등 시장인프라 구축을 지연시켜 성장가능성이 있는 혁신형 중소기업의 선별기능이 낙후되어 경제의 이중구조를 강화하고 금융중개기능의 약화로 경기 비대응적인 결과를 초래할 수 있는 위험이 존재한다.

3. 정책금융

(1) 정책금융의 개념과 현황

정책자금이란 국가가 정책적으로 특정부문을 집중적으로 육성하기 위해 상대적으로 유리한 조건으로 자금을 지원해 주는 제도를 말한다. 여기서 국가는 정부부처, 산하기관 및 지방자치단체 등이 국민의 세금, 예산, 공공기관차입금, 채권발행 등을 통해 확보된 자금을 활용하여 재원을 조성하고, 이를 기업에 지원한다.

표 3-13 중소기업 정책금융 지원 방식별 규모 (단위 : 억원)

구 분	2002	2003	2004	2005	2006
융자	21,324	26,600	27,676	31,563	27,515
보증	417,474	451,246	465,183	440,674	412,000
보험	7,794	7,276	13,318	17,586	16,0000

* 보증은 잔액기준
* 보험은 매출채권 및 어음보험 합계

정책자금은 그 대상에 따라 중소기업청 및 중소기업진흥공단 등에서 운영하는 중소기업만 지원받을 수 있는 자금과, 산업자원부, 정보통신부, 과학기술부 등에서 산업 및 분야별로 지원하는 자금과 대기업도 지원받을 수 있는 자금으로 구분된다.

또한 자금지원방법에 따라 정부 재정을 통한 정책자금, 신용보증기관 보증서 발급을 통한 신용보증제도, 한국은행의 유동성 조절기능에 의한 총액한도대출제도로 크게 구분한다.

중소기업청에 따르면 2005년말 기준으로 약 52만개의 중소기업이 53조원 규모의 정책금융을 활용하고 있으며, 정책금융 자금은 중소기업에게 은행차입금과 더불어 가장 중요한 자본조달원천으로 역할을 담당하고 있다. <표 3-13>는 최근 중요한 정책금융의 지원방식별 자금규모를 나타내고 있다.

(2) 정책금융의 기능과 개선점

중소기업청이 전국의 중소기업을 대상으로 814기업을 표본으로 구성하여 설문조사를 한 결과 정책금융에 대한 중소기업들의 태도를 살펴보았다. 현행 자금지원 방법 중 가장 큰 도움이 되는 것은 '정책자금'과 '신용보증'으로 응답하였고, 구체적으로 보면 '정책자금'은 전체의 40.7%가, '신용보증'은 전체의 38.5%로 유익하다고 응답하였다.

그림 3-12 가장 큰 도움이 되는 자금 지원 방법 (단위 : %, 중복응답)

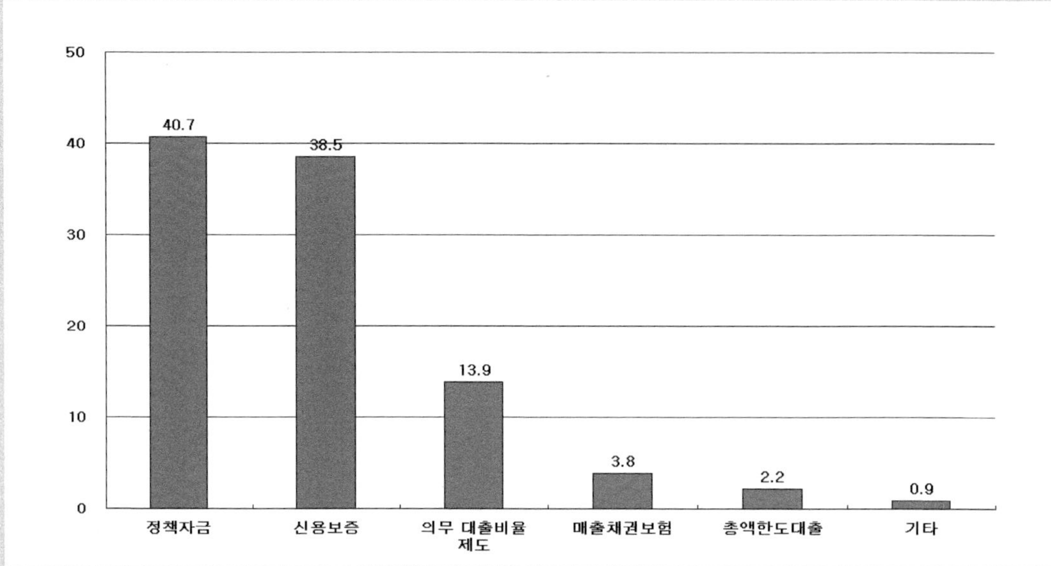

정책자금 사용 이유로는 '금리조건'이 유리하고, '신용대출이 가능'하다는 의견과 그리고 '대출기간이 길기 때문'이라는 의견이 많았다. 구체적으로 응답자의 32.0%는 '금리조건의 유리'한 점을 들었고, 23.7%는 '신용대출이 가능', 21,5%는 '대출기간이 길다'는 점을 들었다.

정책자금의 긍정적 효과에 대해서는 '장기대출로 안정적 자금 운용을 가능하게 한다'는 점과 '저리로 금융비용 절감'을 주로 들었고, 극소수의 응답기업은 정책자금이 필요 없다고 응답하였으며 그 이유로는 '발전 가능성이 없는 기업의 구조조정을 지연' 시키고, '업종간 경쟁'과 '무리한 투자'를 유도한다는 점을 들었다.

정책자금의 개선사항에 대해서는 '관련서류가 너무 복잡'하고, '대출 금액이 적다' 는 점과, '담보를 요구' 하는 점 등을 들었는데, 구체적으로 응답기업의 22.2%는 관련 서류를 단순화해야 함을 들었고, 20.4%는 대출금액을 늘리는 방향, 15.8%는 담보 없이 대출하는 방향으로 개선해야 한다는 의견이었다. 또한 대출기간이 짧고, 홍보가 부족하다는 점, 이자를 자동이체 해야 한다는 개선사항들도 소수 있었다.

중소기업 정책금융이 선택과 집중을 통한 효율성의 향상, 다양한 성과평가를 통한 효과성 제고, 시장친화적 운용을 통한 중소기업의 자생력 제고와 도덕적 해이 및 역선택 방지 등 많은 개선이 이루어졌으나 규모, 유효성 및 운용방식 등에서 여전히 많

그림 3-13 정책자금 이용 사유 (단위 : %, 중복응답)

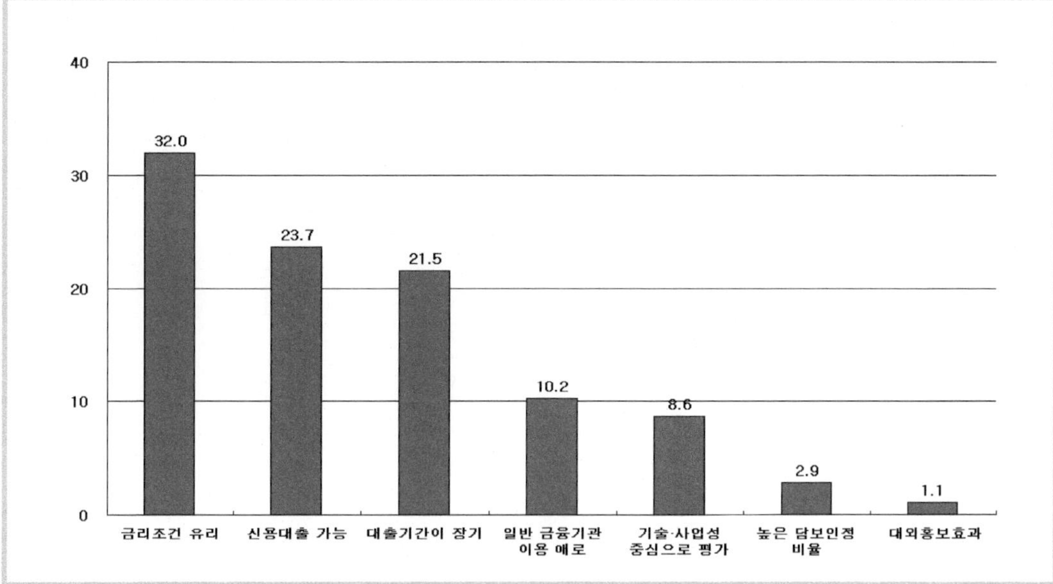

은 비판에 직면하여 있다.

이는 정책금융 지원시스템의 개선이 가시적인 효과를 나타나기에는 아직 시간이 필요한 측면도 있지만, 다소 미흡한 측면이 있는 것도 사실이다. 따라서 다음과 같은 방향에서의 보완 및 추가적인 개선이 필요하다 하겠다.

우선 혁신형 중소기업에 대해서는 융자보다 투자지원을 확대하고, 벤처캐피탈을 통한 지원을 확대하기 위해서 모태펀드 규모를 확충하며, 혁신형 중소기업들의 다양한 위험과 수익구조를 반영하여 투자조합의 자금회수 및 배분구조에 대한 약정을 다양화해야 할 것이다.

정책금융의 집행에서 민간금융기관의 참여를 높이고 수혜기업의 다원화를 유도하기 위해 정책금융을 취급할 수 있는 금융기관을 상호저축은행, 신협 및 새마을금고 등으로 확대하고, 중소기업 육성 및 서비스에 대한 성과평가를 토대로 취급기관을 주기적으로 재선정하여 정책금융 서비스의 질을 제고시켜 나가야 할 것이다.

정책지원의 성격이 적은 신용보증의 경우 위탁보증을 점진적으로 확대하되, 민간금융기관의 도덕적 해이를 차단하기 위해서 위탁보증에 대한 부분보증비율을 축소하고 대신에 보증기관에 대한 출연금을 면제하거나 낮추는 것을 검토할 필요가 있다.

정책금융 관리조직의 효율화도 필요하다. 현재 정책금융을 수립·집행하는 기관이 각 부처에 산재해 전체 정책금융에 대한 파악과 관리가 힘들고, 정책적 우선순위에 따른 전략적 배분과 집행이 어려운 실정이다.

또 각 기관별로 정책금융의 종류들도 대출, 투자, 보증, 보험 등 지원수단별로 분리되어 있고 관련기관간 연계성도 부족하여 중복수혜 등의 문제를 낳고 있으며, 집행에 따른 성과평가 및 효과분석이 어려운 상황이다. 따라서 정책금융을 총괄하는 주관부처 및 관리조직을 통해 정책금융 운용의 투명성, 효율성, 효과성을 제고할 필요가 있다.

4. 자본조달의 향후전망

향후 중소기업대출 시장이 더욱 얼어붙을 전망이다. 중소기업대출의 수요는 계속되지만 은행들의 자금여건 악화로 공급이 원활하지 않을 것으로 예상되기 때문이다. 이에 대해, 은행권의 과당경쟁에 대한 비난과 함께 금융당국의 태도 역시 문제가 있다는 지적이 제기되고 있다.

최근 은행부문에서는 중소기업 대출은 일단 금리상승 여부와 자금조달 여건에 따라 그 향방이 결정지어질 것이라는 전망이다. 무엇보다도 대출시장의 경색은 최근 들어 은행에서 자금들이 직접금융시장으로 대규모 이탈하면서 대출여력자체가 문제가 되고 있다.

아울러 수신예금 이탈에 대한 대응책으로 연일 고금리 상품을 내놓고 있는 가운데, 펀드나 CMA로 이탈했던 일부 자금이 은행권으로 회귀하는 듯한 양상이다. 그러나, 계속되는 고금리상품의 출시는 곧 대출 금리의 상승으로 이어져 이 부담을 결국 중소기업이 지게 되는 문제점을 안고 있다.

더 큰 문제는 높은 금리를 떠안고라도 대출을 하려는 중소기업은 늘고 있는 반면, 은행들은 대출축소와 회수에 나섰다는 점이다. 일부 고금리 예금을 중심으로 수신이 증가하고 있지만, 이는 최근 불안한 증시와 은행의 고금리 상품 유혹에 따른 일시적인 현상이라는 것이 금융권의 시각이다.

결국, 계속되는 '자금이동(money move)' 현상은 은행권의 자금난을 더욱 어렵게 해 대출재원 확보마저 어렵게 할 것이라는 관측이 지배적이다. 즉, 내년에도 수요에 비해 공급이 이를 따라가지 못할 것으로 예측된다.

이에 따라, 직접금융에 의한 자금조달보다는 주로 은행으로부터의 간접금융에 의지하는 중소기업의 어려움은 더욱 증대될 전망이다. 일각에서는 중소기업대출시장 경색이 향후에 지속될 수도 있다는 관측마저 제기되고 있다.

5. 자본조달시 고려사항

재무담당자에게 가장 힘든 업무는 외부금융방식에 의한 자본조달업무이다. 특히 자본예산처럼 대규모 자본을 조달해야 하는 경우에는 위험이 더 크게 인식된다. 자본조달이 재무담당자에게 힘든 과제가 되는 이유는 본질적으로 기업입장에서 통제불가능한 변수들이 너무 많다는데 있다.

재무담당자가 자본조달시에 고려해야 할 사항, 즉 자본조달에 영향을 미치는 요인들에는 '조달가능성'과 '자본조달조건'이라는 크게 두 가지 요인이 있다. '조달가능성'이란 실제 목표자본이 조달될 수 있는 현실적 조건을 의미한다.

자본조달가능성에 영향을 미치는 요인은 크게 기업형태, 시장상황, 그리고 기업의 부채수용능력 등이 있다. 기업형태는 기업의 자본조달활동에 근본적으로 영향을 미친다. 예를 들어 비상장기업은 대규모 유상증자나 회사채발행을 통한 자금조달이 현실적으로 힘들다. 그래서 비상장기업은 주식회사라고 해도 현실적으로 은행대출에 의한 대규모 자금조달이 외부금융에서 선택할 수 있는 유일한 금융수단일 수 있다.

시장상황은 유상증자나 회사채발행시에 금융시장의 상황이 발행시장에서 자본조달활동에 결정적으로 영향을 미치게 되는 경우다. 예를 들어 주식유통시장이 침체되어 있는 경우에는 발행시장에서 유상증자는 현실적으로 확률이 낮아진다. 또한 금리가 급변하거나 상승하는 경우에도 회사채시장은 활성화되기 어렵다.

부채수용능력은 기업이 타인자본을 조달할 때 그 조달가능성에 직접 영향을 미치게 된다. 일반적으로 부채수용능력은 원리금 상환능력을 의미한다. 대표적으로 특정기업의 부채수용능력을 파악하는 방법으로 이자보상비율이 높을수록, 부채비율이 낮을수록 추가적으로 부채를 조달할 수 있는 여력이 있다고 판단한다.

또한 조달가능성에 문제가 없더라도 자본조달자와 제공자간에 자본비용의 크기와 사용기간(만기) 같은 조건이 일치되어야 한다.

제 2 장

자본조달 - 리스금융

제 1 절 리스의 개요

1. 리스의 의의

기업이 부담하는 위험의 형태가 날로 다양해지고 있다. 그래서 금융산업에서 금융상품의 위험, 또는 투자위험을 적절히 관리한다는 개념으로 도입된 위험관리(risk manangement: RM)의 개념이 일반 산업에도 광범위하게 원용될 만큼 기업의 사업위험의 종류와 정도가 점점 다양해지고 있다.

최근에 들어 새롭게 부상하는 위험형태로서 제품이나 기술이 급격하게 수명주기가 단축되는 위험과, 갈수록 기술집약적, 또는 기술고도화 되어가는 기계장치의 투자금액이 거대화되는 특징을 보이고 있다.

기업입장에서 이런 추세는 두 가지 위험에 노출되는데, 보유자산의 노후화위험과 자본규모의 부담이라는 위험이다. 이런 위험하에서 기업은 거대한 투자자본을 조달해서 기업활동에 필요한 기계장치나 설비를 보유하는 것이 위험관리측면에서 아주 불리한 상황에 놓여지게 되었다.

이런 기업의 입장을 해결해주는 특수한 금융제도로서 리스산업이 급격하게 부상하고 있다. 이 경우 기업이 필요로 하는 자산을 대여해주는 리스회사는 임차인의 신분이 되고, 자산을 빌려 사용하는 기업은 임대인의 신분이 된다.

리스는 기계설비 등을 일정기간 동안 이용자에게 빌려주고 그 대가로 사용료를 받는 계약이다. 다시 말하면 리스회사가 기계 설비를 고객인 기업에게 일정한 방법과 조건하에 빌려주고 이에 해당하는 이용료를 받는 것이다.

따라서 리스는 필요한 기업 및 설비를 특별한 자금조달 없이 사용할 수 있다는 점에서 자금조달의 대체수단이라는 금융기능과 기계 및 설비를 중장기에 걸쳐 대여한다는 점에서의 임대차 기능이 결합된 일종의 물적 금융이라고 할 수 있다. 그리고 기업이 리스를 이용할 경우 일정한 사용기간이 정해지며 사용기간이 끝나면 선택에 따라 재리스를 하거나 리스자신을 매입할 수도 있다.

리스제도는 특히 중소기업 중에서 금융기관에서 자본을 조달하기 힘든 초기단계 기업이나, 담보력이 부족한 기업들에게 아주 매력적인 자본조달 대체수단으로 활용된다.

2. 리스의 종류

일반적으로 리스는 중도에 해약이 가능한가?의 여부에 따라 크게 금융리스와 운용리스 그리고 기타 형태의 리스로 구분이 되는데 이를 살펴보면 다음과 같다.

(1) 금융리스

금융리스(financial lease)는 자본리스(capital lease)라고도 하며 주로 기업의 투자자본조달문제, 즉 자금부담문제를 완화해 줄 수 있는 제도적인 장치라고 할 수 있는데, 다음과 같은 특징을 갖는다.

첫째, 리스 자산을 빌려 쓴 기업 즉, 임차인이 리스자산에 대한 유지 및 보수에 관한 책임을 진다. 둘째, 리스자산을 빌려주는 리스회사 즉, 임대인이 리스자산을 구입하고 이를 이용자 임차인에게 빌려줌으로써 투자된 자금을 임대료 형식으로 분할 회수 한다.

셋째, 금융리스는 중도해약이 원칙상 불가능하기 때문에 임대기간이 해당자산의 수명과 거의 일치한다. 넷째, 금융리스의 경우 자산의 성능 용량 제품의 질은 빌려 쓰는 임차인이 직접 선정하고 임대인인 리스회사와 리스계약을 맺으면 리스회사가 이를 구입하여 임차인인 기업에게 대여한다.

다섯째, 금융리스의 대상이 되는 자산은 일반적으로 내구성 있고 자격이 어느 정도 고가인 자산이다. 마지막으로 리스는 일반적으로 사용거래가 많으나 임차인의 신용이 좋지 않을 경우에 담보를 요구하는 경우도 있다.

이상의 금융리스 특징을 종합해 보면, 리스자산의 소유권에 수반되는 모든 효익과 위험이 리스이용자인 기업에게 이전되는 형식을 취하는 계약이라는 것을 알 수 있다.

따라서 금융리스의 경우 리스 자산을 이용하는 기업의 입장에서 보면 부채를 조달하여 직접 자산을 취득하여 소유하는 경우와 거의 유사한 경제적 효과를 누릴 수 있는 형식이다.

(2) 운용리스

운용리스(operating lease)는 서비스 리스라고도 하는데 금융리스 이외의 리스계약들이 여기에 속한다고 할 수 있다. 이것의 특징을 살펴보면 다음과 같다. 먼저 임차인이 대상자산을 필요한 기간만 이용하고 리스회사에 반환하는 리스기간측면에서 금융리스와 비교하면 비교적 단기적인 리스이다.

둘째, 금융리스와는 달리 계약기간 만료이전이라도 임차인의 희망에 따라 언제든지 중도 해약이 가능하다. 따라서 이용자산이 기술적으로 낙후 될 위험이 많은 경우에 사용된다. 따라서 주로 운용리스 대상자산의 종류가 기술주기가 매우 짧은 컴퓨터나 자동차 같은 품목들이 주를 이루고 있다.

셋째, 리스대사자산의 수선 및 유지관리에 대한 책임은 금융리스에서와 마찬가지로 리스회사인 임대인이 부담하게 된다. 마지막으로 일반적으로 운용리스의 경우 임차료는 금융리스의 임차료보다 비싸다.

이는, 금융리스에서는 자본조달을 대체하는 효과가 큰 반면 운용리스에는 자본조달 대체효과 보다는 기술적 낙후에 따른 위험 없이 자산을 이용할 수 있고 중도해약도 얼마든지 가능하기 때문이다.

운용리스는 금융리스와 달리 자산의 소유권에 수반되는 모든 효익과 위험이 리스이용자에게 이전되지 않고 리스회사에 귀속되는 형태를 가지고 있다. 그럼에도 불구

표 3-14 금융리스와 운용리스의 차이비교

구 분	금융리스	운용리스
계약기간	주로 자산의 내용연수 동안 운용리스에 비해 장기	리스이용자가 필요한 기간 주로 단기간
보수, 유지 책임의 소재	리스회사	리스회사
리스이용 목적	자본조달 부담, 위험회피	자산노후와 위험 회피
중도해약	원칙적으로 해약불가능	중도해약가능

하고 운용리스를 이용하는 기업의 입장에서 보면, 이용상의 편의성, 자산소유로 부터의 노후화에 따른 위험부담의 전가 등의 효과를 거둘 수 있다.

금융리스와 운용리스의 차이를 요약하면 <표 3-14>와 같다.

(3) 기타 리스의 유형

금융리스와 운용리스 외에 다른 형태의 리스로는 먼저 매각 후 재리스의 형태가 있는데, 이 방식은 기업이 소유하고 있는 기계 건물 등을 금융기관 보험회사 및 리스회사에 매각하여 필요한 자본을 조달하는 동시에 매각한 자산을 리스계약을 통해서 다시 임차하여 사용하는 금융리스의 특수한 형태이다.

또 다른 유형으로 프로젝트 리스가 있는데, 이는 리스회사가 기업으로부터 특정설비 및 설비공사 등을 의뢰를 받아 기업체의 요구에 맞게 자체적으로 시공하고 이를 다시 해당기업에게 리스하는 방법으로서 금융리스의 한 형태라고 할 수 있다.

제2절 리스의 경제성 평가

기업이 고정자산 투자를 위한 자금조달 방법은 리스금융을 이용하는 방법과 필요한 자금을 차입하는 방법으로 두 가지가 있다. 이 두 방법 중 어느 방법을 택해야 하는가를 분석할 때 다른 재무적 의사결정과 같이 각각에 대한 현금흐름의 크기와 시기가 추정되어야 하고 그 다음 적절한 할인율이 결정되어야 한다.

리스를 일종의 부채개념으로 볼 때 리스이용자는 자금조달 입장에 서게 되며 리스회사에 지급하는 리스임차료는 전액 비용으로 인정되므로 리스이용자는 그에 다른 세금공제 효과를 얻게 된다.

자금공급자 입장에서 리스회사는 리스기간 동안 리스자산에 대한 감가상각비가 손금으로 인정되므로, 세금공제 효과를 얻을 수 있고 최초 리스 자산투자에 대한 투자세액공제를 받을 수 있으며 리스 계약 종료시에 리스이용자로부터 일정금액의 처분가치를 갖는 리스자산을 인도 받을 수 있게 된다.

만약 기업이 리스를 이용하는 대신 자금을 차입하여 직접 자산을 구입하게 되면 자금 조달자인 기업은 자산구입에 따른 투자세액공제를 받을 수 있으며, 구입자산에 대한 이자비용이 손금으로 처리되므로 세금공제효과를 얻을 수 있다.

따라서 기업이 자산을 리스 할 것인가 아니면 차입을 통해 직접 자산을 구입할 것인가를 결정하기 위해서는 두 가지 대안에서 발생하는 현금흐름의 순현재가치를 계산하여 순현재가치가 더 큰 대안을 선택하면 된다.

다른 한편으로 리스는 장기부채로 자금을 조달하여 자산을 구입하는 것과 같은 효과를 가지기 때문에 부채와 같은 것으로 볼 수 있다. 그러므로 리스가 대체하는 동일 규모의 부채액을 차입하여 자산을 구입하는 것보다도 비용이 적으면 리스를 채택하는 방법도 있다.

리스이용여부를 결정해야 하는 입장에서는 자본예산에서 투자대상의 자산이 재무적타당성이 있는 것으로 평가되었다고 전제하고 리스와 자금차입 후 직접 자산을 구입하는 방법 중 어느 것을 택할 것인지를 의사결정하는 경우는 어떻게 해야 하는가?

리스 이용자의 입장에서 리스여부의 결정하기 위해서는 리스로 자산을 구입할 경우의 현금흐름과 자산을 직접구입하는 경우의 현금흐름의 차이를 비교하여 리스의 증분현금흐름에 대한 순현재가치를 구하여 0보다 큰 경우 리스금융을 채택하면 된다.

리스를 이용할 때와 구입할 때의 현금흐름의 차이는 다음과 같다. 제3편에서 살펴본 현금흐름추정과정에서 시점별로 발생하는 구체적인 현금흐름을 고려하여 직접투자와 리스시에 어떻게 유출입이 달라지는지 파악을 해야 한다.

먼저 투자시점에서 발생하는 대표적인 현금흐름의 경우는 다음과 같다.

- 자산구입대금과 리스료 지급액이 현금유출로 발생한다.
- 투자세액공제 효과의 고려
- 내용연수동안 각 영업기간별 구입시에 발생하는 감가상각비 효과와 리스지급료의 손비처리 효과
- 사업종료시점에서 구입하는 경우 자산잔존가치 처분금액과 손실 및 이익발생시 세금효과

이상의 항목들에 대해 증분현금흐름을 파악하여 그 차액들에 대한 순현가법을 적용하여 의사결정을 할 수 있을 것이다.

3. 리스사용이 기업자금관리에 미치는 효과

리스제도는 기업에게 자본조달의 부담을 덜어주는 효과를 발생시킨다. 특히 금융리스는 대규모 자본조달에 어려운 초기단계의 기업이나 담보력이 부족한 기업에게 자본조달의 또 다른 원천으로 작용하는 것이 사실이다.

그러나 본질적으로 리스는 부채로 자본을 조달하는 효과와 비슷하다고 할 수 있다. 다만 원금상환에 대한 부담이 없다는 것이지 리스회사에 지급하는 리스료에는 리스회사의 입장에서 반영한 취득원가와 적정이윤이 포함되어 있으므로 리스이용자에게 결코 가벼운 부담이 아닐 수 있다.

또한 리스이용료는 부채의 이자처럼 반드시 지불해야 하는 성격이므로 자금부담이 될 수 있다. 결국 금융리스의 경우 장기부채로 자금을 조달하여 자산을 구입한 후 원리금을 상환해가는 과정과 동일한 개념이라고 볼 수 있다.

결국 기업이 리스를 사용한다는 것은 리스료 안에 부채의 원금과 이자가 포함된 것을 상환해 가는 과정이므로 해당기업의 부채수용능력을 줄이게 된다. 즉, 기업이 추가로 조달할 수 있는 능력이나 여지를 줄이게 된다.

제 3 절
리스금융의 장·단점

1. 리스금융의 장점

리스금융을 이용하는 경우 기업이 다양한 잇점을 누리기 위한 전제조건으로 리스제도가 아니라도 필요한 자본을 금융시장을 통해 원활하게 조달할 수 있을 때 해당하는 것이라고 할 수 있다.

즉, 리스제도가 아니면 현재 상황에서 다른 대체적인 수단이 불가능한 경우에는 이미 살펴보았던 리스제도 그 자체의 특성을 이용하는 것에 그친다. 따라서 아래 열거하게 되는 리스제도의 장점은 기업이 리스와 직접 자산을 구입할 수 있는 상황에서 선택적으로 리스를 이용하게 될 때 기대되는 효과로 이해할 필요가 있다.

(1) 자본조달상의 잇점

금융리스를 이용하면 막대한 현금유출이 일시에 발생하여 기업의 유동성이 악화되는 것을 방지하면서 자본예산과정의 투자를 할 수 있다. 동시에 직접차입에 의해 기업의 자본구조가 악화되는 것을 방지할 수 있다. 따라서 리스의 사용은 유동성 악화뿐만 아니라 기업의 구입의 자본구조 악화를 방지함으로써 전체 자본비용이 증가하는 것을 방지할 수 있다.

또한 금융리스를 이용하게 되면 리스료에 포함된 리스회사의 수익률 부분보다 리스를 이용하는 기업이 직접 자산을 구입하기 위해 부채를 조달할 때 부담하게 되는 자본비용보다 일반적으로 저렴하게 해결할 수 있다.

기업의 부채수용능력에 있어서도 직접 부채를 조달하여 구입하는 방식보다는 리스를 이용하고 리스료를 지급하는 것이 상대적으로 유리하게 작용할 수 있다. 왜냐하면 부채원금의 크기에서는 두 방식이 장부상 부채크기가 다를 수밖에 없다.

한편 자본운용상의 이점도 발생하게 되는데, 리스금융을 이용하는 경우, 직접구입시 유출될 자금이 여유가 있으면 다른 수익성 있는 투자대상에 투자를 함으로써 기업의 수익성을 극대화 할 수 있다.

(2) 기타 효과

리스 금융 특히 운용리스의 경우 중도에 해약이 가능하므로 기계 및 설비가 기술적으로 낙후될 경우 중도에 해약을 하고 첨단설비 및 기계로 대체할 수 있으므로 기술적 낙후 등에 따른 위험을 피할 수 있다.

직접구입방식과 비교하여 리스는 거래제도적인 측면에서 훨씬 간단하여 기업의 사무절차상의 업무부담을 완화할 수 있는 잇점도 존재한다. 자본조달과 투자와 관련하여 복잡한 금융거래와 장부정리에 소요되는 시간과 노력을 대폭 절감할 수 있는데, 대부분의 사무처리는 리스회사가 많이 부담하게 된다.

특히 현금흐름상 유리한 측면은 직접구입하는 경우 손비처리대상의 비용으로 감가상각비와 지급이자 등이 있지만, 리스를 이용하게 되면 원금상환부분과 리스회사의 자본비용이나 수익이 반영된 전체 리스료가 손비처리 대상이 되므로 손비처리대상금액이 커지는 효과를 누릴 수 있다.

2. 리스금융의 단점

리스이용자의 입장에서 리스금융은 다음과 같은 단점을 갖는다. 우선적으로 리스료가 다소 비싸다는 점이다. 리스료안에는 통상적으로 리스회사가 자본조달과정에서 부담하는 자본비용과 각종 보험료, 그리고 제반 비용과 적정이윤까지 포함되어 있다.

리스와 직접구입방식의 차이가 발생하는 또 다른 측면은 사업이 종료 되었을 때에 발생한다. 대부분의 고정자산은 사업은 종료되었지만 경우에 따라서는 상당한 시장가치가 잔존하는 것이 보통이다.

기업현장에서는 종종 이런 고정자산을 경제발전단계가 우리나라보다 낮은 국가에 중고기계로 고가에 매각하는 것을 보게 된다. 금융리스를 사용하는 경우 이러한 잔존가치에 대한 이익을 충분히 받지 못하거나 포기해야 할 경우가 생긴다.

리스를 이용하는 경우에 소유권 이전이 되는 것은 아니기 때문에 상황에 따라 생산현장에서 기업의 필요나 요구에 맞게 고정자산의 변화가 필요한 경우 제약이 있을 수 있다. 즉, 공정변경이 필요하거나 수리변경이 용이하지 않을 가능성이 있다.

제 3 장

자본비용

어떤 자본도 비용을 부담하지 않는 공짜 자본은 없다. 모든 자본은 비용을 지불해야 한다. 자본비용의 의미는 단순히 자본을 조달하면서 부담하는 비용으로 끝나는 것이 아니다. 투자된 자본으로 어느 수준의 이익이 발생해야 하는지에 대한 가이드라인을 제시하기도 한다.

기업은 투자로부터 발생하는 수익으로 사업자본을 제공해준 자본제공자에게 자본제공의 댓가를 지불하게 될 것이다. 따라서 최소한 자본비용수준 이상의 투자수익이 발생하지 않으면, 사업을 지속할수록 기업의 사정은 악화될 것이다.

자본비용과 투자수익간의 이런 상호관계에 충실하는 태도를 가치창조, 또는 가치경영이라고 할 수 있다. 따라서 가치경영에 충실한 경영자는 여러 투자안들 중에서 상대적으로 투자수익률이 높은 투자안을 발굴하여 투자하는 한편, 자본비용이 저렴한 자본조달방법을 통한 파이낸싱을 위해 노력을 경주한다.

자본예산결정의 마지막 단계는 투자에 소요되는 자본을 어떻게 조달하는가에 따라 달라지는 자본비용, 또는 자본예산 모형에서 할인율을 결정하는 데 관련된 부분을 여기서 다루기로 한다.

기업현장에서도 여전히 미숙한, 중소기업의 경우 그 정도가 더 심한 분야가 적절한 자본비용의 추정문제이다. 특히 타인자본형태로 조달되는 경우보다 자기자본으로 조달되는 자본에 대한 비용추정문제가 제대로 이루어지지 않고 있는 중소기업현장의 실태는 시급히 해결되어야 할 과제로 판단된다.

제 1 절 자본비용의 개념

기업은 신규투자나 원활한 영업활동에 필요한 자금을 조달해야 하는데, 이 경우 부채나 자기자본 등 자금조달의 원천을 불문하고 자금사용에 대한 대가를 지불해야 한다. 자본비용이란 바로 자본사용자가 자본제공자에게 지불하는 자본사용의 댓가이다.

자본제공자인 투자자는 기업에 자금을 제공해 주는 대가로 일정한 수익률을 요구하는데 자본제공자입장에서는 이것을 기대수익률이라고 한다. 또한 이것은 기업입장에서는 자본사용의 대가로 부담해야 하는 비용, 자본비용이 된다.

따라서 기업의 자본비용과 투자자의 기대수익률은 동일한 것으로서 마치 동전의 앞뒷면과 같은 관계이다. 즉 금융시장에서 금융수단과 자본이 교환되면서 금융수단을 발행하여 자본을 조달하는 기업입장과, 금융수단을 투자대상으로 매입하면서 자본을 제공하는 투자가 입장에서 서로의 이해를 매개해주는 요소가 자본비용 또는 기대수익률개념이다.

한편, 자본비용은 기업이 투자안을 평가하는 단계에서 투자로부터 발생하는 미래현금흐름을 현재가치로 환산하는 데 적용되는 적정할인율을 자본환원율(capitalization rate)이라고도 하며, 이것 역시 자본비용을 의미한다.

즉, 투자안이 경제성을 갖추기 위한 최소한의 투자수익률과의 관계를 설명하고 있다. <그림 3-14>은 자본비용의 개념 및 투자수익률과의 관계를 설명하고 있다.

일반적으로 기업이 부담하게 되는 자본비용은 기업의 신용수준이나 위험의 크기에 따라 결정되는 것이 일반적이다. 그러나 본질적으로 자본비용과 기대수익률이 동일한 개념이므로, 결국 자본비용의 크기는 기대수익률을 결정하는 주체인 자본제공자가 결정하게 된다.

이것은 결국 기업입장에서는 자본이 조달되기 위해서는 자본제공자가 기업이 발행한 자본조달 수단인 금융상품을 매입해주어야 비로소 자본이 조달되기 때문이다. 자본제공자가 기업이 발행한 금융수단을 매입한다는 것은 기대수익률에 대해 만족한다는 것을 의미한다.

기업은 아무리 자본을 조달하고 싶더라도 자본제공자가 발행된 금융상품을 인수해주지 않으면 자본이 조달되지 않는다. 그래서 자본비용은 자본제공자가 금융상품을 매입하면서 가지게 되는 기대수익률이므로 본질적으로 기업이 스스로 정하는 것이 아니다.

그러면 자본제공자가 기업이 발행한 금융수단을 매입하면서 갖는 기대수익률의 크기는 어떻게 결정되는가? 자본제공자인 투자가는 동시에 소비자이기도 한 신분이다. 즉, 간접금융이든 직접금융방식이든 최초의 자본제공자는 어떤 흑자경제주체라고 할 때, 이들이 금융시장에서 금융상품에 투자하기 위해서는 두 가지 요소에 대한 보상이 주어져야 한다.

바로 자본자산가격결정모형이 제공하는 경제적 의미이기도 한 이것은, 현재에 확실한 효용을 가져다주는 소비를 연기하고 미래 불확실한 투자를 하기 위해서는 적어도 이 두 가지 행위에 대한 보상만큼은 주관적으로 만족해야 할 것이다.

즉, 투자가이면서 동시에 소비자인 자본제공자는 주관적인 개념이지만, 금융상품에 투자함으로써 소비연기에 대한 보상과 금융상품이 가진 위험에 대한 보상만큼의 기대수익률이 가능하다고 판단될 경우 비로소 투자를 하게 된다는 것이다.

결국, 기대수익률 또는 자본비용의 크기는 자본제공자가 금융수단에 투자를 결정하면서 기대하는 기대수익률이므로 해당 금융수단(상품)이 가진 위험에 비례해서 기대수익률이나 자본비용의 크기가 결정된다.

예컨대 채권 같은 금융수단은 위험의 종류가 다양한데, 그 가운데서 채무불이행위험, 즉 디폴트위험의 크기에 따라 채권이자가 결정된다. 디폴트위험의 정도에 따라 신용등급이 결정되고 결국, 신용등급수준이 채권이자를 결정하게 된다.

또한 채권은 발행주체에 따라 디폴트위험이 달라지는데 일반적으로 국가가 발행한 국채는 동일한 조건으로 기업이 발행한 회사채보다 위험이 낮아 채권이자가 낮게 결정되므로 채권가치가 더 높다. 그것은 국가신용도가 개별기업의 신용도보다 높아서 자본비용이 상대적으로 낮기 때문이다.

그러나 조달한 자금의 용도가 엄격하게 명시되어 있는 경우에는 자금조달주체의 신용보다도 자금의 용도, 즉 투자안의 사업성에 따라 결정된다. 이러한 경우의 예로 프로젝트 파이낸싱을 들 수 있다.

그림 3-14 자본비용의 개념

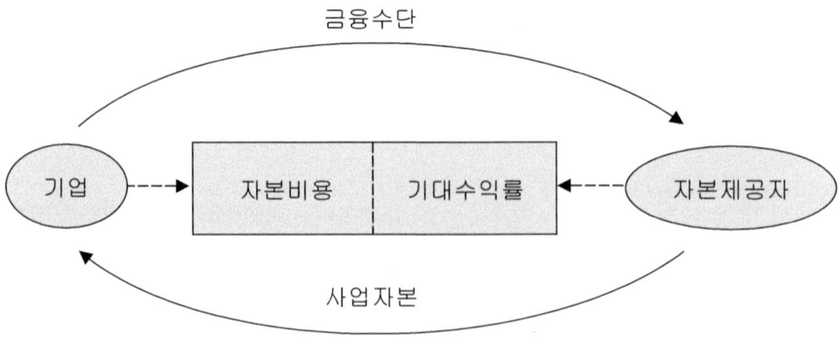

투자안의 가치평가에 필요한 자본비용은 기업이 조달한 자금의 자본비용을 의미한다. 따라서 기업의 자본비용을 측정하려면 기업이 전체적으로 어떤 종류의 자금을 얼마나 사용하고 있는지, 즉 대차대조표의 우변항목들로부터 자본구조를 고려해야 한다.

만일 전액 자기자본으로 자금이 조달된 회사가 있다면 주식의 자본비용이 곧 당해 기업의 자본비용이 될 것이다. 그러나 타인자본과 자기자본을 각각 절반씩 사용 중인 회사의 자본비용은 타인자본비용과 자기자본비용의 평균이 된다.

대부분 기업의 대차대조표를 보면 다양한 자본조달원천별 자금을 사용하고 있음을 할 수 있는데 이러한 기업의 자본비용은 당연히 원천별 자본비용을 가중평균하여 자본비용으로 적용하는 것이 합리적이다.

정확한 자본비용의 측정은 투자안의 가치뿐 아니라 기업 가치를 평가하는 데에 핵심요소이다. 또한 사업부문별 성과평가와 이에 따른 성과보상을 결정하는 데에 긴요하며 최적자본구조결정, 각종 공공요금의 적정 가격결정 등 기업의 주요 의사결정에 있어서 핵심적인 고려요인이다.

기업의 가중평균자본비용(weighted average cost of capital: WACC)을 측정하기 위해서 우선 자기자본비용과 타인자본비용으로 구분한 원천별 자본비용에 대하여 살펴본다.

제 2 절 자본조달 원천별 자본비용

1. 자기자본비용

자기자본비용(cost of equity)은 주주가 특정기업의 주식에 투자할 때 기대하는 수익률로서 보통주의 자본비용을 의미한다. 자기자본비용은 타인자본에 비해서 측정하기가 더욱 어려운데, 이는 자기자본조달의 경우에 수반되는 미래의 현금흐름이 타인자본의 원리금상환처럼 미리 정해져 있지 않기 때문이다.

자기자본비용의 개념을 기대수익률로 바꿔 표시하면, 주식에 투자하는 투자가는 주식투자로부터 기대할 수 있는 기대수익률을 결정하기가 매우 어렵다. 왜냐하면 주식을 매각할 때 받을 수 있는 가격을 매입하는 시점에서 주관적 확률분포 수준의 예측만 가능하기 때문이다.

이렇게 자기자본비용을 직접 관찰할 수 없는 만큼 측정방법도 여러 가지인데, 여기서는 자기자본비용을 추정하는데 사용할 수 있는 방법들을 배당성장모형, 자본자산가격결정모형, 주식프리미엄을 이용하는 방법 등에 대해서 설명한다.

(1) 배당모형에 의한 방법

배당성장모형(Dividend Growth Model)은 미래 배당수입의 현가로부터 보통주를 평가하는 방법으로 전통적으로 많이 사용되어 왔다. 이 모델은 기업의 주가는 그 기업의 배당크기를 알면 합리적인 주가를 평가할 수 있다는 개념을 가지고 있다.

기업의 배당수준만으로 기업가치를 평가하기 힘든 경우에는 조정항목을 사용하는데, 대표적인 경우가 성장기업들이 낮은 현금배당을 하고 있는 관행에서 기업의 예상성장률을 조정하는 방법이다. 그러나 어느 경우든 기본적으로 기업의 주가, 또는 기업가치는 합리적인 수준의 배당자료와 해당 기업의 할인율, 또는 자본비용만 있으면 간단하게 평가할 수 있다는 것이 배당모형이다.

만약 꾸준하게 성장하고 있는 기업의 배당금이 매년 일정할 비율 g로 영구히 성장한다고 가정하면 이러한 일정성장주식(constant growth stock)에 대하여 주주가 요구하는 수익률을 k_e라고 할 때, 오늘의 주식가치 P_o는 다음과 같이 측정된다.

$$P_o = \frac{D_1}{k_e - g}$$

위 식에서 D_1은 내년도의 예상 배당금인데, 배당의 경우 기업들이 매년 일정수준의 배당금을 유지하려는 관습을 가지고 있어, 직전년도 배당금 자료를 이용하고 있다. 위의 식을 자기자본비용 k_e에 대하여 다시 정리하면 다음과 같다.

$$k_e = \frac{D_1}{P_o} + g$$

여기서 g는 배당성장률뿐 아니라 이익성장률을 대용치로 사용할 수 있는데, 배당은 결국 당기순이익으로부터 지급되기 때문이다. 또한 주가상승률을 의미하기도 한다. 따라서 위 식은 자기자본비용이 배당수익률(dividend)과 자본이득률(capital gains yield)의 합으로 구성됨을 보여 준다.

다만, 위 식에서 현재의 주가 P_o와 지난해의 배당금 D_o에 관한 자료는 쉽게 얻을 수 있지만 미래의 예상 배당성장률 g의 측정에는 특정기업의 경영성과를 전문적으로 분석하는 증권분석가의 예측자료를 활용하는 것이 좋다.

이러한 예측치를 구할 수 없는 경우에는 과거의 추세가 가까운 장래에도 지속된다는 가정하에 최근 수년간의 평균 배당성장률을 사용할 수 있다. 이렇게 배당성장모형을 이용하는 방법은 사용이 비교적 간편하다는 것이 장점이다. 특히 비공개기업은 주식거래자료가 부족하여 다음에 설명할 CAPM방법을 사용할 수 없고, 비상장기업은 현금배당도 합리적으로 하고 있는 경우가 거의 드물기 때문에 배당성장모형도 적용하는 것이 현실적으로 어려운 문제가 있다.

상장기업의 경우도 오랫동안 배당을 지급하지 않은 기업이나 배당지급실적이 갑자기 변경된 기업의 경우에는 적용하기가 쉽지 않다. 더구나 우리나라처럼 액면가를 기준으로 배당을 하고 있는 상황에서는 합리적인 자기자본비용을 추정하는데 있어서 배당자료가 전혀 현실성이 없다.

이런 배경에 의해 우리나라 기업들은 비상장기업의 자기자본비용추정문제가 현실적으로 매우 힘들게 되어 있다. 그래서 실무에서는 세 번째로 소개된 자기자본비용추정방식에 의해 근사치를 추정해서 사용하고 있다.

(2) CAPM에 의한 방법

자본자산가격결정모형(Capital Asset Pricing Model)은 자산의 가격이 어떻게 결정되는가에 대한 이론 또는 모형이다. 자산의 가격은 결국 그 자신의 가치(value)를 구하는 것과 같다. 제1편 가치평가단원과 제2편 자본예산단원에서 소개했듯이, 어떤 자산의 가치나 가격은 해당자산의 보유기간동안 창출하는 수익을 적절한 할인율로 할인하여 현재가치를 구함으로써 평가할 수 있다.

따라서 어떤 자산의 가격을 구체적으로 결정하기 위해서는, 해당자산이 내용연수동안 창출할 순이익의 크기를 알아내고, 이를 현재가치로 환산하는데 사용할 할인율을 어떻게 합리적으로 결정할 것인가에 달렸다.

자본자산가격결정모형은 어떤 자산에 투자하는 경우, 투자가의 기대수익률과 투자가가 부담하는 위험에 관한 균형시장이론으로서 현대 재무이론의 발전에 가장 큰 기여를 했을 만큼 기업의 재무 및 투자결정에 다양하게 응용되고 있다.

자본비용의 개념에서 언급했듯이, 자기자본의 자본비용은 결국 주식투자가들이 주식이라는 위험자산에 투자하는 경우에 갖게 되는 기대수익률이 된다. 따라서 주식이라는 위험자산의 가치평가, 혹은 가격결정방법은 주식을 보유함으로써 얻게 되는 수익을 기대수익률, 또는 자기자본의 자본비용으로 할인하면 된다는 것이다.

CAPM에 의하면 주식의 기대수익률은 자본시장의 균형하에서 주주가 위험부담에 대한 보상으로 요구하는 수익률이므로 증권시장선(SML)으로 측정할 수 있다는 것이다.

이 모형에 의하면, 주식투자에 대한 기대수익률의 크기는 크게 두 가지 요소로 구성된다는 것이다. 먼저, 소비연기에 대한 보상수준인 무위험자산 수익률과, 투자로부터 구체적으로 보유하게 되는 자산의 체계적위험인 베타위험에 단위당 체계적 위험에 대한 시장에서의 보상크기인 시장위험프리미엄을 곱한 것으로 구성된다고 한다. 즉, 아래 식과 같이 ① 무위험자산의 수익률(R_f), ② 시장위험프림엄$[E(R_m)-R_f]$, ③ 주식의 체계적 위험(β_e)으로 구성되어 있다고 하였다.

$$k_e = R_f + \beta_e [E(R_m) - R_f]$$

여기서, R_f는 무위험자산 수익률을 의미하는데, 일반적으로 무위험자산에 가장 근접한 단기국채수익률을 사용한다. 시장위험프리미엄은 과거자료로부터 종합주가수익률이 국채수익률보다 얼마나 높았는지를 경험적으로 추정할 수 있다.

주식의 배타는 과거 주식수익률 자료로부터 측정하거나 전문 증권분석가들의 예측자료를 사용한다. 현재 상장기업들의 경우 베타위험크기는 이미 추정되어 소개되어 있으므로 이 모형을 이용해서 자기자본비용을 추정하는데 별 애로요소가 없다.

베타계수의 경제적 의미는 특정기업의 주가수익률이 시장전체수익률에 대한 민감도를 의미한다. 즉 특정기업의 베타크기는 시장전체수익률, 예를 들어 종합주가지수 수익률이 1% 변할 때 해당기업의 주가수익률은 얼마나 변동하는가 하는 개념이다.

베타계수가 1보다 크다는 것은, 해당기업의 주가수익률이 시장전체수익율의 변동보다 더 크게 변동하는 것이므로, 시장의 변동성에 따라 주가 등록폭이 크게 나타나는, 위험이 큰 주식, 또는 기업이라고 할 수 있다.

CAPM을 이용한 방법은 위험을 명시적으로 고려하며 모든 공개기업에 널리 적용 가능하다는 장점이 있고, 특히 우리나라의 경우 상장기업들이 현금배당을 액면가 기준으로 지급하고 있으므로, 실제 시가기준으로 배당수익률을 환산하면 현실적으로 의미가 없으므로 상장기업의 경우 이 방법에 의해 추정할 수밖에 없다.

(3) 주식프리미엄에 의한 방법

그 밖에 아주 단순한 방법으로 기업의 납세 전 타인자본비용을 바탕으로 자기자본비용을 측정하기도 한다. 일반기업의 타인자본은 지급불능위험을 수반하기 때문에 무위험수익률보다는 자본비용이 높을 것이다.

그리고 자기자본비용은 발행되는 금융수단의 위험이 타인자본조달 수단보다 높기 때문에 위험프리미엄이 더 높을 것이다. 따라서 이론적으로 당연히 자기자본비용이 타인자본비용보다 높을 수밖에 없다.

현실적으로 자기자본비용이 타인자본비용보다 높을 수밖에 없는 이유로, 타인자본비용의 경우 대부분의 국가에서 기업의 납세부담금을 낮춰주는 효과를 발생시킨다. 즉, 우리나라의 경우에 보면, 지급이자는 법인세 차감전 항목으로 과세대상금액을 산출하기전 차감시켜주기 때문에 기업입장에서는 감세효과를 얻도록 하고 있다.

따라서 특히 비상장기업의 경우 자기자본비용을 추정하는 것이 배당자료든 주식시장자료든 충분하지 못하기 때문에 이 방법을 사용하는 것도 고려해 볼 만하다.

중요한 것은 적지 않은 경우에 있어서, 중소기업들의 경우 자본비용에 대한 인식이 잘못되어 자기자본의 경우 합리적인 자본비용추정이 안되는 현실이다.

이런 관행이 지속되면 가치경영과 전혀 상관없이 투자수익률과 자본비용의 상호관계에 대한 정확한 평가없이 주먹구구식으로 사업이 진행되는 결과를 초래할 수 도 있을 것이다.

이 방법을 사용하면 정교하진 않지만, 나름대로 자기자본비용이 타인자본비용보다는 높게 추정되어 투자결정에 사용되는 효과는 거둘 수 있을 것이다. 따라서 중소기업 경영자나 재무담당자는 여러 기업을 상대로 이러한 위험프리미엄을 경험적으로 측정하고 이를 해당기업의 타인자본비용의 액면이자율에 합산해서 자기자본비용을 추정할 수 있다.

$$k_e = \text{액면이자율} + \text{주식의 위험프리미엄} \cdots$$

이러한 방법은 간단하게 자기자본비용을 추정할 수 있는 잇점이 있는 반면에 타인자본의 액면이자율에 플러스알파를 해주는 정도로 적정수준의 위험프리미엄 크기를 주관적으로 해결할 수밖에 없다는 단점이 있다.

그러나 개념적으로는 타인자본비용보다 높게 기업의 위험수준이나 구체적인 사업의 위험을 주관적으로나마 반영하여 줄 수 있는 것도 의미있는 것이라고 할 수 있다.

(4) 우선주 자본비용

자기자본조달의 한 형태인 우선주 자본비용(cost of preferred stock)은 보통주 자본비용의 경우에 입각해서 측정할 수 있다. 우선주의 경우는 보통주와 비교하면 배당지급방식에서 다소 차이가 난다.

일반적으로 우선주에 대해서는 주권을 발행하는 시점에 명시된 방식과 크기의 배당금을 지급한다. 즉, 우선주배당금은 아예 한 주당 배당금액을 주권을 발행하는 시점에서 결정하는 것이 보통이다.

보통주의 경우 현금배당지급은 불확실성이 아주 높다. 즉, 보통주 소유자들은 기업의 경영참가권을 부여하는 대신 기업의 상황에 따라 현금배당을 받을 수도 있고, 그렇지 못할 경우도 흔히 발생한다.

그러나 우선주에 대한 배당금은 보통주와 달리 부채의 이자처럼 법적인 강제사항은 아니지만 특별한 사유가 없는 한 기업신용을 위해서 지급하는 것이 보통이다.

그리고, 한 주당 배당금도 보통주보다는 다소 높게 배당하는 것이 상례이다. 이런 우선주의 특징은 보통주와 회사채의 중간형태의 성격을 가지고 있다는 점에서 하이브리드 증권이라고도 한다. 즉, 우선주는 법적인 성격은 주식이지만, 경제적속성은 오히려 채권에 더 가까운 성격을 가지고 있다.

따라서 우선주의 배당수입흐름은 보통주 중에서 배당수입이 증가하지 않고 일정하게 지속되는 경우에 해당한다. 우선주의 현재가격이 P_o이고 배당금 D일 경우 우선주자본비용(k_p)은 다음과 같다.

$$k_p = \frac{D}{P_o}$$

즉, 우선주의 자본비용은 배당성장모형에서 성장률 요소가 제외된다. 그러나 실무에서는 우선주를 발행하고 조달된 자기자본의 경우도, 보통주와 같은 크기의 자본비용을 적용하는 것이 일반적이다.

2. 타인자본비용

타인자본비용(cost of debt)은 기업이 새로 부채를 조달하려고 할 때 채권자가 요구하는 수익률이다. 이는 간단하게 생각하면 부채에 대한 이자율로 볼 수 있다. 즉, 은행차입금의 경우에는 대출이자이고, 회사채로 조달된 부채인 경우에는 회사채이자가 될 것이다.

그러나 손익계산서상의 이자지급액을 대차대조표 부채잔액으로 나누어서 계산한 평균차입금리는 타인자본비용을 추정하는 적절한 방법이 아니다. 왜냐하면 이자지급액은 흐름(flow)의 개념이고 부채잔액은 말 그대로 기말잔액(stock)개념의 수치로서 부채잔액이 당해 연도 초부터의 금액인지 아니면 타인 자본비용 산출 바로 하루 전의 금액인지 알 수 없기 때문이다.

부채조달방법에는 각종 금융기관차입금 및 회사채 등 여러 가지 종류가 있지만 모든 부채는 기본적으로 이자지급과 일정기간이 경과한 후 채권자에게 원금을 상환해야 하는 의무가 있는 공통성을 지니기 때문에 여기서는 일반사채(straight bond)의 자본비용측정에 대하여 알아본다.

일반사채란 전환권이나 수의상환권(隨意償還權)이 첨부되지 않은 보편적인 회사채를 의미한다. 일반적으로 신규발행 회사채의 자본비용을 측정하는 데는 두 가지 방법을 고려할 수 있다.

첫째, 이미 발행되어 유통 중인 기존 회사채의 만기수익률(yield−to−maturity)로부터 측정한다. 가령, 만기일이 n년 후, 표면금리(coupon rate)가 연 c%, 액면가액이 F인 회사채의 가격이 P라고 하면 다음과 같은 관계가 성립하다.

$$P = \frac{c \times F}{1+k} + \frac{c \times F}{(1+k)^2} + \cdots\cdots + \frac{c \times F}{(1+k)^n} + \frac{F}{(1+k)^n} \cdots\cdots$$

위 식의 양변을 일치시켜 주는 할인율 k가 채권자의 요구수익률이며 만기수익률인 동시에 납세전 타인자본비용이다. 만일 만기상환액 F가 오늘의 채권가격 P와 같다면 표면금리가 곧 자본비용이 되겠으나 그 밖의 경우에는 위의 식으로부터 k를 추정해야 한다.

둘째, 자본비용을 측정하려는 회사채와 동일한 채권등급(bond ratings)에 속하는 신규발행채권의 표면금리로부터 측정하는 방법이다. 대개 회사채는 액면 발행되기 때문에 발행당시의 자본비용은 표면금리에 해당한다. 이 방법은 기업이 기존에 발행한 회사채의 시장가격정보가 없어서 만기수익률을 측정할 수 없는 경우에 유용하다.

타인자본비용의 경우 이론적으로 추정하는 것은 자기자본비용을 추정하는 것 못지않게 난해한 작업이다. 그래서 일반적으로는 조달된 타인자본의 경우에는 구체적인 대출이자나, 회사채표면금리를 그냥 사용해도 무방하다.

다만, 타인자본비용의 경우 자기자본비용과 달리, 앞서 언급한 것처럼 기업의 과세금액을 줄여주는 역할을 현실적으로 하고 있으므로 실제 타인자본비용은 더 줄어들게 된다. 즉, 타인자본비용으로 지급되는 지급이자는 기업의 손익계산서 양식에서 세차감전 순이익을 계산하기 전 차감비용으로 처리되어 과세대상 이익을 줄여 준다.

따라서 결국 기업이 부담하는 법인세를 줄여주게 되므로 실제로 부담하는 지급이자는 줄어드는 결과를 초래하게 되는 것이다. 타인자본비용의 추정은 간략하게 다음과 같다.

$$k_d = i(1-t)$$

i : 표면금리
t : 법인세부담률

지급이자와 법인세의 관계를 간단한 예를 들어 구체적으로 살펴보도록 하자. 만약 (주)영남의 손익계산서를 작성하는데, 다른 사항은 동일하고 자본조달방법만 차이나는 경우의 예를 살펴보자.

표 3-15 지급이자의 법인세차감효과 **(단위: 억원)**

	자기자본만 사용한 경우달	모두 부채조달한 경우
매출액	100	100
매출원가	60	60
판매 및 일반관리비	10	10
영업이익	30	30
지급이자	0	10
과세대상 이익	30	20
법인세	9	6
당기순이익	21	14

(주)영남의 법인세부담률은 30%이고, 이 회사가 사업에 필요한 자본을 모두 자기자본으로 조달해서 투자한 경우와, 모두 타인자본으로 해결한 경우 손익계산서에서 어떤 차이가 발생하는지를 보도록 하자. 예를 간단히 하기 위해 (주)영남의 전체 자본크기가 100억원이라고 가정한다.

주식을 발행하여 전체 100억원을 자기자본만으로 조달한 기업은 100억에 대한 지급이자가 당연히 없다. 이 경우 영업이익이 곧 과세대상이익이 된다. 그러나 100억원을 모두 금융기관에서 차입한 경우, 대출이자율은 지급이자가 10억원이므로 10%가 될 것이다. 이때 기업이 자본예산의 경제적 타당성을 평가할 때 적용해야 할 자본비용은 10%가 아니라는 것이다.

왜냐하면 지급이자 10억원이 손비처리 되면서 법인세 납부액이 9억원에서 6억원으로 줄어들었다. 즉 3억원만큼 법인세가 줄어든 것은 순전히 자본조달을부채로 했기 때문에 발생한 세금효과에 기인한 것이다. 그래서 실질적으로 기업이 부담한 지급이자는 10억원이 아니라 3억원을 차감한 7억원이 될 것이다.

결국 100억원을 연리 10%수준의 대출이자로 조달했지만, 7억원만큼 지급이자를 부담하는 셈이 되었다. 100억원에 대해 7억원 지급이자 부담은 이자율이7%가 된다. 따라서 위에서 타인자본비용을 구하는 식에 법인세 부담률과 표면이자율을 대입하여 직접 구해보면 동일한 결과가 얻어진다는 것을 알 수 있다.

제3절 가중평균자본비용

1. WACC 개념과 추정방법

기업이 여러 자금조달원천으로부터 자본을 조달하였을 경우, 해당기업의 가치평가에 적용할 합리적인 할인율은 어떻게 산정할까? 혹은 어떤 투자를 위해 조달된 자본이 다양한 방법으로 조달된 자본으로 혼합되어 있다면, 전체 조달금액에 적용해야 할 자본비용은 어떻게 결정하는 것이 합리적일까?

이에 대한 대답으로서 가중평균자본비용이란 개념이 있다. 위에서 보다시피 각 자본조달방법 또는 원천별 자본비용이 차이가 있으므로, 간단히 단순평균해서 자본비용을 추정하면 왜곡된 결과를 초래할 것이다.

크게는 자기자본과 타인자본의 자본비용이 차이가 날 것이고, 자기자본 내에서도 각 조달원천별로 차이가 존재한다면 이를 반영하는 것이 더 정확할 것이다.

가중평균 자본비용(weighted average cost of capital: *WACC*)개념은, 이렇게 원천별 자본비용의 크기가 각각 다르기 때문에, 여러 가지 자본조달 방법이 동원되어 자본이 조달된 경우에는 전체 조달자본에서 각각의 조달금액이 차지하는 비중만큼 가중치를 부여해서 평균비용을 추정하는 것이다.

가중평균자본비용을 구하기 위해서는 먼저 각 자본조달방법별로 원천별 자본비용을 추정하고, 전체 조달금액에서 각각의 방법이 차지하는 상대적 비중을 고려해서 구하면 다음 아래 식과 같이 간단하게 구할 수 있다.

$$WACC = W_e \cdot k_e + W_d \cdot k_d + W_p \cdot k_p + W_b k_b$$

W_e, W_d, W_p, W_b : 각각 보통주, 금융기관차입금, 우선주, 회사채를 통해 조달되는 비중
k_e, k_d, k_p, k_b : 보통주, 금융기관차입금, 우선주, 회사채의 자본비용

*WACC*의 측정에서 각 원천별 가중치는 가능한 한 장부가치가 아닌 시장가치를 기준으로 측정되어야 한다. 이는 대차대조표상의 수치는 과거 자금조달 당시의 가치를 나타내는 역사적 원가(historical cost)로서 현재가치를 반영하지 못하기 때문이다.

자본비용은 현재시점에서 동일한 방법으로 자금조달을 할 경우 기업이 부담하는 비용을 의미하므로 현재의 시장가치로 가중되어야 마땅하다. 그러나 해당증권이 주식시장에서 원활하게 거래되지 않는다며 시장가치에 의한 가중치계산이 어렵기 때문에 장부가치기준으로 평균자본비용을 계산할 수밖에 없을 것이다.

장부가치에 따라 *WACC*를 측정할 경우 대차대조표상의 유보이익(retained earnings)은 어떻게 처리해야 하나? 혹 유보이익은 기업이 이미 확보하고 있는 자금이므로 자본비용이 없다고 생각한다면 그것은 잘못이다.

유보이익은 근본적으로 주주에게 귀속되는 것이므로 보통주의 자본비용과 동일한 셈이다. 다만, 차이가 있다면 유상증자와 관련된 발행비용 부분만큼 저렴할 것이다.

가중평균자본비용은 기존의 기업가치를 측정하는 데 뿐 아니라 새로운 투자안의 가치평가에도 적용된다. 이 경우 *WACC*가 올바르게 적용될 수 있기 위해서는 다음의 두 가지 조건이 충족되어야 한다.

첫째는 기존사업의 위험도와 신규투자안의 위험도가 동일해야 한다는 것이고, 둘

째는 신규투자안에 대한 자금 조달방법이 기존의 자본구성비율과 같아야 한다는 것이다.

만일 기업이 기존의 사업내용과 전혀 다른 새로운 사업에 참여하고자 하는 경우라면 첫째 조건에 위배될 가능성이 크다. 이때는 신규투자안 평가에 적절한 할인율을 구하기 위해서 투자안 β를 측정해야 한다.

이런 경우의 자본비용 조정문제는 초보자 과정에서는 난해한 부분이므로 더 이상 설명을 하지 않기로 한다.

가중평균자본비용을 사용하기 위한 두 번째 전제조건으로 투자에 필요한 자금조달을 현재 기업의 자본구조대로 따른다는 것은 현실적으로 엄격히 지켜지기 어렵다.

왜냐하면 비교적 소규모의 투자자금이 요구되는데도 불구하고 기존의 자본구조에 따라 각종 자금을 조달한다는 것은 번거로울 뿐 아니라 조달 비용도 많이 발생하기 때문이다.

그러나 기업이 목표자본구조를 유지하려 한다면 매번 신규 자금조달시에는 한 가지 조달방법씩 활용하겠지만 장기적으로는 목표자본구조 비율대로 자금조달이 이루어진다고 간주할 수 있다.

만일 기업 내에 위험도가 다른 여러 사업단위가 존재하는데, 각 사업단위의 할인율 특정에 적합한 대용회사를 찾기가 현실적으로 어려울 경우에는 최후 수단으로 사업단위의 위험을 임의로 배정할 수밖에 없다.

각 투자안을 위험에 따라 몇 가지 등급으로 분류한 후 기업전체의 WACC를 기준으로 주관적 판단에 따라 할인율을 차등 조정하는 것이다.

2. 발행비용의 고려

외부로부터 자금조달을 위하여 유가증권을 새로 발행하거나 금융기관으로부터 차입을 할 경우 관련부대비용이 발생한다.

여기에는 주간사회사의 수수료, 인쇄비, 등록비, 담보설정비, 변호사와 공인회계사의 자문비용 등의 각종 비용과 유가증권을 시세보다 싸게 할인해 주는 할인비용도 포함되며, 이를 통틀어 발행비용(flotation costs)이라고 한다.

발행비용은 자금조달액에서 차감되므로 발행비용을 고려하면 자금조달총액은 실제 투자자금보다 커야 한다. 가령, 10억원의 투자자금조달을 위하여 회사채를 발행하는데 발행비용이 3% 발생한다면 총발행규모는 10억/(1－0.03)＝10억 3,100만원이 되어야 한다는 것이다.

이렇게 발행비용을 고려하여 투자안을 평가하기 위해서는 초기의 투자비용에 발행비용을 포함시키는 대신 미래 현금흐름의 할인율에는 발행비용이 존재하지 않는다고 가정하고서 가치를 평가하면 된다.

발행비용으로 인한 세금효과가 없다고 가정하면 투자안의 NPV는 다음과 같다.

$$NPV = \sum_{t=1}^{n} \frac{CF_t}{(1+k)^t} - \frac{I_o}{(1-f)}$$

여기서 f는 자금조달액 중 발행비용의 비율로서, 만일 발행비용이 상이한 두 가지 이상의 방법으로 자금을 조달할 경우는 가중평균발행비용을 의미한다. $\frac{I_o}{(1-f)}$는 발행비용 차감 후의 순자금조달액이 I_o가 되기 위한 자금조달총액이다.

만일 이자비용처럼 발행비용도 세금절감효과가 있다면 세후 발행비용은 세금 혜택만큼 줄어들 것이다.

신문기사 읽을거리

무차입경영의 허와 실

IMF 외환위기 직후인 1998년 1월 (주)남양유업 홍원식 사장은 '채무 제로(0)'인 회사를 만들겠다는 선언을 했다. 과다한 채무로 대기업들이 연이어 쓰러져 가는 상황에서 이 회사의 '무차입경영 선언'은 깜짝 놀랄 만한 사건이었다.

이 회사는 약속대로 당해 연도 10월까지 주거래은행에서 차입한 180억원을 모두 상환해버렸고, 무차입경영 회사의 원조가 되었다. 이 회사는 지방에 생산공장은 있지만, 서울에는 본사 빌딩도 없이 남의 건물에 세들어 살 정도로 긴축경영을 한 덕분에 1964년 창업이후 적자를 한번도 낸 적이 없다.

2007년 11월 26일 한국증권선물거래소 집계에 따르면, (주)남영유업과 같이 부채가 없어 이자비용을 부담하지 않은 상장기업(유가증권시장)이 40개로 확인되었다. 그럼 어떤 회사들이 무차입 경영을 하는 것일까? 현금매출비중이 높고, 투자지출은 크지 않은 내수·소비재 기업들이 대부분이다.

〈거래소 상장기업중 무차입경영회사〉

강원랜드, 광주신세계, 남양유업, 다우기술, 대교, 대덕지디에스, 더존비즈온, 동아에스텍, 디씨엠, 롯데관광개발, 모토닉,삼성에스디아이, 삼양중기, 삼화왕관, 선도전기, 성보화학, 세우글로벌, 신도리코, 신세계건설, 신세계아이엔씨, 써니전자, 에스원, 에스제이엠, 엔씨소프트, 영풍제지, 제일기획, 케이피케미칼, 태광산업, 태평양제약, 텔코웨어, 퍼시스, 한국쉘석유, 한국신용정보, 현대미포조선,현대오토넷, 현대 H&S, 화천기계공업, 휘니스커뮤케이션즈, S&TC

예컨대 내국인이 출입하는 카지노인 (주)강원랜드는 매년 수입으로 4,000억원정도 현금이 들어오지만 투자지출은 1,500억원 정도에 불과하다. 이에 따라 주준배당을 제외하면 매년 1,500~2,000억원 정도의 현금이 사내유보금으로 적립되어 간다. 은행빚을 질 필요가 전혀 없는 재무구조를 가진 셈이다.

학습지시장의 선두 기업인 (주)대교도 각 가정으로부터 매월 현금으로 받는 학습지요금이 누적되어 4,500억원 정도 현금이 적립되어 있는 상태이다. 보안업체인 에스원은 매년 가입자가 늘어나는 것에 비하면 경보기나 관제센터 등 고정비가 그리 크지 않은 사업구조 덕에 현금 보유액이 2,000억원을 넘고 있다.

삼성그룹 계열사인 제일기획 역시 안정적인 광고 수주로 현금 흐름은 좋으면서도 투자는 인건비 외에 거의 없는 안정적인 현금 축적형이다. 흔한 것은 아니지만 수출관련기업중에서도 무차입경영회사가 있다. 최근 조선업이 호황을 맞은 가운데 현대미포조선이 수년째 빚없이 지내고 있고, 현대중공업이나 대우조선해양도 언제든지 보유현금으로 빚을 갚을 수 있을 만큼 차입금이 적다.

그러나 빚을 지지 않고 기업경영을 하는 게 반드시 좋은 것은 아니라고 전문가들은 지적한다. 자기자본만으로 보수적인 경영을 하다보면 큰 투자기회를 놓칠 수 있다는 것이다. 무차입경영 상장기업인 A회사의 임원은 “일부기업 오너나 최고경영자가 부채를 늘리는 게 죄악이라는 IMF 위기 당시의 마인드를 아직도 가지고 있다” 면서 이 때문에 투자를 위해 적당히 부채를 도입할 필요가 있는 일선 실무자들과 때로는 의견이 엇갈린다고 전했다.

한 애널리스트는 “충분한 투자수익률(ROI)을 기대할 수 있는 투자기회가 있다면 차입을 통해서라도 투자를 추진하는게 주주들의 이익에 맞는 것” 이라면서 무차입경영이 모든 경우에 적용할 수 있는 베스트 프랙티스는 아니다고 말했다.

〈무차입경영 기업들의 2007년 11월 현재 실적〉

구분	매출액	영업이익	순이익
현대미포조선	20,659	2,661	4,597
강원랜드	8,040	3,200	2,493
삼성SDI	26,421	−3,183	−3,183
에스원	5,572	1,003	753
현대오토넷	6,485	323	351
태광산업	9,296	911	778
제일기획	3,369	190	328
엔시소프트	1,611	318	348
롯데관광개발	407	34	38
대교	6,366	678	543

자료: 조선일보 2007년 11월 27일

토론하기 및 연습문제

1. 자기자본비용이 타인자본비용보다 더 비싼 이유를 설명해보자.
2. 가중평균자본비용 대신 단순평균비용을 투자안평가시 사용하게 되면 어떤 오류가 발생할 수 있는지를 이야기해보자.
3. 기업의 부채수용능력을 결정하는 것에 대해 토론해보자.
4. (주)영남은 휴대폰 부품을 생산하여 삼성전자에 납품하고 있는 코스닥상장기업이다. 투자에 필요한 자본을 조달하기 위해 유상증자를 실시하여 100억원 조달하고자 한다. 이 자기자본에 대한 자본비용을 추정하려고 하는데, 유상증자시 시장의 무위험자산수익률이 4%, 시장전체수익률(종합주가지수 수익률)이 10%도 기대된다. (주)영남의 베타계수는 1.2수준으로 추정된다. 발행비용을 무시한다면 CAPM모형으로 자본비용을 추정해보자.

【풀 이】

기업이 부담하는 자본비용은 자본제공자의 기대수익율과 동일하다.

기대수익률＝무위험자산수익률＋위험 프리미엄
＝무위험자산수익률＋베타[시장기대수익률－무위험자산수익률]
＝4%＋1.2×[12%－4%]
＝4%＋9.6%
＝13.6%

5. (주)영남은 비상장기업이다. 보통주를 발행하여 자기자본을 조달하려고 한다. 발행조건은 한주당 10,000원이고, 최근 현금배당을 주당 500원 정도에서 해오고 있다. 이 기업은 최근 지속적인 매출성장으로 향후 이익성장이 매년 5%정도 예상된다. 조달된 자기자본의 자본비용을 어떻게 추정하는 것이 좋을까?

자기자본비용＝(한주당 배당금/한주당 가격)＋성장률
＝(500/10,000)＋5%
＝10%

제 4 편

운전자본정책

제4편에서는 단기적 재무의사결정에 관한 사항을 소개하기로 한다. 단기적 재무의사결정(short-term financial decision making)은 주로 1년 이내 기업에 영향을 미치는 것으로서 기업이 유동성을 확보하기 위해 유동자산에 투자하는 투자결정과 이에 소요되는 단기자본을 조달하는 자본조달활동에 관한 의사결정으로 이루어진다.

특히 유동자산 투자에 필요한 자본을 순수하게 단기자본조달 에만 의존할 것인지, 아니면 일부를 장기자본에 의존할 것인지에 대한 의사결정문제가 현실적으로 중요하다.

이런 문제를 순운전자본(net working capital)관리하고 하는데, 순운전자본이란 즉 유동자산에서 유동부채를 차감한 부분을 지칭하는 것으로서, 순운전자본이 제로보다 크다는 것은 유동자산에 투자하기 위해 일부 장기성자본을 조달하고 있음을 의미한다.

운전자본관리의 핵심은 기업이 유동성을 확보하는 동시에, 투자수익률을 극대화하는, 서로 상반되는 목적을 적절히 조화시키는 작업이라고 할 수 있다. 이를 위해서 재무담당자는 기업의 현금흐름패턴을 정확히 파악하고 있어야 한다.

기업의 현금흐름패턴은 업종마다 현금순환과정이 조금씩 차이가 있을 것이다. 재무담당자는 기업이 현금지불능력을 확보하는 최소한의 현금보유를 결정하고, 나머지는 수익을 창출하는데 투자하려는 노력을 경주할 것이다.

기업의 유동성확보와 수익성사이에서 경영자의 위험에 대한 태도나, 경영기술, 등에 따라 운전자본관리 패턴이 영향을 받을 것이다.

제 1 장

운전자본관리

제 1 절
운전자본 관리의 개요

1. 운전자본 관리란?

운전자본 관리는 기본적으로 단기자본조달과 유동자산의 투자를 결합하는 재무활동이다. 운전자본 관리의 목적은 기업이 유동성을 확보하는 것, 또는 단기지불능력을 확보하기 위해 현금 및 당좌예금 같은 결제용 자산을 충분히 보유하는 것으로 설명할 수 있다.

운전자본 관리는 이처럼 투자와 자본조달에 있어서 단기간 매치를 통해 기업가치를 극대화하는데 기여하는 재무활동이라고 할 수 있다. 따라서 시간차원에서 단기적으로 투자와 자본조달을 결합한다는 의미에서 운전자본 관리는 단기 재무정책이라고도 한다.

단기적 재무의사결정은 일차적으로 적절한 유동성을 확보하기 위해 필요한 유동자산의 투자규모는 얼마나 될 것인가? 를 결정하는 것이고, 그 다음 과제는 순운전자본에 관한 의사결정이다. 즉 유동자산 투자에 필요한 자본을 장기성 자본에 대한 의존도를 어느 정도로 할 것인가? 를 결정하는 문제이다.

순운전자본은 (순운전자본 = 유동자산 − 유동부채)의 두 가지 구성요소로 이루어진 개념이다. 첫 번째 요소인 유동자산은 현금이나 1년 이내에 현금화가 가능한 유동성(liquidity)이 높은 자산을 말한다.

유동성이 높다는 것은 재무상태표의 좌측 상단에 표시되는 자산항목들, 예를 들어 예금, 유가증권, 매출채권(외상매출금, 받을어음), 그리고 재고자산 등의 비중이 높다는 것을 의미한다.

결국 운전자본 관리에서 투자와 관련된 재무기능은 결제용자산인 현금과 당좌예금을 비롯하여 현금화 속도가 빠른 다양한 유동자산을 얼마만큼 투자하는가 하는 문제이다. 다른 한편으로 순운전자본의 또 다른 항목인 유동부채는 1년 또는 영업주기 내에 지급하여야 하는 채무를 의미한다.

따라서 순운전자본의 개념은 운전자본 관리와 관련한 자본조달기능에서 유동자산 투자에 소요되는 자본을 어떻게 조달하는가와 관련된 의사결정들이라고 할 수 있다. 자본조달과 관련한 주요 의사결정대상은 단기성자금만으로 해결할 것인지, 아니면 장기성자본도 고려할 것인지, 장기성자본을 유동자산 투자에 조달한다면 그 범위는 어디까지 할 것인지 등의 과제가 있다.

결국, 운전자본 관리에서 자본조달과 관련된 재무의사결정은 이 순운전자본관리를 어떻게 하느냐와 관련된 문제라고 할 수 있다. 즉 재무담당자의 위험에 대한 상황인식이 자본조달활동에 영향을 미치게 된다는 것이다.

그러나 운전자본관리는 이렇게 명확하고 간략하게 정의할 수 있는 문제는 결코 아니다. 기업의 운전자본관리 활동결과로 기업의 재무상태표의 유동자산과 유동부채 항목이 결정되는데, 이 부분은 기업의 활동들 간에 밀접하게 연계되어 있는 분야들이다.

그림 4-1 기업의 현금흐름과 관련된 제반 활동

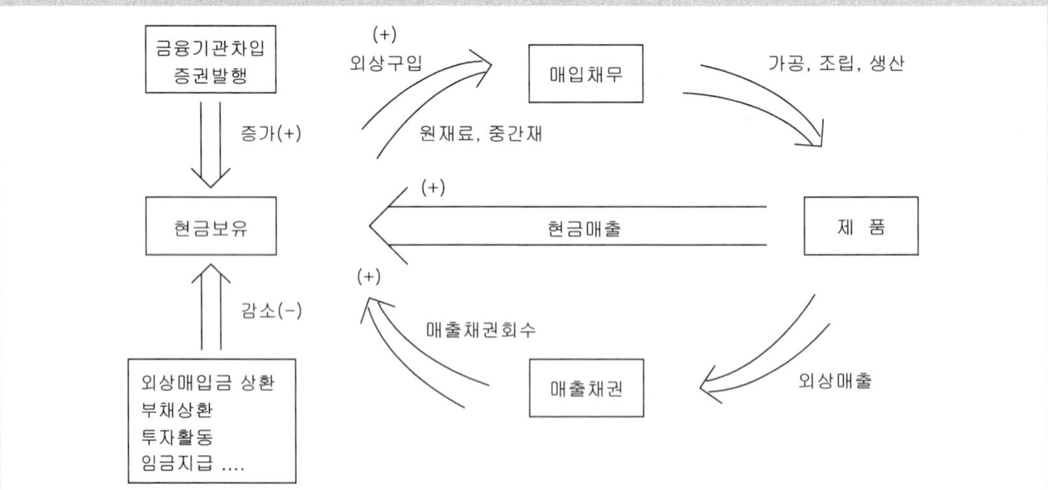

자료: 이정규 외 2인 공저 재무관리(p.276)에서 인용

즉, 기업의 단기적 재무의사결정 내용들이 상호 밀접한 관련을 가지고 이루어지는 분야이기도 하다. 기업의 1년 이내 발생되는 현금의 유입과 유출에 관련된 의사결정을 일반적으로 단기재무의사결정이라고 한다. 결국 운전자본관리는 현금흐름과 관련된 일련의 기업활동들이 상호연관성을 가지고 변동하는 성격을 가지고 있으므로 기업의 현금흐름 및 순환과 연관시켜 결정을 해야 하는 문제들로 이루어져 있다.

예를 들면 <그림 4-1>에서 볼 수 있는 바와 같이 원재료의 주문 및 대금지급방식을 어떻게 하는가에 따라 현금보유상태와 부채항목이 영향을 받을 수 있다. 또한 생산 후 판매과정에서의 판매방식과 관련하여 외상판매여부와 매출채권의 회수방식이나 정책에 의해 유동자산과 유동부채항목들이 영향을 받게 될 것이다.

위 현금순환과정에서 다음과 같은 의사결정에 따라 유동자산과 유동부채 항목이 동시에 영향을 받으면서 기업의 현금흐름에 영향을 주게 될 것이다.

- 원재료 구입시 현금구매와 외상구매에 대한 결정
- 제품의 판매정책(신용정책) – 현금판매와 외상판매
- 외상판매의 회수정책

유동부채의 항목들은 매입채무(외상매입금, 지급어음), 단기차입금, 미지급금, 그리고 미지급법인세 등으로서 대차대조표의 우측 상단에 표시된다. 순운전자본은 기업의 유동성, 단기 채무지급능력을 나타내는 것으로서 운전자본이 증가하면 단기채무에 대한 지급능력이 보다 양호해졌음을 의미한다.

운전자본 관리는 재무담당자의 일상적이고 반복적인 업무라 할 수 있지만, 기업의 총자산 중에서 유동자산이 차지하는 비중이 상당히 높기 때문에 자산의 효율적 이용 측면에서 중요하다.

특히 중소기업의 경우 고정자산에 대한 투자는 리스(lease)나 할부 구입을 통해서 그 지출을 줄 일 수 있지만, 유동자산에 대한 투자지출은 회피하기 어렵다. 또한 중소기업이 금융시장을 통한 장기성 자본조달원천을 이용하는 데는 대기업에 비해 상대적으로 어렵기 때문에 유동부채에 크게 의존하지 않을 수 없다. 따라서 중소기업의 경우 유동성을 유지하면서 수익성을 높이기 위해서는 운전자본의 효율적 관리가 필수적이라 할 수 있다.

2. 현금흐름관리

기업의 운전자본 관리에서 가장 중요한 측면은 현금흐름을 관리하는 것이다. 이것은 운전자본 관리의 첫 번째 목표인 적절한 유동성확보를 위한 현금관리가 어렵고 중요하기 때문이다.

기업활동과 관련하여 발생하는 현금흐름은 유출시점과 유입시점이 각각 일치하지 않은 관계로 기업의 규모가 커지거나 제품 아이템 수가 증가하면 관리가 매우 힘들어지는 경향이 있다.

현금흐름은 기업의 단기 영업활동(short-run operation activities)과 관련하여 유출입이 서로 상이한 시점에서 발생하게 되는데, 일반적으로 제조업체의 전형적인 단기 영업활동은 <표 4-1>과 같이 구성된다. 이와 같은 단기 영업활동은 일관성이 없거나 불확실한 현금의 유입과 유출을 초래하게 된다.

그 이유는 원재료 구입시의 현금지급과 제품 판매시의 현금회수의 시점이 일치하지 않거나, 미래의 매출이나 매출원가의 수준과 발생시점을 사전에 정확히 예측할 수 없기 때문이다.

<그림 4-2>는 현금흐름 발생시기(cash flow time line)에 따라 전형적인 제조업체의 단기 영업활동과 현금흐름을 나타낸 것이다.

영업활동은 원재료의 구입에서 최종단계인 제품판매 단계에서 발생한 외상매출금이 회수되는 시점까지의 순환과정을 거치게 된다. 이 순환과정을 영업주기(operation cycle)라고 하는데, 원재료구입시점부터 판매가 이루어지는 시점까지의 재고기간과 외상판매에 의한 매출채권이 회수되는 시점까지인 회수기간을 합한 것과 같다.

표 4-1 단기 영업활동

구 분	의 사 결 정
1. 원재료 구입	1. 원재료를 얼마나 주문할 것인가?
2. 구입대금 지급	2. 현금지급 또는 외상으로 할 것인가?
3. 재고수준	3. 재고자산 보유규모?
4. 제품판매	4. 현금판매 또는 외상판매를 할 것인가?
5. 현금회수	5. 현금회수를 어떻게 할 것인가?

그림 4-2 현금전환기간

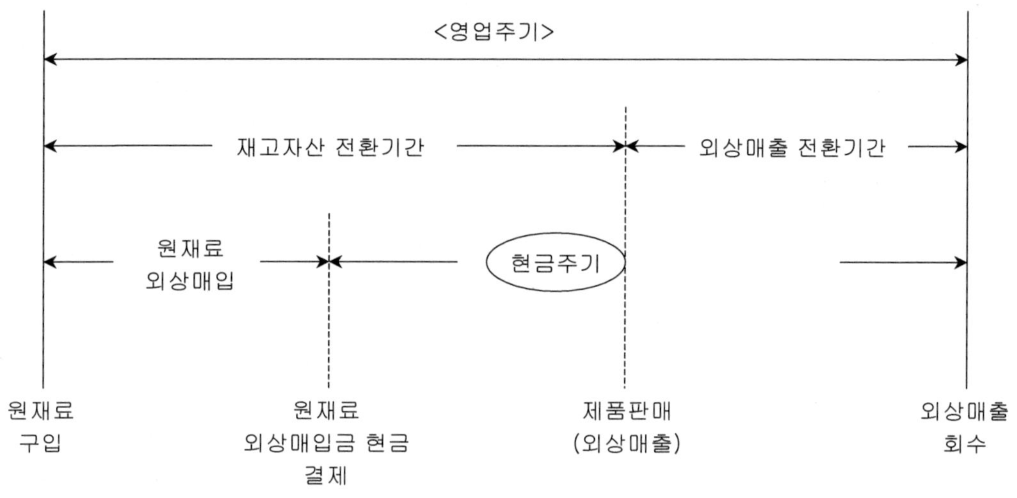

영업주기 = 재고기간 + 매출채권의 회수기간

그리고 현금주기(cash cycle)는 원재료의 대금지급(현금유출)으로부터 제품의 판매대금이 회수(현금유입)되기까지의 기간으로 영업주기에서 매입채무의 신용기간을 뺀 것과 같다.

현금주기 = 영업주기 − 매입채무의 신용기간

운전자본관리가 필요한 이유는 현금유출(원재료 구입대금 지급)과 현금유입(제품판매 대금 회수)의 발생시점이 서로 일치하지 않기 때문이다. 현금유출과 현금유입간의 간격(gap), 즉 현금주기는 영업주기와 매입채무의 신용기간과 관련이 있다.

이 간격은 단기차입에 의존하거나 유동성 높은 유가증권을 보유함으로써 메울 수 있다. 그리고 재고기간 또는 매출채권 회수기간을 단축하거나(영업주기를 단축하거나), 매입채무 신용기간을 길게 함으로써 그 간격을 줄일 수 있을 것이다.

현금주기가 단축됨으로써 기업은 추가적인 운전자본을 조달하지 않고도 유동성을 증가시킬 수 있게 된다.

제2절 단기재무정책

기업의 단기재무정책은 유동자산의 투자규모와 유동자산의 자금조달방법 등에 의해서 결정된다. 유동자산의 투자규모는 매출액에 대한 유동자산의 비율(유동자산/매출액)로 측정된다.

표 4-2 단기재무정책의 구분

구 분	측정비율	탄력적 단기재무정책	긴축적 단기재무정책
유동자산의 투자규모	$\frac{매출액}{유동자산}$	낮다	높다
유동자산의 자금조달방법	$\frac{고정부채}{유동부채}$	높다	낮다

탄력적 단기재무정책(flexible short-term financial policy)은 이 비율을 높게 유지하는 것인 반면, 긴축적 단기재무정책(restrictive short-term financial policy)은 이 비율을 낮게 유지하는 것이다.

그리고 유동자산의 자금조달방법은 고정부채에 대한 유동부채의 비율(유동부채/고정부채)로 측정된다. 긴축적 단기재무정책은 고정부채 보다 유동부채에 의해 상대적으로 많은 자금을 조달하는 정책인 반면, 탄력적 단기재무정책은 유동부채보다 고정부채에 의해 상대적으로 많은 자금을 조달하는 정책이다.

1. 유동자산의 투자규모

다음의 <표 4-3>은 탄력적 단기재무정책과 긴축적 단기재무정책의 유형르 나타내고 있다. 탄력적 단기재무정책 하에서는 유동자산에 대한 투자의 증가로 현재 많은 현금유출이 초래되지만, 향후 현금유입이 증가하게 된다.

표 4-3 탄력적 단기재무정책과 긴축적 단기재무정책의 유형

탄력적 단기재무정책	긴축적 단기재무정책
• 현금, 유가증권의 잔고를 높임	• 현금, 유가증권의 잔고를 줄임
• 재고자산에 대한 투자규모 확대	• 재고자산에 대한 투자규모 축소
• 외상매출 확대	• 외상매출을 허용하지 않음

예를 들어 외상매출을 확대시킴으로써 매출이 증대될 수 있으며, 안정적인 재고확보에 의해 고객에게 신속히 제품을 공급할 수 있으므로 매출이 늘어날 수 있다.

또한 외상매출의 확대와 제품의 신속한 공급 등 고객에 대한 서비스의 확대는 높은 가격을 부과할 수 있는 근거가 된다. 그리고 탄력적 단기재무정책은 재고 부족시 발생할 수 있는 생산중단으로 인한 비용을 감소시킬 수 있다.

유동자산에 대한 투자규모는 그 규모의 증가에 따라 증가하는 비용과 감소하는 비용 사이의 상반관계에 의해 결정된다. 유동자산에 대한 투자규모의 증가에 따라 증가하는 비용을 유지비용(carrying cost)이라 한다.

반대로 감소하는 비용을 부족비용(shortage cost)이라 한다. 유지비용은 유동자산의 경제적 가치를 보존하기 위해 지출하는 비용(예를 들어 재고의 창고보관비용 등)과 상대적으로 수익성이 높은 고정자산에 대한 투자를 포기하기 때문에 발생 되는 손실(기회비용)로 구성된다.

그리고 부족비용은 유동자산에 대한 투자규모가 적을 때 발생되는 비용이다. 예를 들어 이 비용은 현금잔고 부족(cash-out)시 현금확보를 위해 지출하는 추가적 거래비용(긴급히 유가증권을 매각하거나 현금을 차입함으로써 발생될 수 있는 추가적 비용 등)과 외상매출의 축소로 인한 매출감소 손실, 그리고 재고부족(stock-out)으로 인한 기회비용(재고부족으로 인한 판매기회의 상실, 이로 인한 기회비용(재고부족으로 인한 판매기회의 상실, 이로 인한 고객으로부터의 신용저하, 생산계획의 차질 등에 따른 비용) 등이다.

유동자산에 대한 최적투자규모는 재고자산모형처럼 유지비용과 부족비용을 합한 총비용이 최소가 되는 점에서 결정된다. 유지비용이 낮고, 부족비용이 높은 경우에는 높은 수준의 유동자산을 보유하는 탄력적 단기재무정책이 적절하다.

반대로 유지비용이 높고, 부족비용이 낮은 경우, 낮은 수준의 유동자산을 보유하는 긴축적 단기재무정책이 바람직하다.

2. 자금조달방법

유동자산에 대한 투자규모가 결정되면 이에 필요한 자금을 조달하여야 한다. 그러므로 여기서는 유동자산에 대한 투자규모가 최적이라는 전제하에서 유동자산의 자금조달 방법을 설명하고자 한다.

자금조달 방법에서의 재무의사결정의 핵심은 단기자본과 장기자본조달 방법의 비중을 어떻게 결정할 것인가에 대한 문제라고 할 수 있다. 만약 경영자가 수익극대화에 치중하는 경우, 운전자본에 필요한 자금은 가급적 단기자본으로 조달하려고 할 것이다.

반면에 기업의 안전성에 더 비중을 두는 경영자는 자본비용이 조금 더 비싸지만, 상환기간에 여유가 있는 장기자본의 비중을 늘리게 될 것이다.

(1) 자본조달의 이상과 현실적 제약

이상적인 자금조달방법은 유동자산은 유동부채에 의해, 고정자산은 고정부채와 자기자본 등 장기자본에 의해 자금이 조달되어야 한다는 것이다. 이 경우 순운전자본은 항상 0이 된다.

그러나 기업현실에서는 이상적인 자금조달방법으로 기업활동을 유지하기 힘들다. 매출액의 장기적인 성장은 외상매출 같은 유동자산에 대한 영구적인 투자를 초래하기 때문에 현실 세계에서 유동자산은 결코 0이 될 수 없다.

매출이 지속적으로 성장하고 있는 기업의 경우, 총자산의 투자규모는 장기적으로 증가하는 고정자산 및 영구적 유동자산과 계절적으로 변동하거나 매일 또는 매월 불규칙적으로 변동하는 변동적 유동자산으로 구성된다.

그림 4-3 공격적/방어적 자금조달 정책

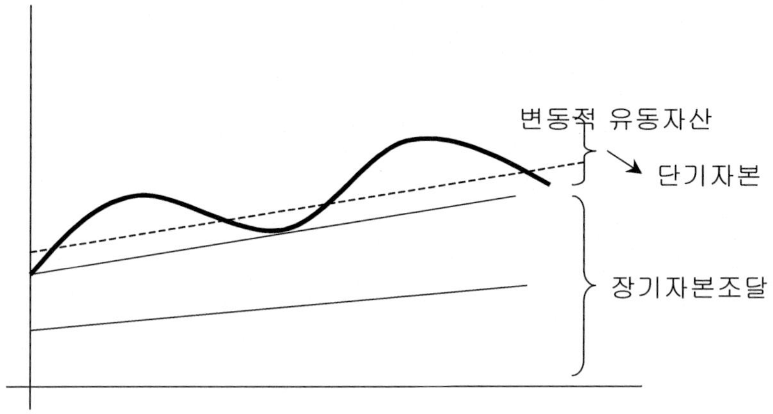

이 경우에 기업은 상황에 따라 공격적 단기재무정책과 방어적 단기재무정책하의 자본조달정책을 교대로 병행하게 될 것이다. 방어적 자본조달정책하에서는 장기자본(고정부채+자기자본)을 여유 있게 확보하여 운전자본의 투자에 필요함 자금을 충당한 후 남는 여유자금을 유동성이 높은 유가증권의 구입에 사용한다.

그러나 공격적 자본조달 정책하에서는 운전자본의 투자에 필요한 자금을 확보하기 위하여 수시로 단기자금을 차입해야 한다.

그리고 이 두 방법을 절충한 형태로 고정자산, 영구적 유동자산, 일부 변동적 유동자산 등을 장기자본으로 조달하고, 변동적 유동자산 중 장기자본으로 조달된 것을 제외한 나머지 부분은 단기자금을 차입하여 조달하는 중립적 자본달정책을 사용할 수 있다.

(2) 최적 단기자본조달정책

위에서 간략하게 살펴보았지만 단기자금조달 정책을 어떻게 할 것인지에 관한 문제의 정답은 현실적으로 없다. 즉, 어느 정도의 유동부채를 사용해야 하는가에 간해서 명확한 기준은 없으나, 다음과 같은 몇 가지 요인을 고려하여 재무담당자는 단기자금조달정책을 기업의 상황에서 최적의 수준으로 결정하려는 노력을 해야 한다.

여유현금

방어적 자본조달 정책하에서는 여유현금(cash reserves)이 충분하여 단기차입의 필요성은 거의 없으며, 기업이 재무적 곤경에 처할 가능성이 줄어든다. 즉 기업은 반복적, 단기적인 채무를 상환하는 것에 관해서 걱정할 필요가 없을 것이다. 그러나 이런 여유현금에 대한 수익성이 거의 의미없는 수준이라는 것을 유의하여야 한다.

만기의 헤징

만기의 헤징(maturity hedging)이란 자산과 부채의 만기를 일치시켜서 위험을 최소화한다는 것을 의미한다. 투자와 자본조달의 기간매치를 적절하게 결합하는 방식이다. 예를 들어 유동자산은 유동부채에 의해, 고정자산은 장기자본에 의해 조달하는 것이다.

가장 최악의 상황은 유동부채에 의해 조달된 자금으로 고정자산에 투자하는 등 자산과 부채의 만기가 적절하게 연계되어 있지 않으면 투자로부터 발생하는 수익으로 부채의 원리금을 상환해야 하는 자금수급계획에 근본적으로 차질이 발생할 수 있다.

이런 경우는 수익발생이전에는 빈번하게 자금을 조달하여야 하며, 장기이자율보다 단기이자율의 변동이 더 크기 때문에 그만큼 위험부담이 커지게 된다.

이자율의 차이

일반적으로 단기부채의 이자율은 장기부채의 이자율보다 낮은 경향이 있다. 이는 장기자금을 사용하면 상대적으로 금융비용이 높아지는 것을 의미한다. 현금은 기업이 원활한 경영활동을 수행하는 데 반드시 필요하다. 그러므로 기업의 미래 현금상태를 예측하고 계획하는 것은 기업의 미래활동을 위해 필수적이다. 현금예산(cash budget)은 미래 일정기간의 현금유출과 현금유입을 추정하여 기록한 것이다.

재무담당자는 현금예산을 통해 현금흐름의 규모와 시기를 파악하여 단기재무계획을 수립할 수 있다. 현금예산은 주별, 월별, 분기별 또는 연도별로 작성될 수 있다. 현금예산의 수립기간은 기업의 경영환경과 예산제도에 의해 결정된다.

일반적으로 현금흐름이 매우 불규칙 하고 변동이 심한 기업의 경우 짧은 기간의 현금예산을 수립하는 것이 좋으며, 현금흐름이 비교적 안정적인 기업의 경우 다소 긴 기간의 현금예산을 수립하는 것이 바람직하다.

현금예산을 수립하기 위해서는 먼저 매출액에 대한 추정이 선행되어야 한다. 매출액 추정의 정확성은 현금예산의 정확성에 직접적인 영향을 미친다. 다음으로 현금유입과 유출을 예측하고, 이를 상호비교하여 최종적인 현금예산을 완성하게 된다.

제 3 절 중소기업의 현금흐름 실태

기업의 운전자본관리에 가장 큰 영향을 미치는 것은 현실적으로 어떤 것일까? 위에서 이미 지적했듯이 바로 현금관리문제이다. 우리나라의 중소기업 경우, 운전자본관리가 대기업보다 더 힘들다는 공통적인 지적들이 있어왔다.

중소기업의 운전자본관리를 어렵게 하는 가장 큰 요인으로 지적되고 있는 경영애로사항은 바로 다양한 상황에서 이루어지는 결재방법에 있다고 한다.

상식적으로 기업의 입장에서 현금관리가 유리한 경우는 현금지급은 가급적 유예하고, 각종 수금은 신속히 하는 것이라고 할 수 있다. 그러나 그 반대로 현금지급은 거래시점에서 발생하고, 대금회수는 지연되는 상황이 지속되면 현금관리에 어려움이 커질 것이다. 이 절에서는 우리나라의 중소기업들이 실제 현금수급과 관련된 결재패턴에 대한 현황을 살펴보도록 한다.

1. 구매와 판매대금의 결재형태

기업의 가장 기본적인 기능은 원재료를 매입하여 기업이 보유하고 있는 생산과정을 통해 제품을 생산하여 시장 또는 다른 기업과 같은 경제주체에 판매하여 수익을 창출하게 된다.

이 과정에서 기업은 원재료를 구입하는 과정에서 최초로 현금지급을 하게 되고, 제조과정에서 임금을 지급하며, 생산된 제품을 판매함으로서 판매대금을 현금 또는 다른 매출채권으로 받게 된다.

기업입장에서는 생산현장이나 임직원의 임금을 체불할 수는 없기 때문에 결국 원재료 구입시 구입대금을 어떻게 지불하는가? 라는 문제와 제품판매대금을 어떻게 받는가에 따라 현금관리의 문제가 크게 영향을 받게 될 것이다.

재무담당자입장에선 당연히 원재료 구입대금은 가능한 현금결제를 지연시키고, 제품판매대금은 현금을 받아내는 것이 가장 유리한 현금관리방식이 될 것이다. 이와 관련하여 현재 중소기업들은 어떤 상황에서 현금관리가 이루어지고 있는지를 보도록 한다.

(1) 구매자금의 지불방법

2006년 중소제조업체의 원자재 및 부자재 구매대금 지급비율(금액기준)은 현금으로 결재한 비율이 82.3%이고, 어음으로 결재한 비율이 17.7%로 현금지급 비율이 2005년 대비 2.9% 늘어난 수준이다.

이는 원·부자재 공급업체의 어음수취 기피현상 확산에 따른 현금결제 요구가 늘어났기 때문이다. 기업규모별 현금지급 비율은 소기업이 82.8%, 중기업은 74.9%로 소기업일수록 구매여건이 좋지 못한 것으로 조사되었다.

이런 구매비용 결제패턴은 중소기업의 현금관리를 어렵게 하는 시발점이라고 할 수 있다. 더구나 기업의 규모가 적어질수록 결재과정에서 핸디캡을 갖는다는 것은 소기업일수록 부도위험에 더 무방비상태로 노출될 수밖에 없다.

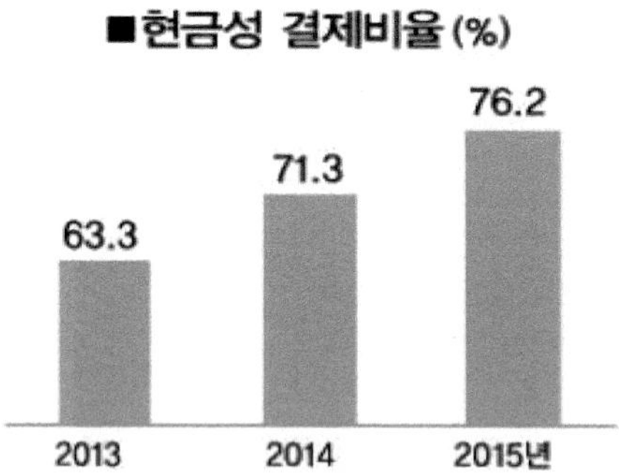

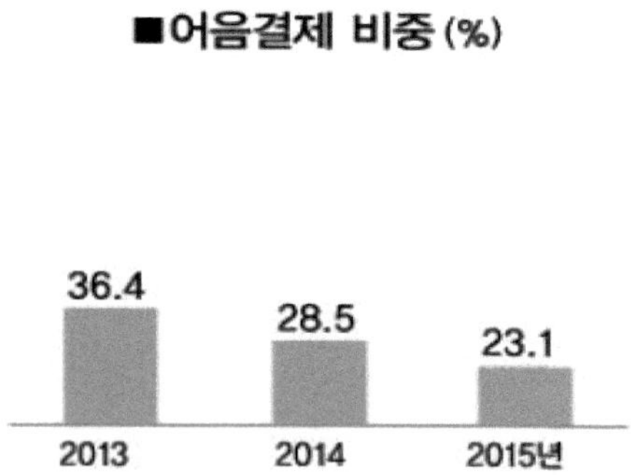

한편, 원·부자재 구입시 어음으로 구매대금을 지급한 경우, 이 어음에 대한 총지급기일은 여전히 4개월 정도 소요되는 것으로 조사되었다. 이 지급기일이 단축될수록 기업입장에서 현금부담이 증가한다고 할 수 있다.

어음으로 결재한 자금이 현금화되는 기간은 최근 몇 년간 심각한 변동은 는 것으로 조사되었다. 구체적으로 2006년 중소제조업의 원·부자재 어음구매대금의 총지급기일은 지급기일이 평균 36일, 결제기일 평균 84일로 121일이 소요되고 있다.

표 4-4 원·부자재 어음 구매대금의 지급·기일·총지급기일 추이 (단위: 일)

	'01	'02	'03	'04	'05	'06
총지급기일 (A+B)	121	116	121	124	123	121
– 지급기일 (A)	41	37	39	40	39	36
– 결제기일 (B)	80	79	82	84	84	84

기업규모별 총지급기일은 소기업이 121일('05년 123일), 중기업이 114일 ('05년 121일)로 지급기일이 조금씩 단축되었지만 현금관리에 영향을 줄 만큼의 기간단축은 아닌듯하다.

(2) 판매대금 결재방식

한편, 판매대금의 현금결제 비율이 늘고, 어음결제 비율은 감소추세인 것으로 조사되었는데 이는 중소기업의 현금관리에 매우 긍정적인 측면이다. 2006년 중소제조업체들의 판매대금 결제상황(금액기준)을 보면, 현금결제비율이 74.0%, 어음결제비율이 26.0%로 조사되어 현금결제 비율이 1997년 이후 지속적으로 상승하고 있음을 보여주고 있다.

이와 같은 현상은 원재료를 구매하는 과정에서 제조기업의 현금결재비중이 증가하여 판매기업도 현금결재를 해야 현금관리가 숨통이 트어지는 상호관계가 일단 작용하는 것으로 보인다. 아울러 은행들이 중소기업의 현금관리를 도우기 위해 중소기업들이 보유하고 있는 외상매출채권을 담보로 하여 대출해주는 금융기법에도 영향을 받는 것으로 보인다.

판매대금으로 받은 어음의 현금화 기간은 여전히 4개월 정도가 소요되는 것으로 조사되었다. 2006년 중소제조업체들의 어음판매대금 수취기일은 평균 38일이고, 수취어음의 결제기일은 평균 88일로 총수취기일이 126일에 달해 판매대금을 회수하여 현금화 하는데 까지 4.1개월 정도로 여전히 장기간이 소요되고 있었다.

표 4-5 어음판매대금의 평균 수취기일 추이 (단위: 일)

	'99	'00	'01	'02	'03	'04	'05	'06
총수취기일 (A+B)	147	138	125	119	123	126	125	**126**
– 수취기일 (A)	53	47	41	36	39	39	39	**38**
– 결제기일 (B)	94	91	84	83	84	87	86	**88**

주: 1. 어음 수취기일: 제품 판매 후 어음을 받기까지의 평균 소요기일
2. 어음 결제기일: 받을 어음의 현금화(결제일)까지의 평균 소요기일

기업규모별 판매대금 수취어음의 현금화 기간은 소기업에서 늘어난 모습을 보였는데, 소기업은 126일에서 127일로, 중기업은 115일에서 여전히 115일로 동일했다. 그러나 소기업의 1일 증가수준은 현금관리에 큰 영향을 미치지 않을 것으로 보인다.

2. 대기업과의 판매(납품)대금결제현황

중소협력업체들이 주거래 대기업으로부터 받은 납품대금의 현금성(전자어음 등) 비중은 67.2%, 어음은 30.2%로 조사되어 2004년 이후 현금성 결제비중은 상승추세에 있으나 2006년도에 다소 주춤한 상태이다

대·중소기업간 실질적 상생협력이 확산되기 위해서는 우선 납품대금의 현금 결제비중이 지속적으로 확대되어야 할 것이다.

표 4-6 중소기업의 판매(납품)대금 결제수단 비중 (단위: 일)

구분	현금성 (구매카드 등)	약속어음	기타 (현물, 상계 등)	합계 (비중)
2004년	**64.2**	**34.2**	1.6	100%
2005년	**68.1**	**28.5**	3.5	〃
2006년	**67.2**	**30.2**	2.6	〃

* 현금: 물품대금을 현금(cash)으로 지급하는 경우(기업구매전용카드, 기업구매자금대출, 전자방식 외상매출채권담보대출제도에 의한 지급방법 포함)
* 약속어음: 어음법에 의한 약속어음 및 전자어음법에 의한 전자어음으로 지급
* 기타: 현금, 약속어음 이외의 원·부자재 사급분 상계처리

최근의 결재패턴에서 중요한 사항으로 떠오르는 것은 주요 대기업에서 어음대체결제제도 중 외상매출채권담보대출 제도의 이용률이 지속적으로 확대되고 있다는 것이다.

이는 지표상으로 중소기업이 현금결재비중을 높이는 모습으로 조사되지만, 한편으로는 연평균 6%의 금융비용을 납품중소기업들이 부담하기 때문에 대기업들이 선호하는 것으로 판단된다.

이런 측면은 중소기업의 현금관리에 적지 않은 자금부담으로 작용할 가능성이 크다. 따라서 향후 납품중소기업의 금융비용 부담 경감을 위해 제도개선책 마련이 절실한 분야이다.

표 4-7　어음대체결제제도의 이용 비중

구분	현금 (cash)	기업구매 전용카드	기업구매 자금대출	전자방식외상매출 채권담보대출	합계 (비중)
2004년	**52.4**	15.3	9.6	22.7	100%
2005년	**42.0**	14.6	12.4	31.0	〃
2006년	**43.9**	11.2	9.3	35.6	〃

* 현금: 대기업으로부터 물품대금을 직접 현금(cash)으로 회수한 경우

한편 중소협력업체가 대기업으로부터 받은 어음의 평균지급기일은 60일 이내가 52.3%, 61~90일이 28.2%, 90일 이상이 19.5%로 조사되어 전년보다 60일 이내의 어음발행 비중이 높아지고 60일 이상의 장기 어음발행 비중은 줄어드는 추세로 중소납품업체들의 운영자금 원활화에 기여하고 있는 것으로 파악된다.

표 4-8　받을어음의 평균 지급기일 현황

구 분	① 60일 이내	② 61~90일	③ 91~120일	④ 121~180일	⑤ 181일 이상	합 계
2004년	**33.1**	**37.9**	21.0	8.0	–	100%
2005년	**36.7**	**35.4**	25.2	2.7	–	〃
2006년	**52.3**	**28.2**	15.4	3.4	0.7	〃

* 어음의 평균 지급기일: 물품납품일(또는 세금계산서 발행일)로부터 만기일까지의 평균지급기일

제 2 장
유동자산관리

제 1 절 현금관리

기업은 규모와 업종에 무관하게 일정액의 현금을 보유하는 것이 일반적이다. 여기서 현금의 의미는 현금과 요구불 예금 및 자기앞수표 등을 포함하는 개념이다. 기업은 현금보유로부터 이자나 어떤 형태의 수익을 얻을 수 없다. 수익을 얻지 못하는 데서 그치는 것이 아니라, 수익을 창출할 수 있는 투자기회를 잃어버림으로써 한편으로 수익성을 상실하고 있음에도 불구하고 예외없이 일정 수준이상의 현금을 보유하고 있을까?

결론부터 말하면, 그것은 기업이 지불능력, 또는 유동성확보를 위한 불가피한 조치이다. 흔히 잘 운영되고 있던 기업들이 갑자기 부도가 발생했다는 뉴스를 접하게 된다. 소위 흑자부도라는 현상이다. 재무적으로 표현하면 자본예산부분은 아주 효과적으로 운영되는데, 운전자본관리에 실패한 경우이다.

문제의 심각성은 중소기업의 부도가운데 60%이상이 흑자부도라는 사실이다. 실제 운전자본관리는 어려운 재무기능이다. 그래서 중소기업 경영자의 임무가운데 가장 많은 시간을 할애하는 부분이기도 하다.

최적 유동성수준이 결정되면 기업은 그것을 유지할 수 있도록 현금의 회수와 지급을 효율적으로 수행하는 절차를 마련하여야 한다. 현금의 회수와 지급의 효율성은 간단히 말하면 '수금은 신속하게 지급은 늦추어서' 하는 방식이지만, 기업의 전반적인 영업활동과도 관련이 있는 것이다.

유동성관리의 다음 단계는 여유자금과 매출채권의 관리이다. 일반적으로 단기 여유자금은 시장성 있는 유가증권에 투자하게 될 것이다. 또한 신용거래에 따라 매출채권이 발생하게 되는데 신용의 공여와 매출채권 관리에 대해서도 살펴보고자 한다.

1. 현금보유목적

위에서 이미 현금보유목적이 기업의 유동성을 확보하는 것이라고 밝혔지만, 현금보유동기에 대한 보다 세부적인 이야기를 서술하고자 한다. 먼저 본 절에서는 기업의 현금관리 방법에 관하여 살펴보고자 한다.

현금관리의 기본적인 목표는 기업이 유동성을 확보하는 범위 내에서 현금보유 수준을 최소한으로 유지하는 것이다. 이런 기본적이 현금관리목적을 달성하기 위해 현금관리의 과정을 3단계로 나누어 보면 다음과 같다.

첫째, 적정한 현금잔고의 결정

둘째, 현금의 회수와 지급의 효율성 유지

셋째, 현금 초과분의 유가증권에의 투자

적정한 현금잔고의 결정은 유동성 보유에 대한 이익과 그에 따르는 비용(예를 들어 이자소득의 손실 등)에 대한 상호관계의 평가로부터 시작된다. 이를 경제학적으로 표현하면, 현금보유에 따른 유동성의 한계이익과, 현금보유로 인해 부담하는 이자소득의 손실에 따른 한계비용이 같아지는 수준에서 적정현금보유 수준이 결정된다.

만약 현금보유에 의한 유동성 이익이 현금보유에 따른 비용보다 크면 현금보유를 늘리는 것이 유리하고, 반대로 유동성의 이익이 보유비용보다 적으면 현금보유를 줄이는 것이 유리하다.

(1) 현금보유 동기

기업이 현금을 보유하는 동기에 대한 설명으로 흔히 세 가지 차원의 동기를 소개하고 있다. '케인즈'는 현금을 보유하는 세 가지 주요한 동기로서 거래적 동기, 예비적 동기 및 투기적 동기를 들고 있다.

거래적 동기는 기업이 일상의 영업활동에서 발생하는 지급을 이행하기 위한 현금수요이다. 거래적 동기에 의한 현금수요는 기업의 통상적인 현금의 회수와 지급에 따른 활동에서 발생한다.

기업의 통상적인 현금지급에는 임금의 지급, 거래 대금의 지급, 세금 및 배당금 등이 포함된다. 현금의 회소는 매출활동, 자산매각, 그리고 새로운 자금조달을 통하여 이루어진다.

현금의 유입(회수)과 유출(지급)은 항상 동시에 이루어지는 것은 아니므로 공백을 메우는 과정에서 현금보유가 필요한 것이다.

전자통신의 발달에 따라 현찰을 동반하지 않는 자금의 이동이 가능하게 되면서 거래적 동기에 의한 현금수요도 상당히 약화되었다. 그럼에도 불구하고 유동성의 존재는 필요하고 그러므로 유동성의 효율적인 관리가 필요한 것이다.

예비적 동기는 예기치 않은 사태에 대비하기 위하여 여분의 현금을 보유하는 것을 말한다. 물론 유동성을 보유하는 이유 중의 하나가 예비적 동기일 경우는 있다. 그러나 단기금융상품들이 위험이 적고, 시장성이 풍부한 경우에는 예비적 동기로 현금자체를 보유할 필요는 없을 것이다. 즉 예비적 동기는 현대기업의 현금보유를 설명하는데 있어서는 작은 부분이라고 할 수 있다.

바겐세일과 같은 추가적인 투자기회를 이용하기 위하여 현금을 보유하는 것을 말한다. 재무거래에 있어서 투기적 기회는 이자율의 급격한 변화나 환율의 급격한 변동에 의하여 발생하는 경우가 많다.

대부분의 경우에 투기적 동기의 현금보유는 여분의 차입가능성이나, 시장성 있는 유가증권의 보유와 같은 형태를 띠는 것이 일반적이다. 그러므로 현대기업에 있어서는 투기적 동기의 유동성을 확보하려는 경향은 있을 수 있으나, 현찰 그 자체를 투기적 동기로 보유하는 경우는 드물다.

(2) 기타 현금보유동기

기여예금도 현금을 보유하게 하는 한 가지 이유이다. 기여예금은 기업이 은행과의 거래에서 은행이 제공한 서비스의 대가로, 주로 대출의 경우에 예치시키도록 요청받는 예금이다. 은행이 요구하는 최저예금수준은 기업이 보유하는 현금의 최소치가 될 것이다. 즉 기업은 기여예금보다는 항상 많은 현금을 보유하여야 한다.

2. 현금보유 비용

기업이 필요 이상의 현금을 보유하는 경우에는 기회비용(opportunity cost)을 지급하게 된다. 여기서 기회비용은 현금보유에 따라 상실하게 되는 이자소득을 의미한다.

기여예금은 은행과의 거래관계 때문에 발생하므로 예외로 한다면, 기업은 기회비용을 지급하면서 왜 현금을 보유하는 것일까? 기업은 거래에 따른 대금지급을 위하여 현금을 보유해야 하는 것이다. 기업이 너무 적은 현금을 보유한다면, 단기적인 자금필요 때문에 추가적인 노력이 소요될 것이다.

단기적으로 자금을 동원하기 위해서는 유가증권을 처분하든지 단기차입을 주선해야 하는데, 그러한 활동들은 비용을 동반하는 것이다.

이제까지 논의하였듯이 현금을 보유하는 것은 유동성 측면에서는 이익이지만, 반면에 기회비용을 지급하는 것이다. 그러므로 현금잔고의 목표수준은 현금보유의 이익과 비용을 동시에 감안해야 하는 것이다.

(1) 목표현금잔고의 결정

앞으로 현금잔고와 관련된 모형들을 설명하겠지만. 한 가지 주목하여야 할 사항이 있다. 현대의 재무적 상황은 현금과 단기금융상품과의 차이를 현저히 좁히고 있다는 사실이다.

예를 들어 요구불 예금에 이자를 지급하는 형태의 MMDA같은 금융상품들이 등장하고 있어서 '유사현금'이 증가하고 있는 현실이다. 금융제도 완화가 계속된다면 이러한 형상은 가속화될 가능성이 크다.

☑ BAT모형

BAT모형은 Baumol－Allais－Tobin의 머리글자를 따서 BAT라고 이름 붙인 것인데, 현금관리 문제를 분석하는 고전적안 방법이다. 이 모형은 재고자산관리에서 사용된 경제적 주문량(EOQ)의 공식을 현금관리 문제에 적용한 것으로, 목표현금잔고 수준을 결정하는 요인들을 분명히 보여주고 있다.

실제로 BAT모형은 현금관리뿐만 아니라 일반적인 유동자산관리에 대하여 시사하는 바가 많다.

현금을 보충하기 위해서는 보유 중인 유가증권을 판매해야 하기 때문에 거래비용이 필요하다. 현금 보유 수준이 적으면, 현금을 보충하는 데 필요한 거래비용이 증가할 것이다.

반면에 현금보유가 크면 이자소득 상실에 따른 기회비용이 증가할 것이다. 그러므로 최적 현금보유전략을 수립하기 위해서는 다음과 같은 정보들을 분석하여야 한다.

－ 현금을 보충하기 위하여 증권거래에 소요되는 고정비

－ 일정기간에 필요한 총현금 규모

– 현금보유의 기회비용인 증권에 대한 이자율

이러한 정보들을 이용하여 기업은 현금보유의 총비용을 결정할 수 있고 최적 현금잔고를 결정할 수 있을 것이다. BAT모형은 현금잔고의 결정에 대하여 단순하고 분명한 결과를 보여준다. BAT모형의 주요한 약점은 현금의 사용이 지속적으로 일정하다고 가정하고, 불확실성을 고려하지 않았다는 것이다.

한편, BAT모형의 단순성을 보완한 모형으로 밀러–오어 모형(Miller–Orr Model)이 있는데, 이 모형은 현금의 유입과 유출이 불규칙한 경우를 상정한다. 여기서 일반적이라는 말은 BAT모형과 같이 일정하고 확실한 현금 유출입을 가정하지 않는다는 의미이다.

밀러–오어 모형에서는 현금잔고가 지속적으로 감소하는 것이 아니라 불규칙하며, 증가하는 횟수와 감소하는 횟수는 전체적으로 동일하다고 가정한다.

☑ 현금모형의 의미

앞에서 소개한 두 모형은 복잡한 정도가 서로 다르기는 하지만 함축적인 의미는 같은 부분도 있다. 두 모형은 모두 다음과 같은 의미를 공유한다.

– 이자율이 높을수록 목표현금잔고는 작아진다.

– 거래비용이 커질수록 목표현금잔고는 커진다.

밀러–오어 모형은 현금 유출입의 변동성을 도입하여 불확실성을 감안하였다는 이점이 있다. 밀러–오어 모형의 결과는 현금유출입의 불확실성이 클수록 목표현금잔고와 하한선의 차이가 커진다는 것이다.

마찬가지로 불확실성이 클수록 상한선과 평균현금잔고도 커진다. 왜냐하면 현금의 변동성이 클수록 현금잔고가 하한선 이하로 떨어질 가능성이 많기 때문에 이러한 사태를 방지하기 위하여 상대적으로 높은 현금잔고를 유지하기 때문이다.

☑ 현금보유수준에 영향을 미치는 다른 요인들

목표현금수준에 대한 설명을 마치기 전에 추가적으로 고려해야 할 두 가지 요인들에 대하여 언급하고자 한다. 현금관리 문제를 접근하면서 현금을 보충하는 도구로서 재정증권과 같은 유가증권을 가정하였다.

그러나 현금을 보충하는 도구로 유가증권만을 사용하는 것은 아니다. 우선 현금을 보충하는 수단으로 차입금을 이용하는 경우를 생각해보자. 그런 경우에는 다음과 같은 요소들을 감안하여야 한다.

첫째, 차입금은 유가증권보다 이자율이 높기 때문에 비용이 증가할 가능성이 높다. 둘째, 기업이 적은 현금잔고를 보유할수록 차입의 필요성은 증가할 것이다. 현금의 변동성이 크고, 유가증권 보유가 적을수록 차입 가능성은 높아질 것이다.

다음에는 대기업과 중소기업의 현금관리에 대한 차이점을 생각해 보자. 대기업의 경우에는 현금보유의 기회비용에 비하면 유가증권의 거래비용이 상당히 작은 편이다. 대기업의 경우에는 현금단위가 크기 때문이다. 그러므로 상대적으로 현금보유 비중을 낮추는 것이 유리하다.

예를 들어 1억원의 현금잔고가 24시간 동안 남아 있는 경우도 종종 발생할 수 있기 때문이다. 그러므로 대기업의 경우에는 큰 금액의 현금을 보유하는 것보다는 짧은 시간이라도 투자하는 것이 유리할 것이다.

3. 현금회수와 지급의 관리

현금관리의 효율성을 증진시키려면 기업은 현금의 회수를 가급적 신속화 시키는 동시에 현금의 지급을 지연시켜야 할 것이다. 현금회수 관리는 고객이 수표 등을 통하여 지급한 대금을 기업이 사용할 수 있는 자금으로 효율적으로 전환하고 관리하는 것을 말한다.

상대적으로 지급의 관리는 장부상으로 지급되었으나 현금이 인출되지 않은 기간을 효율적으로 관리하는 것을 말한다.

(1) 현금유입의 촉진

기업은 회수과정을 신속화시키고 가용현금을 극대화하기 위하여 다음과 같은 세 가지 측면을 고려하여야 한다.

① 고객으로부터 기업으로의 지급에 소요되는 시간을 신속히 하는 것이고,
② 기업이 받은 수표가 내부에서 처리되지 않은 채 머물러 있는 시간을 단축하는 것이고,
③ 주거래은행에 자금을 신속히 이동시키는 것이다.

기업은 회수과정을 촉진시키기 위하여 외상매출금을 가급적 빨리 회수하고, 고객의 대금지급시점과 수표가 회수되어 회사의 가용자금이 되는 시점 사이의 시간을 단

축하여야 할 것이다.

현금회수과정을 단축시키기 위한 방안의 하나가 집중은행제도(concentration banking)이다. 기업은 집중은행에 개설된 당좌 계정을 통하여 수표를 발행하므로 가용자금을 신속히 이 계좌에 이동시켜야 한다.

이때 고객의 대금지급이 직접 본사나 집중은행의 계좌에 송금되는 중앙집권적 회수조직(centralized collection system)이 있다. 우리나라에서는 중앙집권적 회수조직이 일반적으로 채택되지만, 미국과 같이 광대한 나라에서는 은행제도와 지급관습에 비추어 분권적 회수조직이 전국적인 회사에게 더 유리한 경우가 많다.

분권적 회수조직에 의거 지방에 수금센터가 설치되면, 대부분의 수표가 동일지역 내에 있는 은행을 지급자로 하여 발행되므로 수표결제시간 및 미결제수표가 감소된다.

현금유입을 촉진시키기 위한 다른 한 가지 방법은 사서함제도(lock－box system)이다. 집중은행제도의 경우 수금센터가 대금을 수취하여 심사한 후 은행에 입금시킨다. 그러나 우리나라에서는 우편을 통하여 수표가 송금되기보다는 은행의 온라인제도에 의해 고객이 집중은행에 직접 송금하는 방식이 널리 이용되고 있다.

(2) 현금유출의 통제

현금지급의 효율적 통제는 현금유입의 촉진과 더불어 현금의 회전율을 증가시킬 수 있다. 기업은 집중은행에 개설된 당좌계정을 통하여 지급을 집중시킬 경우 여러 은행에 분산된 유휴자금을 최소화할 수 있다.

현금유출의 효과적 통제는 단지 지급을 지연시키는 것이 아니라, 지급기일에 맞추어 대금을 지급하는 것이다. 지급기일 전에 지급하는 것은 기업의 평균 현금잔액을 하락시키고, 지급기일이 지난 후의 지급은 현금할인의 상실 또는 과태료의 부담을 가져오거나 기업의 신용도를 훼손시킨다.

지급을 지연시키기 위하여 사용되는 한 가지 방법은 드래프트(draft)의 이용이다. 드래프트는 요구시 즉시 지급되는 수표와는 달리 은행이 지급전에 발행기업의 승인을 얻어야 하는 증서이다.

그 기업은 드래프트가 지급을 위해 제시되기까지 당좌계정에 자금을 예치할 필요가 없다. 따라서 수표 대신에 드래프트를 사용하는 기업은 당좌계정에 상대적으로 적은 잔액을 보유할 수 있다는 이점이 있다.

우리나라에서는 드래프트는 이용되지 않고 있으나 이와 비슷한 제도의 하나로서 상업어음을 들 수 있다. 상업어음은 상거래에 수반하여 대금을 지급하기 위한 수단으로 발행되며, 어음을 만기일까지 보유하거나 만기일 전에 양도배서 또는 은행에 할인의뢰함으로써 현금화가 가능하다.

우리나라의 은행은 업체별 적정 할인규모를 당해업체의 최근 결산일 현재 합계잔액시산표에 의거 과거 1년간 받을어음 금액의 1/4(중소기업은1/3) 범위 내에서 설정하여 운용하고 있다.

(3) 잉여자금 관리

기업은 일시적 현금잉여를 가지고 있는 경우 이를 단기증권에 투자할 수 있다. 반면에 일시적 현금부족이 생기는 경우에는 증권을 매각하든가 단기적으로 차입함으로써 현금을 보충할 수 있다.

우리는 앞에서 기업의 계절적 자금수요를 충족시키기 위해서 기업의 유가증권 보유액이 어떻게 변화하는가를 살펴보았다. 여기서는 기업이 유가증권을 보유하는 이유를 설명하고, 보유증권의 선택에 영향을 미치는 여러 요인에 대해 논의하기로 한다.

제2절 유가증권관리

유가증권은 대체로 영업자산, 즉 기업의 비즈니스모델이 제공하는 수익보다 훨씬 낮은 수익률을 제공한다. 그러나 기업들은 일시적 여유자금을 현금으로 그대로 보유하기보다는 유동성이 높은 시장성 있는 유가증권에 투자하여 수익을 창출하고 있는데, 이에는 국공채, 사채, 주식, 기업어음 등이 포함된다.

한편으로 기업들은 또한 현금의 여유기간이 긴 경우에는 장기성 유가증권에 보다 높은 수익률을 목표로 투자하거나, 다른 회사의 지배 및 통제를 목적으로 주식, 사채 등을 소유하는데, 우리나라의 기업회계기준에서는 이를 투자자산에 계상한다.

유가증권의 종류는 결국 투자기간과 유가증권의 위험, 그리고 투자수익률에 따라 그 성격이 달라진다고 할 수 있다. 운전자본관리에서 유동자산과 관련하여 관리하고자 하는 유가증권 형태는 당연히 투자자산으로 분류되는 타기업의 주식이나 채권이 아니라, 기업이 일시적인 여유자금을 위험이 낮고, 시장성이나 환매가능성이 높은 안전한 유가증권에 투자하는 경우를 말한다.

기업들이 투자자산이 아닌 유가증권을 보유하는 두 가지 기본적 이유로는 유가증권이 현금잔액을 대체하며, 일시적 투자수단으로서 사용된다는 점이다. 기업들은 대부분 큰 현금잔액을 보유하는 대신에 유가증권의 포트폴리오를 보유한다. 기업은 현금유출이 유입을 초과할 때는 현금계정을 증가시키기 위해서 일부의 증권을 매각한다.

이처럼 유가증권은 거래적, 예비적, 투기적 목적을 위한 현금잔액을 대체할 수 있지만, 대부분의 경우 증권은 주로 예비적 목적으로 보유된다. 대부분의 기업들은 일시적 거래를 행하거나 투기적 수요를 충족시키기 위하여 은행대출금에 의존하지만, 은행대출금의 부족에 대비하여 유동성 자산을 보유하는 것이다.

유가증권에 대한 일시적 투자는 일반적으로 다음의 세 가지 상황에서 발생한다. 첫째, 기업이 계절적 또는 경기 변동적 운영자금을 조달하여야 하는 경우이다. 계절성을 지닌 기업들은 연중 어떤 기간에는 잉여현금흐름을 가지며, 어떤 기간에는 현금부족을 경험한다. 이러한 기업들은 잉여기간에 유가증권을 매입하였다가 현금부족이 발생하는 기간에 이를 처분할 수 있다.

둘째, 기업이 미리 정해진 자금수요에 대비하여야 하는 경우이다. 가까운 장래에 공장건설계획이 추진되거나 사채의 만기가 도래한다면 기업은 소요자금을 마련하기 위해서 유가증권의 규모를 증가시킬 것이다.

셋째, 기업이 장기증권을 발행하는 경우에 증권의 매각에서 생긴 수입은 일단 유가증권에 투자되고, 나중에 대금을 지급할 필요성이 생기면 현금을 마련하기 위하여 유가증권을 매각하는 것이다.

1. 유가증권의 선택기준

일반적이 기준으로서의 유가증권선택기준은 개인이나 기업에 상관없이 동일하다. 따라서 기업이 여유자금을 단기간에 운용하기 위해 선택가능한 유가증권을 선별하는 과정도 일반적인 투자과정에서 선별기준과 동일하다.

이러한 증권들은 채무불이행위험, 이자율위험, 구매력위험, 유동성, 과세여부, 상대적 수익률 등에서 차이를 보이고 있다. 여기서는 상이한 증권의 특성을 고려하여 재무관리자들이 특정 증권을 어떻게 선택하는가를 알아보기로 한다.

(1) 채무불이행 위험

채무불이행 위험(default risk)은 유가증권을 발행하고 자금을 차입자가 약정된 일자에 이자를 지급할 수 없거나 원금을 지급할 수 없게 될 위험을 말한다. 일반적으로 채권의 경우 투자가들이 가장 민감하게 인식하는 위험이 디폴트리스크이다.

그래서 채권의 경우 이자율결정과정에서 디폴트리스크를 반영하는 신용등급이 가장 큰 영향을 미치게 된다. 즉, 만기가 동일한 경우에 발행되는 동일한 채권의 경우, 채권이자율은 디폴트리스크에 따라 달라지므로, 채권발행자입장에서는 시장에서 평가하는 자신의 디폴트리스크 수준인 신용등급이 곧 자신의 자본조달비용이라는 측면에서 중요하다.

채권의 경우 발행주체에 따라 분류하면, 정부에 의해 발행된 국채는 채무불이행 위험이 회사채나 다른 경제주체가 발행한 디폴트리스크보다 일반적으로 낮기 때문에 가장 안전한 자산이라고 간주된다.

그 밖의 증권들은 어느 정도의 채무불이행 위험을 지니고 있으며, 전문적 신용평가기관들(미국의 Moody's Investors Service나 Standard& Poor's, 우리나라의 한국신용평가주식회사 등) 은 여러 가지 증권의 신용등급에 대한 정보를 발표하기도 한다. 채무불이행 위험이 높고 등급이 낮은 증권일수록 높은 수익률을 제동할 것이다.

(2) 이자율위험

채권가격은 이자율의 변화와 역의 관계에 있고, 장기채권의 가격이 단기증권의 가격보다 이자율의 변화에 훨씬 민감하다. 즉, 장기채권은 단기증권보다 높은 이자율위험(interest rate risk)을 지니고 있다.

채무불이행 위험이 없는 장기국채 역시 이자율의 변화로 인한 위험을 피할 수 없다. 기업은 단기증권을 보유함으로써 이자율의 변화에서 생기는 자본손실을 줄일 수 있다.

(3) 구매력위험

일반물가수준의 변화는 유가증권의 구매력에 영향을 미친다. 구매력위험(purchasing power risk)은 인플레이션이 명목금액의 구매력을 감소시킬 위험이다. 예상외의 인플레이션이 발생하면 장기고정소득증권의 보유자는 손실을 보고, 차입자는 그만큼 이득을 얻는다. 부동산, 단기증권, 보통주 등은 인플레이션에 대한 헷지면에서 장기채권보다 유리하다.

(4) 유동성 위험

유동성 위험(liquidity risk)은 증권을 즉각적으로 현금화 하지 못할 가능성에 따른 위험이다. 즉, 유가증권의 유동성은 환매가능성, 시장성, 현금화가능성 등 다양한 의미를 지닌 개념이다.

유동성 위험은 어떤 증권에 대한 시장의 규모와 깊이에 달려 있다. 증권의 유통시장이 잘 발달되어 있고 그 거래량이 충분히 크다면 그 증권의 유동성은 높다고 말할 수 있다.

일반적으로 유동성이 높은 증권보다 유동성이 낮은 증권은 높은 수익률을 제공하여야 한다. 만약 그렇지 않다면 해당 증권은 투자자들로부터 외면당할 것이다.

기업이 운전자본관리 차원에서 이루어지는 유가증권투자에서 가장 중요한 투자기준은 유동성위험이다. 즉, 유가증권에 투자된 자금이 언제든지 환금화될 수 있는 상황이어야 할 것이다.

(5) 과세여부

모든 투자자들은 세후수익률에 관심을 가지고 있으므로, 증권투자로부터의 소득에 대한 과세방법과 투자자의 세율이 유가증권의 선택에 큰 영향을 미친다.

특정 증권의 이자소득에 대해서는 세금이 부과되지 않는 면세채권이 있고, 일반적으로 이자소득보다는 자본이득을 제공하는 채권의 경우에 낮은 세율이 적용되기도 한다. 과세여부는 실질적인 수익률인 세후수익률에 영향을 미치는 것이다.

(6) 상대적 수익률

위험이 높을수록 요구수익률은 높아진다. 그러므로 유가증권 포트폴리오를 구성하는 데 있어서 재무관리자는 위험-수익간의 상반관계를 평가하여야 한다. 그러나 유가증권을 보유하는 동기가 불확실한 현금유입과 유출에 대비하기 위한 것이므로, 일반적인 유가증권 투자정책은 수익을 약간 희생하고 비교적 위험이 적은 증권을 선택하는 것이다.

따라서 재무관리자는 유가증권 포트폴리오를 구성할 때 비교적 단기이며 유동성이 높은 자산을 선호하는 경향이 있다.

2. 단기투자 대상증권

유동성관리 차원에서 일시적 여유자금을 운용할 수 있는 유가증권에는 어떤 종류의 투자대상이 있을까? 이전에 소개한 선택기준에 의하면, 단기운용대상으로서의 유가증권은 유동성이 풍부하며, 환금성이 뛰어난 유가증권가운데 가급적 수익률이 높은 유가증권이면 적절할 것이다.

유동성, 또는 환금성이 좋아야 한다는 것은 언제든지 결재용 자산으로 전환이 가능하여 필요한 시기에 현금처럼 결재용 자산으로의 역할을 염두에 두고 투자한다는 것을 의미한다.

(1) 국공채

정부나 지방자치단체가 발행한 유가증권으로서 단기채권이나 아니면 유통시장이 잘 발달되어 있는 증권을 선택하는 것이 유리할 것이다. 현재 우리나라의 경우 이런 조건에 해당하는 채권으로서는 재정증권, 통화안정증권, 주택채권 등이 있으나 중소기업 재무담당자가 운용하기는 현실적으로 가능성이 매우 낮다.

우리나라의 경우 경제규모에 비해 아직까지 국공채시장이 상대적으로 낙후되어 있어 경제주체들의 활발한 참여가 부진한 상황이다. 특히 단기국채시장의 경우 선진국들은 활성화되어 경제주체들의 단기자금들이 적극 운용되는 창구를 제공하지만 우리나라의 경우 전혀 그런 상황이 아니므로 향후 적극적으로 개발하고 활성화해야 할 부분이다.

(2) 회사채

회사채는 일반적으로 장기채권이지만, 유통시장이 잘 형성되어 비교적 유동성이 풍부한 유가증권이라고 할 수 있다. 그래서 수익을 추구하는 경우에 운용 가능한 유가증권이다.

다만, 단기채권들보다 디폴트위험이 높지만 수익성을 고려한다면 투자대상으로서 고려해볼만 한 증권이다.

(3) 기업어음

신용상태가 우수한 기업들이 단기자금을 조달하기 위해 발행한 증권이다. 기업어음은 일반 상거래에서 결재용으로 발행한 상업어음과 달리 순수하게 단기자본을 조달하기 위해 발행된 융통어음이다.

어음의 만기가 1년 이내에 도래하는 단기금융자산으로서 보통 6개월의 만기를 가지고 있다. 그러나 만기이전에서 언제든지 매각할 수 있는 유통시장이 형성되어 있으므로 단기자금을 운용하기에 현실적으로 매우 매력적인 유가증권이라고 할 수 있다.

(4) 펀드상품

자산운용회사들이 일반투자가들을 대상으로 발행한 간접투자상품이다. 펀드기금의 운용대상에 따라 위험과 수익률크기가 다양하므로, 기업의 여유자금성격과 기간에 맞춰 다양한 펀드에 운용이 가능한 장점을 가지고 있다.

유동성측면에서도 펀드상품은 대부분 환매가능한 상품들이고, 환매가 불가능한 폐쇄형 상품들은 주식시장에 상장되어 있으므로 매각을 통해 언제든지 환매가 가능하기 때문에 유동성도 풍부하다. 최근에 새로운 단기운용자산으로 각광을 받고 있지만, 아직 기업의 단기운용대상으로 경영자들의 주목은 받지 못하고 있다.

제 3 절 매출채권관리

1. 매출채권관리의 개념과 중요성

매출채권의 회계적 정의는 외상매출에 따라 발생하는 것으로 매출액가운데 아직 회수되지 않은 부분을 의미한다. 매출채권은 기업의 규모나 업종에 따라 전체 자산에서 차지하는 비중이 매우 다양하다.

매출채권은 기업의 신용판매정책결과 가지게 되는 유동자산이다. 신용판매(credit sales)는 일정한 기간이 경과한 후에 대금을 결제하는 조건으로 판매하는 것을 말한다. 신용정책은 매출채권의 관리정책을 의미한다. 신용정책을 완화할수록 매출채권이 증가하기 때문이다.

신용정책의 목적은 매출액을 증대시킴으로써 수익을 극대화하는데 있다. 신용정책을 완화하는 경우 매출액이 증가하는 한편 비용부담이 증가한다. 따라서 신용정책의 수정에 따른 수익과 비용 변화를 고려하여 적절한 수준의 매출채권을 유지해야 한다.

재화와 용역의 판매에 따른 현금흐름은 다양한 시점에 발생할 수 있다. 어떤 거래는 물품의 인도 이전에 현금을 미리 받는 경우고 있을 수 있으며, 물품의 인도와 동시에 현금을 회수하는 경우도 있다.

그러나 많은 거래들은 물품을 인도한 후에 어느 정도의 기간을 주는 신용거래로 이루어진다. 신용을 제공하는 것은 기업의 입장에서는 재화와 용역의 판매를 위하여 고객에게 일종의 투자를 하는 행위이다.

기업이 신용을 제공하는 이유는 무엇인가? 모든 기업이 실시하는 것은 아니지만 신용거래는 상거래의 통상적인 관행 중의 하나이다. 물론 신용의 제공은 매출을 촉진시키기 위한 하나의 방편으로 이용된다.

그러나 신용을 제공한다는 것은 상당한 비용을 동반하는 것이다. 신용거래와 관련한 첫째 비용은, 고객이 대금을 지급하지 않을 가능성이다. 또한 신용거래는 신용거래로 발생하는 매출채권을 유지하기 위한 비용도 동반한다. 그러므로 신용정책은 신용제도에 따른 매출증가의 이익과, 신용제공에 따른 비용 사이의 보상관계에 의해서 결정될 것이다.

매출채권은 기업이 재화 및 용역을 판매할 때 고객들에게 공여하는 신용에 의해서 발생한다. 이 경우 다른 기업에 대한 신용공여를 거래신용(trade credit)이라고 부르며, 최종소비자에 대한 신용공여를 소비자신용(consumers credit)이라고 부른다.

우리나라의 경우 매출채권은 외상매출금과 받을어음으로 구분된다. 외상매출금은 신용판매의 결과 발생하는 판매대금의 미수령액과 미수채권을 말한다. 받을어음은 거래처와의 신용거래의 결과 취득한 어음상의 채권, 즉 타인발행의 약속어음이나 타인지급의 환어음을 말한다.

매출채권의 수준은 경제적 상황에 의해 크게 영향을 받지만, 재무관리자는 신용 및 회수 정책의 주요변수들을 통제함으로써 매출채권의 수준을 변화시킬 수 있다.

일반적으로 기업들은 외상보다는 현금으로 팔기를 원할 것이다. 그러나 대부분의 기업들은 경쟁상의 압력으로 인하여 신용판매를 실시하지 않을 수 없다. 재화의 반출 시 재고자산은 감소되고, 외상매출금이 창출된다.

고객이 그 대금을 지급하면 외상매출금이 감소하고 현금이 증가할 것이다. 외상매출금을 관리하는 데는 직접 및 간접비용이 들지만, 신용의 공여는 일반적으로 매출액을 증가시킨다. 그러면 기업가치를 극대화하는 최선신용정책이 어떻게 결정되는가를 알아보기로 하자.

2. 신용정책의 중요성

우리나라의 경우 업종과 무관하게 평균적인 매출채권의 규모를 보면 대략 전체 자산의 15%를 차지하고 있는데, 이 비중은 매우 큰 비중을 보인다고 할 수 있다.

그럼에도 불구하고 재무담당자들이 관심이나 주의를 기울이지 않는 소외된 부분으로 지내온 것이 사실이다. 그러나 기업의 소비시장에서 경쟁이 치열해지고 마케팅 정책이 기업경영활동에서 중요한 역할을 차지하면서 점차 그 중요성이 증대하고 있는 부분이기도 하다. 기업경영에서 신용정책의 중요성을 정리하면 다음과 같다.

첫째, 우리나라 전체 제조업을 기준으로, 매출채권이 총자산에서 차지하는 비율을 보면 약 17% 정도이며, 이러한 추세는 외국의 경우에도 거의 비슷하다. 미국의 경우에는 약 14%, 일본의 경우에는 약 23%, 대만의 경우에는 13% 정도를 매출채권이 차지하고 있다.

둘째, 신용정책이 기업의 유동성에 직접적인 영향을 미친다. 신용정책을 완화할수록 매출채권이 증가하기 때문에 매출채권이 증가할수록 매출액의 증가에 따라 공헌이익이 증가하는 한편 매출채권의 유지비용, 회수비용, 대손비용 등이 증가한다.

경영환경이 악화되어 고객의 채무상환능력이 약화되는 경우, 매출채권의 회수가 지연되거나, 대손비용이증가하기 때문에 필요자금을 금융시장을 통하여 보충해야만 정상적인 영업활동을 할 수 있다.

그럼에도 불구하고 금융시장의 여건이 악화되는 경우에는 필요자금을 적절한 시기에 조달하기가 어렵기 때문에 매출채권의 증가가 유동성을 악화시키는 요인으로 작용한다.

우리나라에서 매출채권은 회계적 처리상 외상매출과 받을어음으로 기록 되지만,

여기서는 외상매출금을 중심으로 매출채권의 결정에 대하여 살펴보도록 하자. 일정시점에서 외상매출금의 총잔액은 신용매출액과 평균회수기간의 두 가지 요인에 의해 결정된다.

3. 신용조건

신용조건(credit terms)은 신용판매조건을 말한다. 신용조건은 신용기간(credit period)과 현금할인(cash discounts)으로 구분된다. [net 30 days]는 현금할인혜택을 주지 않는 상태에서 신용매입한 날로부터 30일 이내에 고객이 상품대금을 결제해야 하는 조건을 의미한다.

한편 [2/10, net 30 days]는 10일 이내에 상품대금을 결제하는 경우 상품대금의 2%를 할인하여 주는 한편 11일부터 30일 이내에 상품대금을 결제하는 경우에는 상품대금의 전액을 지불해야 하는 조건을 의미한다.

신용기간은 고객의 신용도, 상품의 특성, 공헌이익의 정도, 매출채권의 규모, 경쟁상태 등에 따라 영향을 받는다.

(1) 고객의 신용도

신용기간은 고객의 신용도에 따라 영향을 받는다. 신용기간을 연장하여 신용도가 높은 고객에게 상품을 판매하는 경우, 경영환경이 변화하더라도 매출채권의 회수가 지연되거나 대손비용이 발생할 가능성이 낮아진다.

한편 신용도가 낮은 고객에게 신용기간을 연장하여 상품을 판매하는 경우, 매출채권의 회수가 지연되거나 대손비용이 발생할 가능성이 높아진다.

(2) 상품의 특성

신용기간은 상품의 특성에 따라 영향을 받는다. 내구성제품은 오래 보관할 수 있기 때문에 담보가치가 높지만, 농산물 등 부패성상품은 오래 보관할 수 없기 때문에 담보가치가 낮다.

따라서 담보가치가 높은 내구성 상품일수록 신용기간을 길게 설정할 수 있지만, 담보가치가 적은 부패성상품일수록 신용기간을 짧게 설정해야 한다.

(3) 공헌이익의 정도

신용기간은 그 밖에 공헌이익의 정도에 따라 영향을 받는다. 공헌이익이 높은 상품의 경우, 신용기간을 연장시킬수록 매출액의 증가에 따른 공헌이익의 증가효과가 자본조달비용, 회수지연비용, 대손비용 등 유지비용의 증가효과보다 크기 때문이다.

(4) 매출채권규모

매출채권의 보유수준이 높은데도 불구하고 신용기간을 무리하게 연장시키는 경우, 매출채권의 투자액이 증가하기 때문에 유동성이 악화될 가능성이 높아진다. 따라서 매출채권의 보유수준이 높은 기업에서는 신용기간을 짧게 설정하는 경향이 있으며, 반대로 매출채권의 보유수준이 낮기 때문에 신용기간을 길게 설정하는 경향이 있다.

(5) 경쟁상태

신용기간은 상품의 경쟁상태에 따라 영향을 받는다. 상품에 대한 기업간의 경쟁이 심한 경우에는 신용기간을 연장해서라도 고객을 확보하여 시장점유율을 유지해야 하기 때문이다.

4. 신용정책

기업의 성과는 주로 제품에 대한 수요에 달려 있다. 일반적으로 매출액이 높을수록 이익이 크고 기업은 건전하다. 매출액은 다시 여러 가지 요인들에 의존하는데 일부는 외생적이지만 다른 일부는 기업에 의해 통제 가능하다.

매출액에 영향을 미치는 통제 가능한 주요변수들로서는 판매가격, 제품의 품질, 광고 빛 기업의 신용정책이 있다. 신용정책(credit policy)은 신용기간, 신용기준, 회수정책 및 현금할인의 네 가지 변수로 구성되어 있다.

(1) 신용기간

신용기간(credit period)은 회사가 고객에게 신용을 제공하는 기간이다. 일반적으로 재고자산의 정상적 보유기간과 신용기간 사이에는 밀접한 관계가 있다. 자연히 과일과 야채는 신용기간이 매우 짧고, 보석처럼 재고자산회전율이 낮은 재회는 비교적 신용기간이 길 것이다.

신용기간의 연장은 매출액을 증가시키지만 매출채권에 자금을 투하하는데 따른 비용이 든다. 예를 들어 기업이 신용조건(credit terms)을 완화하면, 그 기업의 매출채권은 두 가지 이유로 증가할 수 있다.

일부는 신용기간의 장기화에 따른 증가이고, 일부는 매출액의 증가에 따른 증가이다. 최적신용기간은 매출액증가에 대한 한계이익이 외상매출액의 증가에 따른 한계비용과 일치되는 점에서 결정될 것이다.

(2) 신용기준

신용기준(credit standards)은 고객이 신용을 받을 자격이 있는가를 경정하기 위하여 고객의 신용도를 심사하는 기준을 말한다. 기업이 신용상태가 좋은 고객들에게만 신용판매를 허용한다면, 그 기업의 대손(bad debt losses)은 매우 적은 금액에 불과할 것이다.

반면에 그 기업은 매출액을 상실하고, 매출액의 상실에 따른 이익감소는 대손비용보다 커질 가능성도 있다. 기업은 신용의 한계비용과 매출액증가에 따른 한계이익을 비교하여 최적신용기준을 결정하여야 할 것이다.

한계비용은 생산 및 판매비용을 포함하지만, 여기서는 이러한 비용들을 무시하고 고객의 신용도과 관련된 비용, 즉 신용등급별 비용(credit quality costs)만을 고려하여 보자. 이러한 비용에는 대손, 조사 및 회수비용의 증가, 그리고 신용도가 낮은 고객의 지급지연으로 인한 매출채권의 투자액 증가가 포함된다.

신용비용과 신용등급은 상관관계가 잇기 때문에 신용관리자는 고객등급별 채무불이행의 확률을 평가하여야 한다. 신용관리자는 신용위험을 평가하기 위하여 신용의 5C라고 불리는 성격(charactor), 능력(capacity), 자본(capital), 담보(collateral), 상황(conditions)을 고려하여야 한다.

☑ 성격(charactor)

성격이란 고객들이 자신의 채무를 이행하고자 노력할 확률을 가리킨다. 채무자가 자신의 부채를 지급하기 위하여 최선의 노력을 할 것인가, 아니면 도주의 가능성이 있는가?

성격은 신용평가에 있어서 중요한 도덕적 요인이며, 신용분석가는 그 기업의 거래은행, 다른 공급자, 고객 및 심지어는 경쟁자로부터 이러한 유형의 정보를 수집하여야 한다.

☑ 능력(capacity)

능력이란 고객의 지급능력에 대한 주관적 평가이다. 지급능력을 측정하려면 그 고객의 과거 실적을 보거나 공장이나 상점의 방문 또는 그 밖의 다양한 자료에 의해 이를 보완하여야 한다.

☑ 자본(capital)

자본은 재무제표분석에 나타는 기업의 일반적 재무상태에 의해 측정된다. 특히 위험비율에 속하는 자산부채비율, 유동바율 및 이자부담비율 등이 중요하다.

☑ 담보(collateral)

담보는 고객들이 신용을 얻기 위하여 담보로 제공하는 자산을 가리킨다.

☑ 상황(conditions)

상황은 고객의 채무이행능력에 영향을 미칠 수 있는 일반적 경제상황과 특정 지역이나 업종의 특수한 사건을 가리킨다.

위의 5가지 요인들에 개한 정보는 기업이 고객들과 거래한 과거의 경험으로부터 나오고, 때로는 정보수집 전문기관의 자료에 의해 보완된다. 고객의 5C에 대한 정보가 일단 수집되면, 신용관리자는 잠재적 고객의 전반적 신용등급에 대한 최종결정을 내리지 않으면 안 된다.

컴퓨터 화된 정보시스템이 신용결정을 내리는 데 도움을 줄 수 있지만, 최종적인 결정은 신용관리자의 주관적 판단에 의존하는 것이다.

예를 들어 신용관리자는 아래와 같이 고객을 신용위험에 따라 5~6등급으로 분류하고, 각 등급별 고객의 비율과 대손율을 추정할 수도 있다. 등급1에 속하는 기업들에게는 신용이 자동적으로 공여되고 그들의 신용상태조사는 연간 1회만 행해질 것이다.

표 4-9 신용위험에 따른 고객의 분류

위험등급	대손율	각 등급별 고객의 비율
1	1~1/2%	60%
2	1/2~2%	20%
3	2~5%	10%
4	5~10%	5%
5	10% 이상	5%

등급 2에 속하는 기업들에게는 일정한도 내에서 신용이 자동적으로 공여되지만, 그들의 재무상태에 대한 비율분석은 좀더 자주 실시될 것이다. 등급 3과 4에 속하는 기업들에게는 신용판매를 위하여 특별승인이 요구되는 한편, 등급 5에 대한 판매는 현금인도(cash on delivery: COD) 조건으로만 판매가 이루어지는 등 신용등급에 따라 신용공여를 차별화해야 한다.

(3) 수금정책

수금정책(collection policy)이란 외상매출금을 회수하기 위하여 기업이 밟는 절차를 가리킨다. 예를 들어 기업은 지급기한을 10일 넘긴 채무자에게 편지를 보내고, 30일 이내에 대금이 지급되지 않으면 독촉편지 및 전화를 사용하며, 90일 후에는 외부의 회수기간에 의뢰하는 등의 방법을 사용할 수 있다.

회수과정은 직접비용은 물론 우의의 손상이란 양면에서 비용을 수반한다. 그러나 회수기간의 부당한 연장을 방지하고 직접손실을 최소화 하는 데는 어느 정도의 단호성이 요구된다. 그러므로 상이한 회수정책의 비용과 이익 사이에 균형이 달성되어야 한다.

(4) 현금할인

신용정책 결정에 조기지급에 대한 현금할인(cash discount)도 영향을 미친다. 현금할인을 허용하는 효과는 신용기간과 마찬가지 방법으로 분석될 수 있다. 예를 들어 어떤 기업이 신용조건을 완화 하면 그 기업은 할인을 받고자 하는 새로운 고객들을 유치할 수 있을 것이다.

또한 기존 고객의 일부가 할인을 이용하기 위하여 더 빨리 지급함에 따라 평균회수기간도 단축될 것이다. 이러한 이익을 상쇄하는 것이 할인에 따른 비용이다. 물론 최적 할인이용과 이익이 정확히 상쇄하는 점에서 설정되어야 한다.

5. 신용정책의 효과분석

기업은 신용기간의 연장, 신용기준의 완화, 회수정책의 유연성, 그리고 현금할인의 제공 등의 조치를 취함으로써 신용정책을 완화할 수 있다. 이러한 신용정책의 완화는 자연히 매출액을 증가시킬 것이다.

그러나 신용정책이 완화되고 매출액이 상승한다면, 그에 따른 비용 역시 상승할 것이다. 그 이유는 ① 더 많은 재화를 생산하기 위하여 더 많은 노동 및 원자재가 소요될 것이고, ② 매출채권의 잔액이 증가한 결과 그 보유비용의 상승을 초래할 것이며, ③ 대손 및 할인비용 역시 상승할 것이기 때문이다.

그러므로 신용정책의 변경의 결정에는 매출수입이 비용보다 더 크게 상승하여 순이익의 증가를 가져올 것인가?에 대한 질문을 해봐야 한다.

6. 최적신용정책

위에서는 신용정책의 효과를 측정하는 방법에 대해 논의하였다. 이제는 최적신용정책에 대해서 살펴보기로 하자. 최적신용정책(optimal credit policy)은 매출액 증가로 인한 현금흐름의 증가가 매출채권의 증가에 따른 보우비용의 증가와 강아지는 점에서 결정된다.

기업은 신용을 공여할 때 보유비용(carrying cost)을 부담하며, 신용을 거절할 때 매출액의 상실이라는 기회비용을 부담한다. 따라서 총신용비용은 보유비용과 기회비용의 합계이다.

신용정책을 완화하는 경우, 매출액이 증가함에 따라 공헌이익이 증가하는 효과를 얻을 수 있는 반면, 매출채권이 증가함에 따라 유지비용이 증가하다. 따라서 공헌이익의 증가효과와 유지비용의 증가효과를 비교 평가하여 최선의 신용정책을 선택해야 한다.

그림 4-6 매출채권의 보유수준과 공헌이익의 관계

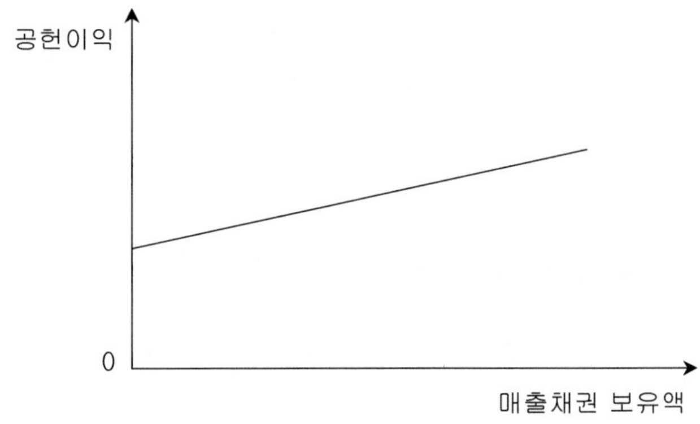

(1) 신용정책의 공헌이익

신용정책을 완화할수록 매출액이 늘어나기 때문에 공헌이익이 증가한다. 한편 신용정책을 강화할수록 매출액이 줄어들기 때문에 공헌이익이 감소한다. 매출채권의 보유수준에 따라 공헌이익이 변화하는 특성을 보여주고 있다. 매출채권이 증가할수록 공헌이익이 증가하고 있다.

신용정책수정의 공헌이익을 한계공헌이익라고 한다. 한계공헌이익은 신용정책의 수정에 따른 추가 매출액에서 추가변동비를 공제한 차이로 측정한다.

$$한계공헌이익-추가매출액\times(1-변동비율)=추가매출액\times공헌이익률$$

한계공헌이익은 기업의 성격이나 제품의 특성에 따라 차이가 있다. 예를 들어 고정영업비의 비중이 높은 기업에서는 한계공헌이익률이 높으며, 고정영업비의 비중이 낮은 기업에서는 한계공헌이익률이 낮다. 또한 내구성제품일수록 한계공헌이익률이 높다.

(2) 신용정책의 유지비용

신용정책의 유지비용은 신용정책을 유지하기 위하여 기업이 부담해야 하는 비용을 말한다. <그림 4-7>에서 신용정책의 유지비용을 보여주고 있다. 신용정책의 유지비용은 매출채권의 보유수준에 따라 비례적으로 증가한다. 신용정책의 유지비용은 자금조달비용, 회수비용, 대손비용 등으로 구분된다.

그림 4-7 매출채권의 보유수준과 신용정책의 유지비용

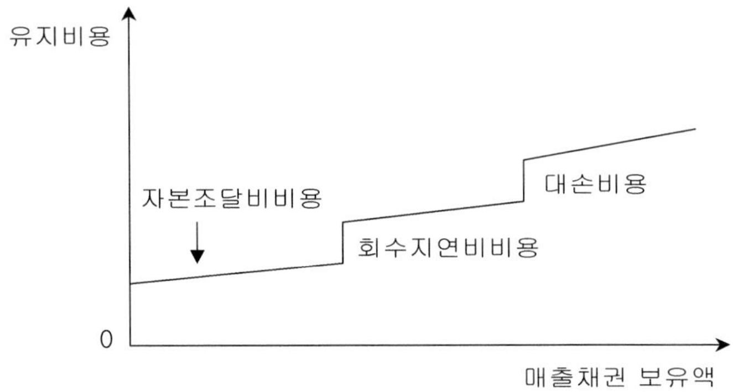

자금조달비용

자금조달비용은 매출채권의 투자소요액을 조달할 때 기업이 부담해야 하는 비용으로 시장성 유가증권의 투자수익률을 의미한다. 신용정책을 강화할수록 매출채권이 감소하기 때문에 자금조달비용이 줄어든다.

한편, 신용정책을 완화할수록 매출채권이 증가하기 때문에 자금조달비용이 증가한다. 따라서 자금조달비용은 매출채권의 보유수준에 따라 비례적으로 증가하는 특성을 갖는다.

회수비용

회수비용은 매출채권을 회수할 때 기업이 부담해야 하는 비용을 말한다. 매출채권의 회수비용은 고정비와 변동비로 구분된다. 고정비는 신용관리부서의 운영비, 직원의 임금, 매출채권의 회수를 독려하기 위한 우편료, 전화료 등을 말한다. 변동비는 매출채권의 회수가 지연될 때 기업이 부담해야 하는 자금조달비용으로 시장성 유가증권의 수익률을 의미한다.

대손비용

대손비용은 매출채권의 회수가 불가능한 것으로 판명될 때 기업이 부담해야 하는 비용을 말한다. 구체적으로 매출채권의 대손비용은 불량채권의 변동비를 의미한다.

(3) 신용정책의 평가원리

신용정책의 평가는 신용정책의 수정에 따른 한계공헌이익과 한계유지비용을 비교함으로서 진다. 신용정책을 완화할수록 매출채권의 한계유지비용과 한계공헌이익이 증가하기 때문이다.

따라서 최선의 신용정책은 신용정책의 수정에 따른 한계비용과 한계공헌이익이 일치하는 수준에서 결정된다. <그림 4-8>에서 볼 수 있는 것처럼, 한계공헌이익과 한계유지비용이 일치하는 수준까지 신용정책을 완화하여 매출채권의 보유수준을 확대함으로써 수익성을 극대화할 수 있다.

신용정책을 완화시켜 매출채권의 보유수준을 X점 이상으로 확대하는 경우, 신용정책을 완화시켜 매출채권의 보유수준을 X점 이상으로 확대하는 경우, 한계유지비용이 한계공헌이익을 초과하기 때문에 수익성이 오히려 감소하고 있음을 보여주고 있다.

완전시장에서는 어떤 형태의 신용정책을 선택하더라도 기업가치가 달라지지 않는다. 모든 기업이 시장이자율로 차입하거나 대출할 수 있으며, 지급불능위험이 존재하지 않기 때문이다.

다시 말하여 신용책의 수정에 따른 한계공헌이익과 한계유지비용이 항상 일치하기 때문이다. 그러나 세금, 거래비용, 파산비용 등 불완전요인이 존재하기 때문에 이와 같은 불완전요인이 신용정책에 미치는 영향을 분석하여 최선의 신용정책을 선택해야 한다.

그림 4-8 매출채권의 보유수준, 공헌이익, 유지비용의 관계

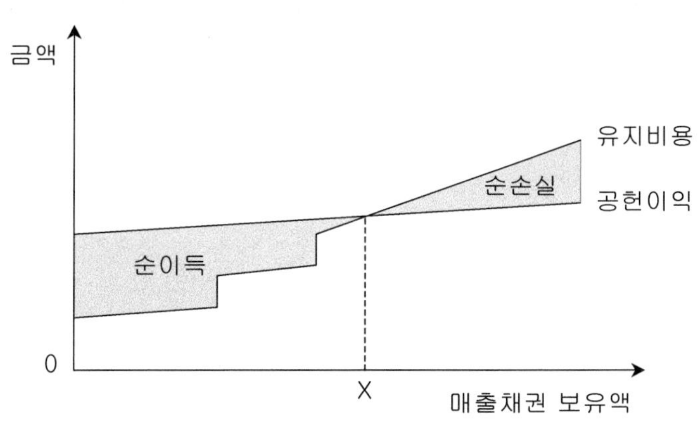

예를 들어 세율이 높은 기업에서는 차입을 통하여 기업가치를 극대화할 수 있기 때문에 매출채권의 보유수준을 높게 유지할 수 있다.

제4절 재고자산관리

1. 재고자산관리의 중요성

재고자산은 원재료, 제공품, 완제품의 세 가지 분야에서 발생하는 자산이다. 다른 유동자산과 달리. 재고자산은 실물자산이라는 점에서 지금까지 살펴본 유동자산관리와는 또 다른 측면의 관리문제가 발생한다.

즉. 재고자산관리에서 가장 문제가 되는 것은 보유비용의 발생이 다른 유동자산과는 전혀 다른 차원의 문제라는 것이다. 재고자산을 보유하는 데는 보관장소라는 별개의 문제가 발생하는 것이다.

그러나 자산의 유형에 관계없이 모든 자산은 적정보유수준이라는 개념이 존재하기 마련이다. 재고자산의 경우도 현금과 마찬가지로 적정보유수준을 관리하지 못함으로써 발생하는 비용, 또는 수익기회의 상실문제가 있다.

만약, 원재료의 재고가 부족하면, 기업의 생산활동을 원활히 수행하지 못하는 위험이 발생하게 되며, 반대로 과다하게 재고를 보유하게 되면 비용의 과다지출에 따른 현금관리의 문제가 발생할 수도 있고, 원재료의 진부화 문제가 발생할 수 도 있다.

완제품의 경우 재고부족은 바로 시장에서 수익창출의 기회를 잃어버리는 결과를 초래하기도 하지만, 과다한 재고수준은 재고비용의 부담을 주면서 현금지출을 수반하기도 한다.

기업이 제품을 생산하는데 시간이 걸리지 않으며 원자재의 구입이 아무런 경비의 부담없이 언제나 가능하다면, 특별한 이유를 제외하고는 재고의 필요성이 없다. 그러나 현실은 그렇지 못하다. 현대 기업사회에서 생산공정이 자동화되고 전산화되고 있으며, 그 외에도 많은 과학적인 경영기법을 도입하고 있지만, 기업의 제조활동과 판매활동은 효율적인 재고관리 없이는 소기의 목적을 달성할 수 없다.

경쟁이 치열해질수록 기업들의 관리비 절감노력도 강도가 높아지면서 재고관리의 중요성은 현장에서 더욱 고조되고 있다. 기업의 재고관리수준은 생산에 지장없는 수준이면서도 재고비용을 극소화하기 위한 제로재고관리를 겨냥하고 있다.

도요타자동차의 JIT시스템 같은 개념이 대표적인 경우라고 할 수 있다. 그러나 업종이나 기업의 현장특성상 재고관리의 목표수준은 다양하다. 일반적으로 재고관리를 통해 다음과 같은 효과를 거둘 수 있다.

첫째, 미래에 예측할 수 없는 상품의 수요와 공급의 변화로 야기되는 여러 가지 문제를 해결할 수 있다.

둘째, 기업의 생산과 판매활동을 원활히 해 준다.

셋째, 적정재고는 생산과 판매활동에서 비용을 감소시킴으로서 기업의 수익을 향상시켜준다.

2. 재고수준의 결정요인

재고의 적정수준을 결정하기 위해서는 동종산업에 속하는 다른 기업들의 재고자산회전율이나 재고자산과 총자산의 비율을 비교함으로써 기업의 유지해야 할 적정재고량을 결정할 수 있을 것이다.

그러나 동종산업에 속하는 기업들간에도 경영정책이 상이하므로 다른 기업들의 재고량과 비교하여 재고수준을 결정한다는 것은 최선의 방법이 아닐 수 있으며, 각 기업의 특수한 사정에 따라 적합한 재고관리를 하는 것이 바람직하다.

이러한 재고자산의 적당한 수준은 각 산업과 각 기업에 따라 차이가 날 수 있으나. 다음과 같은 요인에 의해 고려할 수 있다.

- 기대되는 매출량
- 생산공정의 기간
- 완제품의 내구성
- 재료공급의 계절적 변동과 공급자의 신용
- 재고관리의 제비용

이와 같은 요인을 고려하여 결정한 적정재고수준은 엄밀하게 말하여 몇 가지의 기업목적을 충족시킬 재고를 포함하는 것으로써 기업이 정상적인 영업활동을 하는 데 필요한 기본적인 재고, 그리고 미래를 예측하지 못하는 안전재고, 마지막으로 급격히 기업을 성장시키기 위한 전략적 재고가 그것이다.

3. 재고관리 비용과 적정재고수준

재고수준을 결정하는 요인들 중에서 가장 중요한 것은 재고관리에 관계되는 비용요소이다. 미래에 기대되는 판매량, 완제품의 내구성, 원자재공급자의 신용등도 고려되어야 하겠지만, 재고관리에 있어서 비용요인을 분석하지 않고는 적정재고수준의 결정은 불가능하다.

기업의 재고관리에 수반되는 비용은 재고유지비용과 재고가 불충분함으로써 야기되는 기회비용 및 재고를 주문하거나 인수하는 데 소요되는 주문비용 등 세 가지로 구성되어 있다.

재고유지비용은 매입한 재고를 유지하고 보관하는데 수반되는 비용으로 이에는 재고자산에 투입되거나 동결되어 있는 자본비용, 도난 및 부패 등으로 인한 재고자산 가치의 하락에 따른 손실, 보험료, 보관시설비, 감가상각비, 재산세 등이 포함된다.

대체로 연간 총재고 유지비는 재고자산총액과 비례하는 함수관계를 가지며, 평균재고량에 비례한다고 보는 것이 일반적이다. 주문비용은 필요한 물품을 주문해서 이것이 입수될 때까지의 구매 및 조달에 수반되는 모든 비용을 말한다.

이에는 통신료와 같은 발주비용, 재료의 운송 등에 관계되는 취급비용, 대량구입 불능에 따른 할인기회의 상실 등이 포함된다. 또한 재고의 고갈로 인한 기회비용, 즉 재고가 불충분하여 발생하는 판매기회의 상실과 이에 따른 생산계획의 차질에 따른 손실 등도 재고비용의 중요한 요인이 된다.

수요를 정확히 예측할 수 있는 확실성 상황에서는 재고부족비용은 발생하지 않으며 재고자산관리에 소요되는 총비용을 최소로 하는 1회 주문량을 경제적 주문량이라고 한다. 그리고 경제적 주문량을 구하는 모형을 경제적 주문량 모형이라고 한다.

재고자산은 일정한 비율로 사용되고 1회 주문향이 일정하다면 평균재고량은 1회 주문량의 절반이 될 것이다. 일반적으로 1회 주문량이 많을수록 평균재고수준이 증가하고, 재고유지비용도 증가한다. 그러나 주문량이 많을수록 발주비용은 감소한다. 현재 기업현장에서 경제적 주문량이 실제 활용되는 되는 많은 한계가 존재하므로 이를 극복할 수 있는 모형의 개발이 필요하다.

제 3 장

유동부채관리

유동자산의 보유목적은 기업의 정상적 활동을 원활하게 하기 위한 것이다. 유동자산은 매출을 지원하기 위하여 일시적으로 보유하는 자산이기 때문에 단기간 내에 투자에 소요된 자금을 회수할 수 있다.

유동자산의 경우 기본적으로 매출액이 변화함에 따라 이와 연동해서 변동하는 자산의 성격을 가진다. 따라서 기업이 성장하면, 즉, 매출이 증가하면 자연스럽게 기업의 유동자산 규모도 증가하게 된다. 유동자산의 규모와 유동부채간의 관계를 보면, 유동자산의 보유수준에 따라 유동부채의 규모가 결정된다. 이와 같은 특성 때문에 재무관리에서는 유동자산과 유동부채를 통합하여 관리한다.

제1편에서 소개했듯이, 유동자산과 유동부채를 통합해서 관리하는 재무기능을 운전자본관리, 혹은 유동성관리하고 한다. 운전자본관리는 기업이 수익을 창출하는 활동과 직접 관련성은 없지만, 기업의 부도를 방지하면서 일상적인 경영활동이 원활하게 유지되도록 해주는 기능을 담당한다.

유동자산을 보유하는데 소요되는 자본을 조달하는 문제는 앞서 운전자본정책일반에서 소개했듯이 전체적인 관점에서 보면 유동부채와 장기자본의 배합문제이기도 하지만, 대부분의 자본은 단기자본, 즉 유동부채에 의존하게 된다.

유동부채는 자금의 이용기간에 따라 구분하면 단기부채이며, 곧 만기가 1년 이하인 부채로 화폐시장, 또는 단기자금시장을 통하여 조달된다.

한편 유동부채는 기업이 보유하게 되는 동기나 기업활동과의 인과관계에 따라 자생적 유동부채와 비자생적 유동부채로 구분하기도 한다. 자생적인 유동부채는 말 그대로 기업의 정상적인 활동과정에서 자연스럽게 보유하게 되는 부채이다.

반면에 비자생적 부채는 기업이 금융시장에서 적극적으로 금융수단을 발행하여 조달되는 부채를 말한다. 두 유형의 부채를 구분짓는 가장 중요한 기준은 부채와 관련하여 구체적으로 유가증권이 발행되는가 하는 문제라고 할 수 있다.

자생적 유동부채는 거래신용, 미지급비용 등으로 구분된다. 비자생적 유동부채는 은행차입금, 기업어음, 유동자산담보차입 등으로 구분된다.

제 1 절 기업활동으로 발생하는 유동부채

기업활동의 과정에서 자연발생적으로 가지게 되는 유동부채는 기업이 일상적인 원재료 구입과 제조 및 가공과정 등 영업활동을 통하여 자발적으로 조성되는 유동부채로 일상적인 상거래에서 발생하는 신용(trade credit)과 미지급비용 등이 있다.

거래신용은 원재료 또는 완제품을 신용으로 구매할 때 이용할 수 있는 유동부채로 매입채무(account payable)와 지급어음(notes payable) 등이 있다.

매입채무는 일정한 기간이 경과한 후에 구입대금을 결제하는 조건으로 원재료 또는 상품을 신용으로 매입함으로써 조성된다. 한편 지급어음은 지급일자. 지급장소와 지급액을 명기한 약속어음을 지불하는 조건으로 원재료 또는 상품을 신용으로 매입함으로써 조성된다.

1. 매입신용

매입신용은 가장 쉽게 이용할 수 있는 유동부채 중의 하나이다. 구매회사의 입장에서 보면, 매입신용은 유동부채의 조달원천이 되지만 판매회사의 입장에서 보면 외부에서 유동부채를 조달해야 하는 원인이 된다.

매입신용은 편의성(convenience)과 융통성(flexibility)이 높다는 이점이 있다. 금융기관을 통화여 자금을 차입하는 경우 상환기간, 이자율, 담보제공 등에 대한 협상을 해야 할 뿐만 아니라 자금을 차입할 때마다 번거로운 대출절차를 거쳐야 한다. 그러나 매입신용은 이와 같은 협상과 절차를 거치지 않고 일정한 범위에서 언제라도 이용할 수 있다.

(1) 매입신용의 효과

매입신용의 효과는 신용구입의 협상능력과 신용조건에 따라 영향을 받는다. 첫째, 거래신용은 판매회사와 구매회사의 협상능력에 따라 영향을 받는다.

예를 들어 (주)영남이 30일 후 결제조건으로 1억원의 원재료를 (주)경북에 신용으로 판매한다고 가정하자. 구매외사인 (주)경북의 입장에서 보면, 구입대금을 30일 후에 결제할 수 있기 때문에 1억원을 다른 용도로 사용할 수 있으나, 판매회사인 (주)영남의 입장에서 보면, 30일 후에 판매대금을 받을 수 있기 때문에 1억원을 차입하여 매출채권에 투자해야 한다.

따라서 매입신용을 제공하는 회사에서는 신용기간을 짧게 하는 것이 유리한 반면, 거래신용을 이용하는 회사에서는 신용기간을 길게 하는 것이 유리하다.

둘째, 매입신용은 신용기간에 따라 영향을 받는다. 구매회사에서 보면, 신용기간은 상품대금을 상환해야 하는 기간을 의미하지만, 판매회사에서 보면, 신용기간은 판매대금이 회수되는 기간을 의미하기 때문이다.

신용기간은 상품의 특성, 판매회사와 구매회사의 재정상태, 상품의 수급상태, 경제환경 등에 따라 영향을 받는다. 신용기간은 내구성이 강한 상품일수록, 판매회사의 자금조달능력이 양호할수록, 상품에 대한 경쟁이 심할수록, 그리고 구매회사의 신용도가 높을수록 길어지는 경향이 있다.

예를 들어「net 30 day」조건으로 상품을 매입하는 경우 상품을 매입한 후 30일 이내에 구입대금을 결제할 수 있다. 따라서 구매회사의 입장에서 보면, 신용구매를 통하여 현금을 30일 동안 다른 용도에 이용할 수 있는 효과를 얻을 수 있다.

(2) 매입신용의 유효이자율

매입신용의 효과는 신용조건에 따라 영향을 받는다. 따라서 신용거래를 이용하는 경우와 자금을 차입하는 경우에 각각 부담해야 하는 비용을 비교하여 거래신용의 이용 여부를 평가할 수 있다.

예를 들어,「2/10, net 30days」의 경우, 구매회사의 입장에서 현금 할인혜택을 받기 위하여 상품대금을 10일 후에 지급해야 할 것인지, 현금할인혜택을 포기하고 상품대금을 30일 후에 지급해야 할 것인지를 결정해야 한다.

현금할인혜택을 받는 경우에는 구입대금의 2%에 해당하는 할인혜택을 받을 수 있다. 한편 현금할인혜택을 받지 않는 경우에는 구입대금의 2%에 해당하는 할인혜택을 포기해야 한다. 따라서 현금할인혜택과 현금할인혜택을 받기 위하여 자금을 차입할 때 부담해야 하는 자금조달비용을 비교하여 현금할인의 여부를 평가할 수 있다.

매입신용은 명시적 비용(explicit cost)은 없지만 상당한 수준의 묵시적 비용(implicit cost)을 부담해야 하는 부채이다. 판매회사의 입장에서 보면, 신용판매에 따라 매출채권이 증가하기 때문에 자금조달비용, 회수비용, 대손비용 등을 부담해야 한다.

따라서 이와 같은 매출채권의 유지비용을 고려하여 판매가격을 높게 설정하기 때문에 구매회사의 입장에서 상당수준의 묵시적 비용을 부담해야 한다. 그러므로 매입신용의 연간 유효이자율을 측정하여 시장이자율과 단순히 비교함으로써 매입신용의 여부를 평가하는 것은 의미가 없다.

구매회사가 부담해야 하는 묵시적 비용을 추정하여 이를 매입신용의 유효이자율에 반영한 후 시장이자율과 비교하여 매입신용의 여부를 평가해야 한다.

2. 미지급 비용

미지급비용은 이미 발생한 비용으로 아직 지급되지 않은 비용을 말한다. 임금, 법인세, 전세금, 전기료, 부채이자 등 발생비용(accrued expenses)은 일정한 기간이 경과한 후에 지급되는 미지급비용이다. 미지급비용은 현금지출을 일정한 기간동안 지연시킬 수 있는 효과를 갖는다. 그러나 미지급비용은 지불기한이 몇 주일 또는 몇 개월로 제한되어 있고, 지급기한을 연장할 수 없기 때문에 융통서이 적다는 결점이 있다.

제 2 절 자본조달에 의해 발생하는 유동부채

매입신용, 미지급비용 등 자생적 유동부채는 일상적인 영업활동에서 자연발생적으로 조성되는 유동부채이다. 그러나 이와 같은 자생적 유동부채로 모든 단기 투자소요자금을 충당할 수 없기 때문에 부족한 자금을 보충하기 위하여 외부에서 자금을 차입하여야 한다.

이처럼 적극적인 자본조달활동 결과에 의해 보유하게 되는 유동부채는 외부에서 차입하는 유동부채를 말한다. 이런 유동부채는 은행차입, 기업어음, 유동자산담보차입 등으로 구분된다. 유동자산담보차입은 재고자산 또는 매출채권을 담보로 하여 차입하는 유동부채를 말한다.

1. 은행차입금

(1) 은행차입금의 성격

은행차입금은 매입신용 다음으로 큰 비중을 차지하고 있는 유동부채이다. 금융기관을 통하여 자금을 차입하는 경우 까다로운 대출절차를 거쳐야 한다. 또한 대출조건의 협상에서 재량권을 가질 수 없다.

우리나라에서는 그 동안 은행금리가 시장이자율보다 낮을 뿐만 아니라 자금공급이 수요에 미치지 못하는 특수성 때문에 은행차입이 기업의 중요한 자금조달원으로 이용되어 왔다.

대출이자율은 차입회사의 채무변제능력에 따라 결정된다. 그러나 우리나라에서는 금융통화위원회에서 정한 이자율의 최소한도 범위에서 금융단협정에 따라 정하여진 이자율에 의하여 일률적으로 적용되고 있을 뿐만 아니라, 만기 및 담보설정의 협상에서 대출은행의 영향력이 더 강하게 작용하는 경향이 있다.

한편 은행차입금을 이용하는 경우 담보설정과 일정한 보상예금잔액(compensating blance)을 유지해야 한다. 따라서 은행차입금의 연간 유효이자율이 차입이자율보다 높은 것이 보통이다. 은행차입금은 일반대출, 적금대출, 어음할인, 당좌차월, 수출금융 등으로 구분된다.

(2) 은행차입금의 종류

은행차입금은 차입의 형태에 따라 이자율, 만기, 상환방법 등에 차이가 있다. 따라서 은행차입금의 장점과 단점을 비교 분석하여 단기자금을 이용해야 한다. 우리나라의 시중은행과 특수은행을 통하여 이용할 수 있는 단기차입금에 대하여 살펴보기로 하자.

가. 일반대출

일반대출은 만기가 1년 이내인 단기대출과 1년 이상인 장기대출로 구분된다. 단기대출을 통하여 자금을 차입할 때는 약속어음을 발행해야 한다.

대출은행이 차입회사로부터 대출신청서를 제출받아 검토한 후에 약속어음을 받고 자금을 대출하는 것을 어음교부라고 한다. 어음교부를 통하여 자금을 차입할 때는 만기까지의 이자를 미리 공제한 후 만기일에서 원금을 지불해야 한다.

나. 할인어음

할인어음은 신용판매대금으로 받은 약속어음을 담보로 하여 금융기관으로부터 차입하는 유동부채이다. 할인어음을 이용하는 경우 금융기관이 정한 소정의 이자율에 따라 만기까지의 이자를 공제한 자금을 차입할 수 있다.

그러나 모든 기업이 할인어음을 통하여 자금을 차입할 수 있는 것은 아니다. 대부분의 금융기관에서 소정의 기준에 따라 선정된 적격업체에 대해서만 할인어음을 통하여 자금을 대출해 주고 있기 때문이다.

다. 당좌차월

당좌차월은 거래은행과의 사전협약을 통하여 당좌예금잔액을 초과하여 당좌수표를 발행하는 제도를 말한다. 따라서 당좌차월을 이용하여 언제라도 정해진 한도 내에서 자금을 자유롭게 차입할 수 있다. 당좌수표는 당좌예금의 잔액범위 내에서 발행할 수 있다.

라. 적금대출

적금대출은 금융기관에서 적금과 이자수익으로 차입금을 상환한다는 조건으로 적금가입자에게 제공하는 대출을 말한다. 적금대출의 만기는 계약기간이내이며, 금융기관에서 요구하는 별도의 담보를 제공해야만 적금대출을 통하여 자금을 차입할 수 있다. 적금자체를 담보로 설정하는 경우가 있는데, 이를 적금담보대출이라고 한다.

마. 수출지원금융

대부분의 은행에서는 수출기업에 대하여 여러 형태의 금융서비스를 제공하고 있다. 수출지원금융은 은행이 수출상품을 생산하는데 필요한 자금을 신용장(letter of credit: L/C)에 따라 대출해 주는 금융 이외에 지급인도조건(documents against payment: D/P)과 인수인도조건(documents against acceptance)으로 수출되는 상품에 대한 금융지원, 수출원자재의 수입을 위한 금융지원 등이 있다.

(3) 은행차입금의 유효이자율

차입이자율은 기업의 신용상태, 차입기간, 경제상황, 정부의 금융정책 등에 따라 영향을 받는다. 한편 은행차입금의 유효이자율은 차입규모, 차입이자율, 차입기간, 이자지급방법 등에 따라 달라진다.

차입이자율은 단순이자율(simple interest), 할인이자율(discount interest), 부가이자율(add-on interest) 등으로 구분된다. 단순이자율은 차입원금에 대한 이자율, 그리고 유효이자율은 순차입액에 대한 실질이자율을 의미한다.

할인이자율은 만기까지의 이자를 차입금에서 선 공제하는 조건으로 자금을 차입할 때의 이자율을 말한다. 따라서 할인이자율로 자금을 차입하는 경우 차입이자율보다 높은 이자율을 부담해야 한다.

부가이자율은 차입원금과 이자를 분할 상환하는 조건으로 자금을 차입할 때의 이자율을 말한다.

2. 기업어음

기업어음은 융통어음 또는 신종기업어음(commercial paper: CP)으로 단기자금을 조달하기 위하여 발행되는 약속어음을 말한다. 구매대금을 결제하기 위하여 발행하는 약속어음은 거래신용으로 분류된다. 그러나 기업어음은 상거래의 결제와 관계없이 단기자금을 조달하기 위하여 발행하는 약속어음이라는 점에서 차이가 있다. 기업어음은 단기자금을 차입하기 위하여 발행되는 약속어음을 의미하기 때문에 흔히 융통어음이라고 부른다.

기업어음은 투자금융회사(종합금융회사), 은행 등을 통하여 일반 투자자와 기관투자가에게 매각된다. 투자금융회사에서는 주로 발행어음의 매출, 어음의 보증, 국공채의 인수 및 매출업무를 하고 있으며, 화폐시장에서 단기자금의 공급자와 수요자를 연결시켜주는 역할을 수행하고 있다.

발행회사가 기업어음을 직접 발행하여 단기자금을 조달할 수도 있으나, 대부분의 경우 금융중개기관을 통화여 발행되고 있다. 기업어음은 담보배서어음과 무담보배서어음으로 구분된다.

담보배서어음은 금융중개기관이 원리금에 대한 지급을 보증하고 있는 어음을 말하며, 무담보배서어음은 발행회사의 신용도에 따라 발행되는 어음을 말한다.

따라서 무담보배서어음의 이자율이 담보배서어음의 이자율보다 높은 것이 보통이다. 은행차입과 비교할 때 기업어음은 차입한도나 절차상 제약을 받지 않는다는 장점이 있으나. 이자율이 높다는 결점도 있다.

3. 적극적 부채의 특징

적극적 유동부채는 다음과 같은 특성을 갖는다. 첫째, 고정부채에 비하여 자금운용에 융통성이 있다. 고정부채는 대부분 고정자산에 투자되기 때문에 오랜 기간이 경과한 후에 투자액을 회수할 수 있을 뿐만 아니라 자금조달 면에서도 융통성이 없다.

만기일 내에 원금을 상환할 수 없기 때문이다. 한편 유동자산은 판매활동을 지원하기 위한 목적에서 일시적으로 소유하는 자산이기 때문에 유동부채로 자금을 조달하여 운용하다가 투자액을 회수하여 언제라도 원금을 상환할 수 있다.

둘째, 고정부채에 비하여 자금조달비용이 낮다. 투자자의 입장에서 볼 때, 단기부채일수록 환금성이 높기 때문이다. 셋째, 고정부채에 비하여 유동성 위험이 크다.

단기부채로 자금을 조달하는 경우 만기 때마다 원금을 상환해야 하기 때문에 금융시장의 여건이 악화되어 자금조달이 어려워지는 경우 지급불능상태에 빠질 가능성이 높기 때문이다.

이상에서 살펴본 바와 같이, 유동부채는 자금관리면에서 융통성이 높고, 비용 면에서 유리한 점이 있으나, 지급불가능성이 높은 불리한 점도 있다. 따라서 적절한 수준의 유동성을 유지할 수 있는 수준에서 유동부채를 이용해야 한다.

제3절 유동자산 담보차입

1. 매출채권 담보차입

유동자산담보차입은 매출채권담보차입과 재고자산담보차입으로 구분된다. 이하에서 매출채권담보차입과 재고자산담보차입에 대하여 설명한다.

매출채권담보차입은 매출채권을 담보로 하여 금융기관으로부터 자금을 차입하는 것을 말한다. 매출채권담보차입은 프래징과 팩토링으로 구분된다.

(1) 프래징

프래징(pledging)은 매출채권을 담보로 하여 매출채권의 일정한 비율을 차입하는 계약을 금융기관과 체결함으로써 자금을 차입하는 단기금융을 말한다.

프래징에서는 차입회사가 정기적으로 매출채권회수액을 금융기관에 지불하며, 지불한 금액이 차입금을 초과할 때는 초과액을 반환받을 수 있다. 프래징의 경우 금융기관이 매출채권의 유치권(lien)과 대출금상환청구권을 갖기 때문에 매출채권이 회수되지 않는 경우에는 차입회사에서 책임을 져야 한다.

그러나 금융기관의 입장에서도 매출채권을 회수하지 못하는 경우 담보능력이 약화되기 때문에 대손가능성이 높은 매출채권을 담보로 설정하지 않으려고 하는 경향이 있다.

따라서 금융기관이 정기적으로 상품송장을 제출받아 자체 기준에 따라 상품송장을 검토하여 대손가능성이 적은 매출채권만을 담보로 설정한다.

(2) 팩토링

팩토링(factoring)은 매출채권을 금융기관에 매각하여 자금을 조달하는 단기금융을 말한다. 금융기관은 구매회사의 신용분석을 하고, 매출 채권의 회수책임을 지며, 그리고 매출채권의 대손위험을 부담한다.

이처럼 팩토링의 경우 매출채권이 회수되지 않을 때 금융기관에서 책임을 져야 하기 때문에 이와 같은 서비스의 대가를 고려하여 판매수수료, 할인이자율 이외에 대손보상비율을 정하여 그에 따라 매출채권을 매입하려고 한다.

2. 재고자산담보차입

재고자산담보차입은 재고자산을 담보로 하여 금융기관에서 단기자금을 차입하는 단기금융을 말한다. 일반적으로 단기금융의 한도는 담보자산의 일정한 범위로 제한되며, 금융기관의 대출정책, 상품의 성격에 따라 차입한도가 결정된다. 재고자산담보차입은 총괄담보차입, 신탁차입과 창고차입 등으로 구분된다.

(1) 총괄담보차입

재고자산의 총괄담보(blanket inventory lien)는 전체 재고자산을 담보로 설정하는 것을 말한다. 따라서 재고자산의 담보가치가 낮게 책정되는 단점이 있지만 재고자산의 사용이나 판매에 아무런 제약을 받지 않는 장점이 있다.

(2) 신탁차입

신탁차입은 재고자산을 창고 또는 하치장에 다른 재고자산과 분리하여 보관하는 것을 입증할 수 있는 증서를 담보로 하여 금융기관으로부터 단기자금을 차입하는 단기금융을 말한다.

차입회사에서 재고자산을 관리할 수 있으나, 담보재고자산의 품목과 수량을 정확하게 기재한 재고자산목록을 금융기관에 제출하여 재고자산을 판매할 때마다 판매대금을 즉시 금융기관에 지불하여야 한다.

(3) 창고차입

창고차입은 창고에 보관 중인 재고자산을 담보로 하여 단기자금을 차입하는 단기금융을 말한다. 금융기관에서 직접 재고자산의 입·출고를 통제하며, 차입회사에서 재고자산의 창고 보관비용과 재고자산의 수송비를 부담한다. 따라서 창고가 원거리에 있거나 부피가 큰 재고자산을 담보로 설정하는 경우 비용부담이 크다는 결점이 있다.

재고자산의 부피가 너무 크거나 공설창고가 원거리에 있어서 수송비의 부담이 큰 경우에는 현지의 야적장에 보관할 수 있다. 현지의 야적장에 보관할 때는 반드시 다른 재고자산과 분리하여 보관하여야 하며, 공설창고회사의 확인을 받아야 한다.

현지 야적장에 보관된 재고자산은 금융기관의 완전한 통제를 받으며, 경우에 따라 금융기관의 직원이 파견될 때도 있다.

토론 및 연습문제

1. 현금관리가 기업경영에서 중요한 이유는 무엇인가?
2. 영업주기와 현금주기의 차이는 무엇이며, 발생하는 이유는?
3. (주)영남의 재무제표에서 다음과 같은 자료를 얻었다. 먼저 대차대조표에서는 기초시점의 재고자산 5,000원, 기말시점의 재고자산은 7,000원이다. 또한 매출채권은 기초시점에 1,600원, 기말시점은 2,400원이며, 매입채무는 기초시점에 2,799원, 기말시점은 4,800원이었다.
   한편, 손익계산서에서 매출액이 50,000원이고 매출원가는 30,000원의 자료를 얻었다. 이상의 간단한 자료를 통해서 (주)영남의 영업주기와 현금주기를 어떻게 산출하는지를 보도록 하자(민성기, 재무관리원론에서 인용).

풀 이

먼저 이 기업이 외상매출금을 회수하는데 소요되는 시간과, 판매되기 까지 재고자산으로 머무는 시간은 얼마인지, 그리고 외상매입금을 지급하는데 소요되는 시간을 알아보아야 하는데, 이것은 회전율이라는 개념으로 알 수 있다.

매출채권회전율 = 매출액/평균매출채권
= 50,000/2,000 = 25회
재고자산회전율 = 매출원가/평균재고자산
= 30,000/6,000 = 5회
매입채무회전율 = 매출원가/평균매입채무
= 30,000/3,750 = 8회

(매출채권과 재고자산, 그리고 매입채무의 평균치는 가각 기초와 기말 수치의 합을 산술평균한 것임)
이상의 회전율자료를 이용하여, 각 항목이 전환기간을 구할 수 있다.

매출채권 전환기간=365/25=14.6일
재고자산 전환기간=365/5=73일
매입채무 거치기간=365/ 8=45.6일

(주)영남의 경우 매출채권은 평균 14.6일 후에 현금으로 회수된다. 재고자산은 매출이전까지 73일 정도 머무르고 있으며, 매입채무는 45.6일 이후에 현금으로 지급된다는 것을 알 수 있다. 따라서 이 자료들을 이용하여 (주)영남의 영업주기와 현금주기를 구해보면 다음과 같다.

영업주기=재고자산 전환기간+매출채권 회수기간
=73일+14.6일=87.6일
현금주기=영업주기−매입채무 거치기간
=87.6일−45.6일=42일

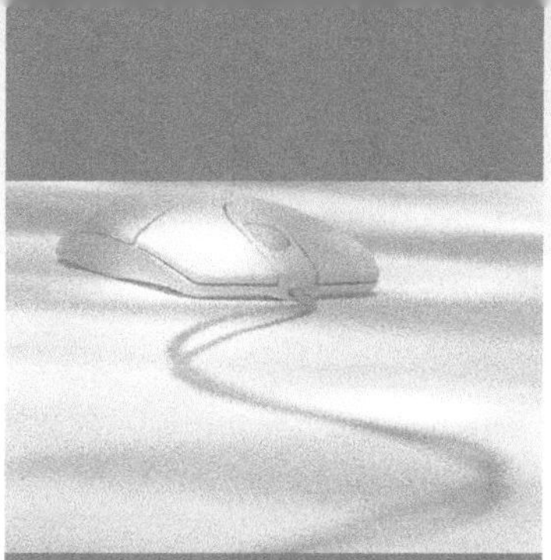

제 5 편

기업가치 극대화를 위한 기타 재무기능들

재무기능의 두 가지 축인 투자와 자본활동을 각각 기간매치를 통해 결합하는 자본예산과 운전자본관리 활동에 대해 살펴보았다. 자본예산은 장기자본조달과 고정자산 투자활동을 결합하여 수익을 획득함으로써 기업가치를 극대화하는 재무기능이었다. 반면에 단기자본조달과 유동자산 투자활동을 결합하는 운전자본관리는 기업의 수익창출활동과는 직접적인 관련이 없지만, 기업의 유동성을 확보하는 중요한 재무기능이었다. 제 5편에서는 앞에서 다루지 못했지만, 현대 기업재무관리에서 중요한 재무기능으로 등장하는 주제들을 선별해서 다루고자 한다.

첫 번째 주제는 날로 점증하는 기업인수합병(M&A) 문제이다. 기업인수합병은 기업의 성장전략의 한 유형으로 파악되지만, 전통적인 성장패턴과는 달리 복잡한 자본조달수단과 법률적인 문제들이 관련된 것이다. 특히 적대적 인수합병의 경우는 경영권인수와 관련한 방어전략과 인수전략이 등장하는 특수한 상황들이 대두한다. 시간과 기술이전의 문제, 그리고 다양한 경영시너지 효과 때문에 기업인수합병은 새로운 기업의 성장패턴으로 각광을 받고 있다. 특히 중소기업이나 벤처기업의 경우 인수합병문제가 단순히 기업의 성장전략 측면뿐만 아니라, 자본투자가들의 자본회수 창구 또는 수단으로서 갖는 의미도 크기 때문에 향후 더욱 활성화 될 것으로 추측된다.

두 번째 주제는 경제규모나 자본시장 규모에 비해 아직까지 경영자들에게 덜 주목받던 재무기능인 배당정책에 관한 것이다. 최근 들어 외국인 투자가들의 국내 상장기업 지분이 증가하면서 배당성향이 급격하게 증가하면서 예전에 비해 중요한 재무기능으로 인식되고 있는 문제이다. 그러나 여전히 액면가 기준의 현금배당관행이 문제로 지적되고 있다. 중소기업의 경우 배당문제는 경영자의 주관심사로 부각되지 못했지만, 코스닥시장과 벤처산업의 활성화에 따라 중요한 재무기능으로 대두하고 있다. 중소기업의 기업공개와 상장이 증가하면서 중소기업도 외부주주들과의 이해관계가 배당문제로 첨예하게 대립할 수 있고, 이런 측면들은 기업가치와 밀접하게 연동되고 있다.

마지막으로 선정한 주제는 환율관리이다. 해외의존도가 높은 국내 경제구조상 중소기업도 상당 수준 환위험에 노출되고 있고, 환율변동에 따라 기업의 수익 변동성이 점차 커지고 있다. 대기업에 비해 중소기업의 환위험관리는 전문인력이나 시장제도로 해결하는데 현실적으로 상당한 제약이 따르지만, 이를 해결하지 못하면 기업가치에 치명적인 영향을 받을 수밖에 없는 현실이다.

제 1 장

기업인수와 합병

제 1 절
인수·합병의 개념

1. 기업인수와 합병의 의의

인수와 합병은 기업간의 결합현상이다. 인수와 합병은 기업간 결합현상으로서는 비슷한 성격을 가지지만, 그 방법이나 결합강도 측면에서는 차이가 있다. 합병(Mergers)은 결합기업 중 하나 또는 그 이상의 기업실체(enterty)가 사라지면서 남아있는 기업으로 통합되는 모습으로 진행된다.

반면에 인수(Acquisition)는 기업이나 인수대상 실체가 그대로 존재한다는 측면에서 합병과 근본적인 차이가 있다. 또한 인수형태도 합병과 달리 아주 다양하다. 합병은 국가마다 아주 강력하게 법으로 규제한다는 면에서, 비교적 규제가 느슨한 인수와는 차이가 있다.

특히 동종산업내 기업간 합병은 결과적으로 시장지배력 강화나 독점문제와 관련되어 있어 규제가 더욱 심하게 된다. 국가마다 규제법안은 조금씩 성격이나 형태가 다르지만, 서구권에서는 Anti-Trust Act라는 법안으로 규제를 하고 있으며, 일본 및 우리나라의 경우 공정거래법이나 소비자보호법이라는 법안으로 기업합병을 규제하고 있다.

(1) 합병

합병은 기업인수에 규제가 심하기 때문에 발생빈도가 아주 낮다. 그래서 일반적으로 발생하는 기업결합현상은 특수한 상황, 즉 정부차원에서의 산업구조조정 과정에서 부실기업을 정리하는 방법으로 합병을 허용하는 경우와 같이 제한적으로 발생하고 있다. 대부분의 기업결합현상은 인수형태에 의해 발생한다.

합병은 합병기업들간의 법률적 문제와 합병당사기업간의 사업관련성정도에 따라 그 유형을 구분할 수 있다.

가. 법률적 관계에 따라

흡수합병과 신설합병으로 나눈다. 흡수합병은 한 기업이 다른 기업을 흡수하는 형태인데, 합병회사는 회사의 명칭과 실체를 그대로 유지하는 반면에, 피합병회사는 기업실체로서의 독립성을 상실하고 합병회사에 포괄적으로 승계되는 형태이다.

신설합병은 둘 또는 그 이상의 기업들이 새로운 하나의 기업으로 통합하는 모습인데, 기존의 기업들이 모두 기업실체를 상실하고 신설되는 새로운 기업으로 합쳐진다.

만약 동일업종의 기업간에 합병이 이루어지게 되면, 강력한 독점적 지위가 형성되면서 기업입장에서는 유리하겠지만 그 피해는 소비자에게 전가되는 부작용이 발생할 가능성이 높고, 느슨해진 경쟁은 결국 그 산업전체의 경쟁력감소로 이어질 가능성이 매우 높다.

따라서 국가마다 합병은 강력하게 규제대상이 되고 있으며, 우리나라도 공정거래법이나 소비자보호법등의 법안으로 합병문제를 규제하고 있다. 이런 이유로 기업간 합병현상은 그 예가 인수의 경우보다 훨씬 적은데, 국가차원에서 특정 업종의 과잉투자문제를 해결하거나, 특정 업종의 부실문제를 구조조정 하는 과정에서 이루어지는 합병현상을 관찰할 수 있는 정도이다.

나. 경제적 관련성 유무

합병기업간의 사업내용이 경제적으로 서로 관련성을 갖고 있는가? 그리고 사업상 관련이 있는 경우는 구체적으로 어떤 관계인가에 따라 합병의 유형을 구분하기도 한다.

우선 합병당사기업간 사업상 관련이 있는 기업간에 합병이 이루어지면 관련 산업합병이라고 한다. 반면에 사업상 무관한 기업간의 합병은 복합적 합병 또는 다각적합병이라고 한다.

관련산업합병의 경우에는 다시 사업상 관련이 동일업종 즉, 공정상 동일한 수준의 기업간인 경우에 수평적 합병이라고 부른다. 수평적합병의 경우 합병기업의 시장독점력 또는 시장지배력이 강화되는 결과를 초래할 것이다.

한편 합병기업의 사업내용이 공정상 전후관계에 있는 기업간에 합병이 이루어지는 경우도 있다. 예를 들어 원자재의 공급원이 되는 기업이나 생산 공정상의 투입물을 제공할 수 있는 기업이나, 합병기업의 생산물을 판매할 수 있는 판매조직 역할을 담당할 수 있는 기업을 피합병기업으로 선택하여 종적통합을 위해 이루어지는 합병이 가능한데, 이를 수직적 합병이라고 한다.

복합적 합병 또는 다각적합병은 합병당사기업간에 사업상 전혀 관련성이 없는 경우에 해당한다. 다각적합병의 동기로 가장 강력한 근거는 사업의 위험분산 효과이다. 즉 사업포트폴리오 구성을 조정하는 차원에서 다각적합병이 이루어진다는 것이다.

다각적합병의 또 다른 동기로는 규모의 증대효과를 위한 것이라는 설명도 있다. 다각적합병에 의해 증가된 규모에 의해 금융기관 대출과정에서 다양한 효과를 기대할 수 있다는 측면이 있다.

> 기업결합현상으로 합병과 인수, 그리고 계열화(Integration)이 있다. 또한 기업의 성장전략으로서 다각화(diversification)전략도 있다. 이런 기업활동에서 사업관련성 유무에 따라 각각의 기업현상을 분류하는 것은 공통적으로 적용되는 용어(term)이다.
>
> 즉, 합병뿐만 아니라 기업인수에서도 수직적 인수와 수평적 인수, 다각적 인수라는 분류형식을 사용하고, 계열화현상과 사업다각화에서도 마찬가지다. 공정전후관계에 있는 기업간에 계열화와 사업다각화가 이루어지면, 수직적 계열화와 수직적 다각화라는 표현을 사용한다.

(2) 인수

인수에는 먼저 인수대상이 무엇인가에 따라 주식인수와 자산인수로 구분할 수 있다. 주식인수는 다른 기업의 주식을 취득하는 경우이고, 자산인수는 다른 경제주체로부터 자산이나, 공장, 사업부등을 취득하는 것이다.

주식인수의 목적은 경영권 획득을 위한 주식인수와 경영권이 아닌 다른 특수목적을 위해 타기업의 주식을 인수하는 경우로 나눈다. 경영권인수를 위한 주식인수는 현실적으로 피인수기업의 제1대 주주가 될 수 있는 정도의 지분을 인수하는 것이다.

경영권획득이 목적이 아닌 경우에 타기업의 주식인수는 상황에 따라 다양할 수 있다. 이 경우에는 주식인수에 의해 보유하게 되는 의결권을 행사하지 않는 대신에 피인수기업이 보유하고 있는 핵심기술을 이전받거나, 기업경영상 주요한 경영요소를 획득하기 위한 경우들이 있다. 특별한 경우를 제외하면, 대부분 주식인수는 경영권획득을 위한 과정으로 이해된다.

자산인수는 타 경제주체가 보유하고 있는 자산을 매입하는 경우이다. 우리나 기업들이 해외에서 원재료를 확보하는 차원에서 숲이나 광산 등을 매입하는 경우를 흔히 볼 수 있다.

국내기업들간에 타기업의 특정 사업부나 빌딩매입, 특정 생산시설들을 매입하는 경우도 흔히 볼 수 있는 자산인수의 상황이다.

2. 기업 인수·합병의 성격

기업 인수·합병은 기본적으로 기업의 성장전략의 한 방식이라고 할 수 있다. 즉, 기업이 성장하는 방법에는 내부적 성장과 외부적 성장방식이 있다.

내부성장방식은 기업내부의 경영활동에 의하여 축적된 자본과 필요한 자본을 조달하여 신규투자나 사업다각화 등의 과정을 통해서 지속적으로 생산 및 매출액을 증대시키는 방식이다.

내부성장방식을 그린필드 투자(greenfield investment)라고 하는 하는데, 영어표현대로 기업이 성장을 위해 부지매입에서부터 공장신설, 시설투자, 신규고용, 생산 및 판매 등 수익창출을 위한 전 과정을 순차적으로 단계를 밟으면서 진행하는 방식이다. 즉, 자본예산의 전과정을 수행하게 된다.

이에 비해 외부적 성장은 다른 기업과의 결합이나 연합을 통해 생산 및 판매능력을 확장시켜 나가는 것이다. 이러한 기업의 외적성장은 주로 인수와 합병(M&A: merger & acquisition)을 통하여 이루어진다.

두 가지 기업성장방식이 갖는 각각의 장·단점을 정리하면 <표 5-1>과 같다. 두 방식의 장·단점에서 보듯이, 각각의 장·단점은 서로 교차하고 있음을 알 수 있다. 즉, 외부성장방식의 장·점은 내부성장방식의 단점으로 작용하고, 그 반대의 경우도 성립하고 있음을 볼 수 있다.

그러나 최근의 추세는 기업들이 외부성장방식에 의한 성장전략을 채택하는 비중이 점점 증가하고 있는 현상을 볼 수 있다. 그 이유는 다양하게 있을 수 있지만. 외부성장방식의 가장 큰 장점은 투자에서 자본이 환원되는 시간의 단축에 있다.

즉, 갈수록 제품수명주기와 기술의 수명주기가 단축되고 있는 상황에서 시간이 경영의 주요한 관리대상 변수로 자리잡고 있다. 그래서 흔히 "時테크"라는 용어가 관리방식으로까지 도입되는 상황에서 제품기획에서 시장에 출시까지의 시간을 지칭하는 "Time to Market"이 경영자들에게 주요한 과제로 등장하기도 한다.

표 5-1 기업의 성장전략별 장·단점

구 분	장 점	단 점
내적 성장 (Internal growth : Greenfield Investment)	• 확실한 지배가 가능함 • 기존사업 및 조직과의 연계가 용이함	• 시간이 많이 소요됨 • 적정기술, 인력, 유통망 등의 확보가 어려움 • 내부자금의 조달에는 한계가 있음
외적 성장 (External growth : M&A)	• 최단시간안에 기술, 인력, 경영 노하우, 브랜드, 유통망 확보 • 투자원금 회수가 신속하며 세제상 이점 존재 • 기업규모 확대가 신속, 용이 • 규모의 경제와 자원배분상의 효율성 증대로 시너지 효과를 극대화	• 거대 투자자금이 소요됨 • 적정 대상을 찾기 어렵고 적정 가격산정이 어려움 • 복잡한 절차와 엄격한 법적규제 • 조직 통합의 어려움 • 인수자금으로 부채 사용시 부도 위험이 증가함
합작투자	• 위험의 분산이 가능함 • 적은 비용으로 시너지 효과를 공유할 수 있음	• 사업성과의 분배와 책임소재 상의 문제발생가능성 • 조화의 문제 발생

특히 기술혁신주기가 짧은 벤처산업에서는 "Time to Market"이 기업의 성패여부를 결정하는 주요한 변수로 작용하기도 한다. 따라서 재무담당자 및 경영자는 투자결정과정에서 두 성장방식에 대한 선택여지를 늘 염두에 두고 의사결정을 하는 것이, 내부성장방식만을 고집하는 것보다는 훨씬 선택의 폭을 넓힐 수 있다.

외부성장전략이 갖는 다른 장점도 많다. 그중에서 내부성장방식으로는 단기간에 해결되지 않는 것이 브랜드를 포함한 마케팅분야이다. 제품이 개발되고, 그 제품이 시장에서 소비자들에게 구매되기까지는 지속적인 광고활동에 투자가 이루어져야 한다.

외부성장방식은 이런 문제를 단기간에 해결해주는 매력적인 성장방식이다. 제품개발 및 생산과 관련된 기술문제도 기존기업의 생산시설을 그래도 활용하니까 초기의 시행착오를 거치지 않아도 된다는 장점을 가진다.

이런 다양한 장점 때문에 점점 기업의 성장방식이 외부성장전략을 선택하는 비중이 증가하고 있다. 그러나 피인수기업의 인적자원관리나 기존 조직과의 갈등문제 등을 조화롭게 극복하는 것이 아주 힘든 과제로 제기되고 있다.

3. 기업인수와 합병의 동기

(1) 시너지 효과

시너지효과 또는 통합효과는 이를테면 1+1=2가 아니고 3, 또는 그 이상의효과가 얻어지는 현상을 말한다. 즉, 인수·합병 후 기업의 통합가치가 합병 전의 개별기업의 가치의 합계보다 크다는 것이다. 더 구체적으로 다음 수식으로 표현하면, 통합가치에서 개별가치의 합과 인수합병 프리미엄, 그리고 거래비용을 차감한 것 보다 더 큰 가치가 존재할 때, 이를 시너지 효과라고 한다.

$$SE = VAB - (VA + VB) - PB - E > 0$$

SE : Synergy Effect
VAB : 두 기업이 인수·합병시 기업가치
VA, VB : A, B 개별기업 가치
PB : 인수·합병 프리미엄
E : 거래비용

그럼 이런 시너지 효과가 발생하는 원인에는 어떤 측면들이 관계되어 있을지를 보면, 다양한 맥락에서 그 근거를 찾아볼 수 있다.

가. 영업시너지

영업활동에 발생하는 시너지는 동종산업에 속하는 두 개의 기업이 합병한 후에 중복되는 본사관리 조직을 정리하거나, 광고매체를 보다 효율적으로 이용한다거나 또는 제품 한 단위당 고정비의 부담을 줄이는 경우 등은 합병으로 인한 규모의 경제가 이루어진 경우이다.

나. 재무시너지

합병으로 인하여 현금흐름의 변동성, 즉 위험이 감소할 경우 얻어질 수 있다. 기업의 파산확률이 합병으로 인하여 보다 낮아지는 효과를 합병의 공동보험효과라고 한다. 공동보험 효과는 자본비용의 하락으로 인해 기업가치의 상승을 가져오고 나아가 차입능력의 증가 및 부채이용의 법인세 절약효과를 가져온다.

다. 전략적 재배치

기업은 경영능력을 재배치하고자 하는 전략적 목적을 달성하기 위하여 다른 기업을 인수 또는 합병할 수 있다.

(2) 기업가치의 저평가

어떤 기업의 시장가치가 저평가 되었다면 그 기업은 인수와 합병의 표적이 될 수 있다. 왜냐하면 그런 기업을 인수하게 되는 회사는 자본이득을 얻을 수 있기 때문이다. 이처럼 기업가치가 저평가되기 위해서는 정보의 비대칭이 존재해야 한다.

기업가치가 저평가 되는 경우는 다양하게 존재하는데 시장불안전요인에 의한 경우도 있고, 경영자의 대리인문제에 기인하기도 한다. 어느 경우이든, 특정기업의 가치가 저평가되는 현상은 기업인수가 허용되는 시장상황에서는 그런 비효율성을 극복하는 좋은 제도적 장치로 작동하는 측면이 있다.

흔히 적대적 인수를 허용하는 가장 긍정적인 근거로 이런 기업의 비효율성에 의한 저평가현상을 방지할 수 있는 측면을 부각하기도 한다.

가. 근시안적 평가

일반적으로 기관투자가들은 기업의 단기적 성과만을 중요시하고 장기적 투자계획의 가치를 과소평가하는 경향이 있다. 이런 태도로 기업가치가 저평가 되었다면 풍부한 자금능력을 가지고 있는 투자자 또는 기업은 저평가된 기업을 인수하여 자본이득을 얻을 수 있을 것이다.

나. 대체원가보다 낮은 시장가치

기업의 시장가치가 그 기업의 자산을 재취득하기 위하여 지불해야 하는 대체원가보다 낮다면 그 기업을 새로이 설립하기 보다는 시장가치를 지불하고 그 기업을 인수하는 편이 더 나일 것이다.

기업의 시장가치에 대한 재취득원가의 비율을 토빈의 q비율이라고 한다. 즉,

$$\text{토빈의 } q\text{비율} = \text{기업의 시장가치}/\text{기업의 재취득원가}$$

로 표시할 수 있는데, 여기서 q비율은 어떤 기업의 시장가치가 어느 정도 저평가 되

어 있는가 하는 것을 나타낸다.

만약 어떤 회사의 q비율이 산업전체의 평균보다 낮다면 그 회사의 시장가치는 저평가되어 있다는 것을 의미하며 다른 기업에 의한 인수와 합병의 표적이 될 수 있다는 것을 의미한다.

(3) 대리인문제

기업의 주체인 주주와 경영권을 위임받은 대리인인 경영자와는 서로 간에 이해가 상충될 수 있는데 이와 같은 상충된 이해관계로부터 야기되는 문제를 대리인 문제라고 한다.

대리인 문제를 해결하는 수단이 다양하게 운용되고 있는데, 그중에서 시장제도적 측면의 장치로서 기업인수가 대리인문제를 해결하는 역할을 한다.

(4) 시장지배력

어떤 기업의 시장점유율이 상당히 높은 수준이라면 그 기업은 시장지배력을 갖게 되어 독점이윤을 얻을 수 있게 된다. 또한 소수의 기업이 시장을 나누어 점유하고 있는 경우에도 소수의 기업들 사이에 담합이 가능하게 되어 사실상이 독점이윤이 얻어진다.

따라서 시장점유율의 확대를 통한 독점이윤의 추구를 위하여 기업의 인수와 합병이 이루어 질 수 있다.

(5) 절세효과

주주들이 배당소득세 대신 자본이득세를 부담하기 위한 수단으로 기업인수와 합병을 이용할 수 있다.

제2절 기업인수의 유형

기업인수는 인수기업과 피인수기업간의 사전 합의 유무에 따라 우호적(Friendly M&A)과 적대적(Hostile M&A)으로 구분한다. 우호적 인수합병은 당사기업 모두 인수에 의해 상호 이해관계가 충족될 경우 이루어진다.

그래서 우호적 인수합병이 이루어질 경우 당사기업 모두에게 잇점이 있는, 즉 Win－Win 관계가 가능하다. 경제현실에서 이루어지는 대부분의 기업인수는 우호적 인수형태라고 할 수 있다.

우호적 인수의 경우는 당사기업 모두 인수거래를 통해 목적을 달성할 수 있을 뿐만 아니라, 경제전체로도 구조조정이나 산업합리화, 또는 자원배분면에서 시장기능에 의해 자연스럽게 진행되는 효과도 동시에 거둘 수 있는 장점이 있다.

한편, 적대적 인수는 발생빈도가 매우 낮은 형태인데, 인수를 시도하는 기업이 일방적으로 인수대상기업의 경영권을 장악하려는 시도를 말한다. 적대적 인수가 발생하면 일반적으로 피인수기업의 의결권 있는 보통주를 대상으로 당사기업들이 보유하려는 시도를 하게 되어, 단기간 해당기업의 가치와 무관하게 주가가 급등하는 현상을 보이게 된다.

그래서 당사기업 뿐만 아니라 이들 기업과 우호관계에 있는 기업들까지 현금을 동원한 주식매집에 나서기 때문에 주식취득 시도가 마무리되는 시점이 되면 두 기업의 유동성에 치명적인 문제가 발생하는 것이 보통이다.

이런 이유로 적대적 인수의 시도가 마무리되는 시점에서 유동성부족에 의한 관련 기업들의 부도사태를 종종 목격하기도 한다. 따라서 적대적 인수의 경우는 심각한 후유증을 수반하므로 경제적 부작용이 우려되는 인수유형이라고 할 수 있다.

1. 적대적 인수의 진행과정

(1) Protracted Build-up(장기간 매수축적)

타겟기업의 주식을 여러 매수창구를 통하여 분산시켜 장기에 걸쳐 은밀히 매입하는 과정 인수를 시도하는 기업과 우호관계에 있는 여러 경제주체들을 동원하여, 상대가 눈치채지 못하게 은밀하게 주식을 매입하는 과정이다.

(2) Target 기업이 눈치 채지 못하게 4.9% 매입하는 과정.

타기업 주식을 5%이상 취득 시 취득목적을 금융감독원에 신고해야 하므로, 5%가까이 매입할 동안 비밀스럽게 해당기업의 주식을 매집하게 된다.

(3) 인수의도 노출

적대적 인수의도가 표면화되고 나면, 당사 기업간 협상시도가 이루어진다. 이 단계에서 당사기업이 무리한 충돌을 회피하고 우호적 인수로 성격이 변할 수도 있고, 그린메일처럼 인수를 시도하는 기업이 보유하고 있는 인수대상기업의 주식에 프리미엄을 지불하고 주식을 되팔 수도 있다.

그러나 협상과정에서 인수를 시도하는 기업이 인수의지를 굽히지 않고, 피인수기업도 전혀 협상에 응할 의지가 없을 경우 본격적인 적대적 인수 상황으로 발전한다.

(4) Proxy-Contest: 백지위임장 투쟁

본격적인 주식매집경쟁이 시작되면 1차적으로 외부주주들을 대상으로 의결권을 위임받기 위한 백지위임장경쟁을 한다. 만약 어느 한쪽이 백지위임장경쟁에서 승리하게 되면 경제적 희생없이 손쉽게 의결권을 확보하게 되므로 이 과정은 아주 중요한 고비가 된다.

피인수기업이 평소 주주관리를 잘 해온 기업이면, 이 경쟁에서 매우 유리한 입장에서 외부주주들을 설득할 수 있지만, 그렇지 못한 경우에는 평소의 주주관리 소홀에 대한 큰 댓가를 지불할 수 있는 상황이 벌어질 수 있다.

우리나라 상장기업들은 이 부분에서 아주 취약한 모습을 보이고 있는데, 외부주주관리의 첫걸음은 현금배당이라고 할 수 있다. 우리나라 상장기업들은 자기자본으로 자본을 제공한 주주들에게 자본사용의 댓가인 배당을 지불하는 과정에서 액면가 기준으로 현금배당을 하고 있다.

배당금지급의 비현실적인 측면은 주식투자가들이 현금배당에 대해서는 무관심하게 만들고, 오로지 매매차익에 의해서만 기대수익을 달성하려는 투자관행을 만드는데 크게 기여한 측면이 있다.

주주총회에서 소액투자가들이 늘 현금배당의 비현실성을 놓고 경영자와 격론을 벌이는 모습은 아주 오래된 풍경이 되었다. 아마 우리나라에서 적대적 인수가 발생하고, 당사기업들이 백지위임장경쟁을 하게 되면 피인수기업이 이 경쟁에서 이길 확률은 거의 없어 보인다.

그럼에도 불구하고, 현실적으로 백지위임장경쟁은 당사기업 모두에게 쉽게 성공하기 힘든 경쟁이다. 왜냐하면, 외부소액주주들은 백지위임장경쟁이 실패하고 나면 곧 양쪽 기업 동시에 공개매수단계로 진행될 것이라는 것을 잘 알고 있기 때문이다.

(5) Tender-offer: 공개매수

백지위임장경쟁 단계가 지나면, 인수시도기업과 경영권을 방어하는 기업이 거의 동시에 인수대상기업의 주주들을 상대로 그 기업의 주식을 취득하겠다는 의사를 직접 제의하는 공개매수가 시작된다.

적대적 인수의 가장 큰 폐해가 바로 이 단계라고 할 수 있다. 즉, 공개매수가 시작되면 단기간에 해당기업의 주가가 기업가치와 무관하게 단기간에 수직상승하게 된다.

소액주주들은 이 공개매수단계를 기다리고 있다가 보유중인 주식을 프리미엄을 받고 매각함으로써 엄청난 자본이득을 누리게 된다. 반면에 적대적 인수 당사기업들은 의결권확보를 위해 기업가치와 무관하게 급등한 가격으로 최대한 지분을 확보하려는 과정에서 자사뿐만 아니라 우호적인 관련 기기업들의 현금까지 총 동원하는 모습을 보인다.

공개매수는 당사기업들이 제1대주주가 되는데 필요한 만큼의 주식을 취득하기 위한 수준까지 진행된다. 상호주식 보유비율이 비슷한 경우에는 유통주식이 거의 바닥이 날 때까지 진행되는 경우도 있다. 공개매수의 후유증으로 적대적 인수 상황이 종료되면 여기에 관련되었던 기업들이 심각한 유동성부족으로 줄줄이 도산하는 모습을 볼 수 있다.

(6) 지분계산

공개매수가 끝나면 양쪽이 지분계산을 한다. 여기서 적대적 인수의 승패는 누가 제1대 주주 신분을 차지하는가에 달려있다. 만약 적대적 인수를 시도한 기업이 지분계산결과 제1대 주주 신분이 되면, 임시주주총회를 소집요구를 하고, 주주총회에서 경영진을 교체함으로써 경영권을 획득하게 된다.

2. 적대적 인수·합병에 대한 방어전략

(1) 적대적 인수의 대상기업

인수·합병 대상기업의 타깃으로 설정되는 기업들은 일반적으로 다음과 같은 조건들을 충족하는 기업이 되므로, 사전에 타깃이 되지 않도록 하는 것이 중요하다.

첫째, 동일업종의 다른 기업에 비하여 주가수익비율(per)이 낮은 회사이다. 즉, 주가수익비율이 낮다는 것은, 기업의 수익창출능력에 비해 주가가 저평가되어 있다는 것이다. 이 경우 기업의 적극적인 투자가관리 활동(investor relation)등을 통하여 저평가현상을 극복하는 것이 좋다.

둘째, 부동산이나 기업의 핵심자산 등 보유자산의 가격상승이 주가에 제대로 반영되어 있지 않아 저평가되어 있는 기업이나, 부채비율이 낮아서 차입능력의 여유가 큰 기업들이 적대적 인수의 매력이 있다.

셋째, 기업의 비즈니스모델이나 보유기술 등 기업의 실질적 능력에 비해 경영진이 무능하거나 보수적이어서 경영성과가 좋지 않는 기업으로서 경영진을 개편하면 실적이 호전 될 가능성이 있거나, 풍부한 현금흐름이 기대되는 기업 등을 들 수 있다.

적대적 인수가 경제전체적으로 긍정적인 효과를 갖는다는 가장 큰 논리의 근거로, 위에서 열거한 부분들을 시장제도적 장치를 통해 해결할 수 있다는 것이다. 특히, 세 번째 경우는 현실적으로 아주 타당성 있는 근거가 될 수 있다. 만약 우리나라도 미국처럼 경영자노동시장이 정착되면, 적대적 인수와 결합하여 기업의 비합리적 경영관행이나 비효율성을 상당부분 해결할 수도 있을 것이다.

(2) 적대적 인수의 방어전략

적대적 인수의 시도는 성공가능성이 아주 낮다는 특징을 가지고 있다. 경제현실에서 적대적 인수 사례가 우호적인수의 경우와 비교하여 절대적으로 빈도수가 낮은 것은 바로 이런 낮은 성공가능성에도 상당부분 기인한다.

적대적 인수의 사례가 적은 것은, 성공여부를 떠나 당사 기업모두 유동성부족이라는 심각한 후유증에 직면할 가능성이 큰, 아주 위험한 게임이라는 것이 첫 번째 이유가 될 것이다.

표 5-2 사전적방어전략

방어전략	주 요 내 용	활용가능성
정관개정	임원임기 분산. 임원수 및 자격제한: 경영권 방어 특별 결의요건 강화: 주총 특별 결의요건을 강화해 임원의 해임을 어렵게 함.	▲ ▲
	황금 낙하산: 임원 해임시 거액 퇴직금 지급으로 인수비용 높임.	×
	독약증권 발행: 주주에게 특정한 권리를 사전에 부여하여 M&A시 그 권리를 행사하게 하는 방법	★
투자자 관리	투자자와의 우호적인 관계를 구축하여 자금조달 및 경영권 보호를 도모하는 것임. 최근 영어판 사업보고서 작성 붐도 이러한 전략의 일환	●
외국 기업과 협력	합작, 지분참여, 기술제휴 등을 들 수 있으며, 이를 통해 외화 자금의 조달, 기술·판매제휴 강화, 시대적 M&A로 방어 등의 효과를 얻을 수 있음.	▲
우호지분 확대 (스톡옵션제)	일정 기간 내에 정해진 가격으로 자기회사 주식을 살 수 있는 권리를 보너스 형태로 주는 스톡옵션제를 도입하여 우호지분 확대	●

★최근 우리나라가 도입을 추진하고 있음.

즉, 경영권을 두고 인수를 시도하는 기업이나, 방어하는 기업이나 진정한 승자가 없다는 것이다. <표 5-2>는 이런 적대적 인수를 사전에 방지할 수 있는 다양한 전략들을 소개하고 있다. 그러나 아직 법제도의 미비에 의해 우리나라에서는 실질적으로 이용할 수 있는 것은 제한적이다.

적대적 인수의 사례가 적은 또 다른 이유는, 시도자체의 성공가능성이 매우 낮다는 데 있다. 특히 사후적방어전략들은 인수시도를 더욱 어렵게 한다.

우리나라에서 발생했던 적대적 인수의 사례에서도 <표 5-3>에 소개된 다양한 방어전략들이 동원된 것을 볼 수 있었다. 가장 흔히 동원되는 자본구조 재편에서부터 백기사전략이나 그린메일 등 인수시도를 저지할 수 있는 다양한 방어전략들이 있다.

표 5-3 사후적 방어전략

방어전략	주 요 내 용	활용가능성
자본구조 재편	자본재 구축: 부채비율을 증가시켜 기업 매력도를 떨어뜨림 자사주 매입: 유통주식 매입으로 매수대상 주식수 감소	× ▲
	주식 발행: 주가주식 발행으로 기존 주식의 소유권을 희석시키거나 우리사주조합, 사모전환사채, 신주인수권부사채 등을 활용하여 주식의 과반수 이상 확보를 어렵게 함	▲
사업구조 재편	기업분할(self-off), 분리매각(divestiture), 분리설립(spin off), 분할설립(split-off), 완전분할(split-up) 등으로 핵심사업 보호	*
그린메일	프리미엄을 지급하고 매수자의 주식을 재매입	▲
불가침 협정	매수자와 추가지분을 매입하지 않겠다는 약정 체결	▲
백기사	우호적 매수자를 물색하여 적대적 인수 방어	▲
백지주	기업의 전부를 넘기는 백기사와는 달리 주식이나 자산의 일부를 우호적 매수자에게 인도함.	▲
소송	인수기업에 대해 인수 무효 및 독점 금지소송 제기	▲
역매수	인수대상 기업이 인수기업의 매수를 시도하는 것	×

●적극 활용 가능 ▲상황에 따라 활용 가능 ×실익이 거의 없거나 활용 불가능
* 분할제도의 법제화가 미비, 절차가 복잡하고 인센티브가 거의 없음

제 3 절 기업인수합병과 관련된 사항들

1. LBO

LBO(leveraged buyout)란 인수자가 대상기업의 자산을 담보로 자산가격의 대부분

을 차입하여 대상기업을 인수한 다음 대상기업의 운용으로 얻어지는 현금흐름으로 차입금을 상환하는 방법이다.

LBO는 대부분의 인수자금을 차입에 의해 조달하기 때문에 인수자는 비교적 적은 자기자본으로 기업인수를 시도할 수 있을 뿐만 아니라 보다 적은 자기자본으로 보다 큰 자본이득을 얻어내는 레버리지 효과를 얻을 수 있는 장점이 있다. 반면 기업인수 후의 기업가치가 인수가격보다 저평가 될 경우에는 레버리지효과 때문에 자본손실이 크게 된다.

따라서 LBO에 의하여 기업을 인수할 경우 기업인수자는 큰 위험을 부담하게 된다.

2. 지주회사

다른 회사의 지배권을 행사할 수 있을 정도의 많은 주식을 소유하고 있는 회사를 지주회사라고 한다.

지주회사는 기업지배에 필요한 정도의 지분만을 취득함으로서 다른 기업을 지배함으로 거대한 기업피라미드를 형성하는데 유효한 수단으로 사용되고 있다.

3. 기업구조조정과 인수·합병

기업 인수·합병은 시도하는 기업입장에서는 기업이 지속적인 성장을 위한 자본예산의 한 특수한 예로써 외부성장전략의 차원이다. 그러나 피인수기업이나 피합병기업 입장에서는 사업구조조정의 성격을 지닌다. 물론 기업인수나 합병이 우호적상황에서 진행되는 경우에 한해서 그렇다는 말이다.

기업이나 그룹차원에서 구조조정을 단행하는 경우, 그 수준에 따라 기업자산 일부를 매각하는 경우도 있고, 기업전체를 매각하는 방식도 있을 것이다. 또는 투자자본을 회수하고 해당사업에서 철수하는 경우도 있을 수 있다.

어느 경우이든 기업이나 그룹차원에서 진행되는 구조조정의 상대자는 자산이나 기업을 매입하게 될 것이고, 매입자 입장에서는 기업의 성장전략차원에서 진행되는 과정일 것이다.

따라서 기업인수합병의 당사자기업 또는 그룹은 각각 해당 거래를 통해 한편은 기업성장전략을, 한편은 구조조정을 수행하는 과정이 된다.

만약, 구조조정을 수행하는 기업이 보유중인 자산, 예를 들어 빌딩이나 사업부나, 공장 등을 매각할 때, 이를 분리매각(divestiture)이라 하고, 이를 매입하는 기업에서는 자산인수라는 성격이 된다.

한편, 구조조정 대상이 기업차원인 경우, 매각하는 입장에서는 이를 기업분할(sell－off)이라고 하며, 상대는 주식인수에 의한 경영권획득 또는 기업인수라고 할 수 있다.

4. 기업인수절차

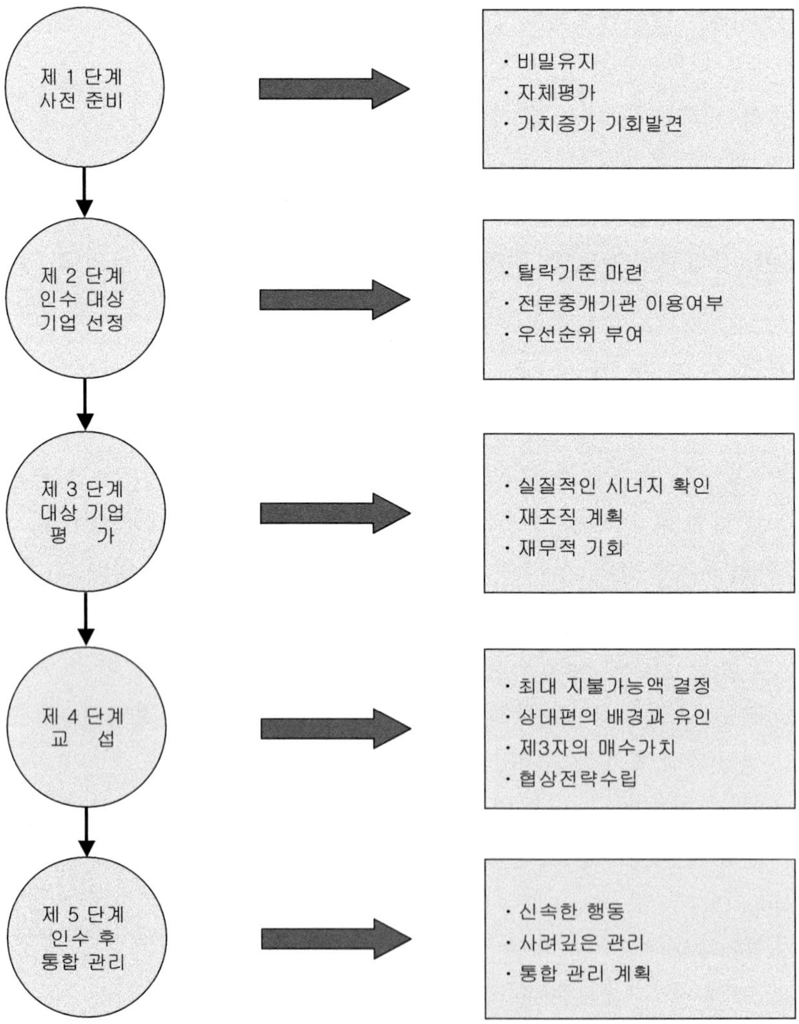

제4절 우리나라 중소기업의 M&A 현황과 전망

1. 중소기업 M&A 현황

우리나라 중소기업의 인수합병 시장문제를 이야기 할 때, 벤처기업의 인수합병문제는 기업의 성장전략이라는 관점과 더불어 실패한 기업의 투자자본 회수문제라는 측면의 기능도 중요한 문제로 인식을 할 필요가 있다.

즉, 벤처활성화 대책이 수립되기 전에 노력을 기울인 정책은 M&A 활성화였다. 우리나라의 벤처정책은 그간 창업촉진에 상당한 비중이 주어져 온 데 비해, 투자회수 활성화는 취약한 편이었다.

국내 벤처캐피탈은 투자자금의 회수방법으로서 코스닥 상장에 의존하고 있으며, M&A에 의한 투자회수가 차지하는 비율은 13%로 미국의 58%에 비하면 극히 낮은 실정이다.

국내 시장에서의 M&A를 통한 자금회수의 비중은 <표 5-4>에서와 같이 미국과 비교하면 큰 차이를 보이고 있는데, 이는 M&A에 대한 국내의 정서적인 거부감이 가장 큰 걸림돌이라고 할 수 있다. 코스닥 상장에 대한 의존도가 높다보니 투자회수가 원활하지 못해서 전반적 자금흐름에 어려움을 겪을 수밖에 없었다.

우리나라의 경우에도 현재의 법과 제도상으로도 M&A가 불가능한 것은 아니지만, 상법·증권거래법·세법·벤처기업특별법 등 다양한 법률이 관여되어 있고 그 절차도 복잡하여 실제 적용하기에는 한계가 있는 것이 현실이었다.

표 5-4 M&A를 통한 자금회수 비중 비교 (단위: %)

구 분	2000	2001	2002	2003	2004
한 국	9	5	8	11	13
미 국	73	83	76	79	58

자료: 최도성, 「구조조정 및 M&A활성화방안」 2005.

이에 따라 2002년, 2003년 2차례에 걸쳐 「벤처기업 육성에 관한 특별조치법」을 개정하여 벤처기업 간 전략적 제휴 또는 합병이 촉진될 수 있는 여건을 마련하였다. 벤처기업이 총 발행주식의 20% 범위 내에서 자기주식을 취득하여 다른 벤처기업의 주식과 교환할 수 있도록 허용하고, 벤처기업 간 합병과 관련한 절차도 간소화하여 합병 소요기간을 단축할 수 있도록 하였다.

또한 벤처기업의 합병과정에서 합병에 반대하는 주주의 주식매수청구권 행사절차와 기준을 M&A가 활성화될 수 있는 방향으로 개선하고, 코스닥 상장기업과 미공개기업간 소규모합병(합병법인 주식수의 5% 이내) 시에도 미공개기업의 상장 심사요건을 완화하는 한편, 법인세법상 피합병법인의 이월결손금 승계요건을 완화하여 합병법인에 대한 세제혜택을 강화하는 등 합병을 저해하는 요인을 대부분 해소하였다.

아울러, 벤처기업이 다른 기업과 교환한 주식을 현물로 출자하고 신주를 발행하는 과정에서 기술거래소 등 공인평가기관으로부터 일정부분 평가를 받을 경우 법원에서 선임한 검사인이 검사한 것으로 갈음하도록 하고, 교환된 주식을 처분할 때까지 양도소득세 과세를 이연할 수 있도록 하였다.

한편 대기업이 벤처기업과 M&A 추진 시 출자총액한도 적용에 예외를 인정하고, 기업의 M&A 추진 시 신용보증기관의 채무조정을 허용하는 등 M&A가 활발하게 일어날 수 있는 제도적 여건을 마련하는 한편, 창업투자회사에 사모 M&A펀드 운영기회 부여, 경영권 지배 목적의 투자를 허용하는 등 벤처캐피탈의 M&A 투자기능도 강화하였다.

표 5-5 코스닥 상장기업의 M&A 현황

구 분		'02	'03	'04	'05.8
합 병	소규모	1	1	3	3
	흡수	11	15	19	13
	소계	12	16	22	16
분 할	인적분할	3	4	4	2
	물적분할	7	5	3	5
	소계	10	9	7	7
영업 양수도	양수	14	16	13	10
	양도	7	7	8	3
	소계	21	23	21	13
계		43	48	50	36

투자기업에 대한 경영지배의 허용은 벤처캐피탈의 투자자로서의 책임성을 강화하는 효과도 있지만 투자기업의 사후관리 강화, 기업가치 제고에도 도움이 될 것으로 예상된다.

M&A 활성화를 위해서는 이와 같은 제도적 개선조치뿐만 아니라 M&A를 새로운 성장 전략으로 인식하는 문화의 확산이 무엇보다도 중요하다. 이를 위해서 벤처기업에 대한 평가전문성 강화와 CEO 교육 강화 등이 필요하다.

2. 중소기업과 경영자들의 M&A

우리나라 중소·벤처기업인들은 포괄적인 기업결합 유형가운데 현재 전략적 제휴를 가장 많이 고려하고 있는 것으로 조사되었다. 구체적인 기업결합 유형에 대한 선호도를 조사한 결과를 보면, '전략적 제휴' 58.0%, 기업 '매수' 23.0%, 기업매도 '매도' 4.0% 순으로 나타났다.

이런 조사결과는 우리나라 기업가들의 경영권에 대한 인식과도 연관된 것으로 보이는데, 다른 나라의 경영자들과 비교하여 유난히 경영권소유에 대한 집념이 강한 것으로 알려졌다.

그림 5-1 중소기업이 희망하는 M&A 형태

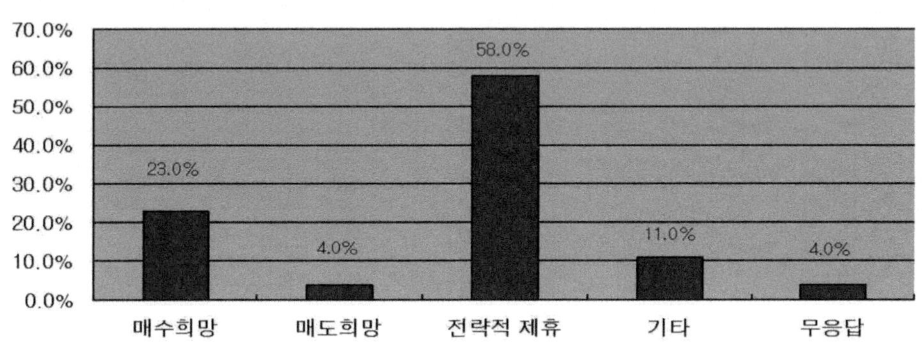

M&A를 추진하는 가장 큰 이유는 기업가치 증대(매출액, 순이익 증대)를 위해서인 것으로 조사되었는데, 구체적인 결과를 보면, '기업가치 증대'가 31.0%를 차지하여 1순위인 것으로 나타났으며, 다음으로 '시너지 창출'이 거의 비슷한 수준인 30.0%가 답변하였다. 그 외에 '신규 시장 진출을 위한 시간 단축' 16.0%, '규모의 경제 및 시장 지배력 확대' 14.0%, '사업정리' 1.0% 등 다양한 효과를 겨냥하여 인식하고 있는 것으로 나타났다.

그림 5-2 중소기업의 M&A 추진 이유

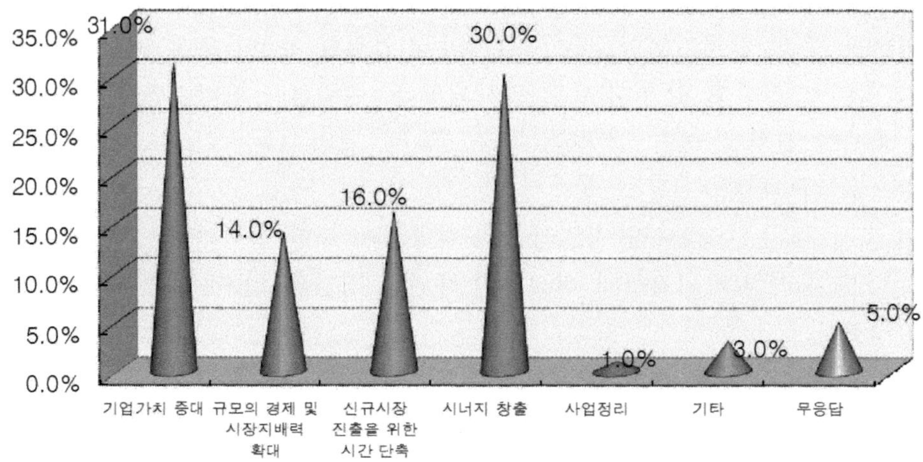

한편 국내 기업인수합병시장에서 M&A를 추진하는 과정에서 인지한 애로사항에서는 매수·매도를 위한 대상기업을 찾는 것이 가장 어려운 것으로 조사되었는데, '매수·매도를 위한 대상기업 탐색'이 32.0%를 차지하여 벤처기업의 M&A 추진에 가장 큰 어려움인 것으로 나타났다. '대상기업의 시장가치 판단문제'가 18.0%, '자금조달' 17.0%, 'M&A 절차 등에 관한 정보 부족' 15.0%, '기업회계정보에 대한 신뢰성문제' 4.0%가 애로요인으로 지적되었다.

이런 조사결과들은 아직 제대로 정착되지 못한 국내 M&A시장 상황들을 그대로 여과없이 보여주고 있는 결과로 여겨지므로, 애로요인으로 조사된 항목에 대한 구체적인 대책들을 수립해 가야 할 것이다.

그림 5-3 중소기업의 M&A 추진시 어려움

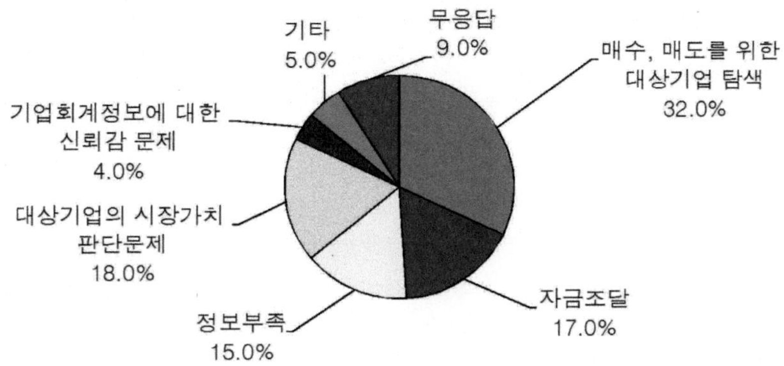

M&A시장 활성화를 위한 방안에 대한 설문에서는 정보제공, 상담과 같은 효율적인 M&A 지원체계 구축이 M&A 활성화를 위한 최우선 과제로 지적되었는데, 중소·벤처기업은 M&A 활성화를 위한 우선적 추진과제로 '효율적인 M&A 지원체계 구축'을 30.0%가 응답하였다.

다음으로 '기업가치 평가시스템 구축'이 26.0%, '기업간 매칭시스템 마련'이 21.0%를 차지하여 각각 2, 3순위로 나타났으며, 그 외에 'M&A 절차 간소화', 'M&A 관련 전문가 양성'이 각각 10.0%, 7.0%를 차지하였다.

그림 5-4 M&A 활성화를 위한 방안

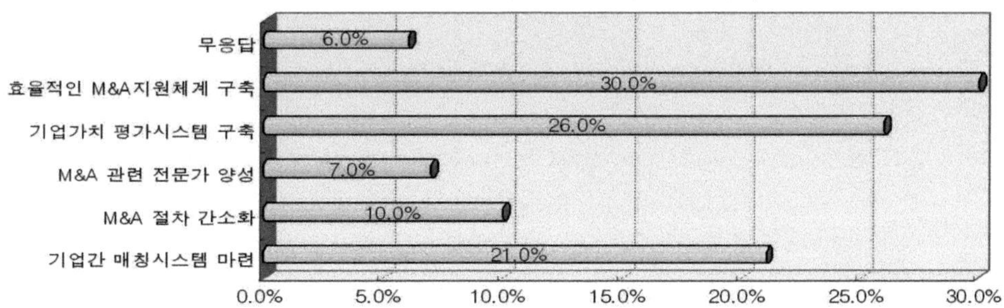

신문기사 읽을거리

방어전략

최근 코스닥 기업들이 앞다퉈 적대적 M&A에 대비한 방어 조항을 신설키로 한 가운데 소프트맥스와 이디도 대열에 합류했다.

온라인 게임업체 소프트맥스는 다음달 28일 정기주총에서 적대적 인수 세력들에 의한 이사 해임을 어렵게 하는 초다수결의제(supermajority voting)를 도입하는 정관변경 안건을 의결한다.

초다수결의제는 상법상 특별결의요건보다 더 가중된 결의요건을 적용해 해당 안건 처리를 어렵게 만드는 것이다.

소프트맥스는 이번 주총에서 "적대적 인수로 인한 피합병결의와 기존 임원의 해임결의시 출석주주 의결권 5분의4 이상, 발행주식총수의 3분의1 이상의 수로 결의해야 한다"는 조항을 넣기로 했다.

이전에는 출석주주 3분의2 이상과 발행주식총수의 3분의1이상인 '특별결의' 요건을 충족하면 됐던 이사 해임이 더욱 강화되는 셈이다.

소프트맥스의 이 같은 정관변경은 최근 웹젠 등 온라인 게임업체를 둘러싼 M&A 시도가 잇따르는 가운데 사전에 경영권 방어 장치를 마련해두겠다는 의도로 풀이된다.

전자교육 장비업체 이디도 초다수결의제를 도입한다.

이디는 다음달 14일 정기주총에서 "이사 해임결의시 출석주주주 의결권의 10분의9 이상, 발행주식총수의 10분의7 이상의 찬성이 있어야 한다"는 조항을 신설할 계획이다.

아울러 이디는 주요 임원들이 적대적 M&A로 인해 본인의 의사와 상관없이 이사를 해임하는 경우 거액의 퇴직금을 지급토록 하는 '황금낙하산'(golden parachute) 조항도 신설키로 했다. 경영권 방어를 위한 이중 잠금 장치를 마련하는 셈이다.

이디가 도입하는 황금낙하산 조항은 "퇴직 보상액으로 대표이사에게 50억원, 이사에게 30억원을 별도로 지급한다"는 내용이다.

한편 조선기자재업체 오리엔탈정공이 초다수결의제를, 통신장비업체 사라콤이 황금낙하산을 도입키로 하는 등 올해 정기주총시즌에서 코스닥 기업들이 잇따라 경영권 방어 조항 마련에 나서고 있다.

증권업계 관계자는 "최근 웹젠에 대한 적대적 M&A 시도 등 코스닥기업들의 경영권이 위협받는 사례가 잇따르면서 기업들이 사전대비 차원에 나서는 것으로 보인다"고 말했다.

김혜원 기자 kimhye@

신문기사 읽을거리

웹젠의 적대적 인수합병

경영권 분쟁에 휘말린 웹젠이 주주총회 안건을 공개하면서 치열한 표대결을 예고했다.

주총을 앞두고 각종 변수가 나타나고 있는 가운데 어느 편이 국내 소액주주는 물론 미국 주식예탁증서(DR) 주주들을 더 많이 포섭하느냐에 승패가 갈릴 것으로 예상된다.

28일 금융감독원에 따르면 웹젠 주주총회가 3월28일로 결정된 가운데 경영진이 대폭 물갈이됐다. 사외이사인 김문규 김용구 박상우씨가 임기를 남겨둔 채 사임했고, 김원선 전무(CFO)도 회사를 떠나는 것으로 알려졌다. 분쟁 중이면서도 웹젠 등기이사 6명 가운데 김남주 대표와 송길섭 이사만 남게 된 것이다.

웹젠 관계자는 "3년 적자에 대한 책임을 지고 물러나는 것"이라고 말했다. 그러나 최근 라이브플렉스와 네오웨이브가 손을 잡고 적대적 M&A 시도를 공식화한 상황에서 등기이사가 대거 사임하는 것은 이례적이다.

특히 어느 때보다 치열한 표대결이 예상된다. 우선 이사후보로 올라온 인물만 총 20명에 달한다. 또 송길섭 이사 해임 안건을 비롯해 집중투표제, 감사위원회 위원 분리선출방식 등 정관변경 안건도 있다. 웹젠 경영진은 22%대로 라이브플렉스·네오웨이브 연대 지분 11%대에 앞서 있지만 방심할 수 없는 상황이다.

결국 승부는 위임장 대결에서 날 가능성이 높다. 양측은 이르면 이번주 참고서류를 내고 위임장 모집에 들어갈 예정이다. 이를 위해 국내 소액주주(약 40%)는 물론 해외 주주도 잡아야 한다.

지난해 말 기준 웹젠의 외국인 비중은 25%대이며 이 중 21.7%는 나스닥 DR 주주들이 보유하고 있다.

제 2 장

배당정책

전통적인 중소기업과 벤처기업 또는 혁신형 중소기업의 재무관리를 차이 나게 하는 대표족인 재무기능으로 배당정책이 있다. 그래서 배당정책을 중소기업이 기업가치를 극대화하기 위해 새롭게 인식해야 할 재무기능 대상으로 선정되었다.

전통적인 중소기업들은 일반적으로 상장에 대한 필요성을 인식하지 않았고, 그 이유는 자본조달에 대한 부담이 벤처기업이나 혁신형 중소기업처럼 기업초기부터 대규모 자본조달의 필요성이 상대적으로 적었기 때문이다.

그래서 기업 역사에 비해 규모나 외부자본조달의 필요성이 그만큼 상대적으로 낮았기 때문에 외부자본조달은 거의 금융기관차입금으로 해결하는 자본조달 패턴을 보여왔다. 이런 자본조달 패턴은 당연하게 기업의 소유구조가 집중되도록 하는 결과를 가져왔고, 그만큼 기업의 규모나 역사에 비해 주주구성이 단순하고 가족중심의 집중화된(private) 형태를 보이게 된다.

이런 경우에는 당기순이익을 어떻게 처분하는가 하는 배당정책은 당연히 재무담당자의 관심영역 밖일 수밖에 없다. 즉, 현금배당을 하든, 아니면 사내유보를 하든 소수의 주주들은 입장차이가 크게 달라질 것이 없을 것이다.

그러나 벤처기업이나 혁신형 중소기업처럼 기업초기부터 외부로부터 자기자본을 적극조달하기 위해 주식을 발행하여 외부주주들의 수와 다양성이 증가한 기업소유구조를 보이는 경우는 문제가 달라질 것이다.

먼저 주주집단간의 이해상충문제가 존재한다. 당연히 외부주주집단은 사내유보보다 현금배당을 선호하게 될 것이다. 물론 기업이 상장이전에는 상장요건을 충족하고 기업의 안정적인 자본조달을 근거로 지속적인 성장을 하기위해서는 일정기간 현금배당에 대해 이해가 일치할 수는 있겠지만, 상장이후에는 입장이 완전히 달라질 수 있다.

상장기업신분이 된 이후에는 기업의 배당에 관한 의사결정이 기업가치결정에 많은 영향을 현실적으로 미치게 된다. 따라서 중소기업이라 하더라도 구체적인 상황이 어떤가에 따라 배당의 문제는 완전히 차원을 달리하는 재무기능으로 성격이 변하게 된다.

제 1 절
배당정책과 기업가치

배당(dividends)은 기업의 경영성과를 주주에게 배분하는 것이다. 즉, 기업은 사업기간동안 창출한 총수익인 매출액을 관련된 이해집단에게 차례로 배분하고 마지막으로 남게 되는 당기순이익을 주주에게 배분하는 작업이 배당이라고 할 수 있다.

손익계산서 양식은 기업의 수익에 기여한 이해집단에게 총수익을 어떤 순서로 배분하는가를 보여주는 양식이다. 사업기간동안 창출한 총수익인 매출액을 첫 번째로 배분하는 이해집단은 생산직 근로자라고 할 수 있다. 즉, 제조원가중 노무비형태로 배분한다.

그다음의 이해집단은 판매 및 일반관리비로 지출되는 영업직과 관리직 임직원에 대해 배분하는 순서이다. 영업이익에서 기업에게 타인자본 형태로 자본을 제공한 채권자들에게 지급이자를 지급하고, 정부조직에 대해 지급하는 세금을 납부하게 되면, 마지막으로 주주집단이 청구권을 갖게 되는 당기순이익이 남게 된다.

당기순이익은 총수익을 위해 기여한 기업의 내외 이해집단에 대해 기업이 창출한 수익을 순서대로 배분하고 마지막으로 남는 몫으로, 기업의 주인인 주주들만이 청구권을 행사할 수 있는 대상이 된다. 따라서 배당정책이란 기업이 주주몫인 당기순이익을 어떤 형식으로 처분하는가에 관한 재무적 의사결정이라고 할 수 있다.

당기순이익을 주주에게 배분하는 형식은 두 가지 방법밖에 없다. 즉, 현금배당을 하든지, 아니면 사내유보를 하는 방법뿐이다. 그러나 현실적으로는 이 배당정책은 아주 복잡한 문제로 인식된다. 즉, 당기순이익 중 어느 정도를 현금배당할 것인지, 그리고 한 주당 현금배당의 크기를 얼마나 할 것인지의 문제는 기업이 처해 있는 다양한 상황들을 종합해서 결정하게 되는 복잡한 과정이라고 할 수 있다.

주주는 보유하고 있는 주식을 취득하는 과정에서 기업에게 자기자본형태로 자본을 제공한 사람들이다. 이들이 주식을 취득하면서 얻을 수 있는 경제적보상은 크게 배당수익과 매매시에 갖게 되는 시세차익으로 구성되기 때문에 당연히 주주는 배당에 관심을 갖지 않을 수 없다.

한편, 배당정책은 흔히 자본조달편에서 같이 취급하기도 하는데, 왜냐하면 기업의 배당정책에 따라 기업이 자본조달방법으로서 선택할 수 있는 내부금융의 크기가 결정되기 때문이다. 즉, 기업은 필요한 자본을 외부금융과 내부금융방식의 두 가지방법에 의존하게 되는데, 내부금융이란 바로 기업이 사내유보된 잉여금을 무상증자를 통해 자기자본으로 변경시키는 과정이기 때문이다.

기업이 내부금융방식으로 조달되는 자기자본은 결국 기업이 현금배당을 얼마나 지급하느냐에 따라서 내부금융에 의존할 수 있는 정도를 결정하기 때문이다. 따라서 주어진 이익을 배당과 내부유보로 나누는 의사결정인 배당정책(dividend policy)은 독립적인 사안이 아니라 투자정책, 자본구조정책 등과 상호연관이 되어 있기 때문에 종합적인 재무전략의 관점에서 접근해야 한다.

모든 다른 조건이 동일한 상태에서 단지 배당수입만 증가한다면 주주는 더 만족해할 것이 당연하다. 배당정책에 관한 논쟁의 핵심은 기업이 보유하고 있는 자금을 당장 배당금으로 지급하는 것이 나을지, 아니면 이것을 재투자 한 후 나중에 이익을 발생시켜 주가를 상승시켜 주주부를 증대시킬 것인지에 대한 입장차이라고 할 수 있다.

다시 말해서, 기업의 배당정책은 배당성향(dividend payout ratio)을 높여야할지 아니면 낮춰야 할지에 대한 문제이다. 배당정책과 주주가치의 관계에 대한 주장은 크게 두 가지로 구분되는데, 첫째는 배당정책이 주주가치에 아무런 영향을 미치지 않는다는 것이고, 둘째는 배당정책이 주주가치에 중요한 영향을 미친다는 견해이다.

1. 배당과 기업가치의 무관련이론

자본시장이 완전(perfect)하다는 가정하에서, 밀러와 모딜리아니(MM)는 기업의 투자내용이 변함없다면 현금배당과 사내유보에 대한 기업의 배당정책이 기업가치와 무관하다는 배당정책의 무관련성(irrelevance of dividend policy)을 주장하였다.

자본시장이 완전하다는 것은 금융거래에 수반되는 거래비용과 세금 등이 존재하지 않고, 자금조달을 위한 시장접근성이나 장애요인이 전혀 없다는 개념이다. 이런 시장환경에서는 기업가치가 기업의 투자로부터 발생하는 수익 즉, 현금흐름에 의해 결정되는 것이고, 배당정책은 주어진 이익을 배당과 내부유보로 나누는 방법에 관한 문제일 뿐 기업가치에는 영향을 미치지 않는다는 것이다.

배당과 기업가치, 즉 주가가 관련이 없다는 근거를 밀러와 모딜리아니는 다음과 같은 상황을 예로 들었다. 첫째로 주주는 현금배당을 받게 되면 보유주식의 가치가 배당받는 금액의 크기만큼 하락하게 된다. 즉, 배당락효과가 발생한다. 따라서 현금배당수입에 따른 주주부의 증가만큼, 주가하락에 따른 주주부의 감소로 부의 효과는 상쇄된다는 것이다.

밀러와 모딜리아니는 배당과 주가의 무관련이론을 증명하기 위해 또 다른 예로 자사주매입 방식과 자가배당금이라는 개념을 가지고 무관련이론을 설명하였다. 자사주매입이란 기업이 기존에 발행한 주식을 재매입하여 소각하거나 사내에 보유하는 경우를 뜻한다. 완전자본시장에서는 주식을 사고파는데 아무런 비용이 발행하지 않기 때문에 주주는 기업의 배당정책을 자신의 취향에 맞도록 손쉽게 수정할 수 있다.

다시 말해서, 기업이 주주가 원하는 것보다 많은 배당금을 지급할 경우 주주는 배당수입을 이용해서 주식을 추가로 매입하면 기업이 재투자한 것과 같은 효과를 얻을 수 있다. 반대로 주주가 원하는 것보다 배당금을 적게 지급한다면 소유주식의 일부를 매각하여 현금을 추가로 확보하면 된다.

이것을 자가배당금(homemade dividends)이라고 한다. 주주가 자가배당금을 만들어 내는 데 아무 제약이 없다면 주주는 기업이 어떤 배당정책을 구사하던 상관하지 않기 때문에 배당정책과 기업가치는 무관하게 된다는 것이다.

주주들은 자가배당금을 이용해서 기업의 배당정책을 흉내 낼 수 없는 경우에만 기업배당금(corporate dividends)을 중시할 것이다.

두 번째, 무관련이론의 근거로 고객이론을 들고 있다. 고객이론(clientele theory)은 투자가들이 현금배당과 내부유보에 대한 선호에 따라 주식투자도 맞춰서 한다는 것이다. 즉, 현금배당을 선호하는 투자가들은 현금배당을 많이 하는 기업의 주식을 선호하고, 현금배당보다 사내유보를 통해 자본이득을 추구하는 투자가들은 저배당 기업의 주식에 투자를 한다는 것이다.

배당과 기업가치의 관계에 대한 밀러와 모딜리아니의 이론은 완전시장을 가정한 상황에서 전개하는 치밀한 이론을 제시하고 있어, 전문대학과정에서는 더 이상의 언급을 회피하고 간략히 서술적으로 소개하는 수준에서 그치도록 한다.

2. 배당과 기업가치의 부의(-) 관련성

현금배당이 오히려 주가에 부정적인 영향을 미친다는 주장도 있다. 이것은 밀러와 모딜리아니가 가정했던 완전자본시장가정이 현실적으로 실현되지 않은 결과라고도 할 수 있다. 결국 현금배당과 주가는 현실적으로 관련이 있는데, 이것은 밀러와 모딜리아니의 완전시장가설에서 세워졌던 각각의 가설들이 현실적으로 어떻게 작용하고 있는가에 따라 현금배당과 주가가 플러스, 혹은 마이너스 관계를 가질 수 있는 가능성이 있다는 말과 동일할 것이다.

우선적으로 주주는 기업의 배당정책에 지대한 관심을 가지고 있는 것이 현실이며, 완전시장 가설에서 제시한 각각의 요인들에 대한 주주의 선호도나 현실제도상의 입장에서 높은 현금배당이 주주들이 선호하거나 제도적으로 유리할 수도 있고, 그 반대의 경우일 수도 있다. 실제 주주들에게 현실적으로 영향을 미칠 수 있는 요인을 확인해보면 다음과 같다.

(1) 세금

완전시장가설에서 현실적으로 성립되지 않은 대표적인 시장불완전요인이 주주들이 주식투자로부터 얻게 되는 수익에 대한 세금문제이다. 주주가 주식투자로부터 얻게 되는 수익의 원천은 이미 소개한 대로 배당소득과 매매차익(자본이득)이 있다.

그런데 이 두 수익항목에 대해서 국가마다 세금부과방식이 차이가 나는 것이 현실이다. 즉 배당수익과 자본이득에 대한 과세비율이 동일하다면 완전시장가설에서 세금에 관련된 가정이 성립할 수 있겠지만 현실은 그렇지 못하다.

따라서 당연히 주주입장에서는 과세회피를 위해 유리한 형태의 수익을 더 선호하게 될 것이고, 이는 기업의 배당형태에 따라 주가가 영향을 받게 된 다는 것을 의미한다.

국가마다 미세한 차이는 있을 수 있지만, 현재 대부분의 국가에서는 주식매매로부터 발생하는 매매차익인 자본이득세율이 배당소득세율보다 낮으며, 우리나라에서는 대주주는 종합과세를 하고, 소액주주는 배당수익에 대해서는 22%를 과세하며, 매매차익에 대해서는 과세를 하지 않고 있다.

따라서 개인소득세를 납부하는 투자가입장에서는 배당성향이 높은 기업보다 낮은 기업을 선호하게 될 것이며 주식투자로부터의 수익을 배당금보다는 자본이득의 형태로 보상받기를 원할 것이다. 이런 경우에 현금배당과 주가는 마이너스 관계에 있을 수 있다.

(2) 비용의 발생

밀러와 모딜리아니가 가정한 완전시장가설에서 현실적으로 성립하기 어려운 가정 가운데 하나가 시장에서 금융거래를 하는 과정에서 발생하는 비용의 문제이다. 완전시장에서는 모든 금융거래에 수반되는 비용의 발생이 제로라고 가정하고 있는데, 이것은 현실적으로 매우 힘든 가정이라고 할 수 있다.

그러면 현실적으로 이 비용의 발생이 무시할 수 없을 만큼 중요하면, 배당과 기업가치의 관련성은 무관한 것이 아니라 어떤 형태로든 영향을 미칠 수밖에 없을 것이다. 우선적으로 고려해볼 수 있는 비용형태가 기업의 자본조달비용이다. 현실적으로 기업이 외부금융방식에 의해 자본을 조달하게 되면 적지 않은 발행비용이 발생한다.

따라서 만약 기업이 높은 현금배당을 하게 되면, 결과적으로 필요한 자본을 외부금융방식에 의해 조달해야 할 상황이 높아지게 되고, 주식발행에 의한 유상증자나 회사채 발행에 의한 타인자본 조달방식 같은 직접금융이든, 아니면 금융기관에서 차입을 하는 간접금융이든 모든 외부자금 조달방법에는 발행비용(flotation costs)이 발생한다.

자본조달에 필요한 금융수단을 발행하면서 부담하게 되는 발행비용만큼 결국 기업가치가 부정적인 영향을 받게 될 것이므로, 높은 현금배당을 하는 기업의 경우보다 사내유보를 많이 하는 기업은 내부금융방식에 의해 필요한 자금을 조달함으로써 발행비용을 줄일 수 있다. 따라서 금융수단을 발행하는 과정에서 발행비용이 무시할 수 없을 만큼 중요하면, 배당성향이 낮을수록 불필요한 발행비용을 피할 수 있기 때문에 기업가치가 증가한다는 것이다. 즉, 이 경우에는 현금배당과 기업가치는 상호 역관계에 있다고 할 수 있다.

한편, 주주들이 유통시장에서 주식매매를 하는 과정에서 부담하게 되는 거래비용(transaction costs)이 존재할 경우에도 배당과 기업가치는 무관하지 않을 수 있다. 즉, 배당과 기업가치의 무관련이론에서 밀러와 모딜리아니가 예로 들었던 자가배당금 제도와 자사주매입제도를 현실적으로 활용하는데 무시할 수 없는 비용부담이 발생하면 배당이 기업가치에 영향을 미칠 수 있다. 만약 주주가 원하는 수준보다 많은 현금배당을 받을 경우에 주주는 이 자금으로 자신이 직접 주식에 투자해야 하는데, 이 금융거래에서 거래비용이 과다하게 부담하게 되면 현금배당을 받는 것보다 주주의 부가 감소할 수 있으므로 이런 거래비용환경에서는 주주는 기업이 배당을 낮게 지급하고 유보를 많이 하여 자체적으로 재투자하는 것을 더 선호할 것이다.

그러나 한편으로 금융거래에 수반되는 비용발생문제는 이와 반대의 경우도 발생하는데, 고객이론효과(clientele effect)의 경우에 해당된다. 즉, 주식매매에 따른 거래비용은 고배당 주식을 선호하게 하여 주가를 상승시키는 요인으로도 작용한다.

예를들면, 배당수입으로 생활을 해야 하는 퇴직자의 경우 기업이 충분히 많은 배당을 지급해 주기를 바란다. 만약 현금배당수준이 낮으면 퇴직자들은 부족한 자금을 결국 보유중인 주식을 처분해서 마련하게 되는데, 거래비용이 크면 소득이 줄어드는 효과가 발생할 것이다. 따라서 이들은 현금배당이 높은 기업의 주식을 선호하게 될 것이므로 그런 기업의 주가가 높게 형성될 것이다. 따라서 거래비용의 발생문제는 주가에 영향을 미치되 긍정적인 효과일지 부정적인 효과일지에 대하여 명확하게 규정하기는 힘든 문제이다.

3. 배당과 기업가치의 정의(+) 관련이론

배당이 기업가치에 플러스효과를 가져다준다는 근거는 완전시장가설보다는 다른 측면에서 제기된다. 대표적인 근거로는 현금배당이 시장에 전달하는 정보효과와 대리인 비용 효과, 그리고 불확실성을 제거함으로써 기업의 자본비용을 감소시키는 효과들이 있다.

(1) 배당의 정보효과

기업의 현금배당지급은 기업의 미래 수익에 대한 전망을 반영하고 있는 것으로 시장은 받아들인다는 것이 배당의 정보효과(information contents of dividends)이다. 즉, 주식시장에서 시장과 투자가들은 기업이 배당금을 증가시키거나 감소시키는 것을 기업의 경영자가 미래 기업전망을 반영하고 있다는 것으로 받아들인다는 것이다.

따라서 배당금 자체가 중요해서가 아니라 기업이 미래 전망이 부정적일 경우 일반적으로 현금배당의 크기를 줄이고, 전망이 긍정적일 경우 현금배당을 증가시킨다고 받아들인다. 따라서 기업이 현금배당을 증가시키면 주가가 상승하는 효과를 가져온다는 것이 배당의 정보효과이다.

그러면 왜 이런 정보효과가 발생하는가? 이에 대한 근거로 기업경영자와 외부투자가사이에는 정보의 비대칭성이 존재한다고 설명을 한다. 즉 경영자는 외부주주들보다 해당 기업의 미래전망에 대해서 우월한 정보를 현실적으로 가지고 있다. 그래서 사실여부와 무관하게 기업에 대한 경제주체들의 정보불균형 문제에 의해 배당이 정보를 가지고 있는 것으로 판단한다는 것이다.

그래서 만일 경영자가 종전보다 많은 현금배당을 지급할 경우, 시장과 투자자들은 이러한 정보를 경영자가 기업의 미래수익전망을 더 좋게 보고 있기 때문이라고 해석하여 해당 기업의 주식에 대한 수요를 증가시키면서 주가를 상승시키는 결과를 초래한다는 것이다.

이와 반대로, 경영자가 현금배당크기를 줄이는 결정을 하게 되면 해당 정보는 기업의 미래수익창출 능력에 대하여 경영자가 부정적 정보로 해석해서 주가가 하락한다는 것이다. 이런 배당의 정보효과는 현실적으로 상당히 설득력이 높은데, 그 이유는 기업들의 배당관행 중에 종전의 배당수준을 가급적 유지하려는 관성을 보이는 것이 관찰되기 때문이다. 즉, 가급적 기업은 이전에 지급하던 현금배당수준을 기업의 실적과 무관하게 일정수준 유지하려는 관행을 보이는데, 이런 상황에서 기업의 현금배당크기를 변경시키면, 투자가들은 민감하게 기업의 상황변화와 관련된 정보로 받아들일 수밖에 없는 실정이라는 입장이다.

(2) 대리인비용

본서 제1편에서 소개된 주식회사제도에서 제기된 대리인비용 문제는 특권적소비나, 과소투자문제, 또는 포괄적인 도덕적 해이 등 여러 가지 유형이 있었지만 배당정책에서도 대리인비용 문제가 발생한다. 배당정책에서 발생하는 대리인이론은 조금 유형이 복잡하다. 물론 경영자와 주주들간의 이해상충 때문에 발생한다.

그런데 배당과 대리인문제는 어떻게 관련을 가지고 있을까? 우선 다양한 형태의 대리인문제 유형이 상당부분 배당과 연관되어 있다. 우선 특권적소비 형태의 대리인문제가 현금배당을 적게 하도록 유인하는 동기로 작용할 수 있다. 왜냐하면, 경영자의 특권적소비에 대한 동기는 기업이 현금여유가 증가할수록 커지기 때문이다.

기업의 자본예산투자에서 발생할 수 있는 대표적이고 심각한 대리인문제는 경영자의 위험에 대한 지나친 민감도로 야기되는 과소투자문제였지만, 소유경영자와 같은 지배구조를 갖는 기업에선 정 반대의 대리인문제가 발생할 가능성이 있다. 즉, 소유경영자는 기업의 현금보유수준이 높아질수록 무모한 투자결정을 할 수 있는 유인을 가질 수 있다.

즉, 기업의 성장을 위해 적극적인 인수합병에 대한 동기가 커지거나, 사업타당성이 정교하게 분석되지 않은 투자대상에 대해서 투자를 감행하는 무리수를 던질 유혹에 쉽게 빠질 가능성이 있을 수 있다. 따라서 현금배당의 문제는 기업의 투자와 관련한 대리인문제를 충분히 야기할 수 있다.

이러한 대리인문제로 인해 대리인비용이 과도하게 발생하면 기업가치가 하락할 것이므로, 이런 경우에는 현금배당을 증가시키는 것이 기업가치, 즉 주가에 긍정적으로 작용할 것이다. 반면에 현금배당이 적어지면 대리인문제에 노출되면서 기업가치를 하락시킬 것이므로 투자가들은 높은 현금배당을 선호하게 될 것이다.

이러한 대리인문제를 완화시키기 위하여 기업은 많은 감시비용을 부담할 수밖에 없는데, 만약 현금배당을 많이 하게 되면 주주들이 부담하는 감시비용을 줄일 수 있는 효과도 발생할 수 있으므로 기업가치에 긍정적인 영향을 미칠 수 있을 것이다.

(3) 미래 불확실설의 제거

당기순이익은 주주들 몫이고, 이를 사내유보로 하든지, 아니면 현금배당으로 하든지 주주부를 증가시키는 효과는 동일하다고 이론적으로 증명해보이고 있다. 그러나 특히 외부주주들은 경영권과 관계없이 경제적인 동기로 주식을 보유하므로 한시적인 주주들이다.

이들 외부주주들은 따라서 주주몫을 미래에 받는 것보다는 현시점에 배당받는 것을 당연히 선호한다. 따라서 유통시장에서 주로 거래되는 주식의 수요자들은 현금배당을 더 선호하고, 당연히 현금배당수준이 높은 기업의 주식을 더 선호하므로, 고배당기업의 주가가 일반적으로 높게 형성되는 것을 볼 수 있다.

그래서 현금배당을 높게 하는 것은 기업의 불확실성을 상당 수준 제거해주는 효과를 가진다. 이런 주장을 뒷받침 할 수 있는 이론적인 근거도 고든의 배당모형으로 설명이 가능하다. 고든의 배당모형은 자본비용에서 이미 소개되었지만, 다시 한번 보기로 하자.

$$k = \frac{D}{P} + g$$

즉 배당모형에서 자기자본에 대한 자본비용 k는 한 주당 현금배당금을 한 주당 가격으로 나누고, 만약 배당금수준이 성장기업이라는 기업상황 때문에 낮은 경우에는 기업의 성장률 g를 더함으로써 추정할 수 있다.

위 식에서 현금배당을 증가시키면 자본비용 k가 감소하게 된다. 자본비용이 감소한다는 것은 결국 기업가치를 평가하는 모형으로 전환하면 기업의 미래수익을 할인하는 할인율이 감소하는 것이므로 기업가치는 상승하게 된다. 즉, 현금배당을 증가시키면 기업의 불확실성, 즉 위험을 감소시키고, 이 위험감소는 결국 기업이 부담하게 되는 자본비용, 또는 할인율을 감소시킴으로써 기업가치를 증가시키게 된다는 것이다.

위 모형을 주가모형으로 전환하면 다음과 같이 나타낼 수 있다.

$$P = \frac{D}{(k-g)}$$

즉, 주가 또는 기업가치는 배당금을 할인율로 나눈 값이므로, 배당을 증가시키거나, 할인율이 감소하면 주가가 상승하게 될 것이다.

제 2 절 최적 배당정책

앞에서 현금배당이 기업가치에 미치는 영향에 대해서 살펴보았는데, 현실적으로 현금배당이 어떻게든 주가에 영향을 미치고 있는 것으로 정리할 수 있다. 그러면 기업이 적절한 배당정책을 하기 위해서는 어떻게 해야 할까? 이에 대한 정답은 현실적으로 존재하지 않는다.

다만 기업이 처해진 상황에 맞게 현금배당 수준을 결정하지만, 기업의 배당정책에 영향을 미치는 요인에 따라 공통적으로 적용되는 원칙들을 소개하면 다음과 같다.

1. 배당결정시 현실적 고려요인

기업이 실제 배당을 결정할 때, 경영자는 다음과 같은 현실적인 상황들을 고려하여 최적의 의사결정을 도출하려고 노력하게 된다.

(1) 투자기회

기업의 현금배당수준을 결정하는데 영향을 미치는 현실적인 요인 가운데 대표적인 고려요인이 투자기회의 존재유무이다. 즉, 현금배당을 결정할 당시에 향후 투자수익률이 높은 우수한 투자기회가 많을수록 현금배당수준이 낮아진다는 것이다.

왜냐하면 우수한 사업기회를 많이 가지고 있다는 것은, 조만간 투자에 필요한 자본을 조달해야 할 필요성이 확실히 예견된다는 것이다. 자본조달의 필요성이 충분히 예측되는 상황에서는 가급적 외부금융방식보다 내부금융방식이 경영자 입장에서는 더 선호할 수밖에 없다.

그 이유는 자본조달의 신속성과 자본비용 관점에서 내부금융이 더 낳은 방식이기 때문이다. 더구나 외부금융방식, 즉 유상증자에 의한 자본조달 방식은 매우 높은 불확실성을 내포하고 있다. 유상증자가 성공적으로 이루어지기 위해서는 유통시장과 발행시장의 상황이 동시에 기업과 우호적이어야 계획된 조건으로 자본이 조달되기 때문이다.

따라서 좋은 사업기회를 많이 가지고 있는 기업일수록 자본조달에 대한 수요 때문에 현금배당수준이 낮게 결정될 가능성이 높아진다. 재무담당자에게 풍부한 내부금융의 기회와 가능성이 있는 경우에 자본조달에 대한 큰 부담을 덜 수 있다는 것은 경쟁기업에 비해 아주 유리한 사업상 비교우위를 점하게 된다.

이런 현상은 배당의 고객효과이론과 매우 밀접한 관계를 가지고 있다. 기업 현실에서 보면 흔히 기업의 수명주기(life cycle)상 초기 성장단계에 있는 기업은 성숙단계의 기업보다 현실적으로 투자기회가 훨씬 많이 존재한다.

즉, 성장단계에 있는 기업은 매출성장이 지속적으로 이루어진다는 것을 의미하므로, 매출성장을 뒷받침하기 위한 기업의 투자가 지속적으로 이루어지는 단계이다. 보통 기업의 역사가 일천할수록, 중소기업일수록 성장단계에 위치할 가능성이 현실적으로 높다. 그래서 이런 기업들의 현금배당수준이 역사가 오래되고, 규모가 큰 성숙기업보다 현금배당수준이 낮을 수밖에 없다.

그래서 심한 경우에는 상장기업이지만, 성장기회가 큰 기업들은 투자에 필요한 자본조달에 대한 부담을 덜기 위해 최대한 현금배당을 억제하고 대신 기업성장에 따른 주가상승으로 주주들의 부를 극대화해주는 전략을 사용하고 있다.

고객이론의 경우에서 보듯이, 투자가들은 자본이득과 배당에 대한 각자의 선호에 따라 맞게 투자를 결정하는 경우를 말한다. 이런 고객효과는 실제 미국의 주식유통시장에서는 충분히 발견되는 투자패턴이다.

미국의 경우에는, 나스닥시장에 상장된 중소성장기업들은 주로 저배당기업인데 비해, 거래소시장 상장기업 가운데 성숙단계에 접어든 기업들은 현금배당을 많이 하고 있다. 따라서 퇴직자처럼 노후생활을 일정한 금융소득에 의존하는 투자가들은 거래소 상장기업 중에서 현금배당을 높게 하는 기업주식에 투자를 많이 하고 있다.

좋은 투자기회의 과다여부에 따라 현금배당수준이 영향을 받는 것은 주주의 입장에서도 충분히 설득력이 있는 이야기다. 즉, 해당기업이 직면하고 있는 사업기회의 수익률이 주주가 직면하고 있는 주식투자에 대한 기대수익률보다 높다면, 주주는 현금배당금을 받아 직접 주식투자를 하는 것보다 기업이 갖는 투자기회에 투자하게 한 후 높은 수익률을 배분 받는 것이 더 유리할 것이기 때문이다.

(2) 외부자금조달 능력

현금배당결정에 영향을 미치는 요인 가운데 두 번째 요소로 기업의 외부금융능력이 있다. 이것은 기업마다 금융시장에 대한 접근가능성이 다르다는 현실적인 고려이다. 결론부터 말하면 외부금융능력이 좋은 기업이 그렇지 못한 기업보다 현금배당수준을 높일 수 있는 여지가 많다는 것이다.

기업간에 외부금융능력을 차이 나게 하는 대표적인 요인은 상장여부가 될 것이다. 즉, 법적형태로 같은 주식회사이지만, 상장기업과 비상장기업은 금융시장접근 능력에서 엄청난 차이가 있다. 또한 비상장기업은 현금배당에 대한 문제가 앞서 지적한 대로 재무담당자의 관심 밖의 과제일 수도 있다. 그래서 비상장기업은 상장기업보다 현금배당수준이 낮을 가능성이 충분하다.

또 다른 기업간의 금융시장접근성의 차이를 발생시키는 요인은 기업의 현재 재무구조와 향후 전망이다. 기업의 현재 재무구조는 구체적으로 부채비율이 적정수준을 초과하고 있다든지, 아니면 부채수용능력이 낮은 상황이면 외부금융방식 가운데 타인자본조달 능력이 문제가 생길 수 있다.

회사채나 금융기관차입금 같은 외부자본조달수단을 사용하는데 어려움에 처해질 정도의 기업은 당연히 유상증자 상황도 힘든 상황이 될 것이다. 그래서 현재 또는 미래에 기업이 타인자본이든 자기자본이든 조달가능성이 낮아질수록 기업은 현금배당수준을 낮게 하려는 유인을 가지게 될 것이다.

흔히 기업실무에서 관찰되는 것으로, 향후 불경기가 도래할 것으로 예측되는 경우에 기업은 최대한 유동성을 확보하려는 조치들을 강구하게 된다. 경기침체가 도래하면 발행시장에서 유상증자도 힘들어지고, 금융기관의 대출도 환수가능성을 더욱 엄격히 체크하기 때문에 기업의 금융시장접근성이 떨어지게 되기 때문이다.

이런 경우에 기업의 현금배당에도 영향을 미치게 되는데, 당연히 현금배당수준이 낮아지게 될 가능성이 커질 것이다.

기업간에 외부금융능력의 차이가 발생하는 경우는 또 있다. 특히 우리나라의 경우 중소기업과 대기업간에 자본조달능력이 많이 차이가 난다. 일반적으로 중소기업은 대기업에 비해 자금조달이 상대적으로 불리하기 때문에 배당성향이 낮은 경향이 있다. 따라서 중소기업의 경우 대기업보다 현금배당수준이 낮을 가능성은 여러 가지 측면에서 설명이 가능하다. 즉, 대기업보다 성장기업일 가능성 높아 투자기회가 많을 수도 있고, 금융시장접근능력이 떨어지므로, 자본조달의 필요성에 대비하여 사내에 내부금융원천을 축적하는 차원에서 현금배당을 낮게 할 유인이 있을 수 있다.

(3) 기업의 지배권

현금배당수준을 결정하는데 영향을 미치는 또 다른 요인으로 문제가 있다. 현재 또는 장래에 기업의 경영권보호에 문제가 발생할 가능성이 높은 기업이거나. 현재의 경영자나 대주주가 경영권에 대한 집착이 강할수록 현금배당수준이 낮아질 가능성이 높다.

특히 우리나라 상장기업들은 아직 대부분의 경우 경영자와 대주주가 일치하는 소유경영자 체제를 보이고 있는데, 우리나라 상장기업들의 현금배당수준이 비정상적으로 낮은 것도 경영권보호 문제가 영향을 미치고 있을 가능성이 높게 지적된다.

당기순이익 중 현금배당으로 지급하는 정도를 배당성향이라고 하는데, 배당성향이 높을수록, 그리고 한 주당 현금배당금액이 높아질수록 기업은 향후 투자에 필요한 자본을 일정비율 유상증자를 통해 조달하지 않을 수 없다. 만약 유상증자의 횟수가 증가하게 되면, 결과적으로 대주주의 지분율이 지속적으로 희석되어 결국엔 경영권방어문제가 현실적으로 대두하게 될 가능성도 높아질 것이다.

따라서 현재의 대주주나 경영자가 경영권보호를 중시하는 입장이고, 현재의 지분율이 더욱 희석되는 것이 위험한 수준에 도달하고 있다면, 현금배당에 대한 정책이 달라질 가능성이 충분히 제기되면서 가급적 현금배당을 줄이려는 유인을 가지게 될 것이다.

(4) 배당관련 규제

타인자본형태로 자본을 제공하는 채권자는 주주와 배당에 대한 이해가 다를수밖에 없다. 왜냐하면 채권자는 자본제공시 맺은 부채계약에 명시된 만큼만 회수가능함으로 기업의 성과와는 무관한 입장이다. 그래서 주가 또는 기업가치와는 상관없이 유일한 관심이 원리금회수에만 있게 된다.

이런 채권자의 이해관계는 기업이 가능한 원리금회수에 필요한 현금 유동성을 풍부하게 유지하고 있는 것을 더 선호하게 되면서, 가급적 배당으로 인한 현금유출을 꺼리게 된다. 따라서 채권자들이 기업에 타인자본을 제공하는 경우에 작성하는 부채계약서에는 구체적으로 원리금회수를 안전히 하기 위한 보호장치를 다양하게 마련하는데, 그 가운데 배당에 대한 규제조항들을 삽입할 가능성도 배제할 수 없다.

또한 최근 들어 국내기업의 배당활성화 위해 시가기준 배당을 할 것을 점차 관련당국이 요구하고 있는 실정이다. 시가기준에 의한 배당을 할수록 기업의 배당으로 인한 현금지출 규모가 증대할 수밖에 없을 것이다.

최근에 도입된 중간배당제 도입도 현금유출을 증가시키는데 영향을 미칠 가능성이 커지고 있다. 지금까지 언급된 배당지급에 영향을 미치는 각 요인과 기타 사항들을 정리하여 요약하면 ＜표 5－6＞과 같다.

표 5-6 배당 정책의 고려요인

요 인	내 용
경영성과	현재와 미래의 이익, 현금흐름
투자계획	투자규모 수익성
자금조달계획	배당지급시 외부 자금 조달의 기능성과 자본비용
재무건전성	적정 자본구조, 유동성
주주특성	배당 선호도, 세금효과
정보효과	배당 변경이 주가와 기업 이미지에 미치는 영향
배당지급관행	업계 및 경쟁업체의 배당성향, 배당액
배당관련제한	채권자와의 약속, 배당가능 이익의 규모

2. 최적배당 정책

현실적으로 자본시장은 불완전하기 때문에 최적배당정책은 존재하는 것으로 보인다. 다만, 배당 정책은 투자정책 및 자본조달정책과 연관되어 있기 때문에 기업의 최적배당정책을 획일적으로 결정하기는 어렵다.

(1) 잔여배당정책

잔여배당정책은 투자를 배당보다 우선하는 경영자의 인식이 반영된 이론이다. 잔여배당정책(residual dividend policy)이란 기업이 최적자본구조를 유지하면서 동시에 기업이 직면하고 있는 투자기회에 필요한 자본을 투자하고 남은 자금이 있을 경우에 비로소 배당금을 지급한다는 것이다.

이 이론은 유보이익에 대한 재투자수익률이 위험이 같은 대체가능한 투자기회로부터 얻을 수 있는 수익률보다 큰 경우, 주주들은 배당소득보다 유보이익에 의한 재투자를 선호한다는 가정에 기초하고 있다.

만약 현금배당을 많이 하게 되면, 투자에 필요한 자본을 신규로 자기자본조달을 할 경우의 자본비용은 내부유보자금의 자본비용보다 높기 때문에 기업은 유상증자를 가급적 피하려고 한다. 따라서 기업은 새로운 투자에 필요한 자금을 조달함에 있어 우선적으로 내부자금조달에 의존한다.

따라서 배당정책은 항상 투자자금소요를 해결하고 난 뒤에 잔여자금으로 다뤄져야 한다는 것이 잔여배당정책의 입장이라고 할 수 있다. 즉, 잔여배당정책의 입장에 의하면, 기업은 투자기회의 규모가 확인되면 기존의 자본구조를 유지하기 위해 조달해야 할 자기자본의 금액을 확정하고, 이를 유지하기 위해 순이익에서 유보금액의 크기를 결정한 뒤에 남은 이익에 대해 배당금을 결정하는 순서로 재무적 의사결정을 진행하게 된다.

이 이론에 따르면 결국 배당의 크기는 투자규모와 순이익의 규모에 의해 결정된다는 것을 알 수 있다. 경영자가 기업의 전체 가중평균자본비용을 최소화할 수 있는 자본구조가 존재한다면, 기업은 새로운 투자를 위한 자본조달도 이 자본구조를 유지할 수 있는 각 자본조달원천의 적정비율을 지켜야 할 것이다.

이 경우 자기자본으로 조달되어야 할 자본이 유보이익으로 충당되지 못하면 새로운 유상증자를 실시해야 할 것이다. 유상증자의 경우 시장상황에 따라 발행조건이 변할 수 있고, 발행비용의 부담도 있으므로 자연스럽게 한계자본비용이 상승하게 되면서 기존의 최적자본구조를 유지하기가 힘들 것이다.

예를 들면 어떤 기업이 당기순이익으로 발생한 300억원을 모두 사내유보 한다면 기존의 최적자본구조를 그대로 유지하면서 신규로 300억원의 부채를 조달하여 전체 투자규모가 600억원이 소요되는 투자기회에 투자할 수 있다는 것이다.

만약 이 투자기회의 규모가 400억원 정도라면 내부유보된 자금 중 200억과 타인자본으로 200억원씩을 조달하여 투자를 하고, 당기순이익 중 100억만큼은 현금배당을 할 수 있다는 것이다.

그러나 잔여배당정책이론의 입장은 만약 신규투자규모가 더 커지거나, 다른 투자기회들이 여전히 남아있다면, 경우에 따라서는 배당을 하지 못할 수도 있다. 그러니까 잔여배당정책에 의하면 투자기회가 많은 기업은 현금배당이 적은 반면, 투자기회가 별로 없는 기업은 현금배당이 늘어날 수 있다는 것이다.

잔여배당정책이론은 앞에서 현금배당에 영향을 미치는 요인으로 투자기회 요인과 일맥상통하는 이론이라고 할 수 있다. 기업의 수명주기상 빠르게 성장하는 기업의 배당성향은 대체로 낮은 편이고 성장이 둔화된 기업은 배당성향이 상대적으로 높은 경우가 많은 것은 이러한 잔여배당정책의 시사점과 일치한다.

잔여배당정책이론의 가장 큰 단점은 배당지급의 불안전성이 커다는 것이다. 그래서 상장기업의 경우에 적용하기에는 다소 무리가 있다. 외부주주집단이 존재하는 상장기업의 경우 주주들이 현금배당의 불안전성이 높아지면 해당기업의 주식에 대한 선호가 줄어들면서 기업입장에서는 주가를 관리하는데 상당한 어려움이 있을 수 있다. 따라서 이 이론은 비상장기업 같은 소유구조를 가진 중소기업의 경우에 더 적합한 이론이라고 할 수 있다.

(2) 안정적 배당정책

우선주 보유자에 대한 배당은 당기순이익의 발생유무나 크기에 무관하게 지급하지만, 보통주 소유자에 대한 현금배당은 당기순이익에 기초하여 지급되는 것이다. 따라서 만약 기업이 당해 연도 당기순이익이 발생하지 않거나, 순이익의 규모가 작은 경우에는 보통주소유자들에게 지급이 되지 않은 경우도 허다하다.

기업의 당기순이익은 기업이 직면하는 내외 환경에 따라 변동성이 아주 커서 매출이 부진하든지, 생산, 판매 등 다양한 분야에서 문제가 발생하면 순이익의 크기가 매년 변하는 것이 일반적이다. 따라서 순이익에 기초하여 지급되는 보통주 소유자에 대한 현금배당지급도 당연히 변동성이 커야 하는 것이 당연하다.

그러나 실제는 그렇지 않다. 기업은 가급적 배당금을 일정한 수준으로 유지함으로써 안정적 배당정책(stable dividend policy)을 취하려는 경향이 있다. 기업의 영업성과에 상관없이 정해진 목표배당을 유지하려고 한다. 따라서 일시적인 이익증가만으로 배당을 증가시키기 보다는 미래에 이익증가가 지속될 것으로 예상될 경우에 비로소 배당금을 증가시키는 것이다.

여기서 일정하게 유지하려는 대상은 한 주당 현금배당금 규모이다. 즉, 기업이 유지하려는 것은 배당향을 엄격히 지키려고 하는 것이 아니라 주당배당금을 일정수준 유지하려는 태도를 보인다는 것이다.

기업이 이렇게 안정적인 배당정책을 유지하려는 입장을 가지는 데는 다음과 같은 현실적인 근거들이 있다. 첫째, 주주의 입장에서 안정된 배당수입은 미래 현금흐름의 불확실성을 낮춰주기 때문에 그러한 주식의 가치를 더 높게 평가할 것이다.

예를들면, 앞으로 5년간 매년 1000원씩 주당배당금을 안정적으로 지급하는 경우와, 5년간 지급되는 주당배당금 총액은 5000원으로 같지만 연도별로 배당금의 편차가 클 경우를 비교하자면 대부분의 위험회피형 투자자들은 전자의 경우를 더 선호할 것이다. 따라서 배당을 안정적으로 지급하는 기업은 주주가치를 중시하는 기업이라는 이미지 제고효과도 있다.

둘째, 배당소득으로 생활을 해야 하는 투자자의 입장에서는 안정된 배당을 지급하는 주식을 선호할 것이다. 물론 부족한 배당수입을 보충하기 위해 일부 보유주식은 처분할 수도 있지만 이 경우 거래비용을 부담해야 할 뿐 아니라 대개의 투자자는 원금잠식을 꺼리는 경향이 있다.

셋째, 배당금의 안정적 지급은 기업의 공신력을 높여주고 담보능력도 향상시켜 기업가치창출에 기여할 수 있다. 만일 순이익이 일시적으로 하락해도 배당지급이 꾸준하다면 주주들은 이익이 조만간 회복될 것이라고 해석하여 성급히 주식을 처분하지 않을 것이다.

3. 배당금 지급절차

우리나라의 배당지급은 주주총회의 의결사항으로서 매년 결산 후 이루어지는 정기배당과 함께 1988년 새로 도입된 중간배당제를 동시에 실시하고 있다. 중간배당제는 별도의 항에서 언급하기로 하고, 우선 정기배당에 관해서 중요한 사항별로 정리해 보면 다음과 같다.

(1) 배당발표일

우리나라는 상법으로 배당지급에 관한 결정을 매 사업연도 종료일부터 3개월 이내에 열리는 정기주주총회에서 의결하도록 하고 있다. 이 조항은 미국의 경우에 이사회의 결의사항으로 주로 분기별로 이루어지는 것과는 다른 측면이라고 할 수 있다.

배당지급에 관한 정기총회 의결에서는 1주당 배당금, 배당기준일 그리고 배당금지급일 등에 대해 의결하고, 이에 관한 공식내용이 발표되는 날을 배당발표일(declaration date)이라고 한다.

(2) 배당기준일

배당기준일(record date)은 배당지급을 받기 위해 주주가 해당 기업의 주식을 공식적으로 보유하고 있어야 하는 마지막 날을 지칭한다. 따라서 배당을 지급받기 위해서는 배당기준일까지 주주로 등록되어 있어야만 가능하다. 우리나라에서는 매사업연도 결산일을 배당기준일로 한다.

배당기준일 이후에 주식을 취득하게 되면 주주명부에 배당지급대상 주주로 등록되지 못하므로 이전의 주주에게 배당이 지급된다. 따라서 배당기준일이 지난 다음날을 배당금을 받을 권리가 없어지는 날을 배당락일(ex-dividend date)이라고 한다.

배당락일은 배당금에 대한 권리가 주식매수일 현재 상실되는 날을 말한다. 따라서 배당락일의 기준주가는 전날 주가보다 배당에 상당하는 액수만큼 하락한다. 만약, 투자가가 배당금을 지급 받으려면 주식을 최소한 배당락일 이전 날까지는 매입해야 주주명부에 등록되어 배당권리를 가지게 된다.

현재 우리나라의 주식유통시장에서 결제방법인 보통결제는 주식취득거래가 체결된 날을 포함에서 총 3일 후에 현물과 현금의 인수도가 이루어지므로 배당락일은 배당기준일 직전일이 된다. 즉, 예를 들어, 6월 30일 결산법인 경우 배당락일은 6월 29일이며, 12월말 결산법인의 경우 연말 주식시장이 폐장되기 바로 전 거래일이 배당락일이 된다.

(3) 배당지급일

기업은 배당지급일에 배당기준일 현재의 주주명부에 등록된 주주들에게 배당금을 지급해야 한다. 배당지급일(payment date)은 주주들에게 배당금을 실제로 지급하는 날이다. 우리나라는 주주총회에서 결의한 날로부터 1개월 이내에 배당금을 지급하여야 한다. 다만 주주총회에서 배당금의 지급시기를 따로 정한 경우에는 별도의 정한 날에 지급할 수 있다.

미국에서는 배당지급절차가 배당발표일 → 배당락일 → 배당기준일 → 배당지급일 순서로 이루어지지만, 우리나라에서는 배당락일이나 배당기준일 이후에 배당 발표가 있고 나서 배당이 지급된다.

이로 인해 미국에서는 배당규모가 정해진 후 배당락가격이 결정되는 반면에 우리나라에서는 배당규모가 정해지기도 전에 배당락이 일어나기 때문에 공정한 배당락 주가의 형성이 어렵다는 모순이 있다.

4. 한국기업의 배당정책

경영자가 담당하는 재무기능 가운데 배당정책은 비교적 다른 분야에 비해 소홀하게 다뤄져 왔다는 반성이 최근에 많이 제기되고 있다. 그러나 최근 우리나라 상장기업들의 경우 외국인 투자가들의 지분보유비율이 높아지면서 점차 배당에 대한 관심이 증폭되고 있다. 실제 최근에는 상장대기업들의 배당성향은 무시할 수 없는 수준의 규모를 보이고 있기도 하다.

그러나 여전히 시가보다 훨씬 낮은 액면가기준의 배당제도를 관행적으로 유지해 온 결과 국내기업들이 현금배당금은 선진국에 비하여 매우 낮은 수준이다. 2003년 3월27일 이후부터 모든 등록 및 상장 기업은 배당공시를 할 때 반드시 시가 배당률을 명시하도록 증권거래법 시행령을 개정하였다.

1990년대 국내기업의 평균배당성향은 20.4%로 미국의 73.7%,일본의 60% 등 주요 선진국의 그것에 비해 현저히 낮았다. 그래서 시가대비 배당금을 의미하는 배당 수익률은 국내기업이 평균 1.7%로 선진국에 비하여 낮은데, 이는 국채수익률의 13%에 불과한 수준이다.

그림 5-4 각 국의 배당지급 현황

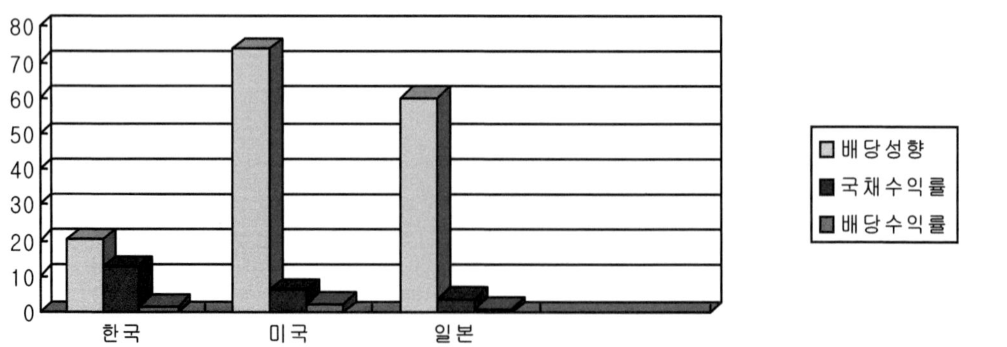

일본의 경우도 배당수익률이 낮기는 하지만 그래도 국채수익률의 22%정도인 것을 보면 그동안 우리나라 기업이 배당지금에 인색했음을 알 수 있다. 따라서 투자자들도 주식투자에 있어 배당수입에는 별로 관심이 없고 주가변동에만 민감하게 반응하여 주식을 장기보유하기보다는 단기매매에 주력함으로써 주주가치경영의 기반이 조성되지 못했다.

물론 기업의 재무적 특성을 고려하지 않고 무조건 배당지급을 증가시키는 것이 주주가치에 도움이 되는 것은 아니다. 기업이 주주의 요구수익률보다 높은 수익률을 얻을 수 있는 경우에는 이익을 기업내부에 유보하여 재투자함으로써 높은 이익을 달성하는 것이 주주가치 창조경영을 실현하는 것이기 때문에 국내 기업들은 배당정책을 기업가치 극대화를 달성하는 하나의 수단으로 인식할 필요가 있다는 것이다.

이에 따라 증권거래법 개정을 통해 2003년부터 배당정책의 활성화 차원에서 현금배당시 액면배당 개념을 폐지하고 시가배당률에 의한 공시를 의무화하였다. 아래 <표 5-7>은 최근 몇 년간 우리나라 거래소 상장기업과 코스닥 상장기업들의 현금배당금을 시가기준으로 구한 배당수익율 자료이다.

자료에서 볼 수 있듯이, 배당수익율은 주주들이 주식을 장기보유하는 경우 주식투자수익률 개념인데, 주식투자수익률로서는 전혀 무의미한 수준의 수익률 수준을 보이고 있다. 결국 주식투자가들은 나머지 부족한 수익률을 매매차익에서 보전하려 하기 때문에 단기매매 패턴이 우리나라 주식투자가들의 대표적인 투자속성으로 자리잡았을 가능성을 배제할 수 없다.

즉, 주주입장에서는 굳이 주식을 매매하지 않더라도, 배당수익율 수준이 시중의 정기예금 수준보다 더 높은 수준으로 보상이 이루어지면 장기적으로 안정된 주주로 자리잡을 수 도 있고, 유통시장이 지나치게 민감하게 등락하는 변동성도 상당수준 완화할 수 있을 것이다.

또한 주주총회결의를 통해 결산기말에만 지급되던 정기배당금을 이제는 이사회결의만으로 중간배당과 분기배당이 가능하도록 개선하였다. 이에 따라 배당지급회수의 증가를 통한 배당의 불확실성을 감소시키며, 기업입장에서는 배당에 따른 자금수요의 분산이 이루어질 것이다.

최근 우리나라에서 중간 배당을 실시하는 기업이 늘어나고 있다. 따라서 이제는 1년에 한번 결산월에만 배당 투자에 관심을 가질 것이 아니라 수시로 배당 투자에 관심을 가질 필요가 있다.

중간배당제는 결산기의 중도에 배당을 하는 것으로 이 제도는 미국과 영국 등지에

표 5-7 코스닥상장기업의 배당수익률

	2003	2004	2005	2006	2007
코스닥기업	1.2%	1.6%	0.9%	1.0%	0.7%

자료: www.KRX.co.kr 통계자료

서 실시되고 있는데 우리나라에선 98년말 개정된 상법에서 처음 명시하였다. 상법에선 중간배당을 영업연도 중 1회만 할 수 있게 규정하고 있다. 이 경우 정관에 정한 날이 중간배당 기준일이 되며 배당금 지급시기는 이사회가 정하도록 되어있다.

또한 중간배당은 반드시 현금으로만 배당해야 한다. 직전결산기에 관련된 정기총회에서 이익잉여금을 처분하고 남은 잔액으로 중간배당을 할 수 있다. 현재 우리나라에 중간 배당을 도입한 상장 법인은 약167개사 정도이다.

한편 현재 우리나라에서 시행하고 있는 배당정책의 문제점으로 지적되는 사항 중에 미국처럼 이사회에서 결정하도록 하는 것이 기업의 전반적인 재무의사결정차원에서 더 바람직하다는 반성도 제기되고 있다.

왜냐하면 배당결정이 지금까지 살펴본 것처럼 기업의 중요한 재무기능들이 상호연관성을 가지고 있음을 알 수 있다. 따라서 배당정책을 기업의 재무정책의 한 부분으로 취급되어 경영전반을 파악하고 있는 이사들이 배당을 결정하는 것이 보다 합리적일 수가 있다는 것이다.

현재 우리나라의 경우 주주총회에서 결정하도록 하는 배경에는 주주의 이익을 보호한다는 명분 때문이라고 볼 수 있는데, 주주총회의 결정과정은 자칫 기업의 재무의사결정차원보다는 주주들의 현금흐름요구를 만족시키는 차원에서 결정되기 쉽다는 문제점을 지니고 있다.

제 3 절 현금배당 이외의 배당방법

배당지급형태의 일반적인 방법은 현금배당이지만, 기업의 상황에 따라 현금배당 외의 방식으로 배당을 지급하기도 한다. 현금배당 이외의 배당방식으로 대표적인 형태가 주식배당, 자사주매입 등의 방법이 있다.

1. 주식 배당

주식배당(stock dividends)은 현금대신 주식을 추가로 발행하여 이익배당의 일부 또는 전부를 무상으로 주주들에게 지급하는 것이다. 회사는 기존 주주의 지분율에 따라 발행한 신주를 지분율에 따라 일정비율로 지급하게 된다. 따라서 주식배당을 하게 되면 기존주주의 보유주식수는 주식배당 후 증가하지만 지분율에는 아무런 변화가 없다.

또한 총발행주식수의 증가로 주당순이익과 주당가치는 감소하지만 보유주식수가 증가하기 때문에 이론적으로 기존주주의 부에는 아무런 영향이 없다. 주식배당은 성장에 필요한 자금조달을 위해 현금을 사내에 유보하는 확실한 방법으로서 특히 신주발행을 통한 자금조달이 곤란한 경우에 더욱 유용하다.

주식배당의 경우 유통시장에서 또 다른 효과를 거둘 수 있는데, 주가가 너무 높아지면 소액투자가들의 매매가 힘들어지므로 해당기업의 주식 유동성이 떨어질 가능성 있다. 주식배당에 의해 발행주식수가 증가하게 되면 주당 가격이 하락하게 되므로 유동성을 증가시켜주는 효과를 거둘 수도 있을 것이다.

그러나 주식배당으로 주식수가 늘어나게 되므로 당장의 자금유출은 없지만 향후 더 큰 배당압력을 받게 될 가능성도 있다. 이는 특히 우리나라처럼 그동안 액면기준의 배당관행에 익숙해져 있는 경우에는 더욱 그러하다. 아무래도 액면기준으로 주식배당을 하게 되면 발행주식주도 훨씬 증가할 수밖에 없기 때문이다.

또한 주식배당은 현금배당보다 처리비용이 크며 자금부족으로 인해 주식배당을 실시할 경우 시장에서 부정적인 신호로 작용할 우려도 있다. 따라서 개정 상법은 주식배당제도의 오용을 막기 위해 이익배당총액의1/2을 초과하지 않은 범위 내에서 주주총회의 결의에 의하여 주식배당을 허용하고 있으며, 상장기업은 자본시장육성법에 의해 이익배당의 100%를 주식으로 배당할 수 있도록 규정하고 있다.

무상증자는 기존주주의 자분율에 비례해서 신주를 무상으로 지급하는 것으로서 주주에 미치는 영향이 주식배당과 유사하다. 무상증자는 대부분 자산재평가적립금이나 주식발행초과금 등을 자본금계정으로 장부상 이월시켜 처리하며, 이사회결의가 있어야 하는 점이 주식배당과 다르다.

2. 자사주 매입

자사주매입(stock repurchase)이란 기업이 이전에 발행하여 시장에서 유통되고 있는 자기회사 주식의 일부를 매입하여 소각하거나 사내에 보유함으로써 유통주식수를 줄이는 행위이다. 이 때 재매입한 주식을 확실히 없애기 위해 소각하는 것을 자사주 소각이라고 하고, 회사금고에 보관하다가 회사가 자금이 부족할 때 재매각할 수 있는 경우를 금고주(treasury ctock)라고 부른다.

회계처리상 배당이 이익잉여금을 재원으로 하는 것처럼 자사주매입도 납입자본금의 변화없이 이익잉여금을 줄이는 방식으로 이루어진다. 자사주매입을 하면 발행주식수의 감소로 주당이익은 높아지고 주식가격은 상승하기 때문에 해당기업의 주가관리 차원에서 많이 활용된다.

이론적으로는 자사주매입은 주당현금 배당액만큼 주가상승을 초래하기 때문에 주주의 부에 미치는 효과는 두 방식이 동일하지만, 실제는 배당소득세율이 자본이득세율보다 높기 때문에 자사주매입이 배당지급보다 주주에게 유리하게 작용한다.

실제 자사주매입의 공시가 나오면 그 규모에 따라 주가상승이 대단한 경우를 흔히 보게 되는데, 우리나라의 경우 현금배당규모가 지나치게 낮기 때문에 주주들은 자사주매입을 아주 선호하는 경향이 있다. 그리고 금고주 형태의 자사주보다 소각 목적으로 자사주를 매입하는 경우에 더 효과가 크게 나타나는 것을 볼 수 있다.

자사주 매입이 주주들의 부에 미치는 이런 효과 때문에 미국에서는 단순히 배당에 대한 세금회피를 목적으로 하는 자사주매입을 금지하고 있지만 우리나라에서는 아직 별다른 제한이 없다. 또한 세금효과 외에도 자사주매입은 배당지급보다 신축적인 운용이 가능하다는 장점이 있다.

배당정책은 가급적 안정적으로 운용할 필요가 있기 때문에 일시적 호황이나 이익증가를 주주에게 보상하고자 할 때는 배당금을 증가시키기보다는 자사주매입이 적절한 수단이 된다. 주주들은 한번 정해진 배당금은 특별한 일이 없으면 계속될 것으로 기대하지만 자사주매입에는 이러한 기억효과가 없기 때문이다.

또한 자사주매입에 대한 결정도 주주총회가 아닌 이사회결의만으로 가능하므로 시행이 간편하다. 이 밖에 자사주 매입은 해당기업의 주가가 상대적으로 저평가되어 있을 때 실시될 가능성이 높기 때문에 자사주매입 결정에 관한 공시만으로 주가에 긍정적인 영향을 미칠 수 있다.

신문기사 읽을거리

국내 은행들이 올해 외국인 주주에게 지급하는 현금 배당이 1조 7,000억원에 육박할 것으로 전망된다. 은행 업종의 수익성이 매년 악화하는 가운데 국내 은행들이 외국인 주주의 눈치를 보면서 과도한 배당을 해 경영 건전성에 악영향을 줄 수 있다는 우려가 나오고 있다.

17일 은행권에 따르면 신한금융지주와 국민, 외환, 한국씨티, 대구, 부산, 전북은행 등 올해 배당을 확정한 7개 금융회사가 외국인 주주에게 지급할 배당은 모두 1조 4,408억원으로 집계됐다. 이는 전체 배당총액(1조 8889억원)의 76%에 이른다.

하나금융지주와 우리금융지주, 기업은행은 아직 배당을 확정하지 않았지만 지난해와 비슷한 수준에서 배당을 실시할 경우 전체 은행권이 외국인에게 지급하는 배당은 1조 7,000억원에 이른다. 2조원대였던 지난해 외국인 배당총액보다는 줄었지만 여전히 막대한 수익이 외국인에게 돌아가고 있는 것이다.

■은행별 외국인 주주 배당액

(단위 : 억원, 보통주 배당)

은 행	배당총액	외국인배당(지분율%)
국 민	8241	6702(81.33)
외 환	4514	3644(80.72)
신한금융	3566	2072(58.13)
하나금융	1675	1258(75.09)
우리금융	4836	657(13.59)
기 업	2228	508(22.82)
한국씨티	917	916(99.95)
대 구	793	547(68.98)
부 산	836	522(62.42)
전 북	22	5(22.73)

※지분율은 2007년말 기준

※하나금융, 우리금융, 기업은행은 지난해 배당총액 기준으로 추정 <자료: 금융감독원>

은행별 외국인 주주 배당금은 국민은행 6,702억원, 외환은행 3,644억원 등이다. 특히 외환은행 지분의 51.02%를 보유한 미국계 사모펀드 론스타는 2년 연속 배당으로 약 6,500억원을 챙기게 됐다.

한국씨티은행도 모기업인 씨티그룹에 900억원대 배당을 지급한다. 주당 900원을 배당하는 신한금융의 외국인 배당은 2,000억원 규모이지만 재일교포 지분(약 20%)까지 포함하면 해외로 송금되는 금액이 2,700억원을 넘는다.

이처럼 외국인 배당금이 큰 것은 주요 은행의 외국인 지분율이 60~80%대로 높은 상황에서 '고배당'을 실시하기 때문이다. 순이익에서 배당금이 차지하는 비중인 배당성향은 외환은행이 47.6%로 순이익의 절반 가량을 배당하고, 국민은행 30%, 한국씨티은행 20%, 신한금융 14.9% 등이다.

국민·외환·한국씨티은행과 신한·우리·하나금융 등 6개 금융회사가 외국인 주주에게 배당한 금액은 2005년 3,767억원에서 2006년 4,957억원으로 늘어난 데 이어 지난해에는 1조 8,951억원으로 증가하는 등 매년 급증 추세를 보이고 있다.

<한국경제>

신문기사 읽을거리

코스닥시장에서 일반 소액주주에게 최대주주보다 더 많은 액수의 배당금을 지급하는 차등배당이 활발하다.

한글과컴퓨터는 오는 27일 이사회에서 액면가 500원의 30%에 해당하는 주당 150원의 현금배당을 결정하고 3월 중 개최할 정기주주 총회에서 이를 최종 결정할 예정이라고 18일 밝혔다. 최대주주에게는 일반주주의 66.7%인 주당 100원을 배당하기로 했다.

회사측은 이 같은 배당 결정에 대해 2003년 백종진 대표가 한컴 경영권을 인수한 이후 5년 연속 흑자행진을 이어가고 있으며 특히 지난해에는 사상 최대 이익을 달성한 데 따른 것이라고 설명했다. 배당기준일은 지난해 12월 31일, 배당금 총액은 32억5000만원 규모다.

차등 배당은 최대주주 및 특수관계인보다 일반주주들에게 더 많은 배당을 주는 것으로 주로 코스닥시장에서 많이 이루어져 왔다.

한컴에 앞서 코스닥 종목인 와이엔텍은 지난해 12월 21일 주당 최대주주 및 특수관계인 25원, 기타주주 50원의 차등 현금배당을 실시할 계획이라고 공시했다.

역시 코스닥 종목인 코메론, 팬엔터테인먼트, 신성델타테크, 일진정공, 수성 등도 지난해 말 차등배당 실시 계획을 밝혔다. 대우증권 정근해 연구원은 "유가증권시장은 꾸준히 배당을 하는 기업들이 많지만 코스닥업체는 성장산업이 많아 재투자에 주력하는 만큼 배당을 실시하는 기업이 적다"면서 "일반 주주들에게 더 많은 배당을 주는 차등배당 실시 기업은 주주친화적인 기업으로 꼽혀 향후 주가 흐름에도 긍정적으로 작용할 수 있다"고 설명했다.

제 3 장

환위험관리

우리나라 대부분의 기업은 매출포지션에서 해외부분에 의존하는 비중이 일정수준 이상 차지하게 된다. 내수시장에만 의존해서 지속적인 성장을 이루어낸다는 것이 현실적으로 무척 힘이 든다.

비단 매출뿐만 아니라 부존자원이 희소한 우리나라는 늘 원부자재수입을 해야 하는 기업환경에 직면하고 있다. 아무리 기술혁신을 해도, 원부자재가격의 상승이 가파르게 진행되면 원가관리자체가 힘이 들 수밖에 없는 열악한 기업환경을 가지고 있다.

이를테면 우리나라 기업들 중 어떤 경우라도 환율변동으로부터 자유로운 기업이 없다는 것이다. 최근 원화가치 변동성이 증가하면서 수출/수입기업들의 환위험노출이 확대되고 기업 재무담당자의 고민이 늘어나고 있는 상황이다. 특히 대부분의 시장에서 경쟁관계에 있는 일본의 엔화가치 하락이 우리나라 수출기업들에게 고통을 주고 있다. 문제는 중소기업들은 대기업에 비해 이런 가격변동위험에 그대로 노출되어 있거나, 관리능력이 대기업에 비해 더 떨어져 손실부담수준이 점차 증가하고 있다는 것이다.

중소기업들의 글로벌화가 가속화하고 있다. 이러한 상황에서 기업가치 극대화라는 궁극적 목표를 달성해야 하는데 가장 관건이 되는 변수는 환율변동에 따른 환위험(foreign exchange risk)이다. 본 장에서는 기업의 환위험의 내용과 관리방법, 그리고 현재 우리나라 중소기업들의 환위험관리 실태와 현황에 대해 살펴보기로 한다.

제 1 절 환율의 개념과 결정이론

1. 외환시장과 환율

외환시장은 각국의 통화가 서로 교환되는 시장으로서 이곳에서 각 국가 화폐간의 가격이 결정되는 곳이다. 이러한 화폐간의 가격을 환율이라고 한다. 즉, 환율은 화폐간의 비율이라기보다는 가격이다. 모든 상거래가 가격을 매개로 이루어지듯이 외환거래의 기준이 되는 가격이 환율이다.

외환시장은 주식거래소시장처럼 특정 거래소가 존재하는 것이 아니라, 세계 각국의 주요은행이나 외환딜러들이 컴퓨터나 통신망으로 통해 세계 도처에서 각국의 통화를 매매하는 일종의 네트워크이며 은행간 시장(interbank market)이다.

대개 개인이나 기업은 외환시장에 참여하고 있는 금융기관을 통해 외환을 사고팔게 된다. 매매기준율은 각 은행이 고객과 외환거래시 적용할 환율을 결정하는데 기준이 되는 지표로서 한국은행이 전날 은행들 간의 외환거래에서 적용된 환율을 평균하여 발표한다.

환율은 크게 현금거래와 전신환거래로 구분해서 표시한다. 고객이 외환을 은행에 현찰로 팔 때는 싸게 팔고 살 때는 비싸게 사게 되는데, 은행은 그 차이를 외환거래이윤으로 취하는 것이다.

전신환율은 현찰매매 대신 전신환을 이용한 자금이체 거래에 적용하는 환율이다. 전신환에 있어 '송금할 때'와 '송금 받을 때'의 차이는 현찰거래의 경우보다 작기 때문에 빈번하고 규모가 큰 외환거래는 주로 전신환으로 이루어진다.

A통화와 B통화 간의 환율을 알고 A통화와 C통화 간의 환율을 알면 B통화와 C통화 간의 환율을 구할 수 있는 데 이렇게 구해진 환율을 교차환율(cross rate)이라고 한다. 이렇게 산정된 B통화와 C통화 간의 환율이 시장에서의 실제 환율과 서로 다를 경우 외환차익거래가 가능하게 된다. 그러나 이런 차익기회는 오래 지속될 수 없기 때문에 궁극적으로는 교차환율대로 거래가 이루어질 것이다.

또한 환율의 종류에는 현물환율(spot exchange rate)과 선물환율(forward exchange rate)이 있다. 현물환율은 외환매매계약과 동시에 대금결제가 이루어 질 때 적용되는 환율로서 일상적으로 언급되는 환율은 현물환율을 의미한다. 선물환율은 미래 일정시점에 이루어질 외환거래에 대해서 적용환율을 미리 결정해 놓은 경우를 뜻한다.

2. 환율결정이론

환율변동은 왜 발생하는가? 환율이 가격이므로, 일반 재화의 가격이 수급의 변화에 의해 달라지는 것과 동일한 이치로 환율도 변한다고 할 수 있다. 즉, 해당 화폐에 대한 수요가 증가하면 그 화폐의 가격이 오르고, 수요가 줄어들면 가격이 하락한다.

같은 방식으로 공급도 영향을 미친다. 특정 화폐의 외환시장 공급이 줄어들면 수요가 변하지 않은 상태에서는 가격이 상승하고, 반대의 경우는 하락하게 될 것이다. 그렇다면 외환시장에서 특정 화폐의 수급에 영향을 미치는 요인은 어떤 것이 있을까?

외환에 대한 수요와 공급에 영향을 주는 요인에는 여러 가지가 있다. 우선, 각국의 경제활동 수준, 즉 경기의 변화가 외환수요에 영향을 준다. 국내 경기가 좋아지면 수입수요가 증가하면서 외환에 대한 수요가 증가하게 된다.

반대로 외국의 경기가 좋아지면 해당국가의 구매력이 증가하면서 국내 기업의 수출이 증가하므로 외환의 공급이 증가하게 된다.

또한 각국의 물가수준도 외환의 수요와 공급에 영향을 미친다. 국내 물가가 오르면, 국내 상품의 세계시장 가격이 올라 수출이 감소하고, 반면에 외국제품이 국산품에 대해 상대적으로 저렴해지므로 수입이 늘어난다. 이런 상황에서는 외환에 대한 수요가 늘고, 공급이 줄어든다. 반대로 외국의 물가수준이 오르면 정반대의 결과가 나타난다. 외환의 수요와 공급의 변화는 외환의 가격인 환율의 변화를 가져와 외환시장에서 환율이 변한다.

이와 같이 보다 장기적인 환율결정이론으로서, 양 국가의 물가수준을 환율결정의 주요변수로 보는 것을 구매력평가설이라고 한다. 어떤 상품이 특정 국가에서 다른 국가보다 가격이 저렴하면, 사람들이 그 나라에서 해당상품을 구매하게 되어, 그 국가의 화폐에 대한 수요가 늘어나 그 나라의 화폐가격이 오르게 되고, 결국 그 재화의 가격이 다른 나라와 동일한 수준으로 상승하게 되어 구체적으로 가격이 비슷해진다는 것이다.

구매력평가설(purchasing power parity)에 의하면 환율은 두 나라간 통화의 실질구매력이 동일하게 유지되도록 조정되어야 한다는 것이다. 즉, 자국의 물가상승률이 외국보다 높다면 두 나라 통화의 구매력이 균형을 유지하도록 자국의 통화가치는 외국에 비해 상대적으로 하락해야 한다는 주장이다. 즉, 구매력평가설은 두 나라 통화간의 현물환율은 두 나라간의 인플레이션율의 차이에 비례하여 변한다는 것이다

최근에는 환율이 경제의 기본여건, 즉 펀드멘털(fundamenetal)인 구매력보다 신인도라는 사람의 심리적 요인에 더 큰 영향을 받는다는 시장 심리설이 제기되고 있다. 1980년대 후반부터 활동이 활발해진 헤지펀드가 파생상품거래를 통해 1990년대 이후 세계외환시장을 주도하고 있는데, 정보통신기술의 발달로 정보전달이 신속하게 이루어져 예측, 소문, 그리고 심리적 영향들이 헤지펀드를 통해 오히려 환율에 더 큰 영향을 미친다는 주장이다.

한편, 국가간의 금리차이가 환율에 영향을 미치는 주요변수라는 이론도 있다. 국가간 금융거래가 크게 늘어나면서, 금융거래 자체가 갖는 불안정성이 그대로 환율의 불안정성으로 나타나고 있어 설득력이 증가하고 있다.

사람들이 각자 자신이 어떤 종류의 화폐를 보유하는 것이 유리한가를 생각하기 때문에 환율과 이자율간의 일종의 균형관계를 성립시키는데, 이러한 조건을 금리평형조건(interest－parity)이라고 부른다.

이자율과 현물 및 선물환율의 관계를 설명하는 것이 이자율평가설(interest rate parity)이다. 이자율평가설은 양국간 명목이자율의 차이는 현물환율에 대한 선물환율의 할증(할인)과 같다는 것이다.

예를 들면, 현재 환율과 이자율하에서는 미국달러를 보유하기로 결정하였다면, 바로 현재의 환율과 이자율은 평형관계를 유지하고 있는 것이다. 이때, 만약 미국달러에 대한 예금이자율이 상승하게 된다면, 달러에 대한 수요가 늘어나게 되고, 따라서 달러의 가격이 상승하게 된다.

이와 같이, 이자율의 변화가 환율의 변화를 가져온다는 설명이 금리평형조건의 핵심적인 내용이다. 이는 자산배분을 통해 환율의 변화를 설명하는 것이다. 즉, 사람들이 외환을 하나의 자산으로 보고, 자산배분을 통해 자신의 이익을 극대화하려는 과정에서 환율이 결정된다는 것이다.

오늘날 막대한 규모의 국제금융의 존재는 환율의 결정에 커다란 영향을 주고 있는 것이 사실이다. 세계 각국의 투자가들은 미세한 금리차이에도 대규모 자금을 이동시킨다. 환율이 금리차이에 의한 자금의 국가간 이동에 의해서 결정된다는 사실은 환율의 불안정성이 심화될 수 있다는 점에서 심각한 우려를 가져오고 있다.

제2절
환위험 유형

환율(foreign exchange rate)은 두 나라 통화의 상대적 가치로서 특정시점에 한 나라의 통화를 다른 나라의 통화로 교환할 때 적용되는 비율이다. 만일 환율이 고정되어 있다면 해당 통화간의 교환비율이 확정되어 있기 때문에 외환거래에 따른 불확실성은 없을 것이다.

그러나 환율은 원칙적으로 해당 통화에 대한 수요와 공급에 의해 결정되며 이러한 수요와 공급은 수시로 변하기 때문에 환율을 사전에 예측하기 어렵다. 예컨대, 수입업자가 1개월 후 대금결제를 약속하고 미국에서 1만 달러어치의 물품을 수입했다고 하자.

현재 원화의 대미 달러환율은 1달러당 1,100원인데 한 달 후에는 달러당 1,200원으로 상승한다면 수입업자는 결제에 필요한 자금이 처음 예상했던 1,100만원이 아니라 1,200만원으로 증가하는 바람에 뜻하기 않게 100만원의 손실을 입게 된다.

이러한 환율변동성을 환위험(foreign exchange risk)이라 하고 환율변동이 경영성과에 미치는 영향을 환노출(foreign exchange exposure)이라고 한다. 환노출은 다시 환산환노출(translation exposure), 경제적 환노출(economic exposure)로 대별된다. 환산환 노출은 모회사가 해외자회사의 영업성과를 포함하여 연결재무제표를 작성하는 경우처럼 자산, 부채, 수익, 비용을 자국화폐단위로 재무제표상에 표기하는 과정에서 발생하는 환노출로 회계적 환노출 이라고도 한다.

경제적 환노출은 예기치 않은 환율변동으로 기업의 미래 현금흐름의 가치에 영향을 미치는 경우로서 이것은 다시 거래환노출(translation exposure)과 영업환노출(operating exposure)로 구분된다.

거래환노출은 외화표시거래에 있어서 거래체결 이후부터 자금결제 시점까지 환율변동으로 인한 미래 현금흐름의 가치변화를 의미하는 것으로서 외화매출채권이나 외화차입금처럼 대부분의 외화표시 상거래 및 자금거래에 수반되는 사항이다. 한편, 영업환노출은 거래환노출과 마찬가지로 미래 현금흐름의 가치에 관한 것이지만 과거의 거래가 아니라 미래의 거래에 발생하는 점이 다르다.

그림 5-5 각 기관별 환율전망 평균 추이

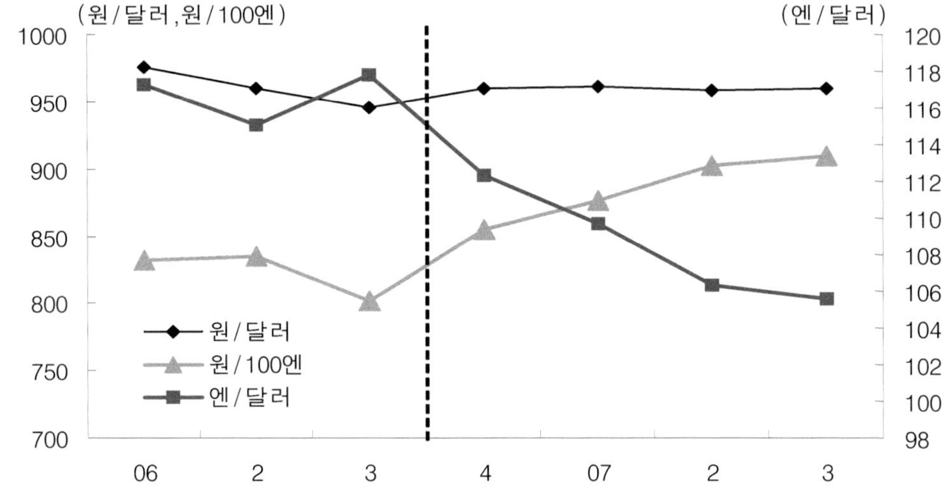

주: 2006년 4분기말 부터는 상기 <표2>의 각 전망치 평균치를 이용

다시 말해서, 거래환노출은 외화기준으로는 가치가 확실하지만 자국통화로 환산한 가치는 불확실한 경우 이다. 이제 비해 영업환노출은 외화표시가치 자체가 불확실하기 때문에 자국통화 가치도 당연히 불확실하다는 것이 차이점이다.

계약당시 환율은 ₩1,200/$이지만 결제시점의 환율이 ₩1,150/$로 달러화가 평가절하 된다면 현대자동차는 수출대금이 처음 예상했던 600억원에서 실제로는 575억원으로 줄어드는데 이러한 손실을 거래환노출이라고 한다.

그런데 앞으로 달러가치가 얼마나 변동하느냐는 미국시장에서 현대차의 가격경쟁력과 영업활동에 영향을 미쳐서 미래 현금흐름에 큰 불확실성을 초래하게 되므로 이것은 영업환노출에 해당된다.

그림 5-6 중소기업 수출비중과 원/엔 환율 추이

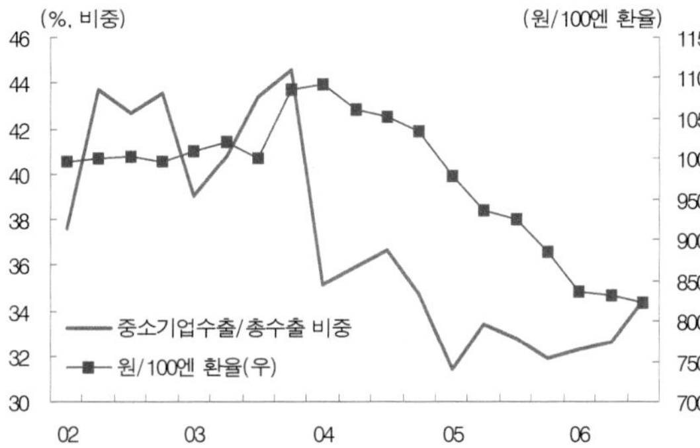

자료: 한국은행, 중소기업중앙회

그림 5-7 대, 중소기업 수출규모와 원/엔 환율 추이

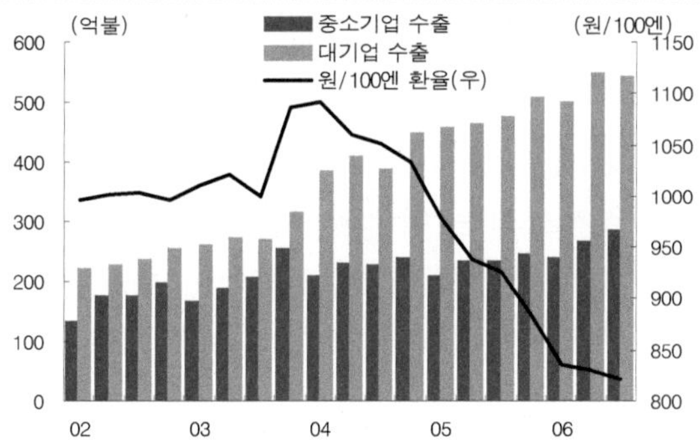

자료: 한국은행, 중소기업중앙회

최근 기업경영에 있어서 현금흐름의 중요성이 강조됨에 따라 기업가치 극대화 차원에서도 영업환노출의 적절한 관리는 그 중요성이 더욱 높아지고 있다. 그러나 비교적 단순하게 측정할 수 있는 환산환노출이나 거래환노출과는 달리 영업환노출은 측정이 어렵기 때문에 보다 체계적인 접근이 요구된다.

제 3 절 환위험관리

1. 중소기업의 환위험관리 실태

최근 중소기업청이 우리나라 중소기업을 대상으로 실시한 무역애로조사를 실시하였다. 조사에 응한 업체는 현재 수출을 하고 있는 중소기업 403개사로서, 매출액대비 수출액이 50%이상인 기업이 전체의 41.6%, 상시근로자수 50명미만의 소기업이 65.5%, 연간 수출액이 미화(USD) 100만불이상 1,000만불이하 기업이 46.5% 차지하는 기업들이었다.

조사에 참여한 기업들의 주요 수출국 비중을 보면, 미국 20.7%, 중국 19.1%, 일본 15.2% 순으로 조사되어, 참여기업의 수출지역이 미국, 중국, 일본 3개국에 55%가 편중되어 있는 것으로 나타났다. 실제로, 20‘06년 통계자료에 의하면 국가별 중소기업의 수출은 중국 22%, 미국 12.7%, 일본 12.3% 순으로 기록되었다.

수출 중소기업의 주요 결제통화는 미국달러화($)가 80.1%, 일본엔화(￥) 12.6%, 유로화(EURO) 7.3%으로 조사되어 대다수의 중소기업이 미국달러화로 수출대금을 결제하고 있으며, 이에 따라 원/달러 환율변동에 의해 중소기업은 크게 영향을 받고 있는 것을 알 수 있다.

그림 5-8 우리나라 중소기업의 결제통화의 비중

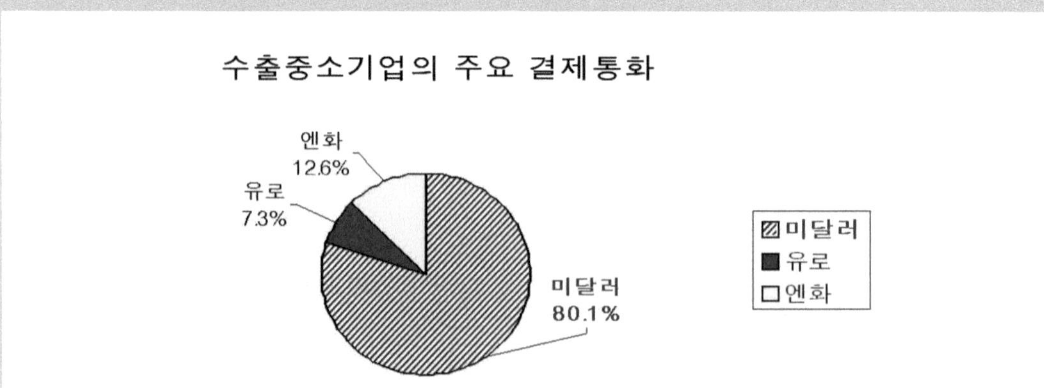

자료: 중소기업청

2007년 1/4분기 중소기업을 대상으로 한 수출채산성 조사에서는 전년 같은 기간과 비교하여 수출이 호전되거나 다소 호전될 것이라고 예상한 기업들의 응답이 17.1% 수준인데 비해, 수출채산성이 **「악화」 및 「다소 악화」될 것으로 전망하는 응답이 53.8%**로 나타나 **중소기업이 수출채산성 악화를 체감**하고 있는 것으로 나타났다.

이는 환율 변동성의 확대 등으로 인하여 수출채산성은 개선되지 않아 대다수의 수출중소기업이 어려움에 직면해 있는 것으로 판단된다. 중소수출기업들은 수출관련 최대 애로사항에 대하여 1순위로 **「환율변동 확대」 36%, 2순위는 「원자재 가격변동」 22%를 꼽았으며, 3순위는 「가격경쟁력 약화에 따른 수출경쟁 심화」 21.7%** 라고 응답하였다.

기업규모와 무관하게 주요 교역대상국가들의 통화가치변화와 원유가와 같은 수입원자재가격상승은 기업의 수익을 크게 위협하고 있다. 특히 중소기업들은 이들 가격변화에 대한 위험관리능력이 대기업에 비해 낮으므로 파급효과의 정도는 더 심각하다고 할 수 있다.

즉, 수출중소기업의 채산성이 계속 악화되고 있는 것은 ▲환율변동성 확대에 의한 환차손 ▲원화강세 및 원유·원자재가격 상승에 따른 원가부담 및 가격경쟁력 약화 등이 주요 변수로 작용하고 있다.

그림 5-9 환위험이 중소기업에 미치는 영향

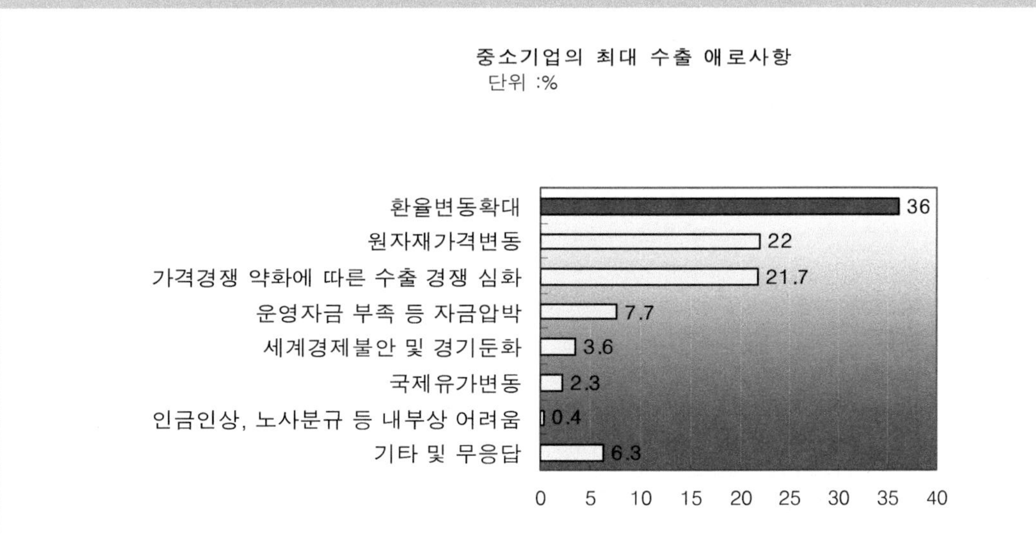

그림 5-10 원화강세에 따른 수출채산성

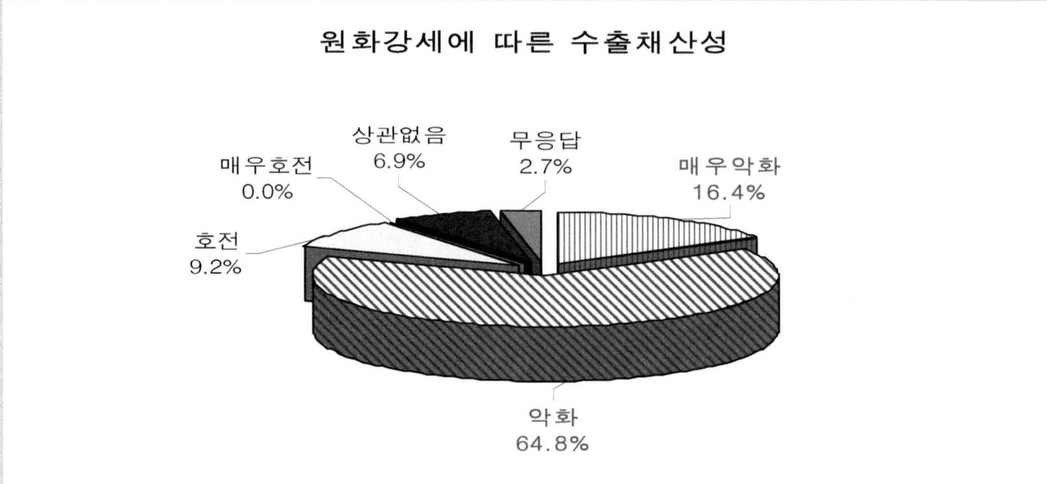

원화 강세에 따른 수출채산성에 대하여 응답기업의 **81.2%가 채산성이 「매우 악화」 또는 「악화」된 것으로 조사되었고,** 「호전」 및 「매우호전」은 전체의 9.2%에 불과한 것으로 나타났다.

수출채산성 악화에 따른 수출 영향에 대하여 수출 채산성이 「악화」 또는 「매우 악화」 되었다고 응답한 중소기업 중 **72.2%는 「이익이 감소했지만 수출 진행」으로** 응답했고, 「적자수출이지만 수출 진행」 13.1%, 「신규 수출계약 포기」 및 「기존 수출 거래선 포기」도 각각 8.0%, 5.5%에 이르는 것으로 조사되었다.

수출거래의 주요통화를 일본엔화(¥)로 거래한다고 응답한 중소기업을 대상으로 엔화변동에 따른 수출채산성 영향을 조사한 결과, 원/엔 환율 변동 확대에 따른 수출채산성이 **「매우 악화」 또는 「악화」되었다는 응답이 전체의 84%를** 차지하였다.

그림 5-11 엔화변동에 따른 수출채산성 (단위 : %)

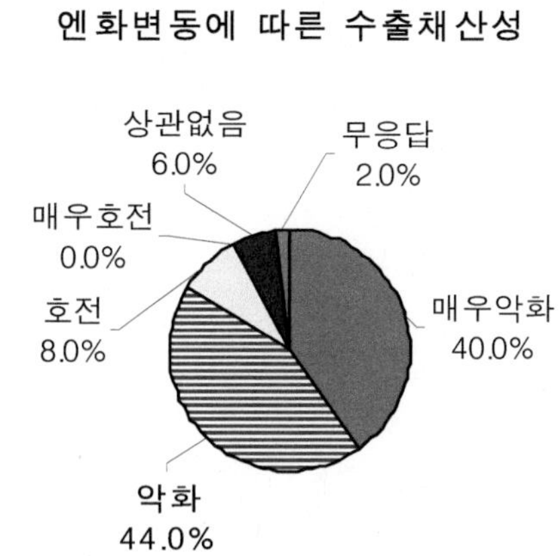

조사대상 업체의 채산성 유지를 위한 적정환율 수준을 조사한 결과, 평균 원/달러 적정환율은 **1달러 당 1,008원, 원/엔 적정환율은 100엔당 882원**으로 나타났다. 조사된 적정환율 수준은 현재 환율수준보다 1달러당 약 79원, 100엔당 무려 약 94원이 높은 것으로 조사되었다.

그림 5-12 중소기업들의 BEP(손익분기점)환율

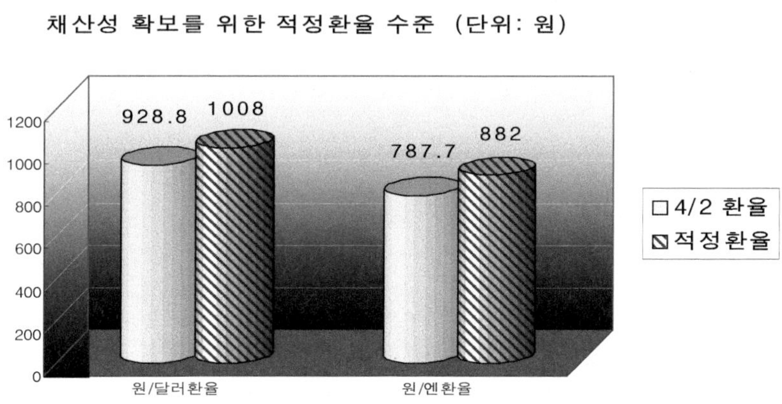

중소수출업체들의 채산성 확보를 위한 적정환율이 미달러화 및 엔화 모두 현재의 환율수준과 각각 70원에서 90원 이상 차이가 있음에도 불구하고, 환율변동에 대비한 중소기업의 환리스크 관리여부에 대한 조사결과, 「관리한다」로 응답한 기업은 전체의 33.7% 인 반면, 62.8% 의 기업은 환리스크를 「관리하지 않는다」고 응답하였다.

그림 5-13 중소기업의 환리스크관리 현황

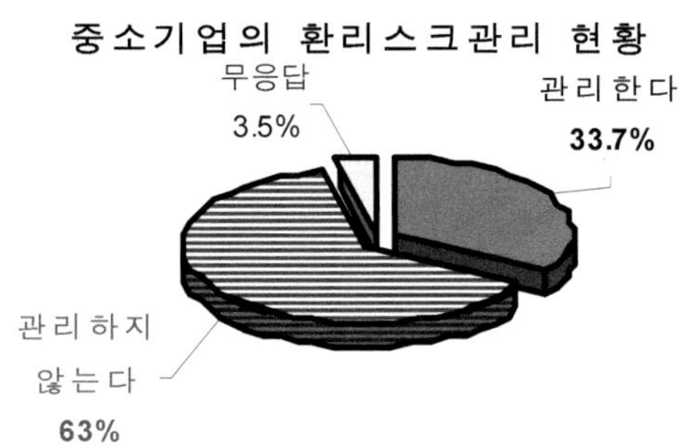

환리스크를 「관리하지 않는다」고 응답한 기업을 대상으로 환리스크를 관리하지 않는 이유에 대하여 조사한 결과, **「거래금액이 소액이기 때문」이** 36.5%로 가장 많았고, 「적절한 관리 방법을 몰라서」 18.1%, 「환리스관리에 따른 비용부담」 18.1% 순으로 나타났다.

그림 5-14 중소기업의 환위험관리 실패원인

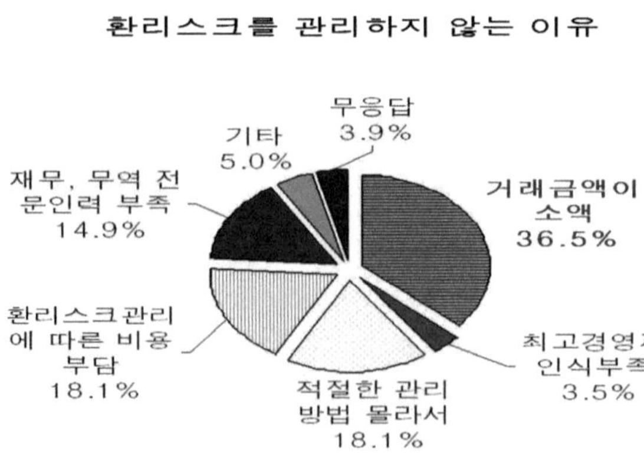

그림 5-15 중소기업의 주요 환리스크 관리방법

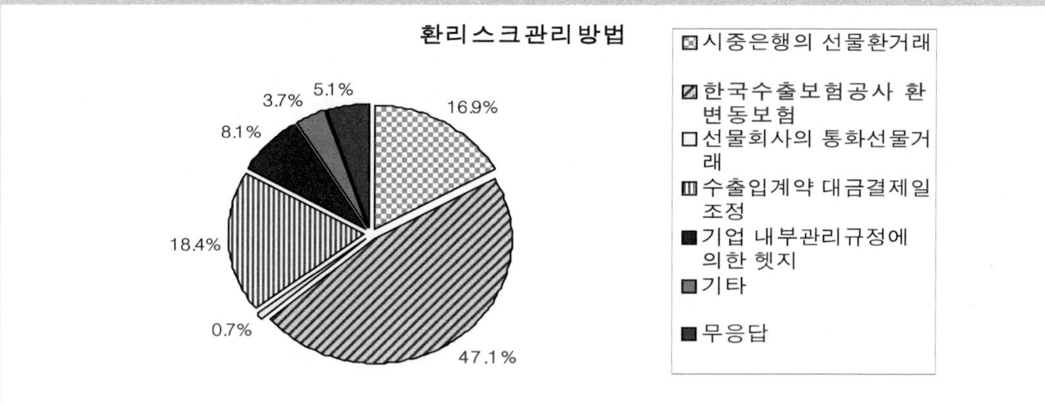

반면, 환리스크를 「관리한다」고 응답한 기업을 대상으로 주로 활용하는 환리스크 관리방법에 대하여 조사한 결과, **「한국수출보험공사의 환변동보험」이 47.1%로 가장 많은 비중을 차지**하였고, 「수출입계약 대금결제일 조정」 18.4%, 「시중은행의 선물환거래」 16.9%, 「기업의 내부관리규정에 의한 헷지」 8.1%, 「통화선물거래」 0.7% 순으로 나타났다.

2. 중소기업의 환위험관리 대책

(1) 정부지원

급격한 환율변동은 수출 중소기업의 생존을 위협하는 수준의 위험요인으로 등장하고 있다. 특히 엔화가치하락에 따른 대엔화 환율하락의 정도는 그 진행속도가 너무 가파르게 진행되고 있어서 미처 기업들이 대책을 마련할 수 있는 시간적 여유를 주지도 못한 상황에서 진행되고 있는 것이 문제이다.

물론 외환당국의 환율 모니터링 강화 및 환투기 세력에 대한 정부의 적극적인 대책마련하고 있지만, 이미 손익분기점환율을 넘어서고 있는 업종의 경우에는 정상적인 조업이나 기업활동여부까지도 심각하게 고민해야 하는 단계에 이르기도 한다.

문제의 심각성은 이런 상황에서도 중소기업 스스로는 환위험관리능력이 부재하다는 실태조사의 결과이다. 따라서 은행과 중소기업 유관기관들은 현재의 이런 상황에 체계적으로 대처해야 할 것이다.

중소기업의 환위험 관리를 위한 지원 강화를 위해서 실태조사 결과를 바탕으로 우선적으로 마련되어야 할 지원상황을 요약하면 다음과 같다.

– 수출보험공사의 환변동보험제도 외에 다양한 지원제도 개발
– 선물환거래시 보증금 비율 인하 및 중소기업 우대환율 적용
– 통화선물거래시 위탁증거금, 거래수수료 인하 등 중소기업 지원

(2) 장기적 준비과제

근본적으로 중소기업들이 글로벌환경에서 직면하는 주요 경영변수기인 환위험을 관리할 수 있는 능력을 배양하는 것이 중요하다. 이를 위해서는 기업수준에서 환노출을 정확히 측정하고 적극 관리하여 순현금 흐름과 기업 가치를 극대화 할 수 있는 인력을 개발하거나 재무담당자의 업무능력을 배양해야 할 것이다.

환위험관리를 위해서 기업은 먼저 내부적으로 손쉽게 환노출을 최소화할 수 있는 방법을 모색해야 한다. 예를들면, 외화수입과 지출의 금액과 결제시기를 일치시키는 매칭(matching), (netting)제도, 그리고 환율하락이 예상되면 달러수입의 결제기간을 최대한 단축하는(leading) 한편, 달러지출은 가급적 늦추는 방법(lagging)등이 있다.

또한 결제통화나 수출입시장의 다변화를 통해 환율변동의 영향을 최소화해야 한다. 물론 이런 기업내부 전략만으로는 환위험관리에 한계가 있기 때문에 선물환이나 옵션 등 외부금융시장을 이용한 다양한 헤지(hedge)방법이 필요하다.

먼저 선물환거래(forward exchange contract)는 미래 일정한 시점에 정해진 환율(선물환율)로 한 통화를 다른 통화로 교환할 것을 약속하는 계약이다. 선물환율은 계약시점에 이미 결정되어 있으므로 결제시점의 환율변동으로 인한 위험은 없어진다. 선물환은 거래은행과의 개별적 계약으로서 일단 체결된 거래는 취소할 수 없는데 이런 문제점을 보완하기 위한 것으로 통화선물(currency futures)이 있다.

통화선물은 미래 일정시점에 일정 통화를 약정된 가격에 사거나 파는 계약이란 점에서 선물환과 비슷한 개념이지만 계약을 표준화함으로써 시장에서 원활한 거래가 가능하다는 점이 다르다.

또한 일정시점에 실제로 특정 통화를 인수도 하는 것이 아니고 미래 현물환율과 선물환율의 차이에 해당하는 손익만 결제함으로써 환위험을 헤지(hedge)하고자 하는 것이다.

통화옵션(currency option)을 이용한 헤지는 노출된 통화를 미래시점에 일정환율로 사거나 팔 수 있는 권리를 확보함으로써 환차손을 제거하는 방법이다. 그러나 실

태조사에서도 드러났듯이 중소기업수준에서 이런 금융기법을 이용한다는 것은 현실적으로 힘든 상황이므로 실제 환위험헷지 실행문제는 유관기관과의 협조하에서 진행되는 것이 보다 안전할 것으로 보인다.

그래서 중소기업차원에서는 일단 환위험 관리방법을 실제 적용하기 전에 기업의 환위험관리자는 특정 환노출을 과연 관리 할 필요가 있는지를 먼저 판단해야 한다. 만일 기업의 한 사업부문에서 발생한 환노출이 규모와 시기 면에서 다른 사업부문의 환노출과 정확히 반대라면 환위험관리가 불필요하기 때문이다.

그런데 사업부문 수준에서는 다른 사업부문의 환노출 상황을 모르는 경우가 많기 때문에 기업의 환위험은 전사적인 집중시스템에 의한 체계적 관리가 필수적이다. 또한 환위험관리의 목표를 명확히 설정해야 한다.

환율변동을 이용해서 이익을 얻는 데 집착하다 보면 자칫 불필요한 위험부담을 초래하기 때문에 환위험관리의 목표는 환율변동이 영업성과에 미치는 영향을 제거하는 데 초점을 맞춰야 한다. 따라서 최고 경영자는 환위험관리의 성과를 사후적 결과만으로 평가하기보다는 사전적 관점에서 불확실성이 얼마나 제거 되었는지를 근거로 판단해야 한다.

신문기사 읽을거리

환율

미국에 대학생 아들을 유학 보낸 윤모(48·회사원)씨는 요즘 속이 바짝바짝 탄다. 급등하는 환율 때문이다. 지난해 말 달러당 920원대이던 환율은 11일 970원까지 뛰어올랐다. 그는 "연간 4만 달러를 송금하려면 지난해보다 200만원을 더 보내야 할 판"이라고 말했다.

여행업계에도 비상이 걸렸다. 특히 엔저를 타고 최근 몇 년간 호황을 맞았던 일본 전문 여행사들의 부담이 커졌다. 여행나비의 조현식 사장은 "여행상품 가격을 원화로 표시하던 것을 엔화로 바꿀 것을 고려하고 있다"고 말했다.

반면 수출기업들은 얼굴이 펴졌다. 자동차·반도체 등 수출 주력업체의 경우 원-엔 환율 급등으로 일본 업체들과의 경쟁에서 유리한 고지에 서게 됐다.

달러·엔 등 주요 통화에 대한 원화 환율이 일제히 급등세(원화 가치 하락)를 보이며 국내 경제에도 희비가 엇갈리고 있다. 전문가들은 원화의 '나홀로 약세'는 당분간 지속될 것으로 전망하고 있다. 미국의 신용경색과 경상수지 적자 등 환율 급등을 초래한 요소들이 쉽게 풀리기는 어려운 상황이기 때문이다.

3월 11일 서울 외환시장은 하루 종일 요동쳤다. 원-달러 환율은 장중 한때 980원 선을 넘어서기도 했다. 2006년 3월 이후 최고치다. 원-엔 환율도 장중 100엔당 965원까지 치솟았다.

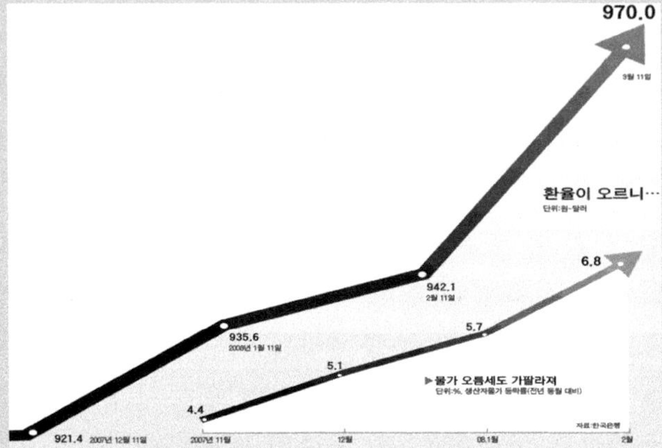

최근 환율이 치솟고 있는 것은 시장의 수급 균형이 깨졌기 때문이다. 달러를 사겠다는 곳은 많은 데 비해 팔겠다는 곳이 적다. 외국인들은 국제 금융시장이 불안해지자 국내 주식을 판 뒤 달러로 바꿔 나가고 있다. 올 들어 국내 증시에서 외국인 순매도 규모는 12조원에 육박한다.

또 3~4월은 배당금을 해외 주주들에게 송금하는 시즌이다. 배당금을 보내려면 달러를 사야 하므로 달러 수요가 더 늘어나는 것이다. 여기에다 경상수지는 지난해 12월에 이어 올 1월에도 적자를 기록했다. 특히 1월 경상수지 적자는 25억 달러로 11년 만에 최대 폭을 기록했다.

이에 따라 환율이 더 오를 것이란 기대심리가 더해지며 폭등 양상이 빚어진 것이다. 시중은행의 한 외환딜러는 "환율이 오를 요소가 부각되면서 시장에선 원화를 들고 있으려는 곳이 없어진 분위기"라고 말했다. 수출업체들은 환율이 더 오를 때까지 달러 매각을 늦추고 있고, 수입업체들은 달러가 나오는 족족 사들이고 있다는 것이다.

전문가들은 당분간 환율이 현 수준에서 유지될 것으로 보고 있다. 금융연구원 송재은 연구위원은 "서브프라임 모기지 부실화로 초래된 미국의 신용 경색이 어떻게 풀리느냐가 관건"이라며 "무역수지가 적자인 상황이라 정부도 굳이 시장에 개입하려 하지는 않을 것"이라고 전망했다.

물가에 직격탄=환율 상승은 수출 기업에는 분명한 호재다. 현대·기아차 그룹 관계자는 "환율이 10원 오를 때마다 그룹의 매출은 2000억원가량 느는 것으로 분석하고 있다"고 밝혔다.

문제는 물가다. 소비자물가 상승률은 1월 3.9%에 이어 2월에도 3.6% 올랐다. 정부의 올해 전망치 3.3%를 훌쩍 넘어선 수치다. 소비자물가의 예고편 격인 생산자물가도 지난해 8월 이후 줄곧 상승폭을 확대하고 있다. 최근 유가·금속·곡물 등 원자재 가격이 천정부지로 오르는 상황에서 환율까지 가세하며 물가 상승 압박의 강도는 더 거세질 전망이다.

삼성경제연구원 장채철 수석연구원은 "원자재 가격 상승에 환율 상승 효과까지 더해져 물가에 주는 충격은 두 배가 된다"며 "수입 원자재가 비싸지므로 이를 사들여 수출품을 만드는 기업들에도 생각만큼 크게 유리하지는 않을 것"이라고 지적했다.

<중앙일보 2008. 3. 12>

토론 및 연습문제

1. 벤처기업의 인수합병이 벤처캐피탈 투자의 활성화에 미치는 영향에 대해 토론해 보자.
2. 업종별 손익분기점 환율에 대해 토의 해보자.
3. 외국인 투자의 증가가 국내기업의 배당정책에 미치는 효과에 대해 토론해보자.
4. 국내 상장기업의 배당관행이 적대적 인수합병시 경영권 쟁탈에 미칠 제반 영향에 대해 토론해보자.

부 록

(표 1) 1원의 미래가치 4

$FV = (1+k)^n$ 이자율 k

기간 n	1%	2%	3%	4%	5%	6%	7%	8%	9%	10%
1	1.0100	1.0200	1.0300	1.0400	1.0500	1.0600	1.0700	1.0800	1.0900	1.1000
2	1.0201	1.0404	1.0609	1.0816	1.1025	1.1236	1.1449	1.1664	1.1881	1.2100
3	1.0303	1.0612	1.0927	1.1249	1.1576	1.1910	1.2250	1.2597	1.2950	1.3310
4	1.0406	1.0824	1.1255	1.1699	1.2155	1.2625	1.3108	1.3605	1.4116	1.4641
5	1.0510	1.1041	1.1593	1.2167	1.2763	1.3382	1.4026	1.4693	1.5386	1.6105
6	1.0615	1.1262	1.1941	1.2653	1.3401	1.4185	1.5007	1.5869	1.6771	1.7716
7	1.0721	1.1487	1.2299	1.3159	1.4071	1.5036	1.6058	1.7138	1.8280	1.9487
8	1.0829	1.1717	1.2668	1.3686	1.4775	1.5938	1.7182	1.8509	1.9926	2.1436
9	1.0937	1.1951	1.3048	1.4233	1.5513	1.6895	1.8385	1.9990	2.1719	2.3579
10	1.1046	1.2190	1.3439	1.4802	1.6289	1.7908	1.9672	2.1589	2.3674	2.5937
11	1.1157	1.2434	1.3842	1.5395	1.7103	1.8983	2.1049	2.3316	2.5804	2.8531
12	1.1268	1.2682	1.4258	1.6010	1.7959	2.0122	2.2522	2.5182	2.8127	3.1384
13	1.1381	1.2936	1.4685	1.6651	1.8856	2.1329	2.4098	2.7196	3.0658	3.4523
14	1.1495	1.3195	1.5126	1.7317	1.9799	2.2609	2.5785	2.9372	3.3417	3.7975
15	1.1610	1.3459	1.5580	1.8009	2.0789	2.3966	2.7590	3.1722	3.6425	4.1772
16	1.1726	1.3728	1.6047	1.8730	2.1829	2.5404	2.9522	3.4259	3.9703	4.5950
17	1.1843	1.4002	1.6528	1.9479	2.2920	2.6928	3.1588	3.7000	4.3276	5.0545
18	1.1961	1.4282	1.7024	2.0258	2.4066	2.8543	3.3799	3.9960	4.7171	5.5599
19	1.2081	1.4568	1.7535	2.1068	2.5270	3.0256	3.6165	4.3157	5.1417	6.1159
20	1.2202	1.4859	1.8061	2.1911	2.6533	3.2071	3.8697	4.6610	5.6044	6.7275
21	1.2324	1.5157	1.8603	2.2788	2.7860	3.3996	4.1406	5.0338	6.1088	7.4002
22	1.2447	1.5460	1.9161	2.3699	2.9253	3.6035	4.4304	5.4365	6.6586	8.1403
23	1.2572	1.5769	1.9736	2.4647	3.0715	3.8197	4.7405	5.8715	7.2579	8.9543
24	1.2697	1.6084	2.0328	2.5633	3.2251	4.0489	5.0724	6.3412	7.9111	9.8497
25	1.2824	1.6406	2.0938	2.6658	3.3864	4.2919	5.4274	6.8485	8.6231	10.835
26	1.2953	1.6734	2.1566	2.7725	3.5557	4.5494	5.8074	7.3964	9.3992	11.918
27	1.3082	1.7069	2.2213	2.8834	3.7335	4.8223	6.2139	7.9881	10.245	13.110
28	1.3213	1.7410	2.2879	2.9987	3.9201	5.1117	6.6488	8.6271	11.167	14.421
29	1.3345	1.7758	2.3566	3.1187	4.1161	5.4184	7.1143	9.3173	12.172	15.863
30	1.3478	1.8114	2.4273	3.2434	4.3219	5.7435	7.6123	10.063	13.268	17.449
35	1.4166	1.9999	2.8139	3.9461	5.5160	7.6861	10.677	14.785	20.414	28.102
40	1.4889	2.2080	3.2620	4.8010	7.0400	10.286	14.974	21.725	31.409	45.259
45	1.5648	2.4379	3.7816	5.8412	8.9850	13.765	21.002	31.920	48.327	72.890
50	1.6446	2.6916	4.3839	7.1067	11.467	18.420	29.457	46.902	74.358	117.39
60	1.8167	3.2810	5.8916	10.520	18.679	32.988	57.946	101.26	176.03	304.48

$FV = (1+k)^n$ 이자율 k

기간 n	11%	12%	13%	14%	15%	16%	17%	18%	19%	20%
1	1.1100	1.1200	1.1300	1.1400	1.1500	1.1600	1.1700	1.1800	1.1900	1.2000
2	1.2321	1.2544	1.2769	1.2996	1.3225	1.3456	1.3689	1.3924	1.4161	1.4400
3	1.3676	1.4049	1.4429	1.4815	1.5209	1.5609	1.6016	1.6430	1.6852	1.7280
4	1.5181	1.5735	1.6305	1.6890	1.7490	1.8106	1.8739	1.9388	2.0053	2.0736
5	1.6851	1.7623	1.8424	1.9254	2.0114	2.1003	2.1924	2.2878	2.3864	2.4883
6	1.8704	1.9738	2.0820	2.1950	2.3131	2.4364	2.5652	2.6996	2.8398	2.9860
7	2.0762	2.2107	2.3526	2.5023	2.6600	2.8262	3.0012	3.1855	3.3793	3.5832
8	2.3045	2.4760	2.6584	2.8526	3.0590	3.2784	3.5115	3.7589	4.0214	4.2998
9	2.5580	2.7731	3.0040	3.2519	3.5179	3.8030	4.1084	4.4355	4.7854	5.1598
10	2.8394	3.1058	3.3946	3.7072	4.0456	4.4114	4.8068	5.2338	5.6947	6.1917
11	3.1518	3.4785	3.8359	4.2262	4.6524	5.1173	5.6240	6.1759	6.7767	7.4301
12	3.4985	3.8960	4.3345	4.8179	5.3503	5.9360	6.5801	7.2876	8.0642	8.9161
13	3.8833	4.3635	4.8980	5.4924	6.1528	6.8858	7.6987	8.5994	9.5964	10.699
14	4.3104	4.8871	5.5348	6.2613	7.0757	7.9875	9.0075	10.147	11.420	12.839
15	4.7846	5.4736	6.2543	7.1379	8.1371	9.2655	10.539	11.974	13.590	15.407
16	5.3109	6.1304	7.0673	8.1372	9.3576	10.748	12.330	14.129	16.172	18.488
17	5.8951	6.8660	7.9861	9.2765	10.761	12.468	14.426	16.672	19.244	22.186
18	6.5436	7.6900	9.0243	10.575	12.375	14.463	16.879	19.673	22.901	26.623
19	7.2633	8.6128	10.197	12.056	14.232	16.777	19.748	23.214	27.252	31.948
20	8.0623	9.6463	11.523	13.743	16.367	19.461	23.106	27.393	32.429	38.338
21	8.9492	10.804	13.021	15.668	18.822	22.574	27.034	32.324	38.591	46.005
22	9.9336	12.100	14.714	17.861	21.645	26.186	31.629	38.142	45.923	55.206
23	11.026	13.552	16.627	20.362	24.891	30.376	37.006	45.008	54.649	66.247
24	12.239	15.179	18.788	23.212	28.625	35.236	43.297	53.109	65.032	79.497
25	13.585	17.000	21.231	26.462	32.919	40.874	50.658	62.669	77.388	95.396
26	15.080	19.040	23.991	30.167	37.857	47.414	59.270	73.949	92.092	114.48
27	16.739	21.325	27.109	34.390	43.535	55.000	69.345	87.260	109.59	137.37
28	18.580	23.884	30.633	39.204	50.066	63.800	81.134	102.97	130.41	164.84
29	20.624	26.750	34.616	44.693	57.575	74.009	94.927	121.50	155.19	197.81
30	22.892	29.960	39.116	50.950	66.212	85.850	111.06	143.37	184.68	237.38
35	38.575	52.800	72.069	98.100	133.18	180.31	243.50	328.00	440.70	590.67
40	65.001	93.051	132.78	188.88	267.86	378.72	533.87	750.38	1051.7	1469.8
45	109.53	163.99	244.64	363.68	538.77	795.44	1170.5	1716.7	2509.7	3657.3
50	184.56	289.00	450.74	700.23	1083.7	1670.7	2566.2	3927.4	5988.9	9100.4
60	524.06	897.60	1530.1	2595.9	4384.0	7370.2	12335	20555	34105	56348

(표 2) 1원의 현재가치

$$PV = \frac{1}{(1+k)^n}$$

이자율 k

기간 n	1%	2%	3%	4%	5%	6%	7%	8%	9%	10%
1	0.9901	0.9804	0.9709	0.9615	0.9524	0.9434	0.9346	0.9259	0.9174	0.9091
2	0.9803	0.9612	0.9426	0.9246	0.9070	0.8900	0.8734	0.8573	0.8417	0.8264
3	0.9706	0.9423	0.9151	0.8890	0.8638	0.8396	0.8163	0.7938	0.7722	0.7513
4	0.9610	0.9238	0.8885	0.8548	0.8227	0.7921	0.7629	0.7350	0.7084	0.6830
5	0.9515	0.9057	0.8626	0.8219	0.7835	0.7473	0.7130	0.6806	0.6499	0.6209
6	0.9420	0.8880	0.8375	0.7903	0.7462	0.7050	0.6663	0.6302	0.5963	0.5645
7	0.9327	0.8706	0.8131	0.7599	0.7107	0.6651	0.6227	0.5835	0.5470	0.5132
8	0.9235	0.8535	0.7894	0.7307	0.6768	0.6274	0.5820	0.5403	0.5019	0.4665
9	0.9143	0.8368	0.7664	0.7026	0.6446	0.5919	0.5439	0.5002	0.4604	0.4241
10	0.9053	0.8203	0.7441	0.6756	0.6139	0.5584	0.5083	0.4632	0.4224	0.3855
11	0.8963	0.8043	0.7224	0.6496	0.5847	0.5268	0.4751	0.4289	0.3875	0.3505
12	0.8874	0.7885	0.7014	0.6246	0.5568	0.4970	0.4440	0.3971	0.3555	0.3186
13	0.8787	0.7730	0.6810	0.6006	0.5303	0.4688	0.4150	0.3677	0.3262	0.2897
14	0.8700	0.7579	0.6611	0.5775	0.5051	0.4423	0.3878	0.3405	0.2992	0.2633
15	0.8613	0.7430	0.6419	0.5553	0.4810	0.4173	0.3624	0.3152	0.2745	0.2394
16	0.8528	0.7284	0.6232	0.5339	0.4581	0.3936	0.3387	0.2919	0.2519	0.2176
17	0.8444	0.7142	0.6050	0.5134	0.4363	0.3714	0.3166	0.2703	0.2311	0.1978
18	0.8360	0.7002	0.5874	0.4936	0.4155	0.3503	0.2959	0.2502	0.2120	0.1799
19	0.8277	0.6864	0.5703	0.4746	0.3957	0.3305	0.2765	0.2317	0.1945	0.1635
20	0.8195	0.6730	0.5537	0.4564	0.3769	0.3118	0.2584	0.2145	0.1784	0.1486
21	0.8114	0.6598	0.5375	0.4388	0.3589	0.2942	0.2415	0.1987	0.1637	0.1351
22	0.8034	0.6468	0.5219	0.4220	0.3418	0.2775	0.2257	0.1839	0.1502	0.1228
23	0.7954	0.6342	0.5067	0.4057	0.3256	0.2618	0.2109	0.1703	0.1378	0.1117
24	0.7876	0.6217	0.4919	0.3901	0.3101	0.2470	0.1971	0.1577	0.1264	0.1015
25	0.7798	0.6095	0.4776	0.3751	0.2953	0.2330	0.1842	0.1460	0.1160	0.0923
26	0.7720	0.5976	0.4637	0.3607	0.2812	0.2198	0.1722	0.1352	0.1064	0.0839
27	0.7644	0.5859	0.4502	0.3468	0.2678	0.2074	0.1609	0.1252	0.0976	0.0763
28	0.7568	0.5744	0.4371	0.3335	0.2551	0.1956	0.1504	0.1159	0.0895	0.0693
29	0.7493	0.5631	0.4243	0.3207	0.2429	0.1846	0.1406	0.1073	0.0822	0.0630
30	0.7419	0.5521	0.4120	0.3083	0.2314	0.1741	0.1314	0.0994	0.0754	0.0573
35	0.7059	0.5000	0.3554	0.2534	0.1813	0.1301	0.0937	0.0676	0.0490	0.0356
40	0.6717	0.4529	0.3066	0.2083	0.1420	0.0972	0.0668	0.0460	0.0318	0.0221
45	0.6391	0.4102	0.2644	0.1712	0.1113	0.0727	0.0476	0.0313	0.0207	0.0137
50	0.6080	0.3715	0.2281	0.1407	0.0872	0.0543	0.0339	0.0213	0.0134	0.0085
60	0.5504	0.3048	0.1697	0.0951	0.0535	0.0303	0.0173	0.0099	0.0057	0.0033

$$PV = \frac{1}{(1+k)^n}$$

이자율 k

기간 n	11%	12%	13%	14%	15%	16%	17%	18%	19%	20%
1	0.9009	0.8929	0.8850	0.8772	0.8696	0.8621	0.8547	0.8475	0.8403	0.8333
2	0.8116	0.7972	0.7831	0.7695	0.7561	0.7432	0.7305	0.7182	0.7062	0.6944
3	0.7312	0.7118	0.6931	0.6750	0.6575	0.6407	0.6244	0.6086	0.5934	0.5787
4	0.6587	0.6355	0.6133	0.5921	0.5718	0.5523	0.5337	0.5158	0.4987	0.4823
5	0.5935	0.5674	0.5428	0.5194	0.4972	0.4761	0.4561	0.4371	0.4190	0.4019
6	0.5346	0.5066	0.4803	0.4556	0.4323	0.4104	0.3898	0.3704	0.3521	0.3349
7	0.4817	0.4523	0.4251	0.3996	0.3759	0.3538	0.3332	0.3139	0.2959	0.2791
8	0.4339	0.4039	0.3762	0.3506	0.3269	0.3050	0.2848	0.2660	0.2487	0.2326
9	0.3909	0.3606	0.3329	0.3075	0.2843	0.2630	0.2434	0.2255	0.2090	0.1938
10	0.3522	0.3220	0.2946	0.2697	0.2472	0.2267	0.2080	0.1911	0.1756	0.1615
11	0.3173	0.2875	0.2607	0.2366	0.2149	0.1954	0.1778	0.1619	0.1476	0.1346
12	0.2858	0.2567	0.2307	0.2076	0.1869	0.1685	0.1520	0.1372	0.1240	0.1122
13	0.2575	0.2292	0.2042	0.1821	0.1625	0.1452	0.1299	0.1163	0.1042	0.0935
14	0.2320	0.2046	0.1807	0.1597	0.1413	0.1252	0.1110	0.0985	0.0876	0.0779
15	0.2090	0.1827	0.1599	0.1401	0.1229	0.1079	0.0949	0.0835	0.0736	0.0649
16	0.1883	0.1631	0.1415	0.1229	0.1069	0.0930	0.0811	0.0708	0.0618	0.0541
17	0.1696	0.1456	0.1252	0.1078	0.0929	0.0802	0.0693	0.0600	0.0520	0.0451
18	0.1528	0.1300	0.1108	0.0946	0.0808	0.0691	0.0592	0.0508	0.0437	0.0376
19	0.1377	0.1161	0.0981	0.0829	0.0703	0.0596	0.0506	0.0431	0.0367	0.0313
20	0.1240	0.1037	0.0868	0.0728	0.0611	0.0514	0.0433	0.0365	0.0308	0.0261
21	0.1117	0.0926	0.0768	0.0638	0.0531	0.0443	0.0370	0.0309	0.0259	0.0217
22	0.1007	0.0826	0.0680	0.0560	0.0462	0.0382	0.0316	0.0262	0.0218	0.0181
23	0.0907	0.0738	0.0601	0.0491	0.0402	0.0329	0.0270	0.0222	0.0183	0.0151
24	0.0817	0.0659	0.0532	0.0431	0.0349	0.0284	0.0231	0.0188	0.0154	0.0126
25	0.0736	0.0588	0.0471	0.0378	0.0304	0.0245	0.0197	0.0160	0.0129	0.0105
26	0.0663	0.0525	0.0417	0.0331	0.0264	0.0211	0.0169	0.0135	0.0109	0.0087
27	0.0597	0.0469	0.0369	0.0291	0.0230	0.0182	0.0144	0.0115	0.0091	0.0073
28	0.0538	0.0419	0.0326	0.0255	0.0200	0.0157	0.0123	0.0097	0.0077	0.0061
29	0.0485	0.0374	0.0289	0.0224	0.0174	0.0135	0.0105	0.0082	0.0064	0.0051
30	0.0437	0.0334	0.0256	0.0196	0.0151	0.0116	0.0090	0.0070	0.0054	0.0042
35	0.0259	0.0189	0.0139	0.0102	0.0075	0.0055	0.0041	0.0030	0.0023	0.0017
40	0.0154	0.0107	0.0075	0.0053	0.0037	0.0026	0.0019	0.0013	0.0010	0.0007
45	0.0091	0.0061	0.0041	0.0027	0.0019	0.0013	0.0009	0.0006	0.0004	0.0003
50	0.0054	0.0035	0.0022	0.0014	0.0009	0.0006	0.0004	0.0003	0.0002	0.0001
60	0.0019	0.0011	0.0007	0.0004	0.0002	0.0001	0.0001	0.0000	0.0000	0.0000

(표 3) 정상 연금 1원의 미래가치

$$S_n = \frac{(1+k)^n - 1}{k}$$

이자율 k

기간 n	1%	2%	3%	4%	5%	6%	7%	8%	9%	10%
1	1.0000	1.0000	1.0000	1.0000	1.0000	1.0000	1.0000	1.0000	1.0000	1.0000
2	2.0100	2.0200	2.0300	2.0400	2.0500	2.0600	2.0700	2.0800	2.0900	2.1000
3	3.0301	3.0604	3.0909	3.1216	3.1525	3.1836	3.2149	3.2464	3.2781	3.3100
4	4.0604	4.1216	4.1836	4.2465	4.3101	4.3746	4.4399	4.5061	4.5731	4.6410
5	5.1010	5.2040	5.3091	5.4163	5.5256	5.6371	5.7507	5.8666	5.9847	6.1051
6	6.1520	6.3081	6.4684	6.6330	6.8019	6.9753	7.1533	7.3359	7.5233	7.7156
7	7.2135	7.4343	7.6625	7.8983	8.1420	8.3938	8.6540	8.9228	9.2004	9.4872
8	8.2857	8.5830	8.8923	9.2142	9.5491	9.8975	10.260	10.637	11.028	11.436
9	9.3685	9.7546	10.159	10.583	11.027	11.491	11.978	12.488	13.021	13.579
10	10.462	10.950	11.464	12.006	12.578	13.181	13.816	14.487	15.193	15.937
11	11.567	12.169	12.808	13.486	14.207	14.972	15.784	16.645	17.560	18.531
12	12.683	13.412	14.192	15.026	15.917	16.870	17.888	18.977	20.141	21.384
13	13.809	14.680	15.618	16.627	17.713	18.882	20.141	21.495	22.953	24.523
14	14.947	15.974	17.086	18.292	19.599	21.015	22.550	24.215	26.019	27.975
15	16.097	17.293	18.599	20.024	21.579	23.276	25.129	27.152	29.361	31.772
16	17.258	18.639	20.157	21.825	23.657	25.673	27.888	30.324	33.003	35.950
17	18.430	20.012	21.762	23.698	25.840	28.213	30.840	33.750	36.974	40.545
18	19.615	21.412	23.414	25.645	28.132	30.906	33.999	37.450	41.301	45.599
19	20.811	22.841	25.117	27.671	30.539	33.760	37.379	41.446	46.018	51.159
20	22.019	24.297	26.870	29.778	33.066	36.786	40.995	45.762	51.160	57.275
21	23.239	25.783	28.676	31.969	35.719	39.993	44.865	50.423	56.765	64.002
22	24.472	27.299	30.537	34.248	38.505	43.392	49.006	55.457	62.873	71.403
23	25.716	28.845	32.453	36.618	41.430	46.996	53.436	60.893	69.532	79.543
24	26.973	30.422	34.426	39.083	44.502	50.816	58.177	66.765	76.790	88.497
25	28.243	32.030	36.459	41.646	47.727	54.865	63.249	73.106	84.701	98.347
26	29.526	33.671	38.553	44.312	51.113	59.156	68.676	79.954	93.324	109.18
27	30.821	35.344	40.710	47.084	54.669	63.706	74.484	87.351	102.72	121.10
28	32.129	37.051	42.931	49.968	58.403	68.528	80.698	95.339	112.97	134.21
29	33.450	38.792	45.219	52.966	62.323	73.640	87.347	103.97	124.14	148.63
30	34.785	40.568	47.575	56.085	66.439	79.058	94.461	113.28	136.31	164.49
35	41.660	49.994	60.462	73.652	90.320	111.43	138.24	172.32	215.71	271.02
40	48.886	60.402	75.401	95.026	120.80	154.76	199.64	259.06	337.88	442.59
45	56.481	71.893	92.720	121.03	159.70	212.74	285.75	386.51	525.86	718.90
50	64.463	84.579	112.80	152.67	209.35	290.34	406.53	573.77	815.08	1163.9
60	81.670	114.05	163.05	237.99	353.58	533.13	813.52	1253.2	1944.8	3034.8

$$S_n = \frac{(1+k)^n - 1}{k}$$

이자율 k

기간 n	11%	12%	13%	14%	15%	16%	17%	18%	19%	20%
1	1.0000	1.0000	1.0000	1.0000	1.0000	1.0000	1.0000	1.0000	1.0000	1.0000
2	2.1100	2.1200	2.1300	2.1400	2.1500	2.1600	2.1700	2.1800	2.1900	2.2000
3	3.3421	3.3744	3.4069	3.4396	3.4725	3.5056	3.5389	3.5724	3.6061	3.6400
4	4.7097	4.7793	4.8498	4.9211	4.9934	5.0665	5.1405	5.2154	5.2913	5.3680
5	6.2278	6.3528	6.4803	6.6101	6.7424	6.8771	7.0144	7.1542	7.2966	7.4416
6	7.9129	8.1152	8.3227	8.5355	8.7537	8.9775	9.2068	9.4420	9.6830	9.9299
7	9.7833	10.089	10.405	10.730	11.067	11.414	11.772	12.142	12.523	12.916
8	11.859	12.300	12.757	13.233	13.727	14.240	14.773	15.327	15.902	16.499
9	14.164	14.776	15.416	16.085	16.786	17.519	18.285	19.086	19.923	20.799
10	16.722	17.549	18.420	19.337	20.304	21.321	22.393	23.521	24.709	25.959
11	19.561	20.655	21.814	23.045	24.349	25.733	27.200	28.755	30.404	32.150
12	22.713	24.133	25.650	27.271	29.002	30.850	32.824	34.931	37.180	39.581
13	26.212	28.029	29.985	32.089	34.352	36.786	39.404	42.219	45.244	48.497
14	30.095	32.393	34.883	37.581	40.505	43.672	47.103	50.818	54.841	59.196
15	34.405	37.280	40.417	43.842	47.580	51.660	56.110	60.965	66.261	72.035
16	39.190	42.753	46.672	50.980	55.717	60.925	66.649	72.939	79.850	87.442
17	44.501	48.884	53.739	59.118	65.075	71.673	78.979	87.068	96.022	105.93
18	50.396	55.750	61.725	68.394	75.836	84.141	93.406	103.74	115.27	128.12
19	56.939	63.440	70.749	78.969	88.212	98.603	110.28	123.41	138.17	154.74
20	64.203	72.052	80.947	91.025	102.44	115.38	130.03	146.63	165.42	186.69
21	72.265	81.699	92.470	104.77	118.81	134.84	153.14	174.02	197.85	225.03
22	81.214	92.503	105.49	120.44	137.63	157.41	180.17	206.34	236.44	271.03
23	91.148	104.60	120.20	138.30	159.28	183.60	211.80	244.49	282.36	326.24
24	102.17	118.16	136.83	158.66	184.17	213.98	248.81	289.49	337.01	392.48
25	114.41	133.33	155.62	181.87	212.79	249.21	292.10	342.60	402.04	471.98
26	128.00	150.33	176.85	208.33	245.71	290.09	342.76	405.27	479.43	567.38
27	143.08	169.37	200.84	238.50	283.57	337.50	402.03	479.22	571.52	681.85
28	159.82	190.70	227.95	272.89	327.10	392.50	471.38	566.48	681.11	819.22
29	178.40	214.58	258.58	312.09	377.17	456.30	552.51	669.45	811.52	984.07
30	199.02	241.33	293.20	356.79	434.75	530.31	647.44	790.95	966.71	1181.9
35	341.59	431.66	546.68	693.57	881.17	1120.7	1426.5	1816.7	2314.2	2948.3
40	581.83	767.09	1013.7	1342.0	1779.1	2360.8	3134.5	4163.2	5529.8	7343.9
45	986.64	1358.2	1874.2	2590.6	3585.1	4965.3	6879.3	9531.6	13203	18281
50	1668.8	2400.0	3459.5	4994.5	7217.7	10436	15090	21813	31515	45497
60	4755.1	7471.6	11762	18535	29220	46058	72555	114190	179495	281733

(표 4) 정상 연금 1원의 현재가치

$$S_0 = \sum_{t=1}^{n} \frac{1}{(1+k)^t} = [\frac{(1+k)^n - 1}{k(1+k)^n}]$$

이자율 k

기 간 n	1%	2%	3%	4%	5%	6%	7%	8%	9%	10%
1	0.9901	0.9804	0.9709	0.9615	0.9524	0.9434	0.9346	0.9259	0.9174	0.9091
2	1.9704	1.9416	1.9135	1.8861	1.8594	1.8334	1.8080	1.7833	1.7591	1.7355
3	2.9410	2.8839	2.8286	2.7751	2.7232	2.6730	2.6243	2.5771	2.5313	2.4869
4	3.9020	3.8077	3.7171	3.6299	3.5460	3.4651	3.3872	3.3121	3.2397	3.1699
5	4.8534	4.7135	4.5797	4.4518	4.3295	4.2124	4.1002	3.9927	3.8897	3.7908
6	5.7955	5.6014	5.4172	5.2421	5.0757	4.9173	4.7665	4.6229	4.4859	4.3553
7	6.7282	6.4720	6.2303	6.0021	5.7864	5.5824	5.3893	5.2064	5.0330	4.8684
8	7.6517	7.3255	7.0197	6.7327	6.4632	6.2098	5.9713	5.7466	5.5348	5.3349
9	8.5660	8.1622	7.7861	7.4353	7.1078	6.8017	6.5152	6.2469	5.9952	5.7590
10	9.4713	8.9826	8.5302	8.1109	7.7217	7.3601	7.0236	6.7101	6.4177	6.1446
11	10.368	9.7868	9.2526	8.7605	8.3064	7.8869	7.4987	7.1390	6.8052	6.4951
12	11.255	10.575	9.9540	9.3851	8.8633	8.3838	7.9427	7.5361	7.1607	6.8137
13	12.134	11.348	10.635	9.9856	9.3936	8.8527	8.3577	7.9038	7.4869	7.1034
14	13.004	12.106	11.296	10.563	9.8986	9.2950	8.7455	8.2442	7.7862	7.3667
15	13.865	12.849	11.938	11.118	10.380	9.7122	9.1079	8.5595	8.0607	7.6061
16	14.718	13.578	12.561	11.652	10.838	10.106	9.4466	8.8514	8.3126	7.8237
17	15.562	14.292	13.166	12.166	11.274	10.477	9.7632	9.1216	8.5436	8.0216
18	16.398	14.992	13.754	12.659	11.690	10.828	10.059	9.3719	8.7556	8.2014
19	17.226	15.678	14.324	13.134	12.085	11.158	10.336	9.6036	8.9501	8.3649
20	18.046	16.351	14.877	13.590	12.462	11.470	10.594	9.8181	9.1285	8.5136
21	18.857	17.011	15.415	14.029	12.821	11.764	10.836	10.017	9.2922	8.6487
22	19.660	17.658	15.937	14.451	13.163	12.042	11.061	10.201	9.4424	8.7715
23	20.456	18.292	16.444	14.857	13.489	12.303	11.272	10.371	9.5802	8.8832
24	21.243	18.914	16.936	15.247	13.799	12.550	11.469	10.529	9.7066	8.9847
25	22.023	19.523	17.413	15.622	14.094	12.783	11.654	10.675	9.8226	9.0770
26	22.795	20.121	17.877	15.983	14.375	13.003	11.826	10.810	9.9290	9.1609
27	23.560	20.707	18.327	16.330	14.643	13.211	11.987	10.935	10.027	9.2372
28	24.316	21.281	18.764	16.663	14.898	13.406	12.137	11.051	10.116	9.3066
29	25.066	21.844	19.188	16.984	15.141	13.591	12.278	11.158	10.198	9.3696
30	25.808	22.396	19.600	17.292	15.372	13.765	12.409	11.258	10.274	9.4269
35	29.409	24.999	21.487	18.665	16.374	14.498	12.948	11.655	10.567	9.6442
40	32.835	27.355	23.115	19.793	17.159	15.046	13.332	11.925	10.757	9.7791
45	36.095	29.490	24.519	20.720	17.774	15.456	13.606	12.108	10.881	9.8628
50	39.196	31.424	25.730	21.482	18.256	15.762	13.801	12.233	10.962	9.9148
60	44.955	34.761	27.676	22.623	18.929	16.161	14.039	12.377	11.048	9.9672

정상 연금의 현재가치

$$S_0 = \sum_{t=1}^{n} \frac{1}{(1+k)^t} = [\frac{(1+k)^n - 1}{k(1+k)^n}]$$

이자율 k

기간 n	11%	12%	13%	14%	15%	16%	17%	18%	19%	20%
1	0.9009	0.8929	0.8850	0.8772	0.8696	0.8621	0.8547	0.8475	0.8403	0.8333
2	1.7125	1.6901	1.6681	1.6467	1.6257	1.6052	1.5852	1.5656	1.5465	1.5278
3	2.4437	2.4018	2.3612	2.3216	2.2832	2.2459	2.2096	2.1743	2.1399	2.1065
4	3.1024	3.0373	2.9745	2.9137	2.8550	2.7982	2.7432	2.6901	2.6386	2.5887
5	3.6959	3.6048	3.5172	3.4331	3.3522	3.2743	3.1993	3.1272	3.0576	2.9906
6	4.2305	4.1114	3.9975	3.8887	3.7845	3.6847	3.5892	3.4976	3.4098	3.3255
7	4.7122	4.5638	4.4226	4.2883	4.1604	4.0386	3.9224	3.8115	3.7057	3.6046
8	5.1461	4.9676	4.7988	4.6389	4.4873	4.3436	4.2072	4.0776	3.9544	3.8372
9	5.5370	5.3282	5.1317	4.9464	4.7716	4.6065	4.4506	4.3030	4.1633	4.0310
10	5.8892	5.6502	5.4262	5.2161	5.0188	4.8332	4.6586	4.4941	4.3389	4.1925
11	6.2065	5.9377	5.6869	5.4527	5.2337	5.0286	4.8364	4.6560	4.4865	4.3271
12	6.4924	6.1944	5.9176	5.6603	5.4206	5.1971	4.9884	4.7932	4.6105	4.4392
13	6.7499	6.4235	6.1218	5.8424	5.5831	5.3423	5.1183	4.9095	4.7147	4.5327
14	6.9819	6.6282	6.3025	6.0021	5.7245	5.4675	5.2293	5.0081	4.8023	4.6106
15	7.1909	6.8109	6.4624	6.1422	5.8474	5.5755	5.3242	5.0916	4.8759	4.6755
16	7.3792	6.9740	6.6039	6.2651	5.9542	5.6685	5.4053	5.1624	4.9377	4.7296
17	7.5488	7.1196	6.7291	6.3729	6.0472	5.7487	5.4746	5.2223	4.9897	4.7746
18	7.7016	7.2497	6.8399	6.4674	6.1280	5.8178	5.5339	5.2732	5.0333	4.8122
19	7.8393	7.3658	6.9380	6.5504	6.1982	5.8775	5.5845	5.3162	5.0700	4.8435
20	7.9633	7.4694	7.0248	6.6231	6.2593	5.9288	5.6278	5.3527	5.1009	4.8696
21	8.0751	7.5620	7.1016	6.6870	6.3125	5.9731	5.6648	5.3837	5.1268	4.8913
22	8.1757	7.6446	7.1695	6.7429	6.3587	6.0113	5.6964	5.4099	5.1486	4.9094
23	8.2664	7.7184	7.2297	6.7921	6.3988	6.0442	5.7234	5.4321	5.1668	4.9245
24	8.3481	7.7843	7.2829	6.8351	6.4338	6.0726	5.7465	5.4509	5.1822	4.9371
25	8.4217	7.8431	7.3300	6.8729	6.4641	6.0971	5.7662	5.4669	5.1951	4.9476
26	8.4881	7.8957	7.3717	6.9061	6.4906	6.1182	5.7831	5.4804	5.2060	4.9563
27	8.5478	7.9426	7.4086	6.9352	6.5135	6.1364	5.7975	5.4919	5.2151	4.9636
28	8.6016	7.9844	7.4412	6.9607	6.5335	6.1520	5.8099	5.5016	5.2228	4.9697
29	8.6501	8.0218	7.4701	6.9830	6.5509	6.1656	5.8204	5.5098	5.2292	4.9747
30	8.6938	8.0552	7.4957	7.0027	6.5660	6.1772	5.8294	5.5168	5.2347	4.9789
35	8.8552	8.1755	7.5856	7.0700	6.6166	6.2153	5.8582	5.5386	5.2512	4.9915
40	8.9511	8.2438	7.6344	7.1050	6.6418	6.2335	5.8713	5.5482	5.2582	4.9966
45	9.0079	8.2825	7.6609	7.1232	6.6543	6.2421	5.8773	5.5523	5.2611	4.9986
50	9.0417	8.3045	7.6752	7.1327	6.6605	6.2463	5.8801	5.5541	5.2623	4.9995
60	9.0736	8.3240	7.6873	7.1401	6.6651	6.2492	5.8819	5.5553	5.2630	4.9999

(표 5) 표준정규분포표

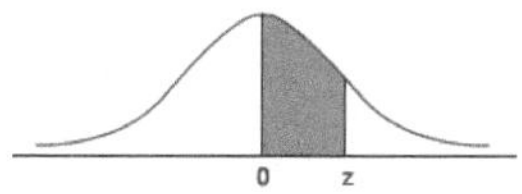

Z	.00	.01	.02	.03	.04	.05	.06	.07	.08	.09
0.0	.0000	0040	0080	0120	0160	0199	0239	0279	0319	0359
0.1	.0398	0438	0478	0517	0557	0596	0636	0675	0714	0753
0.2	.0793	0832	0871	0910	0948	0987	1026	1064	1103	1141
0.3	.1179	1217	1255	1293	1331	1368	1406	1443	1480	1517
0.4	.1554	1591	1628	1664	1700	1736	1772	1808	1844	1879
0.5	.1915	1950	1985	2019	2054	2088	2123	2157	2190	2224
0.6	.2257	2291	2324	2357	2389	2422	2454	2486	2518	2549
0.7	.2580	2612	2642	2673	2704	2734	2764	2794	2823	2852
0.8	.2881	2910	2939	2967	2995	3023	3051	3078	3106	3133
0.9	.3159	3186	3212	3238	3264	3289	3315	3340	3365	3389
1.0	.3413	3438	3461	3485	3508	3531	3554	3577	3599	3621
1.1	.3643	3665	3686	3708	3729	3749	3770	3790	3810	3830
1.2	.3849	3869	3888	3907	3925	3944	3962	3980	3997	4015
1.3	.4032	4049	4066	4082	4099	4115	4131	4147	4162	4177
1.4	.4192	4207	4222	4236	4251	4265	4279	4292	4306	4319
1.5	.4332	4345	4357	4370	4382	4394	4406	4418	4429	4441
1.6	.4452	4463	4474	4484	4495	4505	4515	4525	4535	4545
1.7	.4554	4564	4573	4582	4591	4599	4608	4616	4625	4633
1.8	.4641	4649	4656	4664	4671	4678	4686	4693	4699	4706
1.9	.4713	4719	4726	4732	4738	4744	4750	4756	4761	4767
2.0	.4772	4778	4783	4788	4793	4798	4803	4808	4812	4817
2.1	.4821	4826	4830	4834	4838	4842	4846	4850	4854	4857
2.2	.4861	4864	4868	4871	4875	4878	4881	4884	4887	4890
2.3	.4893	4896	4898	4901	4904	4906	4909	4911	4913	4916
2.4	.4918	4920	4922	4925	4927	4929	4931	4932	4934	4936
2.5	.4938	4940	4941	4943	4945	4946	4948	4949	4951	4952
2.6	.4953	4955	4956	4957	4959	4960	4961	4962	4963	4964
2.7	.4965	4966	4967	4968	4969	4970	4971	4972	4973	4974
2.8	.4974	4975	4976	4977	4977	4978	4979	4979	4980	4981
2.9	.4981	4982	4982	4983	4984	4984	4985	4985	4986	4986
3.0	.4987	4987	4987	4987	4988	4988	4989	4989	4990	4990
4.0	.4999685									

찾아보기

[ㅈ]

[저자 약력]

전 양 진

경북대학교 경영학과 학사
경북대학교 대학원 석사 및 박사(재무관리)
경북대학교 경영학과 강사
영남이공대학교 비즈니스계열 교수

초보자를 위한
기업재무관리

초판인쇄 2017년 8월 10일
초판발행 2017년 8월 20일

지은이 전양진
펴낸이 박노일

총괄기획 김중용 · 최준규
편 집 심성보 · 김인숙

펴낸곳 피앤씨미디어
경기도 고양시 일산동구 강송로 153 310-1501
등록 제396-2012-000203호
전 화 070)7550-3758 팩 스 02)718-8554
홈페이지 www.pncmedia.co.kr 이메일 pnc@pncmedia.co.kr
ISBN 979-11-5730-433-2 93320

정 가 23,000원